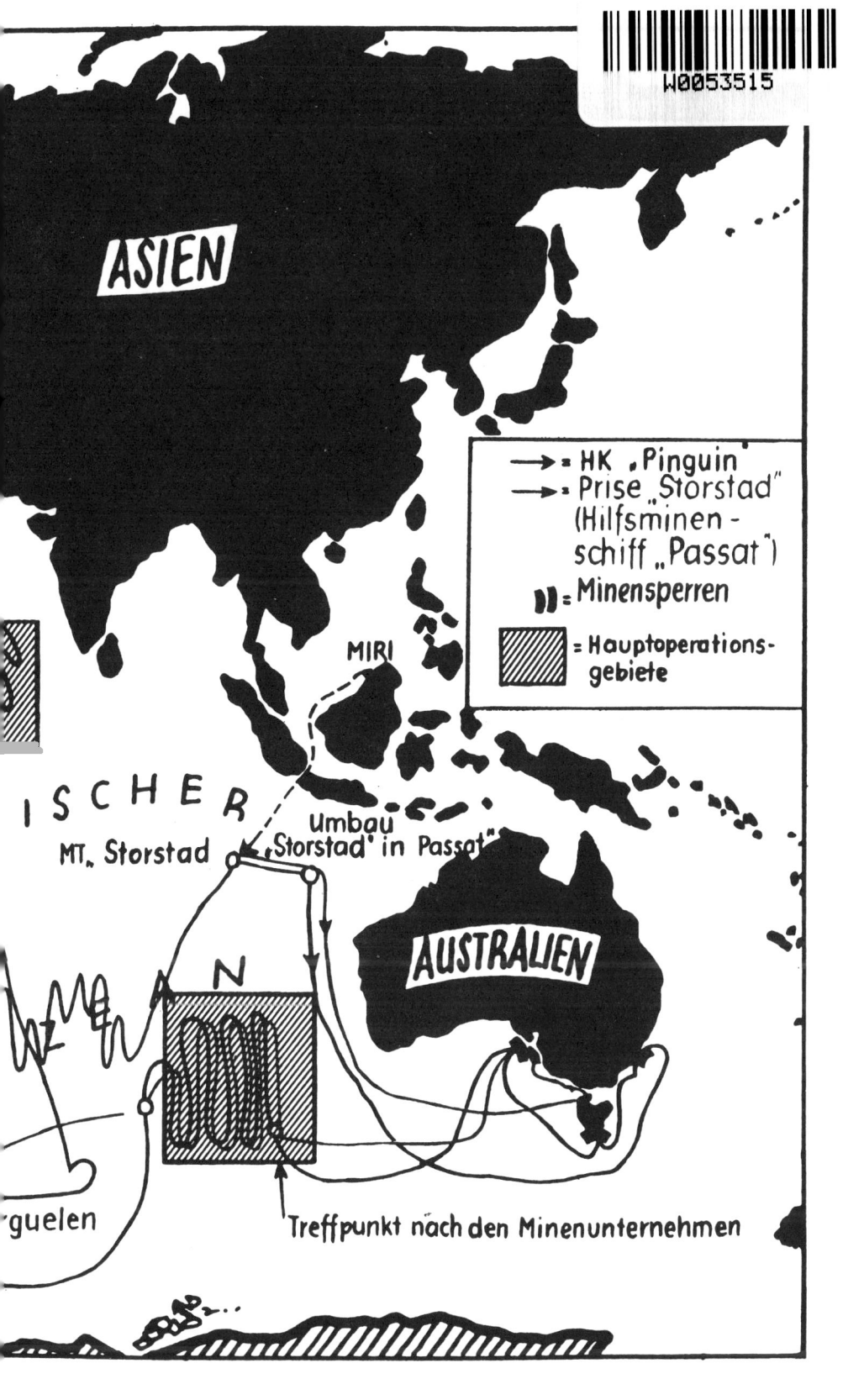

ASIEN

HK „Pinguin"
Prise „Storstad"
(Hilfsminen-
schiff „Passat")
= Minensperren
= Hauptoperations-
gebiete

MIRI

ISCHER

umbau
„Storstad" in Passat"

MT. Storstad

AUSTRALIEN

N

guelen

Treffpunkt nach den Minenunternehmen

Jochen Brennecke

Gespensterkreuzer HK 33

Jochen Brennecke

GESPENSTERKREUZER
HK 33

Hilfskreuzer PINGUIN
auf Kaperfahrt

Sonderausgabe

Koehlers Verlagsgesellschaft mbH · Hamburg

Ein Tatsachenbericht, gestaltet unter der Mitarbeit des überlebenden Assistenzarztes Dr. Hasselmann, des Obersteuermannes Ernst Neumeisters und verschiedener von dem Unternehmen heimgekehrter Prisenoffiziere und Prisensoldaten, vor allem des Käpitänleutnant a. D. Kapitän Helmut Hanefeld.

Der Titel »Gespensterkreuzer HK 33« ist sozusagen ein Pseudonym, geboren in einer Zeit, die gerne umschrieb. Die amtliche K.M.-Bezeichnung für Ausrüstung und Unternehmung lautete »Schiff 33«. Als taktischer Deckname galt »HSK 5« zugleich neben »PINGUIN«, jenem für die Tradition gedachten Namen, dessen Wahl dem Kommandanten, höchste Entscheidung vorbehalten, zustand. So gelten offiziell SCHIFF 33 (Vorrang), HSK 5 und PINGIUN nebeneinander. Dem Volksmund kann die Umdichtung in »HK 33« billig zugestanden werden.

Die deutsche Bibliothek – CIP-Einheitsaufnahme

Jochen Brennecke:
Gespensterkreuzer HK 33 / Hilfskreuzer PINGUIN auf Kaperfahrt / von Jochen Brennecke.

Hamburg : Koehlers Verlagsgesellschaft mbH, 1998
ISBN 3-7822-0732-7

ISBN 3-7822-0732-7
© 1998 by Koehlers Verlagsgesellschaft mbH, Hamburg
Layout und Produktion: Inge Mellenthin

Printed in Germany

Frau Ingeborg Krüder und den Angehörigen
der auf See gebliebenen Besatzungsmitglieder
des Hilfskreuzers PINGUIN gewidmet.

Kapitän zur See Ernst-Felix Krüder
Kommandant des Hilfskreuzers PINGUIN

Geleitwort

Es gibt keine Regel für die Führung eines Hilfskreuzers, so wenig wie es ein Rezept zum Siegen gibt! Glück muß der Hilfskreuzerkommandant haben!

Aber Glück hat auf die Dauer nur der Tüchtige!

Ernst-Felix Krüder hatte wahrhaftig Glück, weil er ebenso tüchtig war als Soldat und Seemann, als Führer und Vorgesetzter, wie er menschlich war als Mensch und Offizier.

Es war ihm nicht bestimmt, nach großen Erfolgen mit seinem Schiff in die Heimat zurückzukehren, aber es ist müßig, nach Gründen zu suchen, ob und wie er am Ende anders – noch klüger, noch vorsichtiger – hätte manövrieren können oder gar sollen.

Es ist wohl unmöglich, alle die Gedanken, die Bedenken, die Überlegungen und vielen inneren Kämpfe in der eigenen Brust über Handeln oder Unterlassen in allen Tiefen zum Ausdruck zu bringen – besonders wenn das Meer leergefegt scheint von Schiffen –, die den Hilfskreuzerkommandanten von seiner Kommandierung an bis zur Rückkehr oder der Vernichtung bewegen.

Jedoch, Sieg und Untergang, Hoffnung und Enttäuschung dieses tapferen Kommandanten Ernst-Felix Krüder und seiner in bester traditioneller Marine- und Seemannskameradschaft mit ihm verbundenen tapferen Soldaten werden überstrahlt von dem gewaltigen Erfolg, den sie für ihr Vaterland, ganz allein auf sich gestellt in den Weiten der Ozeane, im festen Glauben an eine große Sache unter laufend vollem Einsatz ihres Lebens erreichten, getreu bis in den Tod!

Ihr Leben und Kämpfen wird ebenso wie die Taten früherer Seehelden, von denen die Menschheit seit Jahrhunderten spricht, in die Geschichte der kühnen Seefahrer eingehen.

Daher begrüße ich dieses lebendig geschriebene Buch und wünsche ihm weite Verbreitung, besonders unter der deutschen Jugend, denn

»SEEFAHRT IST NOT!«

Kiel, im April 1953

Konteradmiral a. D. und
s.Z. Kommandant Hilfskreuzer THOR

Inhaltsverzeichnis

Geleitwort von Konteradmiral a.D. Otto Kähler †,
vormals Kommandantdes Hilfskreuzers THOR 7

Kurzes Lebensbild des PINGUIN-Kommandanten
Kapitän zur See Ernst-Felix Krüder.................... 8

I.   Letzte Indienreise des Motorschiffes KANDELFELS
– Überstürzte Heimreise kurz vor Kriegsausbruch 15

II.   MS KANDELFELS wird als Hilfskreuzer ausgerüstet 26

III.   Eine Ausreise ohne Abschied – »Schiff 33« tarnt in
einsamem Norwegenfjord um...................... 44

IV.   Unter Hammer und Sichel durch die Dänemarkstraße 50

V.   Ein britischer Hilfskreuzer und ein deutsches U-Boot 63

VI.   »Hart aber ungerecht«, die Parole der Linientaufe
– Erregte Debatten um den Namen PINGUIN 82

VII.   Das erste Opfer – Krüder handelt entgegen SKL-Befehl
und hilft dem Hilfskreuzer THOR 88

VIII.   Im Südatlantik und in den Orkanen
der »Brüllenden Vierzig« 98

IX.   Im Indischen Ozean: Die Jagd geht auf
– Norweger und Briten verschwinden spurlos
– Krüders beste Taktik ist die List.................... 107

X.   Britische Seeleute unter Lebensgefahr gerettet – Ein britischer
Frachter sinkt, ein Norweger als Prise entlassen 127

XI.   Eine typische Krüder-Idee: Beutetanker STORSTAD wird zum
Hilfsminenleger auf hoher See umgebaut und ausgerüstet 138

XII.   PASSAT legt Minen unter den Augen australischer Bewacher........ 149

XIII.   PINGUIN-Minen vor Sydneys Haustür, vor Port Hobart
und Adelaide. SOS-Rufe auf Minen gelaufener Feindfrachter
– Auch ein Amerikaner sinkt 158

XIV.   Die STORSTAD als »Zweites Auge« – Wertvolle Kühlschiffe
sind PINGUINS Beute 167

XV.   Wie ein Gespensterkreuzer jagt PINGUIN weiter
im Indischen Ozean 180

XVI.   Prise STORSTAD als Gefangenenschiff entlassen – Treffen
mit dem Schwesterschiff, dem Hilfskreuzer ATLANTIS 193

XVII.   Krüders tollster Husarenstreich: Eine ganze norwegische
Walfangflotte ohne einen Schuß Pulver überlistet und als
Prisen mit voller Walölladung in die Heimat geschickt 203

XVIII.   Treffen mit dem Eierdampfer DUQUESA, dem legendären
»Verpflegungsamt Wilhelmshaven-Süd« 220

XIX.   Geheimstützpunkt Kerguelen-Inseln – PINGUIN trifft Hilfskreuzer KOMET und versorgt aus der ALSTERTOR 225

XX.	Im westlichen Indischen Ozean – Nach langem Suchen wieder neue Opfer	233
XXI.	Das dramatische Ende des erfolgreichsten Hilfskreuzers beider Weltkriege – Britischer Ehrensalut für HSK PINGUIN und alle, die mit ihm versanken	241
Ausklang:	Das Schicksal des Walfängers ADJUTANT, des kleinsten Hilfskriegsschiffes in Übersee	259

Verzeichnis der Bilder

Der Kommandant: Kapitän zur See Ernst-Felix Krüder	6
Das Wappentier der PINGUIN	36
Hilfskreuzer PINGUIN in zwei verschiedenen Tarnungen	36
Die Offiziere des Hilfskreuzers PINGUIN	37
Ein Teil der Mannschaft: Ausflug zur Kurischen Nehrung	37
Zwei gute Freunde: Kapitän zur See Krüder und der Dackel Struppi	38
Stunden scheinbarer Beschaulichkeit	38
Seemann Dittmann als Gefangenenbetreuer	39
Assistenzarzt Dr. Hasselmann	39
Der Autor dieses Buches auf der STORSTAD	39
Das selbst konstruierte Fla-MG auf Doppellafette	39
Gefangenentypen an Bord der PINGUIN	94
Drei gefangene britische Kapitäne	95
Leutnant Hanefeld mit Master Collins	95
Gefangene an Deck des Tankers STORSTAD	95
Der norwegische Dampfer MORVIKEN sinkt	122
Zwei Prisenschiffe werden versenkt	123
An einem der getarnten Geschütze	123
Kommandant und Offiziere des Hilfsminenlegers PASSAT	146
Die PASSAT in schwerer See	146
Ein australischer Bewacher läuft auf die PASSAT zu	147
Einer der kleinen Walfänger vor einem Eisberg	206
In der Bauchhöhle eines Blauwales	206
Hilfskreuzer PINGUIN neben dem Fabrikschiff OLE WEGGER	206
Einer jener gefährlichen Tafeleisberge	207
Wie ein zünftiger Walfänger: Kapitän zur See Krüder	207
Die erbeuteten Walkochereien SOLGLIMT und OLE WEGGER	207
Vier der aufgebrachten Walfangboote	207
Hilfskreuzer PINGUIN in der Bucht der Kerguelen-Insel	208
Die lustigen Wappentiere der PINGUIN	208
Walfänger ADJUTANT wird von KOMET geschleppt	208
Walfänger ADJUTANT wird versenkt	208
Die japanischen Clearings-Papiere des Tankers STORSTAD	209

Bevor auf das Schicksal des erfolgreichsten Hilfskreuzers beider Weltkriege eingegangen werden soll, erscheint es zum Verständnis aller von der Persönlichkeit des Kommandanten, Kapitän zur See Ernst-Felix Krüder, getragenen Operationen und Handlungen unumgänglich, von diesem hervorragenden deutschen Seeoffizier ein kurzes Lebensbild zu geben.

Ernst-Felix Krüder wurde am 6. Dezember 1897 in Hamburg geboren. Er besuchte die Realschule St. Georg und später das Realgymnasium des Johanneums. Obwohl es ihm streng verboten war, weilte er, wenn es Schule und ermogelte Freizeit erlaubten, heimlich im Hafen oder auf der Alster. Er selbst versuchte später, seinen Drang zur See und zum Wasser hin mit einer erblichen Bindung zu erklären, die er auf seinen Großvater Christoffers, einen berühmten Hamburger Seefahrer, bezog. Doch eines Tages ging die Sache mit den heimlichen Seefahrten schief. Wieder einmal segelte Felix mit seinem Freunde auf der Alster. Beide überboten sich, die Pinne zu führen, und sie verachteten die bequemen Sonntagssegler, die bei der leichtesten Brise schon das Tuch einpackten. Für sie war das nichts. Mit vollem Zeug, daß die Nähte ächzten, machten sie die Alster unsicher. Aber zu einem richtigen Seemann oder einem, der es werden will, gehören nicht nur sachkundiges Bedienen des Bootes, sonders auch eine ganze Portion Wissen um das Wetter. Ehe die beiden Jungen es begriffen, daß eine Bö orgelnd heranpfiff, war das Boot gekentert. Große Aufregung. Insassen nahe stehender Boote retteten die beiden Jungen. Als man sie triefend aus dem Wasser zog, blickte Ernst-Felix in die steilen Zornesfalten seines hochwohllöblichen Onkels, der gerade an der Backbordseite, die Hände grimmig in die Hosentaschen versenkt, vorüberzog. Über den Onkel kam die Panne auf den Familientisch, und alles andere besorgte Vater Krüder hinter verschlossenen Türen.

Als der Krieg ausbrach, drückte Krüder noch die Schulbank. 1915 erwarb er sein Primareifezeugnis. Wenige Tage vorher war es zwischen seinem Lateinlehrer und ihm zu folgender Aussprache gekommen:

»Krüder, Ihr Interesse für die Sprache des göttlichen Ovid ist unter aller Würde.«

»Ich bin aber in Mathematik sehr gut«, verteidigte sich der Junge.

»Zahlen hin, Zahlen her, ohne Latein wird nichts aus Ihnen. Aber Sie wollen ja zur See fahren; werde mal beide Augen zudrücken.«

Einige Tage später erhielt Krüder sein Zeugnis: Mathematik »sehr gut«, Physik »sehr gut«, Turnen »sehr gut«, Latein »mangelhaft«, und das – bei beiden zugedrückten Augen.

Das soll nun nicht etwa bedeuten, daß der junge Krüder ein nüchtern veranlagter Mensch war. Er zeigte zum Beispiel viel Vorliebe für musische Dinge, vor allem für die Musik. Seine Eltern schenkten ihm eine Geige und ließen ihm Unterricht geben. Im Winter, wenn die Alster zugefroren war, machte die Fiedelei Spaß, im Frühjahr aber nahm dieser »Unterricht« Formen an, daß Felix dabei einige Male der Geigenbogen zerbrach. Beim dritten »Unfall« erst wurden die Eltern mißtrauisch und zu guter Letzt böse, denn Felix hatte, wie sich herausstellte, den Bogen während der »Konzerte« mit gleichaltrigen Kameraden als Florett benutzt. Das war das Ende der Geigenstunden. Felix war gar nicht einmal traurig, denn draußen zerbrachen Frühlingsstürme das Eis, und in den Seglerhäfen begann es, nach Farbe und Teer zu riechen.

Am 2. Oktober 1915 erfüllte sich Krüders Wunsch. Der inzwischen ausgebrochene Krieg zwang ihn allerdings, der Kriegsmarine als Freiwilliger beizutreten, statt die seemännische Laufbahn in der Handelsmarine einzuschlagen, wie es von jeher sein Wunsch war.

Nach einigen Monaten »Infanterismus« wurde Krüder zur weiteren Ausbildung auf das Segel-schulschiff FREYA kommandiert. Während Übungsfahrten in der Ostsee erfuhr der Junge die ganze Härte und Schwere des seemännischen und soldatischen Daseins. An ihm aber, der mit so viel Begeisterung zur Marine kam, prallten alle Anstrengungen ab. Er wurde bald schon einer der Besten und war immer einer der Ersten in den schwindelhohen Wanten des Schiffes. Unter Beförderung zum Obermatrosen wurde er auf das damals modernste Linienschiff der Hochseeflotte, auf SMS KÖNIG, kommandiert, das an der Spitze der Flotte als Flaggschiff des III. Geschwaders in die Skagerrak-Schlacht fuhr und hier schwerste Treffer empfing.

Über den Verlauf dieser Schlacht wurde später unter anderem geschrieben:

Außer auf Hippers Schlachtkreuzer fällt die Feuerlast vor allem auf KÖNIG. Eine Mauer von Mündungsfeuern im Nordwesten, eine zweite blitzende Mauer im Nordosten, warfen mehr als ein Dutzend Linienschiffe aus zahlreichen Rohren ihre schweren Granaten in solchen Massen, daß die Schiffe der Spitze in einem Gitterwerk gigantischer Wassersäulen verschwinden. Jelli-coes Gros hat eingegriffen. AGINCOURT, HERCULES und REVENGE feuern aus Nord-westen, THUNDERER, CONQUEROR, MONARCH, ORION feuern aus Norden. Nach ihnen ROYAL OAK, IRON DUKE, LION, TIGER, PRINCESS ROYAL, NEW ZEALAND, INFLEXIBLE und INDOMITABLE feuern aus Nordosten. KÖNIG liegt minutenlang im Feuer von zehn bis zwölf Linienschiffen. Geschoß auf Geschoß fällt berstend auf die Back der KÖNIG. Schwere Splitter fliegen bis auf die Brücke. KÖNIG wehrt sich stand-haft mit Feuer, Wasser und Gas im Vorschiff gegen das Wüten der Feuerwalze. Es ist ein Wun-der, daß KÖNIG diese Minuten übersteht. Admiral Scheer sieht keinen anderen Weg, um sich von dem einfach erdrückenden Stahlgewicht zu entlasten: Im Wirkungsfeuer des an Zahl so hoch überlegenen Feindes wirft er die Linie seiner Schiffe wie einen einfachen Hebel herum. KÖNIG ist schwer mitgenommen. Schäden genug, die unheilbar sind. Gänge genug, die ungang-bar sind. Tote genug, die Wege versperren, Kameraden genug, die fehlen …

Krüder erlebte diesen tödlichen Orkan als Befehlsübermittler im mittleren schweren Turm.

Von den auf die Besatzung entfallenden Eisernen Kreuzen wurde auch dem Bootsmannsmaa-ten Ernst-Felix Krüder das schwarz-weiße Band verliehen.

Er hat später nie darüber gesprochen, aber es wird wohl so sein, daß diese Stunden der Grund-stock waren für seine spätere Fähigkeit, in Stunden der größten Not den Kopf klar zu behal-ten.

Krüder hat dann den Navigationslehrgang in Mürwik und Artillerie- und Funklehrgänge besucht. An Bord einer Schulhalbflottille bestand er die Seeoffizier-Hauptprüfung. Es darf ver-merkt werden, daß es bei der damaligen Kaiserlichen Marine eine Seltenheit war, ohne Abitur in die Offizierlaufbahn aufgenommen zu werden. 1917 fuhr Krüder als Wachoffizier auf der BRESLAU; von Konstantinopel ausgehend, zahlreiche und darunter schwierige Minenunter-nehmungen in das Schwarze Meer, dann wurde er auf den Schlachtkreuzer GOEBEN kom-mandiert. Am 13. Dezember 1917 erfolgte seine Beförderung zum Leutnant zur See. Im Jahre 1918 sank die BRESLAU nach schweren Minentreffern. 48 von 300 Mann retteten die Engländer. Auch GOEBEN erhielt einige Minentreffer und wurde außerdem noch von briti-schen Flugzeugen bombardiert. Im Frühjahr 1918 nahm Krüder auf der GOEBEN an der Beset-zung Sewastopols teil. Am 4. November 1918 reiste er mit einem großen Teil der Besatzung nach Deutschland.

Während dieser Fahrt zerbrach die deutsche Front.

Anfang 1919 stieß er zur Marinebrigade Ehrhardt. Auf sein Drängen hin wurde er einer Sturm-kompanie zugeteilt, die nur aus Offizieren und Fähnrichen bestand.

Immer in den vordersten Reihen kämpfend, war er dabei, als diese Truppen Braunschweig befreiten, die Meuterer aus Berlin verjagten und in München die bolschewistische Räteherr-schaft entthronten.

Bei den Kämpfen in Berlin wurde Krüder übrigens verwundet.

»Es war in der Nähe der Mauerstraße«, so erzählte er später darüber, »als ich plötzlich einen heftigen Schlag gegen den Leib verspürte. Ausgerechnet ein Mädchen mit brandroten Haaren, eine Schauspielerin übrigens, nahm sich meiner an, für den diese Farbe im besten Sinne des Wortes ein rotes Tuch bedeutete. Sie hat sich aber rührend um mich gekümmert, und als ich sie anflehte, sie müsse mich verstehen, daß ich dort zu sein hätte, wo meine Kameraden wären, gelei-tete sie mich in liebevoller, ja selbstloser Pflege nach München und brachte mich dort bei ihr bekann-ten Künstlern unter. Ich wurde so nach und nach ein heldisches Schaustück in diesen Kreisen. Die »Rote« glaubte, mir Freude zu machen, wenn sie Gäste einlud, die mich unterhalten soll-ten und die mir ja auch immer eine aufrichtige, herzliche Anteilnahme bewiesen. Das brave Mädel ahnte aber nicht, wie qualvoll für mich diese Stunden waren, denn jede Bewegung bereitete mir dumme, heftige Schmerzen.«

»Ja«, so fuhr Krüder fort, und diese Worte sind bezeichnend für ihn, »was sollte ich aber machen, ich konnte der besorgten ›Roten‹ doch nicht weh tun …!«

Im Jahre 1920 wurde Krüder von der neu aufgestellten Reichsmarine übernommen. Er diente ein Jahr als Zugoffizier in Wilhelmshaven und Emden und ging dann, inzwischen Oberleut-nant geworden, als Wachoffizier auf das Minensuchboot M 111. Dieses Bordkommando wurde entscheidend für seine spätere Laufbahn. Krüder wurde Spezialist für Sperrwaffen.

Von 1922 bis 1924 war er als WO und Adjutant auf dem Kreuzer MEDUSA, auf dem er verschiedene Reisen nach Schweden, Norwegen und Finnland erlebte.

1924 bis 1926 arbeitete er in der Admiralstabsabteilung der Marinestation der Ostsee. Obwohl ihm, der gewohnt war, in frischer Seeluft und auf dem Wasser zu sein, diese neue Tätigkeit nicht behagte, hat er sich dennoch mit eisernem Willen mit der Schreibtischarbeit befaßt und aus diesem Schaffen später sehr vielen Nutzen gezogen.

Während dieser Zeit heiratete Felix Krüder. Eine Hamburgerin. Das verstand sich so.

1927 vertauschte er den Schreibtisch mit der Kommandobrücke des Minensuchbootes 145. Zwei Jahre blieb er hier an Bord. Zum ersten Male bewährte er sich als Alleinverantwortlicher in einer in sich fest gefügten Bordgemeinschaft.

Dann folgte wieder ein Landkommando in Stralsund. In der Zwischenzeit wurde Krüder Kapitänleutnant, am gleichen Tage, als ihm ein Söhnchen geboren wurde … Und damit ver-bindet sich wieder einmal der typische Felix Krüder …

Um ein Uhr kam das Söhnchen zur Welt, und um zwei Uhr erreichte ihn die Nachricht von der Beförderung. Mit zwei Sternchen in der Hand eilte er zu seiner Frau … »Übrigens«, sagte er nach den ersten herzlichen väterlichen Glück- und Bewunderungswünschen, »ich werde die-sem Kerl von Sohn zwanzig Mark von seinem Taschengeld abziehen.« Auf die erstaunte Frage seiner Frau nach dem Wieso und Weshalb entfuhr es ihm grollend und lachend zugleich: »Wäre er, der herrliche Sohn, schon gestern, am 30. Oktober, erschienen, dann … müßten die Herren

Verwaltungsräte schon für November zwanzig Mark Kinderzulage blechen. Welch ein Unglück!«
Von 1930 bis 1931 leitete er die Unteroffiziersausbildung in Friedrichsort, und im Herbst 1936
stieg er als Rollen- und Wachoffizier auf den Kreuzer KARLSRUHE ein. Auf diesem Kadet-
tenschulschiff erlebte er die erste Reise um die Welt, die nach dem Kriege deutsche Kreuzer unternahmen. Sie führte ihn rund um Nord- und Südamerika, nach Alaska und Hawaii. Sie schul-
te seinen Blick, seine nautischen und seemännischen Kenntnisse, und sie formte den jungen
Offizier zur weiteren Vollendung.
Ernst-Felix Krüder hat von dieser Fahrt sehr viele Briefe nach Hause geschrieben. Sie können
in ihrem ganzen Umfang nicht wiedergegeben werden, obwohl sie sehr viele interessante Schilderungen aufweisen, die Krüder als einen tiefblickenden klaren Beobachter und als einen in
seiner Lebenshaltung und Lebensauffassung gefestigten Offizier erkennen lassen. Daß Krüder
Humor hatte, sehr viel Humor sogar, auch das beweisen diese Briefe. Hier sind einige Auszü-
ge. So dachte und urteilte Ernst-Felix Krüder, als sich ihm die Tore zur Welt auftaten …
St. Hamilton. Bermuda … »Heute, nach drei Tagen, schreibt der Bürgermeister, alle Soldaten
in Uniform hätten freie Fahrt auf der Bermuda Railway. Wir führen das auf das wirklich vorzügliche Auftreten unserer Männer an Land zurück, das allgemein Aufsehen erregte. Sie sind
anderes gewöhnt. So wurden unsere Soldaten in den ersten Tagen nicht in die feudalen Hotels
hineingelassen. Teilweise standen draußen Plakate: ›Soldiers not admitted‹. Jetzt sieht man
unsere Seeleute in den allerbesten Häusern …«
In Galveston … »An eines muß man sich übrigens hier drüben erst gewöhnen. Das fing auf
den Bermudas an, war in Habana dasselbe, ist aber am dollsten hier, nämlich, daß die Frauen
und Mädels beim Tanzen ihren Kopf anlegen müssen. Ob man will oder nicht. Backe an Backe
muß sein. Na, so schwer fällt's einem bei den meisten Lerchen ja nicht, sich daran zu gewöhnen.«
Nochmals Galveston … »Es war der letzte Faschingstag. In fabelhaften Kostümen wurde dort
der Hof Ludwigs XIV. dargestellt. Als dann der König und die Königin kamen, spielte die
Musik ausgerechnet die Marseillaise. Von Geschichte haben die nicht viel Ahnung. Gottvoll …«
Im Staate Texas … »Der Empfang im Capitol des Gouverneurs war groß aufgezogen. Zu Mittag dann großes Diner mit dem Gouverneur im Houston Club. Bei dieser Art Essen geht es nach
unseren Begriffen ganz merkwürdig zu. Mehr oder weniger wird hastig gegessen. Dann erst
beginnt die Hauptsache des ganzen Essens: Das Reden. Einer der Prominenten fungiert als
Toastmaster, leitet die Quasselei mit einer Eingangsrede ein und fordert dann den einen nach dem
andern der Prominenten auf, eine Rede zu halten, teils kurze, teils entsetzlich lange. Sie gleichen
sich nur darin, daß sie langweilen.«
In Vera Cruz … »Aufgebracht sind die Amerikaner über die Japaner. Wenn sie könnten, würden sie diese schon jetzt vor die Klinge holen. Was wohl noch mal kommen wird …«
In Colon … »Sturm! Ich war mit meinen Männern gerade an Land. Von Zeit zu Zeit pras-
selte unter Donnergetöse eine Kokosnuß auf das Wellblechdach und kollerte dann herunter. Ich
hatte die Musik mit, die blasen mußte, um den Orkan, diesen furchtbaren ›Norder‹, zu übertönen. Als wir von diesem Unternehmen zurückkamen, hörten wir, daß auf der KARLSRUHE
Zustand ›Y‹ herrsche. Die ›K.‹ lag unter Dampf, dümpelte wie ein Ewer und schwojte in diesem Hundewetter an den langen Ankerketten durch den halben Hafen. Bootsverkehr völlig
unmöglich. Für mich war Befehl da, mit den Leuten auf den an dem Pier liegenden Hapagdampfer

WESTERWALD zu gehen. Unter klingendem Spiel bin ich da erschienen und habe den Dampfer quasi als Hilfskreuzer in Dienst gestellt. Der Kapitän, ein Graf Luckner, ein Stiefbruder des bekannten Seeteufels, freute sich sehr. Für die Offiziere und Oberfeldwebel besorgte ich Quartier an Land. Ich selbst blieb bei meinen Leuten ...«

Krüder schrieb schlicht und soldatisch knapp, aber ungemein fesselnd, weil er als Seemann gewohnt war, klar und scharf zu beobachten und zu trennen. Durch diese Reise festigte er seine Menschenkenntnisse, weitete er seinen Blick, lernte er es, politisch und in Kontinenten zu denken. »Wenn alle Deutschen in der ganzen Welt sich immer und in jeder Lebenslage bedingungslos zu ihrem Deutschtum bekennen, dann haben wir viel gewonnen.«

Ohne die Marine-Akademie besucht zu haben, wurde Krüder nun dritter Admiralstabsoffizier im Stabe des Befehlshabers der Aufklärungsstreitkräfte. Seine Aufgabe befriedigte ihn voll.

1933 bis 1934 war Krüder auf den Kreuzer KÖNIGSBERG kommandiert, und 1934 wurde er Chef der Ersten Minensuch-Flottille in Pillau.

Krüder dazu: »Dienstlich wie außerdienstlich war dies das schönste Kommando meiner bisherigen Laufbahn.«

Später war er als Einstellungsoffizier für den Offiziernachwuchs bei der Inspektion des Bildungswesens der Marine tätig, und kurz vor dem Kriege sah man ihn im Referat »Amt für Kriegsschiffbau« als Fregattenkapitän. Als der Krieg ausbrach, war Krüder unter jenen wenigen Männern, die man für ein Hilfskreuzer-Kommando als geeignet betrachtete ...

Das nach dem ersten Weltkrieg erschienene deutsche Admiralstabswerk über diesen Dienst: »Der Kommandant, der solche Schiffe führt, ist ausschlaggebend für alles, was mit dem Schiff zusammenhängt. Er ist völlig selbständig. Losgelöst von der Heimat, keinen Vorgesetzten über sich, keinen gleichaltrigen Kameraden neben sich, keinen Untergebenen, der die letzte Verantwortung mit ihm teilt, ist er ein absoluter König in seinem Reich. Aber er ist einsamer als irgendein anderer Mann. Körperliche Entbehrungen, große Strapazen, höchste Beanspruchung der Nerven und starke seelische Anspannung charakterisieren den Dienst des Kommandanten eines Hilfskreuzers.«

Am 11. November 1939 betrat Ernst-Felix Krüder zum ersten Male das »Schiff 33«, den späteren Hilfskreuzer PINGUIN.

I.

»Bei Schiwa und seinen Göttern, Sie sind ja rasiert!« bestaunt der soeben an Bord des deutschen Vorderasienschiffes KANDELFELS gekletterte Kalkuttalotse den wachhabenden Offizier, als er die Brücke betritt. Er, ein Inder, der bei dem Hoogly Pilot Service bedienstet ist, legt die Hand an die Mütze und eilt mit ausgestrecktem Arm dem WO Helmut Hanefeld entgegen: Hanefeld, groß und schlank, hager, ja beinahe knöchern, als habe ihn die vieljährige Tropenfahrt ausgedörrt, lächelt erst hilflos. Ein paarmal zuckt es um seine Mundwinkel, ehe er eine Antwort auf diese unerwartete und seltsame Begrüßung findet.

»Guter, alter indischer Freund in britischen Diensten … Haben Sie hier an Bord neuerdings etwa stoppelbärtige Piratengesichter vermutet?«

»Natürlich. Wenn man das glaubt, was so heute in den Zeitungen steht, in unseren wie auch in denen, die die Franzosen oder die Briten mit ihren Schiffen mitbringen, dann müßten die Besatzungen der deutschen Schiffe nicht nur fusselige Matratzen unter den Nasen tragen, sondern auch wie leibhaftige armselige Stowaways herumrennen.« Mit diesen erklärenden Worten greift der Inder, ein älterer Mann schon, so zwischen fünfzig und sechzig, in die Tasche seiner weißen Tropenjacke, aus der er schmunzelnd ein paar Zeitungen herauszerrt. Geschäftig faltet er sie im Windschutz des Brückenschanzkleides auseinander und breitet sie auf dem Fernglaskasten aus.

»Hier«, fordert er Hanefeld auf, »hier, lesen Sie es doch selbst.«

Hanefeld ist an die Zeitung herangetreten und folgt dem dürren, neskaffeebraunen Finger des Inders.

Da steht in der »Cavalcade« wortwörtlich: »Wie übrigens die tschechische Zeitung ›Lidivy Noviny‹ aus zuverlässiger Quelle erfahren haben will, ist es männlichen Deutschen verboten, sich mehr als viermal im Jahre zu rasieren. Sie dürfen sich im Rahmen des neuen Vierjahresplanes auch nur ein Hemd im Jahre kaufen. Die deutschen Frauen dürfen nur fünf Paar Strümpfe besitzen …«

Lachend fährt sich Hanefeld über das glattrasierte Kinn, um dann sehr ernst zu werden. Gute Freunde von ihm hätten indessen bemerkt, wie ein Strahl Schalk aus seinen Augen zuckte. Aber so lange kennen sie sich nicht, der indische Lotse und der deutsche Schiffsoffizier der Vorderasienlinie der Dampfschiffahrtsgesellschaft »Hansa« in Bremen, daß der Inder den gewollt scherzhaften Ton in der Stimme Hanefelds heraushört, als dieser nun, wie von ihm erwartet, mit den Augen zwinkernd auf den Artikel eingeht.

»Stimmt alles, was da steht. Das ist allen deutschen Männern vor gar nicht langer Zeit befohlen worden. Um Rasierklingen zu sparen. Wegen der Kanonen und der Flugzeuge, you know? Gestern erst haben wir über Funk eine Sondergenehmigung erhalten, uns ausnahmsweise rasieren zu dürfen. Aus repräsentativen Gründen. Der Ausländer wegen. Sabby?«

»Oh«, stöhnt der Lotse, »ich dachte, das wäre alles purer Schwindel.« Der Inder wird einen Schein heller. Er läßt die Schultern hängen und macht ganz den Eindruck eines tief enttäuschten Mannes. Wie einer, der die Sonne scheiden sieht. »Ich hielt das wirklich für schlechte Propaganda.«

»Für schlechte? Nun, die alten Lateiner hatten ein treffliches Wort dafür: Semper aliquid haeret ... Was übersetzt heißt: ›Es bleibt immer etwas hängen‹. Es ist nun einmal so auf der Welt, daß die Lüge schneller ist als ihr Dementi. Und wer schnell lügt, lügt doppelt.«

»Sie wollen damit sagen ...«

»Daß es nicht stimmt, was da steht. Es ist ein herrlicher Unsinn. Wie alles andere auch. Daß in Stolp und Allenstein Meutereien gewesen wären ..., daß deutsche Generale ins Ausland geflohen wären ... Wir Deutsche wissen, daß dies alles erfunden ist. Aber der kleine Mann im Ausland kann nicht überprüfen, was nun wahr und was zweckbedingte Propaganda ist. Die psychologische Aufnahmebereitschaft der Massen für das gedruckte Wort ist nun einmal so groß, daß solche Suggestion lawinenartige Wirkungen auslöst, die auch durch keine nachfolgende Berichtigung mehr ausgelöscht werden können.«

»Aber was will man damit, was erhofft man sich davon?«

»Was schon?« zuckt Hanefeld mit den Schultern. »Es wird Krieg geben. Dieses Danzig da«, und er fährt mit dem Finger über eine in der Zeitung abgebildete Karte von Deutschland hinweg, »wird nur ein Anlaß sein. Die Ursache ...? Ja, die Ursache? Die wirklich tieferen Gründe müssen wir schon woanders suchen ... Es gibt viele Gründe. Hier und dort. Unterhalten wir uns einmal später unter vier Augen darüber ... Ich glaube, Ihr Dienst beginnt.« Hanefeld weist auf eine tiefrot leuchtende Boje, die voraus sichtbar wird. Der Lotse nickt zustimmend. Er geht in das Brückenhaus und tritt neben den Rudergänger. Er hebt die Hand mit ausgestrecktem Mittelfinger.

Der Mann am Ruder zeigt verstanden.

Dem Lotsen obliegt jetzt das Kommando. Er allein ist für die Ruderanweisungen verantwortlich, denn er kennt das Revier, den Hoogly-Fluß, einen Nebenarm des mächtigen heiligen Ganges. Auf seinem breiten, geschäftigen, fleißigen Rücken führt der Weg bis nach dem neunzig Meilen entfernten Kalkutta hinauf, Weltstadt und Welthafen Asiens. Das Wasser, durch das die Schraube der KANDELFELS jetzt wühlt, hat die Farbe von flüssigem Lehm.

Schweigen herrscht auf der Brücke.

Seine Befehle gibt der Lotse durch Handbewegungen. Hanefeld hat seinen gewohnten Pendelgang von Nock zu Nock wieder aufgenommen. Als sich aus dem perlmuttfarbenen Dunst des Horizonts die ersten Konturen dieser für das britische Weltreich so bedeutsamen Stadt herausschälen, als die sattgrünen Ufer näher und näher aneinandergerückt sind und der tropische Dunst und der würzige Duft des nahen Landes immer stärker und fühlbarer werden, ist Hanefelds Wache beendet.

*

In der Messe dieses erst kürzlich in Dienst gestellten Vorderasienfrachters ist es so still wie auf der Brücke. Die Kanne geht von Hand zu Hand. Die Teetassen rauchen. Hanefelds Kameraden lesen in den von dem Lotsen und seiner Begleitung mitgebrachten ausländischen Zeitungen.

Eine Welle des Hasses und der Empörung flutet tagaus, tagein durch die Blätter der ganzen Welt. Sie will und sie soll die Völker der Erde gegen Deutschland aufwühlen. Sie will Haß und Erbitterung säen, um die Abwehrbereitschaft zu ballen. Die französische Zeitung »Oeuvre« schreibt: »In Deutschland erhält man Weißbrot nur dadurch, daß man schwarzes Brot mit Chlor behandelt. Da dabei immer etwas Chlor im Weißbrot zurückbleibt, sind zahlreiche Fälle schwerster Vergiftungen vorgekommen.«

Die französische Wochenzeitschrift »Cyrano« verbreitete unter dem 8. Juli 1939 die Nachricht, daß nach dem Geständnis eines in Großbritannien verhafteten deutschen Arztes deutsche Sportflieger über Großbritannien aus fünfhundert Meter Höhe Ratten abgeworfen hätten. Diese Ratten seien mit verschiedenen Krankheitskeimen infiziert worden. Die Deutschen hätten damit die Wirksamkeit ihrer Mittel für einen Bakterienkrieg an der britischen Bevölkerung feststellen wollen.

»Hier, lesen Sie das, Hanefeld. Interessant, fürwahr.«

»Here are the facts about Russia … Hier sind die Tatsachen über Rußland.«

In vergleichenden Zahlen beleuchtet der politisch, wirtschaftlich und militärisch gut versierte Verfasser die Schlagkraft und die »Unüberwindlichkeit« der Roten Armee.

»… Rußland ist auch heute, und vor allem jetzt in diesen kritischen Stunden, Großbritanniens größte Hoffnung. Schon einmal ließen Millionen russischer Bauern ihr Leben, um das Imperium zu retten. Ohne die Sowjetunion ist Großbritannien verloren …«

Hanefeld blickt zu Becher, dem Ersten Offizier, hin.

»Hm, und der deutsche Pakt mit Rußland, den wir gestern schlossen, zu einer Zeit, als diese Ausgabe schon im Handel war?«

»Wir antikommunistischen Deutschen haben mit den kommunistischen Sowjets den Pakt zustande bekommen, um dem Frieden in der Welt zu dienen, um zu beweisen, daß auch größte ideologische Gegensätze nicht unüberbrückbar sind … So heißt es in unseren deutschen Kommentaren. Vielleicht aber war es Stalin, den die Geschichte einmal als wirklichen Initiator dieses Paktes anerkennt.«

»Sie wollen also behaupten, daß dieser Pakt nur ein Scheinpakt, nur ein listiges Manöver des Ostens ist?«

»Wait and see, sagt der Brite in einem solchen Falle. Warten wir ab, was uns die nahe und ferne Zukunft bringt. Ahnungslose deutsche Heimat.«

Und in der »Cavalcade« heißt es weiter:

»Aber kann die britische Regierung bei einem Pakt mit dem Osten ohne Sorge sein, daß Rußland nach einem Siege über Deutschland nicht den ganzen Westen dem Bolschewismus unterjocht? Eine Frage, die der skeptische britische Premier Chamberlain immer wieder aufwarf, als die britischen Bemühungen einer militärischen

Achse London–Moskau im Unterhaus wie auch in der Presse zur Diskussion standen ...«

»Wenn es um sein Land und um seine Freiheit geht, nimmt der Brite auch eine Anleihe beim Teufel auf.«

Ein Matrose sieht durch das Schott.

»In einer halben Stunde sind wir am Platz.«

Achteraus liegen jetzt die riesigen Öldepots von Budge Budge, und an der Steuerbordseite bleiben die King-Georges-Docks zurück. Voraus flimmert das Grau der plumpen Konstruktion der Howrah-Brücke, der zweitgrößten Brücke der Welt, in der tropisch heißen, dunstigen Luft. Kurz vorher stoppt die KANDELFELS. Sie nimmt wieder Fahrt auf und dreht auf die Schleuse der Kidderpore-Docks zu. Die Hafenbecken sind riesig breit. Hier laden und löschen die Schiffe aller Nationen gleichzeitig an den Pfählen aus Leichtern oder an den Kaimauern mit ihren riesigen Lagerhallen direkt über die Kräne an der Pier.

Zucker, Gewürze, Juteballen, Tee aus Darjeeling, Schellack, Häute und Felle, Roheisen, Manganerze, Baumwollballen und baumwollene Halbfertigwaren, Wein, Edelhölzer und viele, viele andere Produkte aus dem riesigen Subkontinent Indien verschwinden in den hallengroßen, schier unersättlichen Bäuchen der Frachter. Allein über Kalkutta wurden 1938 nahezu sieben Millionen Tonnen Güter ausgeführt und nur zweieinhalb Millionen importiert.

Diese niedrige Einfuhrquote beweist treffender als langatmige Ausführungen, wie wenig den Briten daran gelegen war, Indien zu industrialisieren, Indiens Rohstoffe an Ort und Stelle zu verarbeiten. Indien war ein riesiger Brunnen, aus dem die Briten nur schöpfen wollten.

Sanft schwojt die KANDELFELS am 12. Juli des schicksalschweren Jahres 1939 in langsamer Fahrt an die Pier. Der fast achttausend Tonnen große Frachter macht ohne Schlepperhilfe fest. An einer Schmeißleine ist die Vorleine angesteckt. Wie ein Lasso schwingt ein Seemann die Wurfleine über dem Kopf, dann fliegt ihr verknotetes Ende pfeifend über Bord. Unten greift es ein herumstehender Inder auf.

»Halloh, leg över!« schreit eine Stimme von der hohen Back des Schiffes hinab, und der Braune da unten trabt genauso wie sein gelber Kollege in China oder sein schwarzer »Amtsbruder« irgendeines afrikanischen Hafens bereitwilligst mit dem Auge der der Wurfleine nachfolgenden armdicken Manilatrosse davon, stülpt es über einen rostigen Eisenpoller, hebt die Hand zum Zeichen, daß alles in Ordnung ist.

Das tut er, obschon er nichts mit diesem Schiff zu tun hat.

Das ist so Brauch in den Häfen der Welt.

Es gibt da ungeschriebene Gesetze ...

Korkfender knirschen zwischen der Pier und dem Eisenleib des Schiffes. Dampfwinden zischen und poltern schwerfällig und hart, und die Drähte und Leinen, die jetzt das Schiff an den Kai fesseln, singen und ächzen noch einige Male beängstigend, ehe sie endgültig zur Ruhe kommen.

Schnell wird es nun Nacht. Gelbe Bogenlampen stülpen ihre Strahlenglocken über den bunten verwirrenden Hafenbetrieb, in dem es keine Feierstunde gibt. An den schier endlosen Kais mit ihren mächtigen Lagerschuppen hummeln geschäftig die Kräne. Hiev auf Hiev und Brook auf Brook schweben empor und verschwinden in den gefräßigen Luken der Frachter. Manche von diesen Ladeluken haben ein riesiges Maul. Es ist so groß wie ein kleines Wochenendhaus.

Wie eigenwillige Farbflecke in einem Großgemälde – so leuchten die grellbunten Farben der Flaggen der Nationen. Briten, Franzosen, Schweden, Chinesen, Japaner und Deutsche. Sehr viel Deutsche! Sie liegen hier mit den anderen friedlich hintereinander.

Bis in das nüchterne Getriebe des Hafens schwingt der buntschillernde Abglanz tropischen Indiens. Fremdartig und malerisch ist die Bekleidung der Inder, die hier als Schauerleute und Hafenarbeiter in der gebeugten Haltung in ihr Schicksal ergebener Menschen tätig sind. Arme Schlucker, diese hageren, ausgemergelten Braunen, die bei den Weißen ihre Handvoll Reis verdienen. Zuviel, um zu sterben, zuwenig, um satt zu werden.

Und das in einem Lande, dessen Reichtum kein Märchen ist …

Und in der mit herben Gerüchen nach Teer, Farbe, Curry und Ruß gesättigten Luft ist jener süße, ermüdende Duft, den ein feuchtheißer Wind aus dem Innern der nahen Dschungeln Bengalens auch über den Hafen treibt.

»Immer wieder neu und für uns Europäer, immer wieder von rätselhaftem Reiz«, murmelt Becher, wohl mehr zu sich selbst und schaut über die Brückenreling in jene Richtung, in der ein rötlicher Schimmer am tropischen Nachthimmel das Zentrum der Riesenstadt am Ganges ahnen läßt …

»Und vielleicht für lange Zeit das letzte Mal«, brummt der neben Becher getretene Kapitän, der sehr geräuschvoll seine Pfeife auf der Brückenreling ausklopft, in die Nacht lauscht und sich dann brüsk umdreht.

Als er sich mit düsterem Gesicht entfernt, ruft ihm Becher noch nach:

»Kann sein auch für immer.«

Ein weißer Arm zerteilt den Horizont. Er erlischt, kommt wieder … Punkt, Strich, Punkt, Pause, Punkt, Punkt, Strich …

In dieser Richtung liegt Dum Dum, Kalkuttas großer Flughafen.

Nachtübung britischer Flugzeuge.

Die KANDELFELS löscht auch die zweite Nacht pausenlos und in fieberhafter Eile. Der Kapitän drängt. Die britischen Behörden dagegen haben Zeit, viel Zeit. Es ist nur zu offenkundig, daß sie die Abfertigung auch dieses deutschen Frachters zu verschleppen versuchen.

*

»Düwel ook, wat'n Tempo in diesem Backofen.« Und mit dem Seufzer eines vielgeplagten Mannes setzt sich Hanefeld auf eine der letzten Kisten für die Ladeluke drei. Letzte Kiste stimmt nur bedingt, denn dieses Stückgut kam gleich zu Beginn der Ladearbeit angerollt, und hätte der Dritte Offizier nicht aufgepaßt, dann wäre es mit den anderen Gütern im unersättlichen Bauch dieses Riesentragetieres Schiff verschwunden. »Vorsicht – zerbrechliche Waren!« warnen knallrote Aufschriften. Als Ladeoffizier ist es für Hanefeld eine der Hauptaufgaben, zerbrechliches von stabilem Gut so zu trennen, daß beim Stauen und Lagern im Schiff Schäden vermieden werden. Er ist aber auch dafür verantwortlich, daß alle anrollenden Güter mit möglichst wenig Zeitverlust seefest, raumsparend und vor allem schnell in den großen Sälen gleichenden Hallen verstaut werden. Und nicht selten kommt das Porzellan vor dem Elefanten. Wird das Porzellan aber nicht geladen, weil man noch auf den Jumbo wartet, dann kostet das Lagergeld – und dem Staate Devisen. Und Devisen sind knapp. Also muß der Ladeoffizier den Raum für Jumbo aussparen lassen. Dabei muß er aber wissen, wie groß, wie lang und wie schwer das »Jumboschwergut« ist.

An Schlaf war in den letzten zwei Tagen nur wenig zu denken. Laden. Schnell laden. Noch schneller laden, drängte das Kommando.

Jetzt ist wieder Schichtwechsel unter den Braunen. Für den Ladeoffizier Hanefeld nicht. Er schaut müde und teilnahmslos über die Reling.

Auf dem Pier tummeln sich die »beachbombers«, jene herumlungernden Hafengestalten, die man überall im Ausland und in allen Farben trifft. Es gibt schwerlich eine Übersetzung für dieses international gewordene Seemannswort, ebensowenig wie für die Begriffe »Tramp« oder »Kuli« oder »Stowaway«.

Aber für den abgespannten Hanefeld, für den ein Tag im Hafen mehr als vierundzwanzig Stunden zählen müßte, ist dieses bunte, farbige Bild so uninteressant wie ein Landgang.

Wie gern hätte er einen Bummel durch die Weltstadt Kalkutta gemacht, wie gern hätte er auf dem New Market ein paar Souvenirs eingefeilscht … ein paar Ebenholzelefanten oder jene wunderbaren, hier so billigen Kunstschnitzereien aus Elfenbein.

»Das nächste Mal«, war der Trost bei der ersten Reise als Offizier.

»Das nächste Mal? Man müßte einmal wieder Zwanzig sein und nur Matrose …«

*

MS KANDELFELS ist seeklar.

In den Räumen schlummern wertvolle Rohstoffe für die noch immer kolonialarme Heimat. Jute, Ölkuchen, Ölnüsse, Erdnüsse, Kautschuk, Chinin, Molybdän, Wolfram und etwas Stückgut lagern unter seefest mit Persenningen überzogenen und mit Holz verkeilten Ladeluken.

Aus den finstersten Tiefen des Schiffes heraus scheint nun der grollende, langgezogene Ton des Typhons zu kommen.

Die Schraube dreht sich.

Die KANDELFELS manövriert sich frei, geht langsam zurück, passiert die Schleuse und gewinnt, mehr Fahrt aufnehmend, das breite Fahrwasser des Hoogly.

Der Heimat entgegen, singen die starken Motoren.

Heim, ehe es zu spät ist.

»Wir kommen wieder«, winkt Hanefeld dem im Gebiet der Hoogly-Mündung scheidenden indischen Lotsen nach.

Und der Dritte Offizier ahnt nicht, daß er unter anderen Umständen wiederkommen sollte. Auf demselben Schiff. Bis fast vor die Haustür Kalkuttas. Aber nicht mehr unter der friedlichen Handelsflagge. Und derselbe Indische Ozean, den sie in den nächsten Tagen durchqueren, wird einmal später das stumme, ewige Grab dieses Schiffes und seiner tapferen Besatzung sein.

Sie fahren an dem britischen Bollwerk Aden vorbei. Dann durch das Rote Meer, durch ein Wasser, so träge wie flüssiges Blei. Gluthauch der Sahara weht über das Schiff, ein ausgelaugter, erbärmlich trockener Wind, der die Kehle verbrennt, als atme man Feuer. Er lähmt jedes Denken, macht bleiern müde und die Glieder schwer.

Ein italienischer Lotse klettert für den Suez-Kanal an Bord. Der unterhaltungsbedürftige Sohn des sonnigen Südens schwatzt unentwegt vom Kriege. Sein Haß auf die Briten muß grenzenlos sein, wenn man ihn so reden hört. Eben noch hat er der Schiffsführung in einer Mischung von grimmigem Zorn und lässiger Verachtung die vielen neuen Drahthindernisse auf ägyptischem Boden gezeigt, als er – der deutsche Kapitän auf der Brücke zieht erschrocken den Kopf ein – eine Arie in den Sonnenhimmel schmettert. Fröhlich und unbekümmert. Eine hübsche italienische Arie ist es. Becher tippt auf Puccini. Der Alte ist für Verdi.

Drüben an Land wimmelt es nur so von Soldaten. Kleine, schmächtige Gestalten neben kantigen, schlaksigen Figuren. Inder, Briten, Australier vor ihren Camps. Port Said gleitet vorbei. Und die Nacht sinkt hernieder. Scheinwerferbündel zersägen sie. Silbertupfen schwimmen wie Schmetterlinge in einem Autolicht am Himmel. Richtübungen der britischen Flak auf Flugzeuge.

Übungen für den Ernstfall!

Und in der Heimat verspricht die Führung des Staates: »Es gibt keinen Krieg mit Großbritannien.«

Armes, ahnungsloses Deutschland!

Doch weiter, weiter, weiter hummeln die Motoren ihr monoton drängendes Lied. Kornblumenblaues Mittelmeer.

Es ist wenigstens nicht mehr so brütend heiß. Erlöst und aufatmend genießen sie den Marsch durch das antike Meer, dessen stille Wasser nichts, aber auch gar nichts von den heißen Kämpfen künden, die seit vielen, vielen hundert Jahren Völker und Stämme auf ihm ausgefochten haben.

Nach jedem Sturm glättet sich die See.

Unter der braunroten Küste segeln Farbtupfen dahin. Fischkutter sind es mit ihren rostfarbenen Lateinsegeln. Alle Besorgnisse verfliegen. Sie werden aufgesogen vom Zauber des Lichts und der Farben.

Und dann Gibraltar.

Graue Kolosse schwerer Kriegseinheiten künden es an. Mit hoher Bugsee brausen Zerstörer vorbei, diese typischen britischen Zerstörer mit ihren unterernährt wirkenden dünnen Schornsteinen, den hageren Dreibeinmasten, von denen sich der britische Schiffsbauer auch heute noch nicht trennen kann, mit den großen, weißen, weithin leuchtenden Zahlen und Buchstaben an der graugepönten Bordwand.

Diese noch nie vorher gesehene Anhäufung kleiner und größter Einheiten der britischen Flotte bedarf keines Kommentars.

Auslaufend aus der Enge vor Gibraltar …

Auch hier, im atlantischen Vorgarten zu einer der wichtigsten Haustüren des britischen Weltreichs, toben sich die Scheinwerfer aus.

Ein Spinngewebe, wie im Sturm zerflatternd, wandert gespenstisch wie ein unheilverkündendes Zeichen über den nächtlichen Himmel.

*

Am 27. August empfängt der KANDELFELS-Funker den Funkspruch »qwa 9«. Er besagt, daß alle Möglichkeiten ausgenutzt werden sollen, innerhalb der nächsten vier Tage einen deutschen Hafen zu erreichen. Wenn dies nicht möglich sei, dürften auch spanische, italienische, japanische, russische oder niederländische Häfen angelaufen werden, nordamerikanische allerdings nur im Notfall.

»Quatsch«, brummt der KANDELFELS-Kapitän. »Wenn die die Niederlande freigeben, dann meinen sie auch Belgien und damit auch Antwerpen.«

Ende August ist es, als die KANDELFELS in Antwerpen, ihrem ursprünglichen Bestimmungshafen, einläuft.

Der Zweite Offizier schließt das Logbuch ab.

»29. August 1939. Antwerpen festgemacht. Keine besonderen Ereignisse! Mittelmäßige, schnelle Reise!«

»Nun sehen Sie sich bitte das hier einmal an. Genau einen Tag war diesmal der Seetörn kürzer«, wendet er sich an Hanefeld, der mit eigenwillig gesträubten Haaren grollend in einem Wust von Ladungspapieren wühlt. Er studiert die Übersichtskarte.

»Sind aber doch wie sonst den alten Weg gelaufen. Kann man mal sehen, was so in einem harmlosen Frachtdampfer drin steckt.«

»Das ist bestimmt nicht alles.«

»Sie meinen, daß man noch mehr 'rausholen kann …, wenn man will.«

»Ich glaube es nicht nur.«

Ein Seemann erscheint im Schott des Kartenhauses. »Herr Hanefeld, Sie möchten sofort zum Alten kommen.«

Der Alte dreht, als Hanefeld erscheint, ein Telegramm in den Händen. Er spricht langsam, Wort für Wort mit einer verhaltenen Erregung in der Stimme.

»Da, bitte, ich habe mich nicht getäuscht. Wir müssen auf dem schnellsten Wege die Ladung löschen und dann nach Hamburg verholen. Essen Sie nachher zu Mittag. Nehmen Sie alle Leute und machen Sie die Luken klar. Ich kümmere mich selbst darum, daß der Umschlag in die Rheinkähne schneller klappt.«

Bißchen übertrieben aufgeregt, der nervöse Alte, denkt Hanefeld und geht, typisches Bremer Kind, nicht ein bißchen verwundert über dieses Telegramm, gelassen an die Arbeit.

»Immer schön ruhig durch die Nase atmen«, ist sein Wahlspruch. Erst am späten Abend, man ist in Belgien und nicht mehr in Indien, im Lande der spottbilligen Arbeitskräfte, steigt der Dritte an Land, denn in der Nacht ruht hier der Löschbetrieb in diesem Hafenteil. Überall springt ihn flutendes, bewußt, auffallend bewußt gelebtes Leben an. Diese Betriebsamkeit und Großzügigkeit riechen nach Tor-schlußpanik.

Heute rot – morgen tot.

Hanefeld sucht ein Lokal auf, eine exquisite Gaststätte mit internationalem Namen, viel zu teuer und vornehm für einen kleinen Dritten Offizier ohne eigenen Wagen, ohne draußen wartenden, livrierten Chauffeur.

Speisekarten, so lang und so breit wie ein solides Handtuch.

Weinkarten, so dick und groß wie in Schweinsleder gebundene Bibeln.

Französischer Sekt, Malossol-Kaviar, holländische Austern.

Hanefeld verpraßt seine letzten Devisen.

Ein delikates Mahl. Mit wachen Sinnen genossen. Bedächtig und mit der Erfah-rung eines weltbereisten Mannes auserwählt. Eine Henkersmahlzeit.

Unter anderem: Ein Hasenbeefsteak à la Gâtinais. Was das ist? Es besteht aus dem plattgedrückten, fleischigen Teil eines ausgesucht jungen Hasen, wird wie ein rich-tiges Beefsteak auf dem Rost gebraten und mit Pommes frites serviert.

Oder die Suppe. Welch eine Suppe! Für Hanefeld bedarf es keiner Erklärung, als er das Wörtchen »Rôtie« liest. Eine Suppe aus feingehacktem Brot, in gezuckertem Rotwein gekocht, dies unter Beifügung eines köstlichen Honigs. Er leistet sich eini-ge »escargots«, Burgunderschnecken, mit viel Butter, einer Prise Salz, Pfeffer und einer Handvoll gehackter Petersilie sowie ein wenig Knoblauch zubereitet.

Und das Getränk? Zunächst einen Château-Châlon.

Der Ober schleift ihn herbei, fährt noch einmal mit der linken Hand über die Fla-sche, besorgt, ob der edle Tropfen auch richtig temperiert ist. Hanefeld schickt nach einem prüfenden Schluck ihn und den Wein kurzerhand, aber sehr höflich zurück.

»Man trinkt diesen ›Franzosen‹ ausnahmsweise kühl. Er verliert sonst seinen eigen-artigen Erdgeschmack«, knurrt er die Bedienung an.

Der Servierchef naht. Er entschuldigt sich. Der Herr Direktor erscheint mit tiefer Verbeugung. Er entschuldigt sich. Ein Versehen, ein bedauernswertes Versehen … Als Hanefeld später erneut zur Getränkebibel greift, fliegt der »Directeur« an seinen Tisch, um ihm behilflich zu sein, denn zum Teufel, dieser hagere, braun-gebrannte Kerl ist entweder ein Seemann oder ein Millionär. Seine Hände sind zwar nicht maniküriert, wie es die Neureichen zur Schau zu tragen pflegen. Aber diese welt-gewandte Selbstsicherheit verblüfft, und die erlesene Auswahl von Speisen und Getränken ist die eines weltbereisten Gourmets.

Zwanzig Francs für den Ober, als Hanefeld geht. Direktor, Servierchef, Zahlkell-ner, Ober und Pikkolo geben ihm ein tiefgebeugtes Geleit bis zur Tür.

»Wenn die wüßten, daß ich nur ein kleiner Angestellter bin, als Angestellter die Welt erlebte und nicht als dollarschwerer Globetrotter oder Aktionär. Aber auch

Gesten machen Leute«, lächelt Hanefeld in sich hinein. Aber er bedauert nicht, was er zahlen mußte.

Er ahnt Schlimmeres als das profane Opfer klingender Münzen.

Verwegene Gestalten lungern im Hafen umher. Arbeitslose Belgier, Sixpencemütze schief im Gesicht, Hände tief in schmierigen, verschlissenen Hosen. Gesichter, in denen Verbitterung und jener zwiespältige Mut der Verzweiflung stehen, Bausteine zur inneren Bereitschaft für eine Rebellion – gleich, ob es eine politische, soziale oder kriminelle ist:

Wer Hunger hat, scheut keine Barrikaden.

»Sie werden schon vermißt, Herr Hanefeld«, empfängt der Wachmann den Dritten schon beim Anbordkommen an der Reling.

Ein neuer Befehl liegt vor.

Die KANDELFELS soll sofort auslaufen. Und zwar ohne Rücksicht auf die noch nicht gelöschte Ladung.

Der Dritte schnuppert, an Deck noch verweilend, in die viel zu sternenklare, warme Spätsommernacht. Es riecht nach Nebel. Ob der Alte, jener schon bejahrte, stets so vorsichtige Kapitän, dennoch auslaufen wird?

*

Graue Schwaden ziehen am Morgen über den Hafen. In seine lärmenden Akkorde werktätigen Schaffens fallen nun noch Nebelhörner und Schiffsglocken ein.

»Elf Uhr seeklar.«

Vorsichtig tastend manövriert sich die KANDELFELS in die freie See, in eine heute graue und leblose Nordsee.

Die Rettungsboote sind ausgeschwungen. Sie hängen klar zum Fieren in den Davits. Im Kartenhaus liegen die Geheimanweisungen bereit zur schnellen Vernichtung. Das Schiff ist klar, um von der Besatzung notfalls versenkt zu werden. Aber es bleibt ruhig in den letzten Stunden des Weges zur deutschen Heimat.

Da fliegt mit einem Ruck die Funkbude auf. Da ist auch der Alte schon beim Funker, eilt ihm mit langen Schritten entgegen.

»Die deutsche Wehrmacht hat die Grenzen Polens überschritten.«

Der Krieg ist da.

»Eine Welt wird in Flammen aufgehen«, murmelt seherisch der Kapitän. »Ich fürchte für unsere Heimat.« Und er denkt an die Worte des Britenkollegen in Kalkutta.

Weiter schiebt sich das Schiff auf seinem Heimatkurs. Sein hoher, schlanker Steven zerteilt den grauen Brodem. Es ist so still wie in einem Leichenhaus. Nur die gedämpften Maschinengeräusche und das Glucksen und Murmeln der aufgeworfenen Bugsee sind zu hören. KANDELFELS macht langsame Fahrt im Nebel, ist aber bereit zum schnellsten Manöver. So fahren sie an Elbe I vorbei, jenem dem Strom weit voraus stationierten Feuerschiff. Sie sehen es nicht. Aber über das Unterwasserschallgerät nimmt man die akustische Erkennungsgruppe auf, peilt sich auf Lautstärken ein und weiß sich auf dem rechten Kurse. Die KANDEL-FELS liegt in der Restladung immer noch recht tief. Und es ist Niedrigwasser. Die Einfahrt in die nautisch schwierige Elbmündung nimmt den an Bord gekommenen Lotsen ganz in Anspruch. Von irgendwoher kommt ein Windstoß. Und noch einer. Und dann beginnt es zu wehen. Wie ein Vorhang auf der Bühne teilt sich der Nebel.

Sonne und Land.

Deutsches Land. – Heimat.

Dort drüben grüßen die »Alte Liebe« und die vertraute Kugelbake Cuxhavens. Mütterchen Elbe, der Heimat großer, stolzer Strom, trägt die KANDELFELS mit auflaufendem Wasser nach Hamburg herauf. Aber der breite Fluß, gegen den sich die Flut der hereinbrechenden Nordsee schäumend und unterlaufend stemmt, ist leer. Ein paar Fischdampfer schwimmen ihnen mit pechschwarzen Rauchwolken entgegen. Sind keine Fischdampfer mehr. Sind graue, nüchtern und so farblos wie der Nebel gepönte Schiffe: Vorpostenboote! Auf ihrem Vorschiff steht auf hölzernem Podest eine mit Segeltuchplanen bedeckte Kanone. Und die Männer an Bord? An Stelle der braungebrannten Kerls der Fischdampfermannen in ihren blauen Overalls, in ihren ölig und fettig schimmernden Takelhosen sind da weißgekleidete junge Gestalten. An der Signalleine stehen glatt wie ein Brett grellbunte Flaggen des nationalen Signalcodes. Den Vorpostenbooten folgt ein Zerstörer, dann ein Dampfer, ein Schwede, den Namen und die Landesfarbe groß und schreiend an die schwarze Bordwand gemalt.

Im Freihafen machen sie fest.

Das Hämmern der Motoren und das dumpfe, behäbige Blubbern im Schornstein erstirbt. KANDELFELS hat gestoppt. Eine plötzliche, ja leere Stille ist um die Männer. Das Wesen Schiff ist entseelt.

Ein Tag vergeht und auch der nächste. In Polen sind Kämpfe an allen Fronten entbrannt. Und noch ein Tag geht dahin. Und nichts geschieht. In dieser Nacht heulen zum ersten Male die Sirenen an den deutschen Nordseeküsten, suchen Scheinwerfer, zerfetzen rote Bälle die Dunkelheit.

Großbritannien und Frankreich haben den Krieg erklärt.

Sie schickten ihre ersten Bomber und Jäger.

Der Zwote und Hanefeld schauen sich das mit an. Sie sprechen nicht. Sie wissen wohl, daß dies erst ein Anfang ist. Sie sind aber ohne Erregung.

II.

Kiel, Sitz der Ostseestation.

Seit Tagen hat der Krieg die normalen Bahnen des bisher friedlichen Lebens gesprengt. Es ist vieles anders geworden.

Leise war auch dieser sonnige Herbsttag verdämmert, und mit dunklen Wolken, die sich hoch über den westlichen Horizont auftürmten, kam die Nacht.

Aus der Kammer des jetzt aufgelegten Segelschulschiffes »Gorch Fock« tritt Oberleutnant zur See Küster. Seine Füße tasten sich haltsuchend durch das ungewohnte Durcheinander des mit Spieren, Rahen, aufgeschossenen Brassen und ausgelegten Stagen übersäten Oberdecks. Die Masten sind kahl und ohne Schmuck. Es sind nur noch Stümpfe. Die noch an Bord verbliebene Besatzung hat sie in schwerer Arbeit abgetakelt. Mondlicht wandert über die Förde, fließt über ferne dunkle Wälder, berührt da drüben die Dächer und Türme der anscheinend schlafenden Stadt und gleitet schließlich über aufsprühendes Wasser, auf dem trotz der späten Stunde noch viel Geschäftigkeit ist. Silbern blinkt es im Lichtwurf des Mondes hinter emsig dahineilenden Barkassen auf, verendet im Schatten der an den Bojen ruhenden Schlachtschiffe und Kreuzer.

Wie anders sieht jetzt dieser Hafen aus.

Von den Kriegsschiffen funkeln nicht mehr die Perlenketten erleuchteter Bullaugen, die grellen Sterne der Deckslampen und Sonnenbrenner. Nur hier und dort zuckt es in kurzen und längeren Blitzen beim Morseverkehr zwischen den Einheiten oder mit der Signalstelle an Land auf. Und wie der Hafen, so ist auch die Stadt in dunkles Schweigen gehüllt.

Draußen auf See hat das nächtliche Lichterspiel der warnenden und wegweisenden Leuchtfeuer aufgehört. Der Krieg hat unerbittlich alle Lichter ausgelöscht und die Kriegserklärungen Großbritanniens und Frankreichs auch die letzten Hoffnungen auf einen baldigen Frieden.

Auf See herrschen die Nacht und das Grauen.

In der Rocktasche des jungen Seeoffiziers knistert noch immer das zerfaltete Papier eines zum soundsovielten Male gelesenen Telegrammes, das ihn gleich nach Kriegsausbruch nach Pillau berief. Bei der Meldung auf der Ostseestation, die er wegen des fraglichen Reiseweges nach dem noch von den Polen vom Mutterlande abgeschnittenen Hafen aufsuchte, bedeutete man ihm aber, daß die Kommandierung hinfällig geworden sei. Er möge warten und zunächst an Bord seines alten Kommandos verbleiben. Trotz der erfreulichen Andeutung, daß man ihn, den Segelschiffs-Wachoffizier, an einer anderen Stelle notwendiger brauche, wird Küster seit jener Stunde das unbehagliche Gefühl des Überflüssigseins nicht los.

»Es ist nun einmal so, daß Entsagung und Verzicht auch zu den soldatischen Tugenden zählen«, so oder so ähnlich hatte sich wohl der Offizier auf der Station kürzlich ausgedrückt.

Verdrießlich schaut der schlanke Oberleutnant in die Sternennacht. Unter sich jenes Schiff, das der harten seemännischen Grundausbildung des Offiziers- und Unteroffiziers-Nachwuchses diente, ein Schiff, das einstmals ein heißumstrittenes Objekt war, zu dem sich aber die wachsende Kriegsmarine trotz des tragischen Verlustes der NIOBE mutig, bewußt und nun »erst recht« bekannte.

Langsam und gelangweilt sinkt der Mond seinem Bett entgegen, so will es Küster scheinen. Hafen, Stadt, die Masten der Schiffe und die hohen Bäume da drüben lösen sich auf, werden schemenhaft und sind zuletzt im düsteren Nichts aufgesogen …

Küster meldet sich Tag für Tag auf der Station. Er kommt sich vor wie ein eisgrauer Fahrensmann von der christlichen Seefahrt, der immer wieder den Heuerbaas um eine Chance angeht.

Küster ist nicht etwa kriegsbegeistert. Wie seine Kameraden und viele Millionen anderer Deutsche empfindet er den Krieg als ein Unglück für die Heimat. Mit Politik hat er sich nie befaßt, und so glaubt er denn an die proklamierte gute und gerechte Sache, für die auch er als Soldat bereit ist, jedes, auch das höchste Opfer zu bringen.

Und wo anders könnte er als Seeoffizier der Heimat besser dienen als an der Front und damit auf See.

*

»Wir haben da so etwas wie einen Hilfskreuzer«, so empfängt ihn an einem der nächsten Tage der Kapitän, als Küster wieder einmal auf der Station vorspricht. Gleichmütig und gelassen und ohne Betonung sagt es der Offizier, als handele es sich um die Kommandierung auf einen ganz gewöhnlichen Scheibenschlepper. Küster aber merkt sehr wohl, daß sich hinter diesen, einer hingeworfenen Bemerkung gleichenden Worten mehr verbirgt. Er spürt auch deutlich, wie ihn die kurzen, aber jede seiner Regungen prüfenden Blicke durchdringen, wenn er auch nicht weiß, daß man ihn schon länger für dieses ausgefallene Kommando ausersehen hat.

»Gute Sache, Herr Kapitän. Daran hätte ich im Traum nicht geglaubt«, macht Küster seiner Überraschung Luft. »Herr Kapitän, ich bitte um Kommandierung.«

»Stellen Sie sich den Dienst auf einem Hilfskreuzer nicht so einfach vor. Er erfordert Nerven. Gesunde, starke Nerven. Und Ausdauer, sehr viel Ausdauer. Und Verzicht. Auf vieles. Denken Sie an Hilfskreuzer WOLF. 465 Tage auf See. Anderthalb Jahre sind das. Jeden Tag, jede Stunde einem ungewissen Schicksal preisgegeben. Denken Sie daran, daß Sie nicht nur einen Krieg mit weit überlegenen Feinden auf den Meeren der Welt führen. Sie werden vielleicht Stürme und Orkane erleben, denen so manches Schiff schon ein billiges Opfer wurde.«

»Ich habe keine Bedenken, Herr Kapitän.«

»Vergessen Sie ferner nicht, lieber Küster«, und die bisher sachliche Stimme des Kapitäns nimmt einen kameradschaftlichen, ja fast väterlich freundschaftlichen Ton an – und die Worte fallen langsam, wie um dem jüngeren Kameraden auch die letzten Winkel seines Herzens zu erschließen –, »daß der Einsatz auf solchen Schiffen fünfzig zu fünfzig steht. Sie werden allein sein, ganz allein. Da draußen ...!«

»Ich bin mir darüber im klaren. Ich sehe eine hohe militärische, soldatische und im Hinblick auf die Betreuung der Besatzung auch eine schwierige menschliche Aufgabe in diesem Kommando.«

Der Kapitän blättert in den sonderbarerweise griffbereit liegenden Personalpapieren Küsters.

»Hm, verheiratet sind Sie ja nicht. Haben Sie, ich meine, sind Sie ...«

»Nein, Herr Kapitän, das würde im Hinblick auf die Aufgabe auch eine untergeordnete Rolle spielen.«

Der Kapitän versteht. Und sie sprechen dann über die fast an das Abenteuerliche und Romantische grenzenden Fahrten deutscher Hilfskreuzer im Ersten Weltkrieg. Küster ist darüber gut belesen. Er hat, das stellt der Kapitän erneut fest, in manchen Dingen eine eigene Meinung. Eine gesunde Meinung.

»Gut also, Küster.«

»Ich freue mich, Herr Kapitän, und ich danke gehorsamst für das Vertrauen!«

»Dann also – herzlichen Glückwunsch. Eine schönes Kommando. Beneidenswert. Möchte auch so jung sein. Aber wir alten Herren scheinen wohl zu alt. Sind verheiratet. Haben Kinder. Als ob – na schön –. Und nun los. Sie haben wenig Zeit zu verlieren. Wird noch viel Arbeit für Sie geben.«

Küster nimmt draußen gleich drei Stufen auf einmal. Er meldet hier sich an, meldet sich dort ab.

Und noch eine Überraschung bringt dieser Tag. Auf der Liste der bereits kommandierten Offiziere findet er den Namen seines ehemaligen Topsoffiziers vom Segelschulschiff, Kapitänleutnant Schwinne. Und schau mal an, auch der gute alte Charly ist mit von der Partie. Sein Crewkamerad Karl Heinz Brunke wird ihm als Funkoffizier genannt. Das sind zwei Haltepunkte in der undurchsichtigen Zukunft dieses neuen Kommandos.

Packen, Schnüren, Packen.

Um Mitternacht rollt ein abgeblendeter Zug nach Bremen. In ihm sitzt Küster.

*

Über der in Hamburg vertäuten KANDELFELS schweben Gerüchte. Niemand weiß, was werden wird. Aber keiner ist sonderlich erstaunt, als eines Nachmittags eine Kommission von Offizieren und Beamten der Kriegsmarine das Fallreep erklimmt. Hanefeld führt die Herren in den Salon, und er hört noch beim Verlassen die Worte an den Kapitän: »Wir haben Befehl, die KANDELFELS in die Dienste der Kriegsmarine zu übernehmen.«

Die Vermutungen gehen hin und her. Der Möglichkeiten sind viele. Truppentransporter? Minenleger? Troßschiff? Werkstattdampfer? Oder auch Wohnschiff?

»Voßloh.« Die etwas heisere Stimme des Kapitäns.

Als der Chefingenieur wieder aus dem Salon heraustritt, ist sein Schritt schnell und zielgewiß. »In fünf Stunden seeklar. Wir traben nach Bremen. Sollen dort die Restladung löschen.«

»Und dann?«

Der Chief zuckt bedauernd mit den Schultern und verschwindet mit langem Schritt im Maschinenschott. Man muß sich nach dem fahrplanklaren Dasein in der Indien-Linienfahrt erst an solche militärisch notwendigen Verschleierungen gewöhnen. Man wird sich überhaupt in vielem umstellen müssen.

Schauerleute umturnen den in Bremen angekommenen Frachter. Kaum festgemacht, rollen die Kräne heran, und an schmierigen Strahltrossen zerren sie Stück für Stück und Ballen für Ballen aus dem Bauch der KANDELFELS heraus. Ein Duft nach Ferne und Weite, nach Übersee und Tropen weht hinter jeder Hiev hinterher.

Ein Kapitänleutnant Schwinne meldet sich an Bord. Er stellt sich als Erster Offizier des neuen Kommandos vor, das die KANDELFELS nun unter der Kriegsflagge in Dienst stellen wird. An ihn halten sich alle Mann der alten Besatzung. Alle haben den Wunsch, auf ihrem Schiff zu bleiben.

Aber der Kapitänleutnant hat seine Befehle.

Ein Teil der alten Zivilbesatzung wird in den nächsten Tagen abgemustert. Einige Offiziere, darunter Hanefeld und Voßloh, und einige Männer bleiben.

Der bisherige Kapitän nimmt Abschied von seinem Schiff.

Weder er noch die bleibenden Offiziere erfahren von Schwinne etwas über den Verwendungszweck des Schiffes. Der Kapitänleutnant hat immer nur ein höfliches, aber vielsagendes Lächeln um den Mund.

»Man wird einmal von uns und von diesem Schiff sprechen.«

So behauptet er.

Im kalten Licht eines heraufdämmernden Morgens schieben sich stiernackige Schlepper neben das nun hoch aus dem Wasser liegende, leergeräumte Schiff. Sie trotten brav neben der KANDELFELS her, die ohne Aufsehen wie ein ganz gewöhnlicher Frachter den Freihafen verläßt. Hinter der Werft drücken die Schlepper das Schiff in ein abgelegenes, stilles Nebenbecken. Hier bindet man den Siebentausendtonner fest, so fest, als solle er auf lange Zeit hier liegenbleiben. In den nächsten Tagen und auch in den Nächten kommen Soldaten aller Dienstgrade der Marine an Bord. Sie schleppen pralle graue Seesäcke mit sich, die sie schimpfend über den langen Anmarschweg und erbost über den so unkriegerischen Untersatz an Deck fallen lassen.

»Wißt ihr vielleicht, was ihr hier sollt?« Das ist die erste Frage der Alten an die Neuen.

»Keine Ahnung. Sind kommandiert. Ihr müßt das doch besser wissen, seid doch schon länger auf diesem Eimer.«

Kopfschütteln, Achselzucken.

In der Kammer von Kapitänleutnant Schwinne sieht Hanefeld einen knallroten Aktendeckel. Darauf ist in Blockschrift gemalt »Besatzungsliste Schiff V«. Über dem

roten Deckel läuft diagonal von rechts oben nach links unten ein gelber Streifen. Der Dritte kennt dessen Bedeutung:
»GKdos« – also »Geheime Kommandosache«!

*

Endlos scheint der Weg, den man Oberleutnant Küster auf der Kriegsmarine-Dienststelle Bremen beschrieben hat, um zu seinem neuen Kommando zu kommen. Die Füße stolpern über ein Gewirr von Gleisen, über bereitgestelltes Material, das hier und dort den Weg versperrt. In den lichten hohen Hallen sausen und zischen die Schweißbrenner, klirren Stahlplatten hart und singend. Schiffsschrauben liegen herum, rostige Schraubenbündel, Zahnräder und Kupferrohre häufen sich. Die Männer, an denen Küster vorbeieilt, blicken nicht auf. Mit stillem Eifer fügen sie den Widerstand der Materie so, wie es auf Reißbrettern in den Konstruktionssälen ausgedacht und entworfen wurde.
Dann steht er vor dem ihm bezeichneten Hafenbecken.
»Ihren Ausweis bitte, Herr Oberleutnant.« Ein Posten, der dieses stacheldrahtgesicherte Hafengebiet bewacht, hat den Schritt Küsters gehemmt.
Küster zieht seine Brieftasche und reicht den Ausweis hin.
»Der Truppenausweis genügt nicht. Nein, auch nicht der Marschbefehl, Herr Oberleutnant.«
»Aber nun machen Sie doch keine faulen Witze. Hier steht es doch schwarz auf weiß, daß ich zum Kommando ›Schiff V‹ gehöre.«
»Jawohl, aber ich darf Sie ohne einen Sonderausweis nicht durchlassen.«
»Mann, ich suche da einen Frachtdampfer, sonst nichts. Dort hinten liegt doch so ein Schiff.«
Der Posten zieht das Gewehr fester an, verbaut den Weg.
Küster schimpft innerlich und macht sich wieder auf den Weg. Zurück zur Kriegsmarine-Dienststelle.
»Ach so«, sagt man dort harmlos und freundlich, »Sie haben ja noch keinen Ausweis. Das haben wir nicht gewußt.«
Ein anderer Posten wacht jetzt vor dem abgesperrten Hafenbecken. Er liest den Ausweis sehr genau durch, grüßt schließlich und gibt den Weg frei.
Vor Küster wächst ein modernes, aber nach außen hin ganz gewöhnliches Frachtschiff in den seidig blauen Septemberhimmel. Hinter dem Dampfer reckt sich das gitterhafte Gerüst eines Baukranes.
Der Oberleutnant windet sich durch Stapel herausgerissener Holzverschalungen, die vor dem Schiff herumliegen, hindurch. Dann steigt er den Laufsteg herauf. Er muß sich mit den Hacken tastend gegen die Halteleisten der Stelling stemmen, so steil geht es hinauf.
An Deck.
Gewiß, es ist aus Eisen. Wie jedes andere Frachterdeck auch. Aber es ist ein Boden, auf den der junge Offizier seinen Fuß mit ähnlichen Gefühlen setzt wie einer, der

seinen ersten Schritt über die Grenze auf den Boden eines fremden Landes tut.
Küster verharrt einige Sekunden.

Dies also ist die neue Heimat.

Hilfskreuzerheimat.

»Komm 'rauf, Wolfgang, du bist hier richtig.«

Von der Brückennock herunter strahlt das Gesicht des unverwüstlich heiteren
Charly, des Oberleutnants Brunke. Er hat einen verstaubten und keineswegs land-
feinen Rock an, der Knopf des Sporthemdes ist geöffnet und der schwarze Binder
ist verrutscht.

Es geht wohl heiß her auf diesem Dampfer …

Oberleutnant Brunke richtet gerade seine Funkbude ein. Er packt tüchtig selbst mit
an. Der IO sei an Land, erfährt Küster nach herzlicher Begrüßung. Er wolle sich
um die Besatzung kümmern. Diese Arbeit solle er, Küster, nun übernehmen. Man
warte schon auf ihn. Die Neuen seien auszubilden und die Besatzung wie das
Räderwerk einer Uhr ineinanderzufügen. Einige der Männer hätten schon den
Weltkrieg mitgemacht. Ehrwürdige, aber zuverlässige Papas. Viele hätten noch
gar keine militärische Ausbildung. Sie seien aber gute, tüchtige Seeleute.

Aber – ganz und gar keine Soldaten.

»Mal langsam, Charly. Erst mal eine Frage. Wann geht es los?«

»Los. Was los? Ach so. Ach, das dauert noch ein Weilchen. Der ganze Zampan wird
erst umgebaut.«

»Du meine Güte, bis dahin ist ja der Krieg zu Ende, ehe dieser auseinandergeris-
sene Untersatz wieder zusammengeflickt ist.«

Küster weist auf die Decks, auf die Brücke und die achteren Aufbauten, die man
auseinandergerupft und zerlegt hat.

»Geh mal nach innen 'rein. Da kannst du was erleben. Als ob's eingeschlagen hat.
Na schön. Irgendwann werden wir soweit sein. Bestimmt nicht zu spät. Ich muß
was tun, lieber bester Wolfgang, tschüs. Mehr heute abend.«

Küster versteht, hört »Abend«. Die Uhr zeigt auf die neunzehnte Stunde.

Wie hatte doch der Kapitän auf der Station gesagt?

»Stellen Sie sich den Dienst auf dem Hilfskreuzer nicht so einfach vor …«

*

Auf Vorschlag von Wolfgang Küster wird die Ausbildung und die Zusammen-
stellung der Besatzung des »Schiffes 33« – die KANDELFELS hat aus Tarnungsgründen eine neue taktische Nummer bekommen – in Friedrichsort vorgenommen.

Ein paar Stunden ernster Gespräche gingen voraus. Gespräche um das Problem:
Wer kommt in Frage und wer nicht!

Von der glücklichen Zusammensetzung der Besatzung wird viel, sehr viel abhän-
gen. Zunächst die Altersfrage. Es wird gut sein, die Besatzung mit älteren, vielleicht
auch weltkriegsgedienten Soldaten zu durchsetzen, mit gereiften, lebenserfahrenen

Männern als ruhende Pole zwischen draufgängerischen jungen Soldaten. Gesund müssen alle Männer sein. Kerngesund sogar. Sie sollen aber auch charakterlich in jeder Beziehung einwandfrei und gefestigt sein. Es ist schwer, solche Fragen in kurzer Zeit zu beantworten, um die Spreu von dem Weizen zu trennen. Ein Höchstmaß an soldatischen Leistungen und soldatischer Haltung wird gefordert. Man kann nur selbständige Seeleute und an selbständiges, verantwortungsbewußtes Arbeiten gewöhntes technisches Personal gebrauchen.

»Körperliche Entbehrungen, große Strapazen, höchste Beanspruchung der Nerven und eine ungemein starke seelische Anspannung kennzeichnen den Dienst auf solchen Schiffen«, so heißt es unter anderem in den Ausführungen eines Standardwerkes über die deutschen Hilfskreuzer im letzten Weltkriege.

*

Eines Tages in Kiel.

Nur selten kann sich Oberleutnant Küster ein paar Ruhestunden erlauben. Aber einmal in Kiel führt ihn der Weg auch in sein altes Fähnrichs-Café, dort, wo man im Kameradenkreise »in guter alter Zeit« über den Dienst palaverte und seine jugendlichen Probleme wälzte, soweit es damals überhaupt solche ernsthaft gab, und wo man über seine Offiziere schimpfte.

Wie erwartet, trifft er dort Bekannte. Crewkameraden. Unter denen einige, die schon »draußen« waren.

»Na, alter Sailschipper, wo hat man dich denn hingesteckt?«

»Nach Friedrichsort.«

»Friedrichsort? Was machst du denn da?«

»Ach, ich bin dort bei einer Balkensperre kommandiert.«

»Was, 'ne Balkensperre? – Ja, richtig – habe beim Vorbeilaufen schon mal solche Vögel gesehen. Armer Wolfgang, du bist doch sonst ein anständiger Kerl gewesen.«

»Ich fühle mich aber ganz wohl dabei. Laßt nur, das ist ein sehr wichtiges Kommando«, behauptet Küster mit großer Überzeugung. Die anderen können es nicht verstehen. Sie kennen ihren seefahrtbegeisterten Crewkameraden gar nicht wieder.

Balkensperre!

Das war das Stichwort für die Tarnung, die Küster seinen Männern eingeschärft hatte. Er erfand kurzerhand dieses Kommando. Er hielt es für besser, eine solche Antwort zu geben, als Neugierde zu wecken und vielsagend zu schweigen. Später, in Monaten oder Jahren erst, wird man die Wahrheit sagen können. Doch jetzt muß auch Küster großzügig gegen sich selbst sein, um den Spott und das versteckte mitleidige Lächeln – er sieht es genau – zu ertragen.

Geheimhaltung unter allen Umständen.

Tarnung!

Das ist das Gebot für die Tage der Vorbereitung.

*

Während einer Dienstfahrt nach Bremen hat Küster die erste Begegnung mit dem Kommandanten. Er lebt ja sonst mit seinen auszubildenden Soldaten zusammen mit Kapitänleutnant Schwinne und drei Prisenoffizieren seit Wochen in der Festungsunterkunft Friedrichsort und kennt den Kommandanten nur dem Namen nach.

Es sprach sich schnell herum, daß Kapitän zur See Ernst-Felix Krüder eine »gute Figur« sei, eine Erscheinung guter, alter Schule. Man erzählt sich, Krüder sei alter Minensuchfahrer, ein Mann, der auch nach dem verlorenen Weltkriege bei der sogenannten »Schwarzen-Minensuch« aus Liebe zur Seefahrt und aus der männlichen Freude am Kampf mit den Elementen mit dabei war.

In der Arbeitskammer des Kommandanten meldet sich Küster an Bord. Im Halbdunkel des getäfelten Raumes blickt er in das scharf geschnittene Gesicht eines großen Mannes mit kühn vorspringender großer Nase und wasserklaren, prüfenden Augen. Der Kommandant ist nicht allein, neben ihm steht ein anderer Offizier, ein Leutnant. Küster hört bei der Vorstellung den Namen Warning. Er glaubt sich zu erinnern, daß dieser Warning vor dem Kriege Erster Offizier auf dem Lloyd-Schnelldampfer BREMEN gewesen ist.

Eine Persönlichkeit im Leutnantsrang.

Küster erstattet Kapitän zur See Ernst-Felix Krüder seinen Ausbildungsbericht. Aufmerksam und mit regem Interesse hört der Kommandant zu. Nach einigen schnellen Schritten durch den Raum bleibt er mit einem Ruck stehen.

»Ich wünsche, Küster, daß meine Offiziere überall dabei sind. Daß sie selbst keine Arbeit scheuen. Ich verlange, daß sie alles besser wissen und besser können als jeder, auch der beste Mann an Bord. Ich lege Wert darauf, daß die soldatische, seelische wie auch geistige Führung und Betreuung ohne Lärm und ohne schimpfendes Durcheinander geschieht.

Ich schätze keinen Kasernenhofton.

Selbst sauber an Leib und Seele, das bedarf ja keiner Hervorhebung, erwarte ich von meinen Offizieren unter anderem eine ständige, sorgfältige Erziehung der Leute zur Freude an Sauberkeit und an Ordnung. Auch dann – und vielleicht dann erst recht –, wenn wir später einmal viele Monate draußen stehen. Machen Sie wenig Worte. Handeln Sie aber frisch und – leben Sie vor. Mein lieber Küster, vorzusterben ist leichter als täglich und in jeder Situation vorzuleben.

Ich erwarte ferner, daß jeder Offizier, der Soldaten Vorgesetzter ist, sich sorgsam und verantwortungsbewußt, aber unauffällig um die Freizeit seiner Männer kümmert. Sie sollen jeden Mann erschöpfend kennen und – erkennen. Sie sollen seinen Beruf und sein Hobby kennen, Sie sollen wissen, ob er verheiratet ist, Kinder hat. Sie müssen seine Sorgen und seine stillen Wünsche erfahren.«

Und nach einer nachdenklichen Pause fährt er lebhaft fort:

»Das Herz seiner Leute muß man auch haben, Küster. Das ganze Herz! Dann haben Sie die beste Disziplin.«

Der Kommandant hat dies in einer schlichten, aber selbstverständlich bestimmten Haltung – fast gestenhaft nebenbei und nicht einmal belehrend – ausgesprochen. Küster geht und er sieht noch, wie Kapitän Krüder sich in Silhouettentafeln von Frachtschiffen aller Nationen vertieft. Mit Warning, dem alten Fachmann auf den Weltmeeren, betreibt er, oft bis in die späten Nachtstunden hinein, diese Schiffstypenkunde. Später einmal hat diese mühsame Kleinarbeit ihre Früchte getragen. Beim Umtarnen des Hilfskreuzers wie auch beim schnellen, sicheren Ansprechen von Feindschiffen.

Küster hat die harte Ausbildungszeit auf Segelschiffen hinter sich. Er war dort selbst lange Zeit als Ausbilder von Kadetten und Unteroffizieren kommandiert. Aber diese Worte vom Kommandanten stehen in ihrer Prägnanz in keinem Lehrbuch.

Diese konkreten Erkenntnisse sind vom Leben selbst und aus praktischen, persönlichen Erfahrungen dieses Offiziers geformt.

Die an Bord gebliebenen Männer haben nach dem Scheiden des alten Kapitäns der Erscheinung des neuen Kommandanten mit einem gewissen Mißtrauen entgegengesehen. Nicht aus einer bewußten Ablehnung heraus – dafür sind sie Soldaten und haben, gleich wer ihr Vorgesetzter ist, zu gehorchen.

Aber rein gefühlsmäßig sind sie als Seeleute gegen alles Neue und jeden Neuen zunächst voreingenommen.

So sahen sie zuerst Kapitän Krüder:

Ein großer, schlanker Mann, gepflegt, wo man ihn auch traf, sportlich und beweglich. Er kümmerte sich von der Stunde seines Anbordkommens um jede Kleinigkeit. Er war überall. Höchstpersönlich. Er befaßte sich mit jedem Offizier und mit jedem Mann in der ihm eigenen soldatischen, aber auch ungemein menschlichen Haltung. Seine Sprache ist die eines Mannes. Das fühlt und empfindet der einfache Seemann sehr schnell. Er trägt außer Auszeichnungen aus dem Weltkriege das goldene Sportabzeichen.

Mit dem Goldenen fing es an, daß sie aufblickten zu ihrem neuen Kommandanten.

Einig sind sie jetzt alle.

»Mit diesem Kommandanten holen wir den Teufel aus der Hölle.«

Der Kommandant hat das Herz, das ganze Herz seiner Männer.

*

Irgendwie war es bei der Mannschaft durchgesickert: Motorschiff KANDELFELS wird als Hilfskreuzer eingesetzt.

»Hilfskreuzer«, ein Wort, das zu Taten verpflichtet, ein Begriff, umwittert von stillem Heldentum, von Abenteuern auf allen Weltmeeren. Die Männer der Besatzung, die nach und nach von ihren Lehrgängen an Bord eintreffen, sehen den im Gegensatz zu Schlachtschiffen, Kreuzern oder Zerstörern »müden Gammeldampfer« nun mit ganz anderen Augen an. Jeder von ihnen arbeitet jetzt mit Fleiß,

Eifer und Freude, als hätte er Aktien in dem Schiff investiert.

Es kann nicht schnell genug gehen.

Schon lange hatte der Kommandant jedem einzelnen Offizier und jedem Mann strengste, aber auch allerstrengste Geheimhaltung auferlegt. »Niemand spricht über das Schiff. Niemand sagt etwas, wie es aussieht. Und kein Sterbenswörtchen flattert über die Reling, für welche Aufgaben wir vielleicht vorgesehen sind. Sollte einmal die Stunde des Auslaufens herankommen und sollte diese auf Grund gewisser Vorbereitungen irgend jemand ahnen, dann werden dies auch die allernächsten Angehörigen nicht erfahren dürfen.«

Schwer lastet dieser Befehl in den Herzen der Männer. Aber er gilt, dieser Befehl. Und ein jeder Mann weiß, daß ein unbedachtes Wort viel, wenn nicht gar alles gefährden könnte.

*

Wochen und Monate später.

Genauso harmlos und friedlich wie in Kalkutta, Hamburg und Bremen schmiegt sich der Eisenleib der KANDELFELS nun in Gotenhafen an die hohe Kaimauer. Nur, daß Soldaten an Bord sind, das ist, äußerlich gesehen, die einzige Veränderung, die das Frachtschiff erfuhr.

Inzwischen sind auch die Geschütze an Bord gekommen. An beiden Seiten ruhen sie auf den eingebauten Sockeln und Fundamenten. Die Räume, in denen sie aufgestellt wurden, sind meisterhaft getarnt, so gut, daß die geriebendste Schnüffelkommission nichts sehen würde, gesetzt den Fall, es käme ein »Schnüffler« überhaupt an Bord. Außer der Besatzung darf kein Unbekannter nur das Fallreep betreten. Von außen ist nicht das geringste Anzeichen sichtbar, wo sich die Tarnklappen für die Räume befinden, aus denen beim Angriff die Granaten der 15-cm-Geschütze herausorgeln werden. Auch der, der etwas ahnt und mißtrauisch ist, der voreingenommen das Äußere des Frachters mustert, wird nichts Ungewöhnliches an diesem in seiner Form so modernen Frachtmotorschiff erkennen können. Manchmal rollen Güterwagen vor das Schiff. Die Kisten, die die Kräne in die Luke senken, tragen Nummern und Zeichen von Kriegsmarine-Arsenalen. Sie sind von gänzlich unauffälligem Aussehen, und keiner, weder der Kranführer noch die Leute aus dem Hafenbetrieb ahnten, daß darin Munition verschiedenster Kaliber ruht.

Eines Morgens ist dann die Liegestelle leer. Und nach einigen Tagen macht man den Frachter woanders im Hafen wieder fest. Die Besatzung strömt an Land, fährt in Urlaub, und kein Mensch, weder die Braut, die Frau noch der eigene Vater, erfährt etwas darüber, daß auf See wieder einmal Schießübungen stattfanden, die gute Trefferergebnisse erzielten.

Einmal kam auch Gefechtsmunition an Bord, stapelten sich in den Decks kaum mehr unterzubringende Proviantkisten und Säcke mit Kohl, Kartoffeln und allem, was man für eine lange Seefahrt ohne Hafen braucht.

Das Wappentier der PINGUIN.

In der Antarktis leben die Völker der Pinguine, und in der Antarktis wollte Kapitän zur See Krüder die norwegische Walfangflotte stellen. Aus dieser ihm gestellten Aufgabe heraus taufte er das »Schiff 33« auf den Namen »Pinguin«.

Schiff 33, Hilfskreuzer PINGUIN, Ex-HANSA-Frachter KANDELFELS in zwei verschiedenen Tarnungen, die getreue Nachbildungen der auserwählten ausländischen Schiffstypen sind. Nicht einmal ein Fachmann konnte sie von den echten Typen unterscheiden.

Die Offiziersgruppe auf dem Bootsdeck des Hilfskreuzers PINGUIN.

Sitzend von links nach rechts: Kapitänleutnant Cramer (LI), Kapitänleutnant Schwinne (IO), Kapitän zur See Krüder (Kommandant), Kapitänleutnant Michaelsen (NO), Stabsarzt Dr. Wenzel (I. Schiffsrarzt) mit »Struppi«.

Stehend von links nach rechts: Assistenzarzt Dr. Hasselmann (2. Schiffsarzt), Kapitänleutnant Kunzke (VO), Leutnant Bach (Prisenoffizier), Leutnant Hanefeld (Prisenoffizier), Leutnant Vosloh (Ing., früher LI KANDELFELS), Oberleutnant Rieche (Artillerie), Oberleutnant Lewit (Wachoffizier), Oberleutnant Schmidt (Sperrwaffe), Leutnant Gabe (Torpedo), Leutnant Neumeier (Prisenoffizier), Dr. Roll (Meteorologe), Leutnant Hemmer (Adjutant, später Kommandant der ADJUTANT).Es fehlen Oberleutnant Müller (Bordflugzeug) und Oberleutnant Brunke (FTO).

Kurz vor dem Auslaufen: Ausflug zur Kurischen Nehrung.

Es ging sehr fröhlich zu, und niemand ahnte, daß es der letzte Urlaub auf heimatlichem Boden sein würde.

Zwei gute Freunde:
Kapitän zur See Ernst-Felix Krüder und »Struppi«,
der lausbübische Dackel vom Stabsarzt Dr. Wenzel.

Auch solche Stunden gab es während der Hilfkreuzer-Unternehmung:
Stunden scheinbarer Beschaulichkeit.

Seemann Dittmann wurde
Gefangenenbetreuer. Er hat dabei
niemals umzuschnallen brauchen.

Dr. Hasselmann, Assistenzarzt
auf dem Hilfskreuzer PINGUIN.

Der Autor dieses Buches auf der STORSTAD.

Auf dem Gefangenenschiff STORSTAD wurde gegen Fliegerangriffe dieses Fla-MG auf
Doppellafette konstruiert. Links ein britisches Beute-MG. Rechts der siebzigjährige norwegische Zimmermann.

Alle dachten, nun endlich …

»Wir haben aber bannig schlechte Karten mit unserem Kommando«, erbost sich der Hamburger Dittmann, als er nach schwerer Arbeit feststellt, daß man Tage später die Gefechtsmunition und einen Großteil des Proviants wieder an Land gibt. Sein Makker Kimmritz setzt eine Zweizentnerkiste auf die Reling. Auch er ist Handelsschiffseemann. »Wat'n Bleudsinn, ick hebb di doch glieks seggt, dat wi anscheeten sünd. Nix is mehr mit de Hilfskreuzerei. Meld wi us wech.«

Nur der Matrosengefreite Kurt Martin schweigt. Er kam zu Beginn des Krieges mit dem Motorschiff HAVELLAND von einer Japanreise zurück. Der Krieg schob einen Riegel vor seine Pläne, mit dem ersparten Geld auf die Steuermannsschule zu gehen. In Asien hat er eines gelernt: Abwarten – und schweigen.

Sie meldeten sich also nicht weg, denn am nächsten Tage schafft man die Munition wieder an Bord.

»Vielleicht wird es diesmal.«

»Es wird«, sagt Martin zuversichtlich.

Der Mai war gekommen – und die Bäume schlugen nicht aus, hier oben im fernöstlichen Deutschland. Aber es wurde trotzdem ein schöner und origineller Erster Mai. Der Kommandant hatte den Einfall, einen »Betriebsausflug« zu machen. Mit dem ganzen großen Schiff tat er dies. Man lief die Küste hinauf, ganz dicht unter Land diesmal, damit das Schiffsvolk auch was sehen konnte. Und dann legte man sich vor Anker und bootete die entbehrliche Besatzung nach dem Pillkoppener Strand aus. Man schaffte nicht nur die Besatzung an Land, sondern auch diverse Flüssigkeiten, wie sie zur zünftigen Maifeier gehören. Es wurde ein fröhlicher Tag.

*

Dann folgten wieder Tage in Gotenhafen. Man unternahm Meßfahrten, man erprobte unzählige Male auf See das Umtarnen.

Dabei dürfen keine Phantasieformen von irgendwelchen Handelsschiffen gewählt werden. Das Schiff muß in allen Einzelheiten, in Länge, Breite, Decksriß, Anzahl der Masten, Form und Größe des Schornsteins und in allen Aufbauten dem Original unter den Frachtern anderer Nationen entsprechen. Bereits während der Ausrüstung auf der Werft wurde daran gedacht, wie man mit ein paar Blechen den Schornstein größer und dicker machen könnte. Alle Mittel sind an Bord, um notfalls auch einen zweiten Schornstein aufzustellen. Die beiden Masten lassen sich teleskopartig ineinander verschieben, also verlängern oder verkürzen. Leere Kisten täuschen eine immer wieder verwandelbare Decksladung vor, und aneinandergeschweißte Fässer können als große Entlüftungsschächte aufgestellt werden.

Und dann der Anstrich! In der Farblast lagern Farben aller Schattierungen und in Mengen, wie sie kaum eine Großhandlung zu führen pflegt. Apropos Pinsel! Jedem Mann an Bord gleich ein paar Pinsel. Und was für Quaste sind darunter, denn das Umtarnen muß schnell gehen, wenn das, was schwarz war, grau, das, was weiß war, gelb oder braun gestrichen werden muß, damit es mit dem Vorbild übereinstimmt.

Damit nicht genug. Wäscheleinen sind zu spannen und möglichst bunte Wäsche dranzuhängen. Der Signalverkehr mit den Flaggen darf nicht militärisch einexerziert wirken.

Und so viele weitere Maßnahmen gehören zur Tarnung. Sie alle werden x-mal durchgeprobt, ehe der Kommandant zufriedengestellt ist.

Und doch sollte die Schiffsführung später einen Fehler machen. Trotz aller Überlegungen hat am Ende ein aufmerksamer Gegnerkommandant diesen Fehler entdeckt, der der Anfang vom Ende wurde …

Auch ein Flugzeug kam an Bord. Auch damit wurde geübt. Das Ein- und Aussetzen der Maschine klappte ohne Zwischenfall. Und eines Tages verholte man zum Arsenalhafen, und die Seeleute gerieten fast aus den Fugen, als sie die kugelrunden Minen sahen, die man in den untersten Schiffsbauch verstaute.

Man lief wieder einmal aus.

Drei Tage später ist man wieder im Hafen. Am Abend sitzen die Männer verdrießlich und wortkarg vor ihrem Abendessen. Auch der kleine Wendlandt, der sonst immer frohgemut und zuversichtlich seine Teller leerfegt, hockt unschlüssig an der Back. Die Gabel zwischen Teller und Mund.

Die Geduld fordert ihre ersten Zerreißproben.

*

Im Panzerschrank des Kommandanten ruht ein Befehl. Aufschrift »GKdos! – Chefsache«. Kapitän Krüder hat dieses Schreiben gestern morgen durch Sonderkurier von der Seekriegsleitung beim OKM aus Berlin erhalten. Nur der Funkoffizier hat von dem Inhalt Kenntnis. Der Kommandant schickt den Läufer, der meldebereit vor der Kajüte steht, zum Ersten Offizier.

»Schwinne, ich habe Sie rufen lassen, weil mir die Stimmung unter den Leuten Sorge macht. Die Männer wollen an die Front. Verstehe das. Prächtige Jungs. Denke, wir geben allen, die nur irgendwie abkömmlich sind, Wochenendurlaub. Seien Sie ruhig mal großzügig. Bereiten Sie das bitte vor.«

»Jawohl, Herr Kapitän.«

»Und noch eins. Ich fahre heute abend nach Berlin. Bin morgen, Freitag, zurück. Die Besatzung erhält allerdings morgen nur bis 22.00 Uhr Urlaub. Werden voraussichtlich noch nachts G-Sachen an Bord nehmen. Ich brauche dazu jeden Mann …

*

Freitag.

Auch Oberleutnant Küster ist mit seinem Crewkameraden Charly Brunke, dem FTO an Bord, an Land gestiegen. Es ist noch früher Nachmittag, und es lohnt nicht, sich schon jetzt in eines der kleinen, netten Lokale zu begeben.

»Gehen wir doch mal zum Bahnhof«, sagt Charly.

»Was willste am Bahnhof? Auch verreisen? Gut der Gedanke. Schlage vor, wir schauen uns mal wieder in Danzig um.«

»Ooch, Danzig.«

Küster sieht den Kameraden erstaunt an. Seltsam, der war doch sonst so gern in der alten, schönen Stadt mit ihren auffallend hübschen, langbeinigen und breit-hüftigen Mädchen.

Schweigend bummeln sie zum Bahnhof. Doch da wird der FTO lebendig. Er drängt sich mit langem Hals an den Zeitungsstand in der Bahnhofshalle. »Bitte sämtliche Illustrierten, die Sie haben. Ja, drei Stück von jeder. Und dann alle Zeitungen. Und von jedem Monatsheft ein Exemplar ... Jawohl, ›Die Dame‹ auch. Und die ›Elegante Welt‹ nehmen wir auch mit.«

Brunkes Aktentasche geht jetzt genauso schwer zu wie Oberleutnant Küsters Mund. Es dauert eine Weile, bis er die Sprache wiederfindet.

»Na, höre mal, Charly, brauchst du Makulatur oder was planst du sonst mit dem Haufen Papier? Geh mal zum Arzt, mein Bester!«

Und wieder scheint es Küster, als sei der Freund mit seinen Gedanken ganz woan-ders. Er antwortet nicht. Er lächelt nur.

Später essen sie gut und gepflegt und Brunke fordert seinen Kameraden lebhaft auf, nur tüchtig zuzulangen. Geld spiele keine Rolle. Man müsse Wein trinken, guten, edlen deutschen Wein.

»Den besten und teuersten, den es auf der Karte gibt, Herr Ober.«

Küster legt behutsam die Gabel hin.

»Nun langt es mir, Charly, schließlich hast du keinen Onkel in Amerika beerbt. Aber ich meine zu ahnen, daß du all die vielen Zeitungen nicht nur für heute gekauft hast.«

»Ach was, das ist nur so eine Laune!«

»Okay, Laune! Ich verstehe, du willst diesen Abend so teuer wie möglich werden lassen, teuer in des Wortes doppelter Bedeutung.«

»Du bist infam scharfsinnig«, ruft der FTO nun auf einmal gutgelaunt aus, als sei ihm ein Stein vom Herzen gefallen.

»Schweigen wir gemeinsam darüber«, unterstreicht er mit einer Geste ins Unbe-stimmte hin.

Später finden sich, wie verabredet, weitere Offiziere des Kommandos am »Stamm-tisch Meereswellen« ein.

Warum schon hat der Kommandant heute für alle den Urlaub auf 22.00 Uhr gekürzt? Er sprach zwar von nächtlichen Ladungsarbeiten. Aber keiner glaubt so recht daran. Mit wachsender, ungeduldiger Spannung, beschäftigt mit vielerlei Vermutungen, erwarten sie Kapitän zur See Krüder zurück. Er wollte hier vor-beikommen. Das war so abgesprochen.

»Achtung, der Kommandant.«

»Melde die Offiziere Kommando Schiff ›33‹ zu einem ...«, Kapitänleutnant Schwin-ne, der Erste Offizier, stockt, mit einem hoffenden Blick in den Augen.

»... Abschiedstrunk wollten Sie doch sagen, lieber Schwinne. Daraus wird immer noch nichts. So was Dummes. Wir marschieren aber heute noch nach Bremerhaven oder Kiel. Genaueres wird erst nach dem Auslaufen bekannt. Ja, ja, die Herren am grünen Tisch«, beendet der Kommandant seine ersten Worte. »Das soll uns aber nicht abhalten, gerade heute einen extra guten Tropfen zu uns zu nehmen. Aber in Maßen, meine Herren, wenn ich darum bitten darf.«

»Charly!« Küster stößt den FTO leise an. »Also doch.«

Ihrer beider Augen sind auf einen Punkt auf den Tisch gerichtet, dorthin, wo gar nichts ist. Und doch sehen sie dahin, als ob etwas wäre.

Still ist es jetzt um sie und in ihnen.

Alles scheint unbeweglich und voll von geheimnisvollen und unfaßlichen Dingen.

Und die Herzen schlagen laut wie Kirchturmuhren.

III.

Acht Glasen dröhnen über Schiff und Hafen. – Mitternacht.

Der Kommandant ist an Deck. Zum WO gewandt, befiehlt er: »Stellen Sie genau fest, ob alles an Bord ist. Veranlassen Sie, daß 0.15 Uhr die Maschinenwache und 0.30 Uhr die gesamte Steuerbordwache geweckt wird.«

Der Bootsmaat der Wache hört das mit an. »Oho«, denkt er, »die gesamte Steuerbordwache …«, und mit dem Instinkt, der seebefahrenen Männern oftmals eigen ist, ahnt er, daß die lang ersehnte Stunde gekommen ist.

Er hat zwar für den nächsten Tag Urlaub eingereicht. Seine Braut will kommen. Doch das ist jetzt gar nicht so wichtig.

Schnell hinunter zu den Kameraden.

»He, Makkers, reise, reise. Aufwachen!«

Und die Makkers räkeln sich unwillig und verschlafen.

»Los, los, die Reise geht los. 1.00 Uhr ist seeklar«, schmettert ihnen der wachhabende Kamerad entgegen.

»Du kriegst die Tür nicht dicht. Deswegen brauchst du uns doch nicht zu wecken. Eher soll ein Kakerlak im Laufschritt über eine frisch geteerte Persenning marschieren, als daß wir noch jemals zum Einsatz kommen. Gute Nacht.«

»Soso, und wozu hat Leutnant Gabe die Seekarten vom Belt, vom Kattegatt und von Norwegens Südküste heraussuchen lassen? Ich war doch selbst dabei, als er der Steuereule den Befehl dazu gab.«

Jetzt sitzen die anderen plötzlich kerzengerade in der schmalen Koje. Fassungslos blicken sie den Kameraden an.

»Mönsch, wenn dat wohr is, Hein.«

Und dann sind sie mit einem Sprung aus ihrem »Soldaten-Himmelbett«. Und das ist sehr bemerkenswert, denn wenn ein Seemann so freiwillig aufsteht, dabei noch heiter ist und ein Lied brummt, dann muß schon etwas Besonderes anliegen.

Das Gerücht aber eilt wie ein geölter Blitz durch das ganze Schiff. Es klopft leise beim träumenden Smut. Es weckt die Kameraden von der Maschine. Es schlängelt sich durch verschlossene Schotten, und es kriecht selbst in die Pik, wo einige brave Seeleute ahnungslos dem neuen Tag und ihren Urlaubswünschen entgegenschlummern.

Wenig später gellen die schrillen Töne einer Bootsmannsmaatenpfeife durch alle Decks. Mit dröhnender Stimme singt es der Bootsmaat der Wache aus.

»Reise, reise, reise! Die Steuerbordwachen klar zum Manöver. Reise, reise, reise. Lüft an das Gatje. Lüft an das Bein, ein jeder muß der erste sein. Ein jeder weckt den Nebenmann. Der letzte stößt sich selber an. Setzt ein das Glasauge, schnallt an das Bein. Der Bäcker von Labö ist da. Zeeehnn nackte Mädchen stehn auf dem Pier. Reise, reise, reise.«

Es braucht keiner mehr geweckt zu werden.

*

Über dem östlichen Horizont zucken die ersten Lichter eines neuen Spätfrühlingstages, und unter hauchdünnen Wolken dehnt sich ein zartrosa Feuerschein. Blaßblau steht ein schmaler Streifen an der Backbordseite zwischen Himmel und See, unklar und verwoben mit dahineilenden Nebelschwaden, die vom Lande zum Meere ziehen. Dorthin ist der Blick all derer gerichtet, die noch wach sind. Und es sind wohl fast alle, denn jeder möchte seine letzten Grüße hinübersenden, an Land, an die deutsche Heimat, für deren Zukunft sie jetzt in die Weltverlorenheit der Ozeane hinausfahren.

Still und heimlich, als scheuen sie das Tageslicht, und von niemandem beachtet, so sind sie aus Gotenhafen ausgelaufen. Um ein Uhr nachts holten arbeitsgewohnte Seemannsfäuste polternd den Landgang ein, und dann fiel die letzte feste Verbindung mit der Heimat. Die fast armdicke Achterleine rauschte schurrend in öliges Hafenwasser, wurde von starken Armen an Deck gezerrt und – diesmal – seefest verstaut. Leutnant Gabe war der WO. Stolz und Freude erfüllte den jungen Offizier, daß er mit dem NO zusammen das Schiff aus dem letzten deutschen Hafen bringen durfte. So hörte er dann auch, wie der Kommandant zum Ersten sprach:

»Lieber Schwinne, ich habe den festen Glauben, daß uns große Erfolge beschieden sein werden. Nur zäh und beharrlich müssen wir sein. Wir haben eine starke Waffe: unsere Besatzung. Sie zu pflegen und einsatzbereit zu halten, wird Ihre große Aufgabe sein.«

*

So zogen sie hinaus.
Ohne Gruß an die Heimat, an die Lieben daheim.
Ohne Abschied von ihnen.
Der Ring, der sie alle mit liebgewordenen und vertrauten Menschen und Stätten verband, ist gesprengt.
Alles Bürgerliche, das wenige, das ihnen, solange sie das Land verband, als Soldaten noch verblieb, ist abgestreift.
Sie sind nur noch Schiff und Besatzung. Sie sind nun eng und fest zusammengeschweißt für Tage, Wochen und Monate.
Eine vollkommen veränderte Lebenssphäre ist eingetreten.
Die Zukunft ist verschleiert und voller Geheimnisse und Abenteuer, eine Zukunft, die jeden Mann an Bord bereit findet, das letzte soldatische Opfer zu bringen, wenn die Stunde es fordern sollte.
Als der Tag erfahlt und tiefrot die Sonne sinkt, ist aus dem Frachter, wie man ihn in Gotenhafen sah, ein anderes Schiff mit anderem Namen geworden.
Und aus dem Dunkel des verdämmernden Abends des ersten Tages der so lang ersehnten Feindfahrt wachsen die Schatten jener vom WOLF, von der MÖWE, vom SEETEUFEL und der ruhmreichen EMDEN.

*

Auf dem Kalenderblatt dieses Tages steht der 15. Juni 1940.

»Schiff 33« ist der fünfte Hilfskreuzer, der in diesem Kriege inzwischen ausgerüstet wurde. Der ehemalige, erst 1936 auf Stapel gelegte 7 766 BRT große Motorfrachter KANDELFELS ist jetzt mit sechs verdammt alten 15-cm-Geschützen bewaffnet worden. Er hat außerdem ein Buggeschütz, eine Beutekanone kleineren Kalibers, an Bord, das aber nur für Warnungsschüsse vorgesehen ist und das, da international geradezu üblich geworden, ungetarnt gefahren wird. Neben verschiedenen leichten Fla-Waffen, die, sinnvoll und vorzüglich getarnt, über das ganze Schiff verteilt sind, ist der Hilfskreuzer noch mit vier Torpedorohren und mit über 400 Minen ausgerüstet*.

* *Die Geschütze stammten noch von den alten Linienschiffen und hatten das Baujahr 1910/1915. Wie »Schiff 33« waren auch die meisten anderen Hilfskreuzer mit solchen alten, nicht weit, das heißt nicht mehr weit genug schießenden Geschützen bestückt, weil einfach keine modernen Waffen für diesen Zweck verfügbar waren.*

Bis auf die Beutekanone sind sämtliche Waffen so aufgestellt, daß sie von außen nicht zu sehen sind. Bei einer Enttarnung, bei der laut internationaler Vorschrift die Kriegsflagge gesetzt werden muß – gleich, ob sich das Schiff vorher nun als Russe oder als Schwede** präsentierte, können die die Geschütze verdeckenden Wände zurückgeklappt werden. Eine solche Enttarnung nimmt den Bruchteil von Minuten in Anspruch. Das wurde in der Ostsee immer wieder geübt. Jetzt arbeiten alle Stellen so vorzüglich zusammen wie ein kompliziertes Räderwerk.

**Hierzu der bekannte Schiffahrtsexperte und Marinehistoriker Erich Gröner, Berlin: *»Die Schiffe der FELS-Klasse der DSG Hansa in Bremen ließen sich einfach nicht tarnen. Kein Serienschiff und kein anderer Typ sah ihnen ähnlich. Ich hatte 1939/40, als die IO und WO der als Hilfskreuzer vorgesehenen FELS-Klassen-Frachter zu mir kamen, schwere Not mit Tarnvorschlägen. Leider kamen die meisten Hilfskreuzeroffiziere erst nach den bereits fertigen HSK-Umbauten, statt vorher. Vor dem Umbau hätten sich viele Tarnmöglichkeiten bei dem Umbau berücksichtigen lassen.« Soweit Gröner. Grundsätzlich muß dazu bemerkt werden, daß die Hilfskreuzerkommandanten der Ersten Welle weder beim Oberkommando der Marine noch bei den Werften irgendwelche Unterlagen über den Umbau eines Frachtschiffes in einen Hilfskreuzer vorfanden. Aus eigener Initiative heraus mußten sie, dabei noch unter Zeitdruck stehend, die vielfältigsten Probleme lösen. Lediglich der Kommandant des im Ersten Weltkriege berühmt gewordenen Hilfskreuzers WOLF, der Fregattenkapitän Nerger, konnte mit einigen Ratschlägen dienen, während man den »Außenstehenden«, das heißt nicht uniformierten, aber am besten versierten Experten Gröner in Sachen Umbauten und Tarnungen zu spät heranzog.*

Allgemein wurden von der Gegnerseite die Geschwindigkeiten der deutschen Hilfskreuzer bedeutend überschätzt. Die maximale Geschwindigkeit bei »Schiff 33« lag bei 16 Knoten. Seine Marschgeschwindigkeit betrug gut 15 Knoten und konnte für lange Zeit aufrechterhalten werden.

Auch die anderen Hilfskreuzer vermochten keine größeren Geschwindigkeiten zu entwickeln. Nur die beiden Hilfskreuzer KORMORAN und THOR schafften 18 Knoten maximal und verfügten über eine Marschgeschwindigkeit von 16,5 bis 17 Meilen in der Stunde. Die in verschiedenen Publikationen ebenfalls unter die Hilfskreuzerflotte eingereihte 2 436 BRT große SKORPION war nie als Hilfskreuzer vorgesehen. Das schon 1908 erbaute Schiff verfügte, wenn es auch maximal 19 Knoten lief, nicht mal über einen Aktionsradius von 1 000 Seemeilen, war also als Hilfskreuzer völlig ungeeignet. Das Hilfsschiff SKORPION fand später als Minenleger BARBARA und nach 1945 als Wohnschiff der Universität Kiel Verwendung.

*

Ganz zivil, ohne Flagge und grau gestrichen, so rauschen sie mit hoher Fahrt durch den Großen Belt. Damals, als die deutsche Kriegsmarine sich anschickte, das größte Landungsunternehmen der Geschichte zu starten, damals hatten sie geschimpft und gewettert, wieder einmal vergessen zu sein. Nun marschieren sie, mit sich glücklich und zufrieden, vorbei an den dicken, bizarr angemalten Truppentransportern und Frachtschiffen, die, auf gleichem Kurs laufend, Nachschub in das Land der düsteren Berge bringen wollen. Niemand ahnt da drüben, daß dieser »alte« Frachter gar kein Frachter und schon gar kein alter ist. Aber auch der würde es nicht glauben, dem man die Wahrheit über den Verwendungszweck gesagt hätte. So müde und so vergammelt schaut »Schiff 33« nach der ersten Umtarnung aus.

Aus dem Belt in das Kattegatt eintretend, meldet der Ausguck mehrere Fahrzeuge an Backbord. Die winzigen Punkte wachsen sehr schnell aus der Kimm. Masten, Schornsteine und Schiffsrümpfe schälen sich heraus. Es sind die erwarteten Torpedoboote. Sie übernehmen den Geleitschutz bis in die norwegischen Schären. Gestaffelt fahrend, hin und wieder Fahrtstufen und Kurse wechselnd, sind sie wie getreue Hunde, die nicht von der Seite der ihrem Spürsinn anvertrauten Herde weichen. Voraus schwebt – wie aus dem Nichts sich entfaltend – ein Feuerwerk auf die Kimm hernieder. Die Ausguckposten, die über das ganze Schiff verteilt nach Schiffen, Treibminen, Sehrohren, Blasenbahnen und Flugzeugen Ausschau halten, setzen beruhigt die Gläser wieder ab. Die Maschinen, die voraus in der Luft hängen, sind deutscher Jagdschutz, der außer der Abwehr feindlicher Kampfflugzeuge auch noch zusätzlich U-Boot-Sicherung fliegt.

Die britischen U-Boote sind ja während und auch nach der Norwegen-Aktion gerade im Kattegatt, wenn auch unter hohen Verlusten, sehr aktiv gewesen. Sie entwickelten dabei die sehr gefährliche Taktik, daß sie sich im Seegebiet der Schären in den Schutz kleiner Inseln legten und sich von dort aus den deutschen Geleitzügen und Einzelfahrern plötzlich vorsetzten.

Pfeilen gleich, schneller als der lärmenden Möwen Flug, so heulen die Jäger, fast zum Greifen niedrig, über den Hilfskreuzer hin.

»Treibender Gegenstand in 12 Grad.«

Bei dieser Richtungsweisung ist immer die Schiffspeilung zu verstehen, das heißt, die verlängerte Kiellinie ist gleich der Nullinie der nach rechts drehenden 360-Grad-Einteilung. Will man nun die rechtweisende Peilung ermitteln, so braucht man nur diese Schiffspeilung und den rechtweisenden Kompaßkurs – bei den Kreiselkompassen ist der Kompaßkurs immer rechtweisend – zu addieren, und man erhält die genau rechtweisende Peilung. Nach dieser kann man die Lagerichtung des gesichteten Gegenstandes in die Karte eintragen.

»Da schwimmen welche von Ihrer Fakultät«, ruft der Kommandant dem Sperrwaffenoffizier, Oberleutnant Schmidt, vergnügt zu.

Es handelt sich um treibende Minen, die plötzlich in Sicht gekommen sind.

Krüder schaut ihnen nachdenklich nach, wohl in der Erinnerung an eine harte und auch bittere Zeit nach dem Ersten Weltkrieg. Während damals die Flotte zerfiel, ihre Besatzungen verzweifelte Wege gingen, während viele froh waren, nichts mehr von Seefahrt und Krieg zu hören, blieben einige Männer dennoch linientreu. Sie waren es, die lange nach Kriegsende bei der »Schwarzen Minensuch« standen, die erst die deutschen Seegebiete freiräumten und später zu einer tragenden Säule der von der damaligen Reichsmarine gestellten Wiederaufbauziele wurden.

Der Verband nimmt jetzt Kurs auf die norwegische Küste. Feindselig und gar nicht einladend wachsen schwarze Bergmassive in den späten Abend, der keine rechte Dunkelheit bringen will. Ein fahles, aber transparent leuchtendes Licht bleibt auch in der Nacht, immer noch hell genug, um die eigenwilligen Konturen jener düsteren Bergwelt erkennen zu können. Still und spiegelglatt ist das Wasser in den Schären, in deren Schutz der Verband, die offene See meidend, dem befohlenen Ziele zustrebt.

Vier Tage sind seit dem Auslaufen verstrichen. »Schiff 33« ankert im Sörgulenfjord. Auf normalen Karten wird man diesen einsamen Fjord nicht einmal finden.

Berge ringsum. Wald und Wiesen zu deren Füßen. Keine Hütte, kein Haus belebt das Bild. Die sichernden Jäger und Torpedoboote haben das Schiff verlassen. Man ist allein.

Dünne Nebelschwaden ziehen über diese Landschaft, die durch die grauen, in wunderlicher Gestalt darüber hinweg schwebenden Dünste einen düsteren, schwermütigen Anblick bietet. Ein breiterer, etwas hellerer Schein, der sich über die Niederungen eines Tales hinzieht, deutet den Lauf eines Baches an. Dicht über dem Wasser erheben sich gleich Wagen der Wassergötter hier und dort Dunstsäulen, unter den Strahlen einer schon tiefstehenden Sonne spielerisch in tausend schillernden Farben zerfließend. Feierliche Stille ruht um das deutsche Schiff, bis ein Befehl des Kommandanten diese heilige Ruhe unterbricht.

Krüder an Schwinne: »Die gesamte Besatzung ist einzuspannen, das Schiff nach vorliegendem Muster umzutarnen. Halten Sie sich genau an das vorliegende Schiffsbild.«

Der Kommandant legt dem Ersten Offizier Fotos und den Silhouettenriß eines Schiffes vor, das wohl dem Hilfskreuzer ähnlich sieht, dessen Merkmale aber doch ganz anders sind.

Der Kulissenzauber beginnt. Einem Szenenwechsel auf der Bühne gleich. Offizier und Mann packen mit gleichem Eifer und gleicher Selbstverständlichkeit mit an. In knapp zwei Tagen sind Aufbauten, Umrisse und Anstrich befehlsgemäß verändert. Schwarz wie die Innenseite eines Rabenflügels ist jetzt der Außenanstrich des Hilfskreuzers geworden. An Backbord und Steuerbordseite prangen mittschiffs auf blutrotem Grund in gelber Farbe Hammer und Sichel. Groß und weithin lesbar leuchten die weißen Buchstaben UdSSR.

Der Kommandant läßt sich im Verkehrsboot langsam um sein Schiff fahren. Er hat die Arme verschränkt und steht groß und sicher im Boot. Er freut sich. Er reibt sich die Hände. »Prima, Jungs, wenn das unser roter Freund und Genosse Stalin wüßte.«

IV.

Der 22. Juni 1940.

Die Stunde ist da.

»Schiff 33« geht ankerauf. Dumpf polternd zerrt das Spill den Anker aus dem felsigen Grund. Und dann erbebt es. Bis hinauf zur Brücke. In allen Verbänden. Und jeden einzelnen durchfließt dieses verhaltene Zittern.

Die Motoren laufen …

»Beide Maschinen langsame Fahrt voraus!«

Heckwasser quirlt in tanzenden Strudeln auf, und eine glatte Welle schneidet einen Keil in das stille Gewässer. Mit großer Fahrt strebt ein fürwahr wasch- und regenfester Russe der offenen See entgegen. Minensuchboote nehmen ihn in Empfang und geben ihm das Geleit, sichern die Fahrrinne.

Da drüben wundert man sich, warum man mit diesem Sowjeteimer soviel Aufhebens macht und sogar eine ganze Flottille hinausschickt. Und das noch in der Nacht. Aber das ist höhere Politik, von der die braven »Minenseukers« nicht viel verstehen. Sie denken sich ihren Teil.

Aus tiefhängender Wolkendecke faucht eine derbe Brise. Die zyklopenhaften Rücken der schwarzen Berge treten immer mehr zurück. Und ärger wird das Wetter. Böen fegen heran. Brüllend und heulend. »Schiff 33« gerät ins Wanken und Torkeln. Einige werden blaß und grün im Gesicht. Sie schlucken, als müßten sie knochenharten Schiffszwieback trocken 'runterwürgen.

»Paßt auf, Jungs, nicht nach Luvseite, wenn ihr die Mittagsmahlzeit absolut noch mal besehen wollt.«

»Jawohl, Herr … hupp, Herr … hupp… ooch…«

Und schon ist's passiert. Man kam nicht mehr in die Leeseite und hat nun die ganze Bescherung im Gesicht. Vom Winde verweht. Ein gut verdautes Mittagsmahl … Die andern, das sehen, sich schütteln und die Augen verdrehen … und nachgemacht.

Kapitänleutnant Michaelsen lacht verständnisinnig. Mit breiten Beinen steht er frei auf der Brücke, auf den Planken, die ihm seit frühester Jugend Heimat wurden.

»Siehste woll, mein Sohn, auch das Kotzen will auf See gelernt sein. An Land kann das jeder Piesepampel.«

Und auch die anderen Kameraden, die schon seefest sind, sparen nicht mit guten, wohlwollenden Ratschlägen. Speck müßte man nehmen. So ein Stück saftig fetten Speck. Und den müßte man an einen Zwirnsfaden binden. Und dann den Speck 'runterschlucken. Und am Faden wieder 'raufziehen. Das so einige Male.

»Ha, sollt mal sehen, was euch wohler wird.«

Mit kugelrunden Augen, verständnislosem Blick und grünem Gesicht vernehmen es die »Betroffenen«.

Der bloße Gedanke an den Speck und an diese Prozedur dreht ihnen den Magen im Leibe herum. Hupp ... sagen sie. Sie fühlen sich so hundeelend. Einen Knall könnte es geben. Es wäre ihnen ganz egal.

»Immer schön brav weiteropfern. Immer willig, Jungs. Woll, woll. Bis der schwarze Ring kommt. Was, den kennt ihr nicht? Jawoll, dann ist's vorbei. Der schwarze Ring. Wie? Das Ende vom Darm. Das erst müßt ihr sehen ...«

Und ärger und ruppiger wird der Wind.

Und das große Schiff tanzt auf der See wie ein Korken in siedendem Wasser.

*

Der Kommandant weicht nicht von der Brücke. Es ist die Stunde nach Mitternacht. Die Uhr zeigt auf 1.30. Ab und an richtet der Kommandant sich hoch auf, reckt seine große, breite Gestalt in den zausenden Wind. Er schnuppert. Er macht ganz den Eindruck, als rieche er etwas. Irgend etwas. Das merken die Männer sehr wohl, und sie verrichten doppelt emsig ihren Dienst. Der Alte kann vollendet grob werden.

»Nicht nachlässig werden. Nicht müde werden. Nicht immer das Glas stur vor der Nase halten. Ruhig mal absetzen. Mit bloßen Augen nachkontrollieren«, mahnen die Wachoffiziere. Sonst wird kein Wort auf der Brücke gesprochen.

Die Schritte des Kommandanten erstarren.

»Da«, und er richtet den ausgestreckten Arm richtungweisend auf die See, »sehen Sie mal, so ähnlich sieht ein Sehrohr aus.«

Einige hundert Meter an Backbord voraus scheint eine dunkle Stange aufrecht in der aufgewühlten Nordatlantiksee umherzuturnen. Ungünstig im Licht stehend, kann man nicht ganz klar erkennen, was es eigentlich ist. Vielleicht ein Balken. Vielleicht auch eine von der See losgerissene und vertriebene Spierentonne. Alle Gläser sind auf den bezeichneten Punkt gerichtet.

»Verdammt!« entfährt es Krüder, als im fast gleichen Augenblick eine schwarze Masse aus dem Wasser herausbricht, umgischtet von schäumendem Wasser. Im selben Moment meldete auch der Flakfeldwebel Walter Möllenkamp den verdächtigen Gegenstand als das Sehrohr eines U-Bootes, das jetzt zum Teil sichtbar wird. Wie eine Sehne ist Krüder aus der vorgebeugten Lage aufgeschnellt. Ohne Aufregung in der Stimme gibt er blitzschnell, aber sehr ruhig und sachlich seine Befehle.

»Alarrrm! Alarrrm! Auf Gefechtsstationen ...!«

Da drüben steht ein U-Boot. Kein deutsches, denn solche können sich laut letzter FT-Meldung hier gar nicht aufhalten. Ein Brite. Man sieht es jetzt auch am Turm. Der Kommandant hat sich nur einen Augenblick umgedreht, da ist der Tommy schon wieder verschwunden. Wie ein Spuk. Auch das Seerohr ist nicht mehr zu sehen. Es herrscht Windstärke sieben, in den Böen sind es acht bis zehn. Der Seegang ist entsprechend. Anzunehmen ist, daß das britische Boot von einer schweren See aus seiner Angriffstiefe lediglich herausgedrückt wurde, und daß es sich jetzt wieder unter Wasser einzupendeln versucht.

»Ruder harrrt Steuerborrrd.«

Der Rudergänger drückt mit ruhiger Hand den rechten Knopf der modernen Knopf-steuerungsanlage, den Blick fest auf den blitzblank geputzten Ruderlagenzeiger gerich-tet. Der Kommandant wirft selbst den Maschinentelegrafen auf »Äußerste Fahrt«. Schnarrend legt sich der Zeiger nach der Bestätigung auf die befohlene Fahrstufe.

»Ruder liegt hart Steuerbord.«

»Okay.«

Das Schiff krängt über unter dem Druck des Ruders, gegen das sich das achteraus geschleuderte Schraubenwasser preßt. Eine wild wirbelnde, weißgetönte Blasen-bahn zeigt hinter dem Schiff den beginnenden Drehkreis an.

»Komm auf, Rudergänger.«

»Mittschiffs! – Steady! – Recht so …!«

Dem Gegnerboot ist zunächst die Angriffslage genommen.

»Sehrohr 210 Grad.«

Neue Meldung.

Richtig, da ist es wieder. Nun wohl, der Brite wird jetzt nur noch mit sehr gerin-ger Hoffnung auf einen Treffer hinterherschießen können. Außerdem wird er das nicht tun, denn man hat da drüben sicherlich die russische Nationale erkannt.

»Boot taucht wieder auf.«

Zum zweiten Male kommt der Turm aus dem Wasser. Ihm folgt diesmal der ganze walähnliche Bootskörper. Wahrscheinlich will der britische Kommandant versu-chen, in Überwasserfahrt den Frachter einzuholen. Daß der alte russische Frach-ter aber 17 Knoten schafft, das kann der Brite freilich nicht ahnen.

Oder ist hier Verrat im Spiel?

Ist es wirklich ein bloßer Zufall, daß ein britisches U-Boot fast unmittelbar vor dem Ausgang des Fjordes lauerte, in dem der Hilfskreuzer umgetarnt wurde?

Andere später und sogar erst nach dem Krieg bekanntgewordene Fälle lassen die damalige Vermutung eines Verrats durch norwegische Widerstandskämpfer kei-neswegs so absurd erscheinen.

Der Kommandant steht vor einem schweren Entschluß. Der Brite schwimmt jetzt nur anderthalb Seemeilen entfernt im Kielwasser. Er läuft höchste Fahrtstufe, wie die hoch überkommenden Brecher, die ab und an das ganze Boot in einem Wir-bel von Schaum und Gischt verschwinden lassen, beweisen.

Aller Blicke hängen an Krüder.

Der tut seinen bekannten Griff an die Nase.

Gleich entscheidet er sich.

»Müssen ihn schwimmen lassen«, ruft er dann. Aber ärgerlich. Ruhig fährt er dann, zum Navigationsoffizier, Kapitänleutnant Michaelsen, gewandt, fort: »Wenn wir ihn schnell und vernichtend treffen wollen, ist es notwendig, ihm die Breitseite zu zeigen. Ein solches Manöver macht uns aber schon verdächtig. Außerdem drehen wir ihm in die beste Angriffsposition hinein. Weiter aber: Ob wir das Boot auch wirklich auf Anhieb versenken, ist bei der schweren See nicht hundertprozentig. Das Boot hätte noch Zeit zu tauchen, vielleicht auch dann noch, wenn wir es beschädigen würden. Damit hätten wir aber unsere Tarnung preisgegeben und damit würde unser Auslaufen und unser Aussehen dem Gegner bekannt werden. Daß er es nicht weiß, ist unsere stärkste Waffe. Außerdem ist jetzt erwiesen, daß der Britenkommandant uns auch tatsächlich noch als Russen und nicht als Hilfskreuzer anspricht. Er wäre sonst wohl niemals aufgetaucht.

Anderer Meinung, Michaelsen?«

»Nein, Herr Kapitän. Ein Verzicht ist hier besser als ein fraglicher Erfolg.«

»Gut. Geben Sie diese Gedanken der Besatzung durch den Bordlautsprecher bekannt. Es soll bei mir jeder wissen, was anliegt.«

Währenddessen versucht der Brite verzweifelt, den Frachter »auszudampfen«, wie ein solches Aufholen in der U-Boot-Fachsprache heißt. Es besteht jedoch wenig Aussicht für ihn, diesen zu überholen.

»Gegner gibt Blinksignale.«

»What ship? What ship?«

»Schiff 33« reagiert sauer.

»Soll sich 'ne Brille auf die Nase setzen. Steht doch draußen dran«, witzelt einer.

»Als Bolschewik müssen wir sogar von Amts wegen stur sein«, sagt Leutnant Bach ernsthaft. Er muß ja die Sowjets von seiner Handelsschiffahrt her kennen.

»Gut. Recht so! Wir bleiben stur wie ein Holzklotz«, sagt der Kommandant. Man sieht ihm die unverhohlene Freude an, die es ihm macht, den nunmehr hilflosen Briten auf russisch hochzunehmen.

Jetzt wird es dem Briten zu bunt.

»Stop or you are gunned! Stop at once! Stop at once!«, tobt er sich optisch aus.

Keine Antwort.

Das Boot sackt immer weiter achteraus.

Da stürzt ein Seemann auf die Brücke: »Herr Kapitän, wir haben unter Deck eben zwei Detonationen vernommen. Hörte sich an, wie wenn ein großer Holzklotz gegen die Bordwand stieß.« Der Matrose ist noch am Erklären, als auch Leutnant Hanefeld auf der Brücke erscheint und dem Kommandanten von einer dritten Detonation berichtet. Die Vermutung liegt nahe, daß der Brite drei Aale geschossen hat. Die Torpedos haben sich totgelaufen und sind dann vermutlich auf den Grund gefahren und dort detoniert. Oder aber die britischen Torpedos sind so eingerichtet, daß sie am Ende ihrer Laufzeit krepieren. Eine andere Erklärung gibt es für die Hilfskreuzermänner nicht.

Anderthalb Stunden hält die Verfolgung noch an. Dann gibt es der Brite auf. Der hätte wissen sollen …

*

Zwei Wege stehen dem deutschen Hilfskreuzer offen, den Blockadering zu sprengen und den Atlantik zu erreichen.

Der eine Kurs führt zwischen Island und Schottland hindurch und der andere durch die enge Dänemarkstraße zwischen Island und Grönland in die freie See des atlantischen Raums. Die Hoffnung, um diese Jahreszeit in der Dänemarkstraße schwere Nebel anzutreffen, bestimmt Krüder, diesen Durchbruchsweg zu wählen. In beiden Fällen muß er aber mit starker britischer Überwachung rechnen. Anzunehmen ist, daß die Britische Admiralität aufgrund der Meldung des angreifenden U-Bootes doch aufmerksam geworden ist. Krüder weicht daher zunächst nach Norden aus.

Es hat aufgeklart.

Die See ist glatt und harmlos artig. Krüder macht dem Wetterfrosch einen Besuch. Dr. Roll*, ein Danziger Regierungsrat, sitzt so vertieft hinter Karten und Plänen, daß er den Kommandanten erst bemerkt, als dieser ihn mit der wohlvertrauten dunklen Stimme anspricht.

 * *Dr. Roll ist heute (1968) Professor und Präsident des Hydrographischen Instituts in Hamburg.*

»Lassen Sie sich nicht stören. Mein Gott, daß Sie da noch 'rausfinden. Das sieht ja aus, als seien einige Spinngewebe zusammengefallen.«

»Ist aber sehr klar und verständlich«, behauptet der Danziger lächelnd und überzeugt, wobei er schnell noch eine grüne Kurve auszieht.

»Nun, Doktor, ich glaubte erst, Sie zeichnen da den Grundriß des Kölner Doms nach. Kann auch eine höchstkomplizierte Konstruktionszeichnung werden.«

Dr. Roll ist darüber nicht erbost. Er kennt des Kommandanten schalkhafte Art, und zwischen ihnen beiden steht nicht unbedingt die Schranke dienstgradlicher Distanz.

»Diese Linien hier, die Isobaren, und diese …«, versucht Dr. Roll zu erklären.

»Schon gut, Doktor, ich mische mich nicht gern in andrer Leute Wissenschaften. Nur eine Frage: Wie wird das Wetter, wie, Doktor?«

»Keine Hoffnung vorerst, daß sich die Wetterlage ändert.«

»So werden wir mit dem Durchbruch warten müssen. Aber Sie sind doch in der Lage, mir zu melden, wann bei der Dänemarkstraße und dem davor liegenden nördlichen Seegebiet mit Schlechtwetter, mit Nebel, Regen oder Sturm zu rechnen ist? Unser bestes Wetter kann nur das schlechteste sein.«

»Jawohl, Herr Kapitän, wir bekommen ja noch zusätzlich die Meldungen einzelner Wetterschiffe, so daß ich hier das Wetter für die uns interessierenden Seegebiete ziemlich sicher berechnen kann.«

»Vorzüglich, melden Sie klar, wenn es unklar werden will.«

*

Die Wettervoraussage ist eine sehr ernste und außerordentlich kriegswichtige Frage. Eine genaue Vorausbestimmung des Wetters ist für geplante Seeoperationen oftmals von entscheidender Bedeutung gewesen. Deswegen hat auch der Feind, genauso wie auch die Deutschen, die sonst im Frieden periodisch gegebenen Tageswettermeldungen von allen Positionen auf offener internationaler Welle eingestellt. Weder die Landstationen noch die in See befindlichen Schiffe aller kriegführenden Staaten geben noch Wetterberichte durch und wenn, dann nur im geheimen nationalen Code.

Es gibt unzählige Beispiele dafür, welch einen starken Anteil der »Wetterfrosch«, wie man ihn an Bord scherzhaft, aber ohne Bosheit nannte, an dem Gelingen mancher Seeoperation hatte.

Hier eines:

Bei dem Unternehmen des Schweren Kreuzers ADMIRAL SCHEER vertraute der Kommandant von Anbeginn der Kreuzerkriegführung in überseeischen Gewässern ganz und gar der Voraussage des Meteorologen. Auch er hatte vor dem risikoreichen Durchbruch, wie er jetzt vom »Schiff 33« gefahren werden soll, dieselben Sorgen. Der Meteorologe Dr. Defant hatte ein maßgebliches Verdienst daran, daß der Durchbruch im Schutze einer langanhaltenden Schlechtwetterfront gelang. Später wurde Kapitän zur See Krancke, im Mittelatlantik stehend, vor die schwere Wahl gestellt, ein durch Bordflugzeug ausgemachtes Feindgeleit, den 180 Seemeilen langen Anmarschweg dorthin berücksichtigend, noch in der Abenddämmerung oder erst am nächsten Morgen anzugreifen. Der Angriff am Morgen versprach zweifelsohne einen größeren Erfolg. Außer strategischen Erwägungen – man wäre in der Nacht zu nahe an das Aufnahmegebiet britischer Kriegsschiffeinheiten herangelaufen – bestimmte die Wetterprognose den Kommandanten zum Abend- und Nachtangriff. Dr. Defant kündigte einen auflaufenden schweren Sturm an. Dieser entfaltete sich, wie vorausgesagt, auch pünktlich um Mitternacht in einer solchen Stärke, daß ein genauso erfolgreicher Angriff am nächsten Tag sicherlich nicht zustande gekommen wäre. Nach den Bordunterlagen versenkte ADMIRAL SCHEER am Abend und in den ersten Nachtstunden einen Hilfskreuzer und sieben Transportschiffe mit insgesamt 86 000 BRT*.

* Siehe auch Krancke-Brennecke: RRR - Das glückhafte Schiff. Kreuzerfahrten des ADMIRAL SCHEER, erschienen in Koehlers Verlagsgesellschaft, Herford (Westfalen).

*

Ohne genaue Kenntnis der zu erwartenden Wetterlage wäre es später niemals zu einem so großen Erfolge bei dem Angriff auf das PQ-17-Geleit gekommen. Hierbei wurde von U-Booten und Flugzeugen fast der ganze von Großbritannien kommende und in die Sowjetunion gehende Geleitzug zerschlagen und versenkt. Oder denken wir an den Durchbruch der deutschen Schlachtkreuzer SCHARNHORST und GNEISENAU durch den britischen Kanal. Auch hier entschied das richtige Wetter den Erfolg, jener Nebel, der von Großbritannien, genauer von Irland herüberzog. Hier waren es nicht nur die Wetterfrösche, die das Wetter machten. Hier half sogar der Nachrichtendienst des Auswärtigen Amtes. Über einen Kontaktmann in Dublin wurde laufend die Wetterlage über Irland durchgefunkt. Dieser Anhaltspunkt genügte den deutschen Meteorologen, zusammen mit ihren anderen Beobachtungen, nun auf Tag und Stunde Nebel versprechen zu können.

Nur wenigen ist während des Krieges und auch nach dem Kriege bekannt geworden, daß in der Einsamkeit des arktischen Eises, auf Grönland, auf Spitzbergen, ja sogar auf dem Franz-Josefs-Land, deutsche Wissenschaftler und Soldaten während des ganzen Krieges Wetterstationen unterhielten. Die Unternehmen »Baßgeiger«, »Nußbaum«, »Schatzgräber«, »Zugvogel« sind ein Kapitel Kriegsgeschichte, das als die »Front unter dem Gefrierpunkt« einen besonderen Platz verdient.

*

Doch zurück zum »Schiff 33«.

Der NO flucht und grollt.

»So was Dummes, ich bin so oft über den Nordatlantik gekutscht, aber ein solches Sonnenschein-Dauerwetter ist mir noch niemals begegnet. Nicht eine Wolke. Nicht mal ein Wölkchen.«

Als altem Fahrensmann christlicher Seefahrt entfährt ihm ein sehr unchristlicher und nicht druckreifer Fluch.

Aber solche Entladung tut gut. Sie ist honigsüße seelische Labsal für die Männer, die so erfahren, daß ihre Offiziere auch zu fluchen verstehen. Wie rechte Soldaten.

»Land rechts voraus«, meldet ein Ausguck.

Der NO, gerade im Kartenhaus stehend, blickt in die Seekarte.

»Der will uns wohl verulken, dummes Zeug. Die Leute drehen tatsächlich durch.« Noch sind es 70 Seemeilen, die »Schiff 33« von der Insel Jan Mayen trennen. Michaelsen nimmt kontrollierend die Entfernung aus der Seekarte und greift sie am Kartenrand ab.

»Die Entfernung stimmt doch«, brummt er ein wenig mißvergnügt über den Ausguck, der sicher den Buckel eines Wales im Glase hatte und gleich losplatzen mußte.

Als er in die blendende Helligkeit an Deck tritt, sieht er die Männer die Hälse recken.

»Tatsächlich Land. Kann nur der Bärenberg sein«, staunt der NO und setzt sein Glas wieder ab.

Über dem Dunst des Horizonts schwebt, losgelöst von der Kimm, der schneebedeckte Gipfel dieses Berges, der höchsten Erhebung der Insel Jan Mayen.

Soll dieses ungewöhnlich klarsichtige Wetter nicht ein glückhaftes Vorzeichen sein?

Ohne einen zweifelsohne suspekten Aberglauben unterstützen zu wollen, muß in diesem Zusammenhang einmal gesagt werden, daß die Seeleute den Rätseln des Alls und den kosmischen Gesetzen ja viel näher stehen als ein Mensch, der sein Dasein zwischen grauen, erdrückenden Mauern der Städte verbringt.

Die Männer vom »Schiff 33« nehmen jedenfalls diese seltene Erscheinung wie den Fund eines vierblättrigen Kleeblattes hin.

Jan Mayen ist ein an sich völlig unbedeutendes Felseneiland im Europäischen Nordmeer. Bis auf die Handvoll Männer einer Wetterstation ist diese unwirtliche Insel unbewohnt. Höchstens dem Nautiker nützt sie noch als Ansteuerungspunkt.

Der das Jahr über schneebedeckte Bärenberg ist fast immer von Nebelschwaden umgeben, und nur an wenigen Tagen das Jahr über ist sein Gipfel ohne Haube. Der Name des Bärenberges ist jedoch umstritten. Eine andere Schreibweise heißt ihn Beerenberg, eine Bezeichnung, die sicherlich auch ihre Berechtigung hat.

Doch ob Bär oder Beere, Hauptsache – man sieht ihn auf dem Hilfskreuzer, und die Gemüter laden sich ob des bevorstehenden Durchbruches mit Zuversicht auf.

*

»Dieser Vogel ist kein Vogel«, brummt der ausguckende Seemann, nimmt mit gespielter Ruhe den Lederlappen aus dem Kasten, wischt sorgfältig und gewissenhaft die blauviolett schillernden Optiken seines Zeißglases ab und bittet sicherheitshalber seinen Kameraden vom Backbordsektor, die Sichtung ebenfalls zu prüfen.

»Deibel auch, 'nen Flugzeug«, bestätigt der auf Anhieb.

»Aber wo soll das denn hier im Eismeer herkommen?«

»Geht uns 'nen feuchten Schmutz an. Melde es.«

»Flugzeug in 15 Grad. Tieffliegend«, schallt es zur Brücke.

»In Ordnung«, sagt die Brücke mehrstimmig. Man hat die Maschine schon gesehen.

Ein deutscher Fernaufklärer ist es, der hier in Zusammenarbeit zwischen der Seekriegsleitung und der Luftwaffe die Marschroute des Hilfskreuzers absucht.

»Warum die nicht mal näher 'rankommen. Wir beißen doch nicht«, wundert sich Bach.

Aber Krüder weiß warum. Er spricht nur nicht darüber. Die Flugzeuge haben strenge Anweisungen, beim Sichten eines durch Hammer und Sichel gekennzeichneten »sowjetischen Regierungsdampfers« in weiter Entfernung zu bleiben. Aufnahmen zu machen, ist den Besatzungen der Flugzeuge streng verboten.

Nach dem Pakt der antibolschewistischen Nazis mit den brandrot kommunistischen Russen wundert man sich über gar nichts mehr. Wer weiß, was da wieder dahintersteckt, jedes in der Nähe dieses Iwans stehende britische Kriegsschiff unverzüglich zu melden.

Das Wetter »bessert« sich immer noch nicht.

Die Sonne scheint weiter.

Die Nacht ist taghell, und man kann meilenweit in die Ferne dieser Wasserverlorenheit sehen.

Eisschollen, anfangs spärlich und vereinzelt, mehren sich von Stunde zu Stunde. Voraus kommt ein glänzender Streifen in Sicht. Ein funkelndes Band spannt sich über den Horizont. Eis blinkt. Flammen und Blitzen gleich zucken die im kristallenen und schartigen Eis gebrochenen Sonnenstrahlen über die weite Fläche der Eisbarriere. Gebannt schauen die Männer in dieses wundersame farbenprächtige Sprühen und Glitzern.

Schwerfällig, in seiner freien Bewegung nun gehemmt, stößt der Hilfskreuzer in die Eismassen hinein.

Es rüttelt, rumst, poltert und rumort wie in einer Gigantenschmiede.
Krabbentaucher, weder scheu noch ängstlich, treiben ihre possierlichen Spiele auf dem Eis. Scheckig und speckig glänzende Robben machen erst mißmutig und gähnend verärgert Platz, wenn der Steven des Schiffes lärmend auf sie zufährt. Flammenlummen, zur Familie der Alke zählend, tummeln sich in Scharen, zu Hunderten, ja zu Tausenden auf den Schollen. Sie haben einen graden und spitzen Schnabel. Diese hier schmückt ein weißer Bauch, der im harten Kontrast zum schwarzen Rücken steht. Weiße Flecken auf den Flügelenden beleben das Bild dieser Vögel. Sie ernähren sich, wie der Verwaltungsoffizier dem schlauen Brockhaus entnimmt, von allen möglichen Meerestieren, die sie mit ihren spitzen Schnäbeln aus dem Wasser picken. Es heißt ferner, daß ihre Eier sehr gut schmecken sollen. Eier, Eier, alles liegt hier voller Eier …

»Und ohne Bezugschein«, stellt der wirtschaftlich denkende Verwaltungsoffizier trübsinnig fest. Am liebsten würde er den Kommandanten anflehen, den Untersatz anzuhalten, um diese osterfestlich gesegnete Eislandschaft abzugrasen …

»Nee, daraus wird nichts. Später …«

»Schade«, sagte der VO – und geht.

Die Natur an sich interessiert ihn nicht.

»Später«, hat der Alte gesagt. »Wieso später?« klingt es in ihm nach. Eine plausible Antwort vermag ihm auch Krüders Adju, der Leutnant zur See Hemmer, nicht zu geben.

*

Wer den Kommandanten nicht auf der Brücke findet, braucht ihn nur in der Kammer des Meteorologen zu suchen. Aber der Danziger Doktor kann dem alten Herrn Petrus ja auch keine Befehle erteilen. Er bemüht sich aber, dem himmlischen Wettermacher so über die Schultern hinweg in die Karten zu gucken, um ihm einen Trumpf abzulauschen.

Dr. Hasselmann, der Assistenzarzt, hilft ihm neuerdings dabei.

In rosiger Stimmung ist Krüder nicht, wenn er vom Wetterfrosch kommt. Einmal trifft er auf Bootsmann Rauch, dem er seinen Verdruß ausdrückt. »Siehste, Bootsmann, da is' man nun Kapitän hier an Bord und darf nicht mal schippern, wie man will. Was sagste dazu?« Ehe Rauch eine Antwort geben kann, ist Krüder schon vorbei. Aber der Bootsmann meinte doch, den Schalk in Krüders Augen herausgelesen zu haben, mit dem der Kommandant so manche nervös machende Situation überbrückte.

»Wenn mich nicht alles täuscht, – dann …«, so beginnt Roll bei einem neuen Besuch Krüders. Er hält mit seinen erklärenden Worten ein und fährt wieder mit dem Blei die grünen, roten und blauen Spinngewebe ab, ehe er weiterspricht, und sagt: »dann wird es in der Nacht von Freitag zum Sonnabend einen handfesten Nordoststurm geben. Wir können außerdem mit Regen und später in der Rückwetterfront sogar mit Nebel rechnen.«

»Wie lange?«

»Lange genug, um im Schutz dieser Schlechtwetterfront durch die Enge zu brechen.«
Einen Augenblick herrscht Schweigen.

Dr. Roll öffnet den Mund. Er will dem Kapitän noch einige Beweise für seine
Behauptung bringen …

Die Tür fliegt ins Schloß.

Der Kommandant ist bereits draußen. Und das Schiffsvolk sieht, wie er, fast aus-
gelassen heiter, gleich zwei oder drei Stufen der Niedergänge entert und mit langen Schritten im Kartenhaus untertaucht.

»Bitte, den NO zu mir. Sofort!«

*

Südwärts stampft »Schiff 33«.

Wie von Dr. Roll vorausgesagt, erscheint am Freitag plötzlich, von Nordost her-
aufwogend, eine schwarze Wolkenwand. Abends orgelt aus nordöstlicher Richtung
ein wüster Stiehm über eine aufgewühlte See.

Ein Kälteeinbruch läßt die Männer erschauern.

Die Temperaturen sinken unter Null.

Das dickste Zeug ist zu dünn und zu fadenscheinig, um hinreichend Schutz zu
gewähren. Spritzer von eiskalten Sturzseen und wütenden Brechern fegen bis zur
Brücke hinauf. Und das salzige Wasser – man mißt eine Wassertemperatur von
minus 1,2 Grad Celsius – dringt durch jeden Stoff und durch alle Nähte. Bis auf
die nackte Haut.

Rot wie die Farbe gebrühter Krebse sind die Gesichter der Männer. Dieser Regen
bohrt sich wie Nadelstiche in die brennende Haut.

Obwohl es in diesen Breiten um diese Jahreszeit selbst um Mitternacht nicht mehr
dunkel wird, bricht unter der dicken Sturmwolkendecke nun eine balkendüstere
Nacht herein. Kein Glanz eines Lichtes von irgendwo. Hier, auf dem Hilfskreuzer, nicht und auch drüben nicht bei denen, die seit Wochen auf der Lauer liegen,
um aus Übersee heimkehrende deutsche Blockadebrecher in der Enge der Dänemarkstraße zu stellen. Auch von der Feindseite wird der Kampf um Tonnage mit
allen Mitteln geführt.

Die Männer stehen und starren mit beißenden, von Salzwasser wunden Augen in
die See. Ab und zu huscht der bläuliche phosphoreszierende Schimmer eines über
die Reling donnernden Brechers hinauf. Oder sie blicken in einen flüchtigen
Schein des Himmels, den aufgerissene Wolkentürme für Sekunden freigeben.

Wie der Qualm von dampfaufmachenden, dahinjagenden Torpedobooten fliegen
die niedrigen Sturmwolken über das Schiff.

Eine heulende, wilde Jagd.

Sie wirbeln ineinander, wenn sie am Schornstein und den Masten vorbeirasen.
Manchmal sehen sie wie verstörte und bleiche Gesichter aus, beseelt von dem
vorwärtsstürmenden Willen, zu vernichten und zu zerstören.

Wie Verdammte, die sich auf den Hilfskreuzer stürzen wollen, so wirken diese brodelnden Wolkenmassen. Wie lange noch, dann sind sie eins mit Himmel und See. Sie scheinen immer tiefer zu kommen.

Und mit ihnen rasen die Wut und das Grauen.

»Jetzt auf See und dann kein Schiff, das wäre aber schlimm«, murmelt Bootsmann Rauch, allerorts nur Qualm geheißen.

»Ja, und in jeder Hand einen Überseekoffer«, fährt der Kommandant fort. »Sonst was los, Bootsmann? Alles klar?«

»Jawoll, Herr Kapitän, nur unten hat's das Steuerbordschott eingeschlagen. Auf dem Vorschiff ist ein Lukenpersenning abgeweht.«

Unten, das ist das Deck. Hier kann sich kein Mensch mehr aufhalten. Trotz der noch vor dem Wetter sicherheitshalber gespannten Strecktaue.

Eine heulende Verlassenheit bietet das Schiff, über das sprühendes Wasser und kochender Gischt hinwegfliegen. Ob Wasser, Gischt oder Regen – wer vermag das überhaupt noch zu unterscheiden?

Millionen Vögeln gleich, so kommt es über das Schanzkleid geflogen. Es setzt sich nieder, um dann stiebend zu zerplatzen. Und von Zeit zu Zeit überdröhnt den Höllenlärm noch das dunkle, unterirdische Grollen und Rumoren einer außergewöhnlich schweren See.

Die Altbefahrenen kennen diese Geräusche von früher her. Sie künden einen gewaltigen Brecher an, einen, der aus der Reihe tanzt, einen Aus-der-Art-Geschlagenen. Dann holt das Schiff weit über, es fällt in das Sogloch, und es horcht, gleichsam sich abwehrend entgegenstemmend, in das nahende Wüten hinein. Mit einem Ruck wird es aus dieser Lage herausgerissen. Wie Schüttelfrost durchläuft es den eisernen Leib der zerbrechlichen Sicherheit des Schiffes. Es rüttelt mit Gigantenfäusten an allen Nieten und allen Verbänden. Dann richtet sich der Pseudo-Sowjet stöhnend wieder auf. Und draußen wächst ein bizarr verzerrtes Ungetüm neben der Reling empor. Unter Brausen, Zischen und Sieden. An einigen Stellen hat dieses Ungeheuer die Farbe von Galle.

Jene Männer, die zum erstenmal einen Polarorkan erleben, lassen es sich nicht anmerken, wie beeindruckt sie sind. Aber keiner denkt wohl auf diesem ehemaligen Frachter im Augenblick daran, daß schon manches Schiff von den rasenden Elementen zerschlagen wurde. Die Sorge um den Durchbruch überschattet die Angst, verdrängt die Erinnerung an Sturmkatastrophen auf See.

Und eigentlich – es muß in diesem Zusammenhang gesagt werden – kein Seemann an Bord erlebt das Wetter in der hier beschriebenen Form. Nein, nichts ist übertrieben. Aber die nackte Wahrheit ist so nüchtern, daß Worte sie nicht zu beschreiben vermögen.

Für den Seemann ist auch ein derartiger Zustand Dienst. Ein vollkommen unromantischer, harter Dienst.

Die Uhr zeigt auf die Mittagsstunde.

Unten in der Messe ist kein Halten mehr. Wer noch einen vollen Teller erhascht hat, hält ihn balancierend in der rechten, den Löffel in der anderen Hand. Wie Akrobaten, so essen sie.

In der Pantry zerspringt Geschirr. Scherben.

Eine silberne Teekanne, bisher wohlbehütetes Überbleibsel aus der Zeit, da auf der ehemaligen KANDELFELS Kaufleute als Passagiere mit nach Indien und Burma reisten, hüpft wie ein betrunkener Hase von Backbord nach Steuerbord. Keiner hebt sie auf. Man schaut ihr nur neugierig und halb belustigt nach.

»Nach diesem Wetterchen dürfen wir uns mit Fug und Recht daneben benehmen«, behauptet der NO.

Oberleutnant zur See Rieche will mehr darüber hören. Auch die anderen halten mit den kreisenden Löffelbewegungen ein – es ist wirklich ein Kunststück, den Löffel vom Teller an den Mund zu führen.

»Es gibt da eine alte Seemannsregel: Sie besagt, daß der, der die Hölle von Kap Horn passiert hat, getrost ein Bein auf den Tisch legen darf. Wer aber über den Polarkreis hinaussegelte und im Zentrum der nordatlantischen Zyklone eins auf die Mütze bekam, der kann ohne Anstoß beide Beine auf den Tisch tun. Kein Mensch wird ihm das an der Küste übelnehmen.«

Wer jemals das Pfeifen eines Polarsturmes gehört hat, der vergißt es nimmermehr – und sollte er hundert Jahre alt werden.

Stunden um Stunden geht es so weiter.

Sie stehen im Anfang der Dänemarkstraße.

Mit dem Kommandanten erscheint auch immer häufiger der Meteorologe auf der Brücke.

Es ist Nacht geworden. Und wieder drängen sich die beiden Männer hinter dem Windschutz der Steuerbord-Brückennock zusammen. Ein paar Stunden noch, dann passiert der Hilfskreuzer die engste Stelle der Straße.

»Ich fürchte, wir schaffen es nicht mehr«, schreit Dr. Roll Kapitän Krüder ins Ohr. Er muß brüllen, um verstanden zu werden. Der Danziger sucht den Himmel ab, und es scheint, als blättere er in den nachtschwarzen Wolken wie in einem Buche.

»Wie lange noch?« sorgt sich der Kommandant.

»Zwei, drei Stunden, dann flaut es ab.«

Nach Mitternacht läßt das Toben tatsächlich nach. Außer einer groben, langen See ist nichts mehr von dem Orkan übriggeblieben. Eine leichte Brise weht, und die düsteren Wolken sind wie ein Spuk hinweggefegt. Eine helle, verteufelt helle Nordnacht ist um sie.

Mitten in der engsten Stelle der Straße steht jetzt der deutsche Hilfskreuzer. Seine hohen, schwarzen Masten wirken wie Kohlenstriche in diesem kalten, abgetönten Licht, das Schimmel anzusetzen scheint.

Die Stunden tropfen dahin.

Qualvolle Stunden.

Selbst die Soldaten, die keine Wache haben, gehen nicht unter Deck. Ihre Augen hängen am Horizont, der zwar von Stunde zu Stunde zunehmend diesiger wird, aber immer noch verflucht klar und sichtig ist.

In den ersten Morgenstunden beruhigt sich auch die See. Sie ist nun schneckenträge und glatt wie ein Billardtisch.

Kein Wort wird gesprochen.

Leise treten die Wachgänger auf, als fürchten sie, den bösen Feind zu wecken.

Wo ist er, der Brite?

Haben sich die Leimis vor dem Wetter verkrochen? Haben sie Schutz in einem der isländischen Fjorde gesucht, um erst mal auszuschlafen?

Vor einem Orkan reißen doch britische Kriegsschiffe nicht aus ...

Sie müssen da sein ...

Die Luft wird stiller und stiller, so still, daß sie zuletzt das Schiff wie eine Flüssigkeit umschließt.

Sie ist schwer und feucht und voller Salz.

V.

»7.15 Uhr – Nebel aus SSO«, trägt der Steuermannsmaat in die Logkladde ein. Petrus hat Einsehen. In der heikelsten Stunde legt er das schützende bleiche Tuch über die Enge. Dichter und dichter wird der Brodem. Ringsherum ist alles milchig und weich. Es ist, als gleiten sie durch gerupfte Baumwolle hindurch.

In diesen »pottendicken« Dunst hinein schiebt sich das Schiff jetzt mit Südwesten-Kurs. Die Besatzung steht noch immer auf Kriegswachstation.

In der Brückennock regungslos der Kommandant, in seinen dicken, schweren Mantel gehüllt, umwallt von einem aschgrauen Nebelschein. Obwohl seit Tagen ohne Schlaf, ist er vollkommen wach. Nur die dunklen Schatten um seine Augen und die trotzigen, steilen Falten dazwischen zeigen Kapitän Krüder verändert. Aber in seiner Stimme schwingen manövermäßige Ruhe, Gelassenheit und viel Zuversicht, als er dem WO befiehlt, die Fahrtstufe zu vermindern.

»Halbe Fahrt, Gabe. Das gibt dann nur die Hälfte Kleinholz.«

»Jawohl, Herr Kapitän, halbe Fahrt.«

Der Maschinentelegraf klirrt blechern. Der Befehl ist ausgeführt, aber in den Augen des WO ist eine Frage. Man will doch schnell in die freie See …

Warum gerade jetzt halbe Fahrt?

»Eisberge, Gabe, deswegen«, erklärt der Kapitän, ohne seine Blickrichtung zu verändern.

»Befehlen Sie allen Ausguckstellen, daß jede Farbveränderung des Wassers zu melden ist.«

Gleich Geistern, gleich urweltlichen Schemengestalten tauchen diese unheimlichen Wanderer der Meere aus dem Nebel auf. Fünfzehn, zwanzig und mehr Meter sind einige dieser Eispaläste hoch.

Nebel senken sich hernieder. Ganz langsam, als fassen sie erst mit Fühlern tastend vor, sinken sie ab und ersticken das Bild. Nur ein eisiger Hauch noch läßt die Nähe des Eisklotzes spürbar ahnen.

Und dann ist man vorbei.

Und plötzlich zerschneidet ein Windstoß den Brodem. Dort ist wieder einer. Plump treibt der blaugrünschillernde Bursche vorbei. Es sind phantastische Bauten der Natur - aber wehe, wenn die Schiffsführung nicht auf der Hut ist. Sie drücken das Schiff platt, quetschen es zusammen wie eine Streichholzschachtel unter einer Männerfaust, wenn es zwischen zwei solche Kolosse gerät.

»Herr Kapitän, das Wasser …«, brüllt WO Gabe auf.

»Schon gut. Sehe es. Maschine zwomal langsame voraus!«

Ganz plötzlich hat die See eine milchige Färbung angenommen. Es ist sonnenklar, daß der Hilfskreuzer über tiefliegendem Eis und damit in unmittelbarer Nähe eines Eisberges steht. Erfahrungsgemäß sind sechs Siebentel eines Eisberges nicht sichtbar, also unter Wasser. An welcher Seite aber der aus dem Wasser ragende restliche Teil liegt, ist nicht auszumachen. Es ist auch keine Brandung zu hören, um eine nur annähernd ungefähre Richtung anpeilen zu können. Der Hilfskreuzer behält, das ist eine alte Erfahrungsregel in solchen Fällen, zunächst den alten Kurs vorsichtig bei.

Ein paar Minuten verstreichen, bange Minuten, da nimmt das Wasser wieder eine dunklere Färbung an …

Decks- und Brückenaufbauten sind feucht. Es tropft von den Stagen, von den Leinen und von den Isolatoren der FT-Anlage herab. Unablässig. Monoton gleichmäßig. Die Männer tragen ihr Ölzeug, auf dem sich das schwache Dämmerlicht des Nebeltages wie auf einer Hochglanzpolitur spiegelt.

Platsch und Glucks murmeln die Wellen der Bugsee.

Als die Nebel sich formen und das Grau zerreißt, als dünne Windstöße die Wasser bewegen, als dann eine müde Abendsonne durchbricht, liegt die Straße hinter dem Schiff.

Krüder knöpft erleichtert seinen schweren Ledermantel auf und versenkt seine Hände behaglich in die Außentaschen seines blauen Rocks.

»Felix, Vornamensvetter, eine Zigarre!« spricht Krüder den Matrosen Felix Maul aus dem schönen Lande Sachsen an. »Nicht eine, Maul, bring die ganze Kiste.« Krüder verteilt die hellbraunen Havannas unter seine Brückenwache.

Solche Zigarren schmecken den Männern.

»Da drüben«, sagt der NO Michaelsen und weist mit der Hand über die Steuerbordnock hinaus, »irgendwo da drüben liegt Grönlands südliches Kap. Sie nennen es Farewell.«

»Farewell, ein guter Name. Mach's gut, alte Frau Europa.«

In den Sternen steht es geschrieben, ob wir dich wiedersehen … Aber diesen Gedanken spricht keiner der Männer aus.

Ein Besteck ist fällig, nachdem dies erst der Sturm mit seinen dicken, undurchdringlichen Wolken und dann der Nebel für Tage verhinderte.

Die »alte Frau Rahn« soll geschossen, nicht etwa »erschossen« werden. Die »alte Frau Rahn«, das ist, um Mißverständnisse zu vermeiden, in der Nautikersprache der Fixstern Aldebaran, von anderen Witzbolden auch »Alter Baron« genannt.

Hanefeld, in die Brückennock gequetscht, hat den Sextanten schon am Auge. Mit der Linken hält er das Instrument, die Rechte ruht griffbereit. Wo ist er? Ah, dort! Nein, nicht dort. Oder besser nicht mehr dort. Eine Wolke hat den Stern gerade aufgesogen. Das himmlische Such- und Versteckspiel hält an. Immer, wenn zwischen den dahinwandernden Wolken der Aldebaran sichtbar wird, »schießen« sie …

»Haben Sie ihn?« fragt Hanefeld seinen Kameraden Bach.

»Nicht ganz – und auch nicht genau. Und Sie?« – »Zur Hälfte. So was Dummes. Die reinste Schikane ist das heute.«

Endlich hat man den Stern im Spiegel des Instrumentes auf die Kimm gezerrt. Man vergleicht, hat gleiche Werte, und im Kartenhaus beginnt nun die nautische Gehirnakrobatik in sphärischen Zahlenspielen; mit einen Laien verwirrenden Begriffen wie Stundenwinkel, Polarabstand, Deklination, Ekliptikneigung …

Beide Offiziere arbeiten konzentriert und schweigsam, und man müßte meinen, mit sichtlicher Anstrengung. Keineswegs. Alles ist Übungs- und Erfahrungssache. Manche später bekanntgewordenen Kapitäne der Handelsmarine haben, weil es sie schon in frühester Jugend zur See drängte, weil sie einfach von der Schulbank ausrissen und keine Abschlußreifeprüfung mit hinausnahmen, auch ohne schulische Voraussetzungen für diese schwierige nautische Mathematik ihren Weg gemacht. Doch das nur nebenbei.

Hanefeld und Bach schreiben Zahlen und Nummern auf lose Papierseiten. Breite und Länge sind bald errechnet. Der augenblickliche Standort liegt auf Grad und Minute fest.

257 Seemeilen hat »Schiff 33« in 24 Stunden zurückgelegt. Das ist ein gutes Etmal bei dieser mittleren Marschfahrt.

Während Hanefeld diese Werte und verschiedene andere Beobachtungen über Wetter, Temperatur und Wind vom Steuermannsmaaten in das Logbuch eintragen läßt, sagt er: »Ich bin mal gespannt, wie lange die seemännische Welt nach solchen Erkenntnissen und mit diesen Werten rechnen wird. Womöglich kommt irgendwann wer, der behauptet, die Erde sei gar keine Kugel.«

Bach nickt ihm fröhlich zu, ehe er darauf eine Antwort gibt.

»Solange die Wissenschaft widerruft, lebt sie und solange leben Menschen.« Und nach einer kurzen Pause fährt er fort: »Im Ernst, denken Sie mal dran, daß die Herren Doktores, die den alten Kopernikus auf Tod und Verderb angefeindet haben, auch keine Hohlköpfe gewesen sind. Denken Sie an Semmelweis oder an Paracelsus, über den ich gerade einen dicken Wälzer gelesen habe. Es gibt so viele Beispiele in der Wissenschaft und in Gottes großer Natur, daß unser kärgliches Wissen dürftig genug ist, um nicht morgen schon vor dem Beweis des genauen Gegenteils zu stehen.«

»So ist es«, sekundierte Hanefeld. »Je mehr wir in die Rätsel der Natur und des Alls eindringen, um so rätselhafter wird uns die Welt.«

Manche fruchtbare Erkenntnis erwächst aus der Einsamkeit nächtlicher Wachen auf See. Darum wohl sind Seeleute anders. Und darin unterscheidet sich der Seemann von vielen Menschen an Land, daß er schon beruflich an die Grenzen des Unfaßlichen und Überirdischen rührt.

*

Dort, wo der warme Golfstrom auf die eiskalten Labradorströme prallt, ziehen feuchtkalte Nebel herauf. Regenböen überschütten das Schiff. Bald aber schon liegen die wenig beliebten Neufundlandbänke endlich hinter dem auf Südkurs liegenden, mit hoher Fahrt dahinjagenden Schiff.

Klar und sonnig ist der neue Tag.

»Ein Periskop …!«

Der Ausguck ist zusammengefahren, wie ein Hahn beim ersten Sonnenstrahl. Sein Arm fuchtelt in die vorliche Richtung der Backbordseite.

»Wo denn, Mann?« ruft die Brücke zur luftigen Saling im vorderen Mast hinauf. Der Posten sieht sich die Augen wund. Da ist nichts mehr, wo er eben noch etwas sah.

Immerhin, wenn es wirklich ein Periskop war, dann könnte …

Ein getauchtes U-Boot sieht man bekanntlich nicht.

Die Gedanken beginnen sich zu verdüstern, denn deutsche Boote stehen hier jetzt nicht.

»Brücke! Dort! Dort an Steuerbord ist es wieder.«

Verdammt, jetzt ist es an Steuerbord, durchfährt es alle. Will das Boot etwa zum Angriff ansetzen …?

Die Hand des Postens auf der Back ist auf einen bestimmten Punkt gerichtet. Aller Blicke folgen ihr. Steil und gratig ragt da etwas aus dem Wasser, einen kochenden Wirbel hinter sich ziehend.

Und dann taucht es auf.

Blauschwarz wie ein U-Boot.

Der Rücken eines Wals.

Eine Fontäne zischt wie die Dampfsäule eines isländischen Geisers in die Luft. Die Wassersäule steht erst senkrecht, zitternd und dampfend über der See. Dann verweht sie wie ein Reiherbusch im Winde.

»Können ruhig ein bißchen näher 'rangehen«, meint Warning, und er denkt an die Männer, denen dieses Schauspiel neu und fremdartig ist. Der Kommandant ist auch dafür, und er gibt seine Befehle.

Mit AK braust der Hilfskreuzer hinter den Walen her, denn es sind zwei. Vielleicht ein Pärchen, das einen Sonntagsnachmittags-Ausflug macht.

Richtig, es ist ja Sonntag. Ein Tag gleicht dem anderen – hier draußen auf See … Unterirdischen Bergen gleich wälzen sich die Riesen der Meere durch das Wasser. Unbekümmert um die Anwesenheit des deutschen Schiffes. Deutlich sehen die Männer jetzt die dahinfließenden Dreiecke der Schwanzflossen, schäumende Streifen wie Kielwasser hinter sich herschleifend. Hier und dort Fontänen. Sie stehen in der Luft wie die Wassersäule eines plötzlich abgestellten Springbrunnens.

Ein neuer Atemstoß …

Plötzlich sind sie weg.

Das Meer schlummert wieder.

»Schade«, eifert sich der Verwaltungsoffizier. »Man müßte sie jagen können.«

Kapitänleutnant (V) Kunzke rechnet vor – aus der Tasche hat er flugs einen wunderschön gespitzten Bleistift und ein winziges Blättchen Papier gezogen –, was man aus solchem Urviech alles herstellen kann.

Manche Wale seien 70 000 Kilo schwer …

»Schon gut«, lenkt der Kommandant ein. Und nach einer Pause spricht er zum Meere und nicht zu den Männern hin: »Später.«

Zum Teufel mit diesem »Später«, denkt der Vau-Null bei sich. Er hört es aus Krüders Mund zum zweiten Male.

Dessen ungeachtet: In diesem Wörtchen ist viel klare Bestimmtheit. Doch keiner kann damit etwas anfangen. Keiner ahnt, daß Kapitän zur See Krüder in Sachen Walfang seine eigenen, heute noch stillen Pläne hat.

Es ist seine Art, schweigend zu planen und ganz zu handeln, wenn die Stunde reif ist …

*

Die Wache war lang, und das Mittagsmahl wieder reichlich bemessen, und außerdem war es gut. Die Marine hält in dieser Beziehung auf Tradition. Gutes Essen ist so selbstverständlich und notwendig wie Feuer unter den Kesseln.

In seiner bescheiden kleinen Kammer, die nicht viel größer ist als eine landläufige Badestube, hat der WO Wolfgang Küster sich auf das harte Leder seiner tagsüber in ein Sofa verwandelten Koje ausgestreckt. Für ein paar Minuten nur, um die vom langen Stehen schmerzenden Glieder auszuruhen.

Und dann ist er wohl doch eingeschlafen, denn er findet sich so plötzlich, unbarmherzig und gellend aus behaglichen, weiträumigen Träumen gerissen, daß er erst tastend und irgendwie befremdet die weißgestrichene, nüchterne und enge Wirklichkeit seiner Kammer bestaunt.

Diese nach der Kälte des hohen Nordens ungewohnte feuchtwarme Treibhausluft hat das Denken und den Körper schlaff und träge gemacht. Der WO drückt, die Hände flach an den Kopf gelegt, beide Zeigefinger gegen die Ohren, in denen es wie nach einem plötzlich verstummten Lärm eigentümlich unterirdisch saust. Irgend etwas dröhnt in ihnen nach. Ein glockenhelles Schlagen, ein messerscharfes, rasselndes Geheul, das ihn wohl auch aus dem Schlaf gerissen haben mag.

Draußen auf dem Gang trappeln, dumpf und hohl polternd, Füße durcheinander. Hastige Schritte jagen vorüber. Rufe. Von weit her, wohl von der Brücke, dringen Befehle bis in diese Kammer.

Alarm!

Den WO trifft diese Erkenntnis wie ein Hammerschlag. Mensch, und du, du liegst hier noch. Und du wärest, unsanft aus deinen holden Träumen gerissen, ungerechterweise geneigt gewesen, das Los zu verfluchen, auf einem Schiff zu sein, auf dem es keine stille Ecke gibt, auf dem du niemals, auch nicht einmal während des Schlafens und Träumens, für dich alleine bist.

'runter von der Koje.

Die Schwere fällt wie Spreu von den Gliedern ab. Heiß durchrieselt es ihn. Eine unbestimmbare, noch niemals empfundene Glut durchpulst seine Adern, als er hastig seine immer bereitliegenden Sachen zusammenrafft und in die weiße Jacke stürzt. Das Glas, ja nicht das Glas vergessen. Er will jede Phase miterleben von dem, was da draußen kommen wird. Vielleicht ist's nur ein ganz gewöhnlicher, ahnungsloser Frachter, der ebensogut ein Neutraler sein kann. Vielleicht aber auch ein Flugzeug. Das wäre schon ärger. Vielleicht aber haben sich Dreibeinmasten über die Kimm geschoben … Und unter diesen hängt der graue Klotz einer schweren britischen Einheit. Und dieser Gegner wird schneller sein …

Solcherart sind die Gedanken, die dem WO durch den Kopf jagen, als er mit einem Ruck die schweren, eisernen Blenden vor die Bullaugen klappt, mit übertrieben harten Griffen die Verschraubungen anzieht, daß die Gelenke knacken.
Es ist ja der erste Alarm fern der Heimat.
Man steht noch lange nicht im befohlenen Operationsgebiet …
Ja, weiß Gott, was kann da nur anliegen? Man hat doch noch gar keine Routine darin, plötzlichen Gefahren entgegenzutreten …
Im Gehen setzt der WO die Mütze auf, und er hat schon die blitzblanke Messingklinke in der Hand, als sein Blick in den Spiegel fällt. Das hemmt seinen schnellen Schritt. Nachdenklich und versonnen lächelnd schaut er sich an. Er bewegt den Kopf noch etwas nach vorn, gleichsam, um besser und deutlicher zu sehen. Und ganz genau prägt er sich diese Züge ein. Das ist kein gewöhnliches Schauen in den Spiegel, obwohl da auch Unterschiedlichkeiten bestehen, wie etwa, ob man sich zu einem festlichen oder dienstlichen Gange rüstet. Dies tut man aber doch nur Äußerlichkeiten wegen. Der Blick dieser Sekunde aber greift erbarmungslos in die nackte Seelentiefe, entblättert die geheimsten und stillsten Gedanken wie in einem Bilderbuch.
Wirst du nachher, wenn alles vorbei sein wird, dich so wiedersehen, so wie deine Braut dich kannte, wie deine Freunde dich sahen, als du furchtlos und selbstsicher von ihnen gingst. Wirst du deine Pflicht tun und nicht kleinlaut und kleinmütig werden vor den anderen, denen du vorangestellt bist …?
Ist dies nun Angst vor dem Ungewissen, dem dunklen Ahnen, das jedem Menschen von seinem Erwachen an in die Brust gesenkt wird als Mahnung an seine irdische Sterblichkeit?
Zum ersten Male tritt das soldatische Schicksal in seiner unerbittlichen, konkreten Klarheit des Seins oder Nichtseins an ihn heran.
Nein!
Für ihn als Soldaten gibt es kein Ausweichen. Dieser Versuch wäre nicht nur feige. Er wäre ebenso nutzlos wie töricht.
Also hinweg mit diesen Gedanken, mit solchen Gewächshausgefühlen.
Und dann tritt er schnell, es sind wohl nur Sekunden vergangen, auf den schmalen Gang hinaus und schließt, ohne hinzusehen, hinter sich sanft und erregungslos die Tür.

*

Aus dem Nichts eines graudiesigen Wetters war da auf einmal, hier in diesen Breiten gänzlich unerwartet, ein Schiff herausgetreten. Wie eine gespenstische Erscheinung erschien der andere; und klarer und klarer formen sich durch die Gläser der Hilfskreuzermänner die Konturen eines mächtigen und viel größeren Gegenübers.
Der Kommandant übersieht im Augenblick die Lage.
Ohne zu überlegen, gibt er Alarm und läßt unter Fahrtvermehrung aus dem alten Kurs heraus drehen. Seine Absicht ist es, dem fremden Frachter zunächst das

Heck zu zeigen, um damit der anderen Schiffsführung ein genaues Erkennen zu erschweren.

Die Hoffnung, überhaupt nicht gesehen zu werden, wagt keiner auszusprechen.

»Was will der hier, Michaelsen?«

»Unschwer zu erraten, Herr Kapitän.

Erstens steht er außerhalb der üblichen Dampferwege.

Zweitens läuft er für seine Größe eine viel zu geringe Fahrtstufe und

drittens würde ihn sein derzeitiger Kurs kaum in einen Hafen führen.«

»Sie meinen also auch …?« fährt Krüder mit einem Griff an die Nase fort, mit jenem Griff, den die Männer nun schon an ihm als eine für ihren Alten typische Gebärde in kritischen Situationen erspäht haben.

Inzwischen wühlen Michaelsen und Warning in den Silhouettentafeln britischer Schiffe und in den dürftigen, ihnen von Berlin mitgegebenen Unterlagen (ganze fünf bis sechs Blatt!), in denen vermutliche britische Hilfskreuzer dargestellt und aufgezeichnet sind. Sie ziehen auch den Nachdruck des britischen Buches à la Jane's Fighting Ships und die noch 1939 handelsübliche Ausgabe des 400 Seiten starken Buches Talbot-Booth »Merchant Ships« heran.

Michaelsens breiter Finger fährt suchend über das Papier.

ALCANTARA … QUEEN OF BERMUDA … CARNAVON CASTLE … CALEDONIA …

Alles 20 000-Tonner, die der Größe des gesichteten Schiffes gleichkommen.

Halt …

So ähnlich, nur ein klein wenig abgewandelt, sieht der andere da drüben aus.

»Na, haben Sie ihn endlich?« forscht Krüder, der seinen Blick nicht eine Sekunde von dem Gegner läßt.

»Es ist der britische Hilfskreuzer CARINTHIA. Schnelles, vermutlich schwer bestücktes Schiff, 20 277 BRT groß, zirka 16 Knoten.«

»Dachte mir gleich so was. Wir bleiben stur und versuchen, davonzukommen.«

Die WO Levit und Küster schütteln den Kopf. Genauso die Soldaten auf der Brücke. Nichts deutet darauf hin, daß der Brite sie bis jetzt gesehen hat. Noch immer fährt dieser seinen bummeligen Kontrollkurs weiter. Wenn man jetzt überraschend schnell das Feuer eröffnen würde, und wenn das Feuer genauso gut zu liegen kommt wie bei den letzten Kaliberschießen in der Ostsee, dann sollte es doch mit dem Satan zugehen, wenn man diesem grauschwarzen Klotz nicht die Flanken aufreißt und seine Artillerie zum Schweigen bringt.

Lächerlich gering ist die Entfernung.

Man könnte Kartoffeln 'rüberschmeißen.

Die Maßnahmen des Kommandanten entspringen anderen Überlegungen. Er dreht ab und läuft in 90 Grad von dem Briten weg.

So wie der Gegner kam, so verschwindet er auch wieder. Eine niedrig über den Atlantik daherfegende Regenbö verschluckt ihn, als hätte man einen eisernen Vorhang auf einer Bühne geschlossen.

Aber die Zuschauer sind mißvergnügt. Sie fühlen sich um ein lange und heiß ersehntes Schauspiel betrogen. Der Kommandant bemerkt wohl, welch tiefe Enttäuschung die Männer, ja die ganze Besatzung ergreift. Er ist sich sehr darüber im klaren, daß er seinen Seeleuten eine Erklärung für sein Verhalten geben muß. Durch den Bordlautsprecher dröhnt es in lapidarer Kürze durch alle Decks: »Schiff anzugreifen entspricht nicht den uns gestellten Aufgaben. Gegner ist der britische Hilfskreuzer CARINTHIA.«

Mehr nicht.

Kommentiert heißt das: Der deutsche Hilfskreuzer hat von der Seekriegsleitung zur Eröffnung seiner eigentlichen Operationen ganz bestimmte Seegebiete zugewiesen erhalten. Er hat also bis zum Erreichen dieser Zonen jeder kriegerischen Auseinandersetzung aus dem Wege zu gehen, auch dann, wenn nach Lage der Dinge mit einem einwandfreien Erfolg zu rechnen ist. Aber selbst bei hundertprozentigen Sicherheiten können Zufall und tückisches Schicksal hinterhältig hereinbrechen. Der Gegner braucht nur zu funken, um den Standort des deutschen Schiffes, das mit dem Beginn seines Angriffes ja auch seine Tarnung preisgeben muß, zu melden. Und damit bekäme die Meute freie Jagd.

Eine Frage bleibt ungeklärt.

Hat der Brite das deutsche Schiff gesehen oder nicht?

Man müßte die Tommies für Schlafmützen halten, wenn ihnen der noch immer als Sowjet getarnte deutsche Hilfskreuzer nicht aufgefallen wäre.

Andererseits ist es der deutschen Schiffsführung aber bekannt, daß jedes britische Schiff in jedem Falle ausweichen soll, auch dann, wenn das Gegenüber einwandfrei einer der eigenen zu sein scheint. Mit dieser Vorsichtsmaßnahme will der Brite sicherlich verhindern, daß sich deutsche Hilfskreuzer, unter britischer oder neutraler Flagge fahrend, harmlos nähern können, um dann in nächster Nähe zu enttarnen. Danach ist es also durchaus möglich, von der CARINTHIA gar nicht übersehen worden zu sein.

Vielleicht suchten die Briten aber auch ein ganz bestimmtes Schiff. Vielleicht glauben sie auch, die Deutschen würden wie im Ersten Weltkrieg vornehmlich schnelle und große Passagierschiffe als Hilfskreuzer ausrüsten.

Es kann auch sein, daß der Britenkommandant ein Herr ist, der nicht gerne Streit anfängt, der seine Ruhe haben will und unter der Darlegung, das da drüben sei ja doch nur ein harmloser Frachter, gemütlich seinen Kurs fortzusetzen bestrebt war. Weitere Schiffe werden gesichtet, und auch diesen wird tunlichst ausgewichen. Mitunter geht der Hilfskreuzer – er hat noch immer keinen Namen – für Stunden auf Gegenkurs, um jeden Verdacht abzuschütteln.

Am 8. Juli steht das Schiff auf der Höhe der nördlichsten Azoreninseln.

Krüder und Michaelsen beschäftigen sich wieder mit Schiffssilhouetten.

So berichtet das Bordgerücht.

Es hatte etwas auf sich damit. Am 10. Juli trommelt der Erste Offizier, Kapitänleutnant Schwinne, die wachfreien Seeleute zusammen. Smarting, der Bootsmann, läßt ganze Marschkolonnen Töpfe mit Farben an Deck aufmarschieren. Ein paar sind darunter mit schneeigem Weiß und einige mit einem leuchtenden Kornblumenblau ... »Ans Werk, Smarting«, ruft Schwinne Bootsmann Rauch zu und gibt ihm dann noch einen Zettel mit den genauen Namen.

›KASSOS‹ – ›Greece‹ – schön groß und breit über die Nationale.«

Smarting sagt »Woll« und zieht mit seinem Haufen ab. Kurze Zeit später hängen die Seeleute an Bootsmannsstühlen über der Backbord- und Steuerbord-Mittschiffsreling. Hammer und Sichel verschwinden, statt derer erscheinen die griechischen Nationalfarben: Weiß und Kornblumenblau! Darüber KASSOS, der Name des Schiffes, und Greece, das englische Wort für Griechenland.

Außerdem werden die Masten und die Brückenaufbauten äußerlich und auch im Anstrich verändert, um den Hilfskreuzer dem Typ der echten KASSOS anzugleichen.

»Zum richtigen Griechen gehören Rostflecke auf den Bordwänden und den Brückenaufbauten«, bemerkt Michaelsen nebenher zu Krüder.

Auch die Rostflecke werden kunstgerecht auf die Bordwand gezaubert.

Eines steht fest: Dieser gammelige Grieche ist echt.

*

Vom Kommandanten ging die Anregung aus, die geistige Regsamkeit und Wacherhaltung durch Vorträge aus dem Offizierskorps zu fördern.

Einer der ersten Vorträge, die ihre Ausarbeitung finden, behandelt ein Thema, dessen Gründlichkeit und Ausführlichkeit viel zum Verständnis der kommenden wie auch der vorausgegangenen Vorgänge und Ereignisse beitragen kann: Hilfskreuzer ...!

»Betrachten wir zunächst die Anfänge und die Geschichte solcher Hilfskriegsschiffe. Als im Jahre 1870 der Norddeutsche Bund seine Kriegsflotte durch Heranziehung von nur ein paar Handelsschiffen ›verstärkte‹, traf diese Maßnahme auf heftigen Protest der französischen Diplomatie. Diese trat an das seebeherrschende Großbritannien zur Klärung der Rechtslage heran. Großbritannien aber, das damals die immer mächtiger werdende Landmacht Frankreich und seine aufstrebende Flotte mehr als Deutschland zu fürchten hatte, billigte, gestützt auf ein Gutachten der Kronjuristen, diesen Gedanken der ›freiwilligen Seeabwehr‹. Auch im Spanisch-Amerikanischen Krieg erhoben die Briten, nunmehr an einer Schwächung der spanischen Flotte interessiert, keinerlei Einspruch gegen gleichgeartete Maßnahmen. Erst im Russisch-Japanischen Kriege, während dessen Verlauf beide Parteien ihre Kriegsflotten durch Hinzuziehen von Handelsschiffen verstärkten und vergrößerten, sah sich Großbritannien gemüßigt, zu deklamieren. Es hat dann eine ausschließlich für seine eigenen Pläne erwünschte These aufgestellt. Diese Regelung besagte, daß an sich gegen eine Umwandlung von Handelsschiffen in Kriegsschiffe nichts einzuwenden wäre. Dieses dürfte aber nur in Heimatgewässern und nicht, wie es im russischen Falle geschehen sei, in fremden oder neutralen Gewässern vorgenommen werden. Großbritannien sprach sich auch entschieden gegen eine Umwandlung auf hoher See aus.

Rußland zog zwar nicht die betreffenden Einheiten zurück (sie fuhren besser als Rostdjeschwenskis Einheiten noch lange nach Tsushima), es unterbreitete aber jedoch diesen Fall der Zweiten Haager Friedenskonferenz, um eine grundsätzliche Klarstellung noch nachträglich zu erreichen. Die Streitfrage, ob Handelsschiffe nur in Eigengewässern in Kriegsschiffe umgebaut werden dürften oder nicht, fand keine definitive Einigung. Lediglich in einem Punkte wurde eine allgemeine Übereinstimmung erzielt. Eine Umwandlung von Handelsschiffen in Kriegsschiffe wurde für die neutralen Gewässer als unzulässig und dem internationalen Rechtsbrauch widersprechend ausgerufen. Da auch die Londoner Seekriegskonferenz im Jahre 1908 bis 1909 in den noch schwebenden Streitfragen keine grundlegende völkerrechtliche Abmachung erreichen konnte, so behielt auch späterhin die Haager Regelung ihre Gültigkeit; das heißt, das Umwandlungsrecht unterlag, bis auf die neutralen Gewässer, keinerlei örtlichen Bindungen.

Grundsätzlich war ja auch Großbritannien an einem Umbau von Handelsschiffen in Kriegsschiffe interessiert. Dafür spricht sehr eindeutig die Tatsache, daß Großbritannien hohe Subventionsbeträge an britische und auch an andere Handelsschiffs-Reedereien zahlte, um sich bestimmte Schiffe im Falle eines Krieges nutzbar zu machen. Interessant aber ist das oben behandelte Bestreben, die Umwandlung ausschließlich auf Heimatgewässer zu beschränken. Da Großbritannien schon damals auf Stützpunkte an allen Weltmeeren zurückzugreifen vermochte, also mit anderen Worten über in der ganzen Welt verteilte ›Eigengewässer‹ verfügte, wäre eine solche Regelung einer planmäßigen Benachteiligung anderer Nationen gleichzusetzen gewesen.

Bei den soeben angeführten Subventionsverträgen handelte es sich um staatliche Abmachungen, durch die größere und leistungsfähige Reedereien für die Kriegsmarine des betreffenden Staates dahingehend verpflichtet wurden, konstruktiven und technischen Forderungen Rechnung zu tragen. Von nun an beeinflußte die Britische Admiralität sämtliche Bauten der in Frage kommenden Reedereien. Verschiedene Staaten, die wie Großbritannien an einer Flottenpolitik interessiert waren, folgten diesem Beispiel. Die deutsche Kriegsmarine begnügt sich – im Gegensatz zu Großbritannien, Italien, Frankreich, Spanien, Japan und den USA –, den beiden großen Reedereien, dem Norddeutschen Lloyd und der Hamburg-Amerikanischen Paketfahrt-AG (HAPAG), ihre diesbezüglichen Wünsche im Schiffsbau zu unterbreiten.

Im wesentlichen betrafen die Wünsche, die an die Reedereien herangetragen wurden, Geschwindigkeiten der Schiffe, deren Bunker-Fassungsvermögen, die Anlage eines bei normalen Handelsschiffen nicht üblichen umfangreichen Systems wasserdichter Schotten, Anlagen zur späteren Aufstellung von Geschützen und Meßgeräten und dergleichen mehr.

Grundsätzlich sind die reinen Hilfsschiffe von den sogenannten Hilfsbeischiffen zu unterscheiden.

Unter den Begriff der Hilfskriegsschiffe fallen nicht nur die Hilfskreuzer an sich, sondern auch die vielen anderen unter der Kriegsflagge fahrenden Fahrzeuge wie

Sperrbrecher, Vorpostenboote, Hilfsminenleger, Hilfsminensuchboote, Netzleger und andere mehr. Aufgabe der Hilfsbeischiffe ist es, den Einheiten der Kriegsmarine als Versorgungsschiffe, als Truppentransporter, als Wohn- oder Werkstattschiffe zu dienen. Diese Schiffe fahren unter ziviler Besatzung und setzen nur von Fall zu Fall die Kriegsflagge.

Schon diese wenigen Angaben lassen erkennen, mit welch einem ausgedehnten Aufgabenkreis der Frachtraum einer Handelsmarine im Kriegsfalle bedacht werden kann. Anstelle der Subventionsverträge schloß die kaiserliche deutsche Regierung mit einigen Reedereien sogenannte Postverträge ab. Diese Verträge sollten die Einrichtung und die Erhaltung solcher Linien gewährleisten, an denen die Deutschen besonders stark interessiert waren. Zweck dieser Linien, die mit staatlichen Zuschüssen unterhalten wurden, war es, die Kriegsmarine in die Lage zu setzen, in einem Ernstfalle auch in überseeischen und vor allem kolonialen Eigengewässern auf einen leistungsfähigen Frachtraum zurückgreifen zu können.

Obgleich Deutschland im Jahre 1914 mit einem Bestand von 2 400 Schiffen mit 5,5 Millionen BRT an zweiter Stelle der Weltmächte stand, obgleich es ebensowenig an Geld wie an Mitteln mangelte, waren mit Beginn des Krieges nur wenige der für Kriegszwecke vorgesehenen Handelsschiffe einsatzbereit. Dies trifft besonders auf die großen und schnellen Fahrgastschiffe zu, die für den Umbau als Hilfskreuzer vorgesehen waren.

Plan des deutschen Admiralstabes war es, den feindlichen Handel auf allen Meeren der Welt zu stören und durch das Auftreten von Hilfskreuzern feindliche Seestreitkräfte zum Verzetteln zu bringen. Ein schlagartiges Einsetzen solcher Maßnahmen wäre aber nur möglich gewesen, wenn die dafür vorgesehenen Schiffe schon im Frieden Geschütze, Munition und dergleichen an Bord geführt hätten, ganz abgesehen davon, daß diese Schiffe auch die konstruktiven und fahrtechnischen Eigenschaften besitzen mußten.

Auf der anderen Seite aber beugte Großbritannien praktisch vor. Es bewaffnete vor dem Ersten Weltkriege verschiedene seiner Handelsschiffe zu Probe-Mobzwecken (bekanntgeworden ist zum Beispiel die Bewaffnung von zehn Schiffen der Royal-Mail-Linie mit 12,7-cm-Geschützen). Auf deutscher Seite blieb es bei der Entgegnung, daß die britische Vermutung nicht zuträfe, daß deutsche Handelsschiffe unter Waffen führen. Als Großbritannien nun handelte, erörterte man in Deutschland diesen Punkt hin und her, kam aber bis zum Kriegsausbruch zu keinem konkreten Abschluß, obgleich der deutsche Admiralstab bei der Regierung energische Vorstellungen unternahm.

Diese Ausführungen erscheinen zum besseren Verständnis der Seekriegslage 1914 notwendig, wenn man vor allem die Fahrten der Hilfskreuzer im Weltkriege würdigen will. Die Schiffe selbst, ihre Fahrten und ihre Erfolge waren der Erfolg einer Gruppe von Männern, die neben einem see-erfahrenen Gegner so viele interne, politische und verwaltungstechnische Schwierigkeiten in Kauf nehmen mußten. Die damalige Marine hat alles versucht und getan, was in ihren Kräften stand, um Großbritannien eine ebenbürtige Flotte gegenüberzustellen.

Von den Schiffen, die auf deutscher Seite als Hilfskreuzer vorgesehen waren – meist große Fahrgastschiffe –, sind dann nur einige zum verhältnismäßig schnellen Einsatz gekommen. Es zeigte sich aber sehr bald, daß Schiffe dieser Größe mehr oder weniger ungeeignet waren, obschon einige beachtenswerte Erfolge erzielt werden konnten.

Erwähnt sei hier der Hilfskreuzer KRONPRINZ WILHELM, der dem Kreuzergeschwader des Grafen Spee wertvolle Dienste geleistet hat und der 251 Tage draußen war. Der Hilfskreuzer KAISER WILHELM DER GROSSE, auch ein großes Fahrgastschiff der Friedenszeit, wurde ein Opfer seiner geringen Bewaffnung. Er konnte sich mit seinen sechs 10,5-cm-Geschützen gegenüber den 15-cm-Geschützen des Gegners nur schwach wehren und ging ebenfalls verloren. Genauso erging es dem Hilfskreuzer KAP TRAFALGAR. Dieses Schiff kam in ein Treffen mit dem britischen Hilfskreuzer CARMANIA. Obwohl der Brite gleich bei den ersten Salven schwer getroffen wurde, konnte er doch das deutsche Feuer ausmanövrieren, um dann mit seinen zahlreicheren Geschützen (acht gegen zwei deutsche) und dank seines größeren Kalibers (12 cm gegen 10,5 cm) den deutschen Hilfskreuzer zu versenken.

Im Jahre 1915 entschloß man sich, kleinere Schiffe als Hilfskreuzer gegen den feindlichen Handel zur See einzusetzen. Im Mai 1915 ging der als Hilfskreuzer umgebaute, bei Beginn des Krieges beschlagnahmte Frachter VIENNA in See, um eine Minensperre vor den russischen Hafen Archangelsk zu legen. Dieser auf den Namen METEOR getaufte Hilfskreuzer hat seine Aufgabe glänzend gelöst. Auf einer zweiten Unternehmung verminte METEOR die Bucht des Firth of Moray und versenkte auf dem Rückmarsch durch Torpedoschuß einen kaum größeren, dafür aber viel schnelleren und schwerer bestückten britischen Hilfskreuzer.

Diese Unternehmungen hatten bewiesen, welche Erfolge einem kleineren unauffälligeren Schiff beschieden sein können. Ausgehend von diesen Erfolgen wurden nun weitere und ähnliche Schiffe für größere überseeische Operationen ausgerüstet. Die Hilfskreuzer GREIF, LEOPARD, MÖWE, SEEADLER und vor allem WOLF, der mit rund 450 Seetagen einen Rekord an Seeausdauer aufstellte, haben sich mit ihren kühnen Fahrten und großen Erfolgen ruhmreich in das Buch der deutschen Seekriegsgeschichte geschrieben, nachdem über den ersten großen deutschen Hilfskreuzern ein solcher Unglücksstern stand.

Bemerkenswert ist auch die Leistung der zum Hilfskriegsschiff umgebauten BERLIN, die kein Hilfskreuzer im Sinne eines Handelsstörers, sondern speziell für Minenaufgaben vorgesehen war. Auf ihre gleich in den ersten Kriegsmonaten gelegten Minen lief die AUDACIOUS, eines der neuesten britischen Schlachtschiffe, auf und sank. In dem Werk ›Kreuzerkrieg in ausländischen Gewässern‹, Band 3, findet sich eine Darstellung über die Hilfskreuzer im Weltkriege, die in verschiedenen Punkten auch heute (gemeint ist die Zeit, in der der Vortrag auf dem Hilfskreuzer PINGUIN gehalten wurde!) ihre Gültigkeit nicht verloren haben dürfte.

Bevor die rein militärischen und seemännischen Leistungen der Hilfskreuzer geschildert werden sollen, erscheint es angebracht, darauf hinzuweisen, daß die dienstlichen Verhältnisse auf einem Hilfskreuzer ganz anders bewertet werden müssen als auf einem Kriegsschiff an sich. Der verantwortliche Kommandant ist besonders häufig gezwungen, den natürlichen Tatendrang seiner Offiziere und Mannschaften erheblich einzuschränken. Er allein kennt die Aufgabe, und er allein hat sie in allen ihren Tiefen erfaßt. Ein Hilfskreuzer muß sich jedem Kriegsschiff durch beschleunigtes Fortdampfen nicht nur entziehen, sondern sich womöglich ganz verborgen halten. Jeder Neutrale, jeder Handelsdampfer, der seine Funkentelegrafie benutzt, kann das ganze Unternehmen in Frage stellen.

Während die tatendurstige Mannschaft am liebsten sofort über jedes Schiff herfallen möchte, ohne die Folgen abzuwägen, muß der Kommandant von Fall zu Fall nicht nur nach der Art des gesichteten Schiffes, sondern auch nach dem Ort, an dem es sich befindet, und nach der Verkehrshäufigkeit handeln und vielfach Schiffe durchlassen, die für ihn und seine Männer ruhmreicher Erfolg geworden wären. Für den Augenblick jedenfalls. Für den Kommandanten gilt aber stets und in jeder Lage der Leitsatz: ›Ich schade der Aufgabe!‹

Die Untergebenen, die diese Überlegungen schon deshalb nicht würdigen können, weil sie nicht die volle und letzte Verantwortung tragen, neigen dazu, mißvergnügt zu werden.

Es bleibt eine Tatsache, daß auf allen Hilfskreuzern des Weltkrieges, die längere Zeit unterwegs waren, gewisse Stimmungskrisen unter der Mannschaft aufgekommen sind, die dann aber stets bei dem nächsten Erfolg schon in helle Begeisterung umschlugen. Die vielen Tage, die ein Hilfskreuzer ohne sichtbare Erfolge verbringt, die lange Zeit, in der weder Neuigkeiten gehört werden können (Erster Weltkrieg) noch irgend etwas Ablenkendes geschehen kann, bilden Imponderabilien, die man nicht in Rechnung stellen kann.

Es ist auch nicht möglich, zwischen Hilfskreuzern militärische Wert- und Leistungsvergleiche anzustellen, da bei allen Schiffen dieser Art die Bedingungen von Grund auf verschieden sind. Wohl bieten die Kriegsfahrten und Erlebnisse die Grundlage für nützliche Rückschlüsse und Entschlüsse von militärischer Bedeutung, wobei jedoch davon abgesehen werden muß, diese Schlüsse nun zu verallgemeinern oder gar als Grundsätze hinzustellen. Der Dienst eines Hilfskreuzers im Kriege weist eine besonders große Zahl von Möglichkeiten auf und er ist besonders stark vom Zufall abhängig zu machen.

Wollte man aus den Kriegserfahrungen der deutschen Hilfskreuzer im Ersten Weltkrieg wie des Zweiten zweckdienliche Überlegungen ableiten, so muß man ähnlich wie beim Schachspiel aus den zahllosen Figuren in der jeweiligen Lage ergründen, den entsprechenden und richtigen Gegenzug zu machen und den persönlichen Einfluß des Spielers, das heißt also an Bord, des Kommandanten ermessen. Das, was der alleinverantwortliche Kommandant aus sich selbst heraus in einer zufälligen oder von ihm selbst beabsichtigten Stellung beschlossen oder nach reiflicher Überlegung unterlassen hat, muß nachempfunden werden und in der Weise durchdacht werden, wie man wohl selbst unter gleichen gegebenen Umständen und bei eigener Verantwortung gehandelt haben würde. Hierbei ist aber stark zu berücksichtigen, daß man als Lehrer oder Hörer bereits das Endergebnis sowie alle Maßnahmen des Feindes kennt, während der Kommandant auf der Brücke erst jeden Pulsschlag des Krieges suchen, abtasten und beobachten muß, um danach aus seinem militärischen Gefühl und Wissen heraus passend zu entscheiden.

Wie es niemals ein Rezept für den Sieg gibt, so wird es erst recht keines für die Tätigkeit eines Hilfskreuzers geben. Wenn auch der Zufall im Hilfskreuzerdienst eine gewisse Rolle spielt, so wird er doch wesentlich durch die Eigenschaften und das Können des Kommandanten eingeschränkt. Das Wort des Feldherrn und Strategen von Moltke hat hier seinen besonderen Klang: ›Glück hat auf die Dauer nur der Tüchtige.‹«

*

Wundervolle Tropentage ziehen herauf. Über dem einsamen deutschen Schiff türmen sich Gebirge schneeweißer Passatwolken. Sie sind so makellos und so unschuldig weiß, als seien sie eben erst geboren, entstiegen dem kristallklaren Schoße der urewigen Mutter Ozean.

Golfkraut treibt vorüber, manchmal in solchen Mengen, daß die damit übersäte Fläche einer schwimmenden Insel ähnelt. Es ist fast internationaler Brauch bei den Seeleuten, dieses goldene Kraut, das von so wundersamem filigranartigem Aufbau ist, herauszufischen, um es in mit Seewasser gefüllten Flaschen als Erinnerung und Andenken mit heimzubringen.

So hebt auch auf »Schiff 33« eine muntere Geschäftigkeit und Angelei an. Außerdem ist dieses Kraut ja auch von geschichtlicher Tragik umwittert. Ohne Golfkraut hätte Columbus niemals Amerika entdeckt, vermochte er doch, angesichts dieser treibenden Pflanzen oder Gewächse, wie man auch dazu sagen kann, seine aufsässig gewordene Besatzung zu trösten, daß dort, wo solches Kraut im Wasser triebe, auch Land zu finden sei … Der Ahnungslose, wie weit war er zur Stunde dieser Sichtung noch von den gesuchten Gestaden entfernt …

»Kennst du die Geschichte, wie Columbus viel, viel später erst an Land kam und dort die Indianer traf?« fragt der Kommandant, der seinen Spaß an dem Angeleifer seiner Männer hat, den einen.

»Nein, Herr Kapitän«, sagt der Seemann und legt die Hände mit dem Kraut darin an die Hosennaht.

»Höre zu, mein Sohn. Columbus war nun wirklich gelandet, und wenige Zeit später kamen ihm merkwürdige braune Menschen entgegen.

Er fragte die erste der buntbemalten Figuren:

›Seid ihr die Indianer von Amerika?‹

Darauf der Indianerhäuptling:

›Dat sünd wi. Bist du denn nu der Columbus?‹

Darauf der Columbus:

›Tschäwoll, dat bün ick.‹

Darauf die Indianer:

›Leewer Manitou, dann sünd wi entdeckt.
Der Seemann macht ein todernstes Gesicht.‹«
»Mensch, Kerl, nun grinse schon. Oder glaubst du, dein Alter an Bord besteht
bloß aus Befehlen und hat keinen Sinn für Humor?«

*

Delphine sind gesichtet worden.
Auf der Brücke schauen Leutnant Neumeier und sein Kamerad Gabe diesen Tie-
ren zu, die trunken, gleichsam wie in einem beschwingten Rausch, durch das Wasser schießen. Ein pfeilschnelles Aufleuchten, ein Emporschnellen. Schwarze, wie auf
Hochglanz poliertes Leder, glänzende Rücken wölben sich elegant im Fluge. Flugs
wie der Blitz sind sie verschwunden, tauchen an ganz anderer Stelle wieder auf.
Stundenlang begleiten diese übermütigen Gesellen das deutsche Schiff, das sie mit
artigen und höflichen Verbeugungen immer wieder willkommen heißen. Und
wie festlich haben sie sich angezogen. Sie tragen einen tiefschwarzen Frack mit einer
blütenweißen Weste.
»Ein alter Kapitän sagte mir einmal einen treffenden Ausdruck für diese Tiere. Es
war einer, der noch auf den heute längst vergessenen Teeklippern über die Meere
fuhr«, bemerkt Neumeier. »Er hatte sie die ›Schwalben des Meeres‹ genannt. Sie
seien genauso behende, genauso verspielt und genauso geschäftig. Schließlich sei
es auch ihr Äußeres, das ihn darauf gebracht habe. Sie schienen ihm eine tröstli-
che Erinnerung an die ferne Heimat.«
»Na, na, das ist von dem alten Herrn aber ein bißchen reichlich sentimental ausgedrückt. Wissen Sie, wie mir diese Fische immer vorkommen? Wie die Zahlkellner
des alten Neptuns.« Und an diesen, in den Bereich der Gastronomie fallenden
Gedanken schließt sich ein anderer an. »Außerdem habe ich gehört, daß Delphine ganz vorzüglich schmecken sollen. Ihr Fleisch soll so zart wie Kalbsfilet sein.«
Neumeier fährt auf dem Absatz herum, seine Augen schauen fassungslos und
bestürzt den Sprecher an.
»Um Gottes willen, wie kommen Sie nur auf diese ausgefallene Idee?«
»Ich weiß gar nicht, was Sie dabei nur so aufregen kann, Neumeier. Ist doch die
natürlichste Sache der Welt, Viecher, die des Menschen Magen bekömmlich sind,
in die Pfanne zu tun. Wenn ich so eine schöne dicke Gans umherwatscheln sehe,
verspüre ich für meinen Teil immer ein leeres Gefühl im Magen.«
»Schon, schon, aber das mit den Delphinen ist eben doch ein anderes Ding.«
»Aha, Aberglauben, verstehe …!«
Vielleicht verstehen Sie mich besser, wenn ich Ihnen sage, daß ich früher sehr
lange auf Segelschiffen, auf Barken und Schonern fuhr, auf Schiffen also, auf denen
man mehr oder weniger Wind und Wetter preisgegeben und mit der Allmacht
Natur enger und abhängiger als auf Dampfschiffen verbunden war … Es gibt über
die Delphine eine in der christlichen Seefahrt bekannte Geschichte. Eine Legen-
de. Fraglos. Aber …

Man erzählt sich nämlich, daß früher einmal ein weißer Delphin gelebt haben soll, den die Männer auf See den Pelorus Jack genannt haben. Dieser Pelorus Jack habe sich vornehmlich in den Gewässern vor Port Wellington aufgehalten. Die Sage berichtet nun, daß er jedes Schiff mit einer guten Besatzung an Bord durch die gefährliche, klippenreiche Einfahrt in den Innenhafen gelotst haben soll. Die anderen strandeten elendiglich. Tscha, deswegen schmeckt dem richtigen Fahrensmann der Christlichen der Delphin nun mal nicht.«

*

»Schiff 33« hat den Wendekreis des Krebses überschritten.

Man nähert sich den äquatorialen Zonen.

Der butterweiche Passat, Freund aller Seeleute, schläft ein, und die Luft wird still, träge und dick. In seiner unermeßlich schimmernden Pracht umfließt das Meer das Schiff.

Der Funkoffizier Brunke hat dem Kommandanten mit einem bedeutungsvollen Blick einen sorgsam zusammengefalteten Zettel überreicht. Krüder liest ihn aufmerksam und langsam, um dann Michaelsen in das Kartenhaus zu bitten. Krüder und Michaelsen besprechen sich vor der Seekarte, auf der der Kommandant, in der anderen Hand den Funkspruch, mit dem Stechzirkel einen Punkt unweit des augenblicklichen eigenen Standortes herausgegriffen hat. Kurz darauf wird der Kurs in Richtung auf diese südwestlich der Kanaren gelegene Position gedreht. Da man es bislang so entsetzlich eilig hatte, die Linie und den Südatlantik zu erreichen, gibt es allerorts einiges Erstaunen.

Das Schiffsvolk raunt und munkelt.

Und das Bordgerücht ist wieder auferstanden. Es rast kichernd und flüsternd durch alle Decks. Es spukt in allen Räumen und Lasten.

Einer weiß es ganz genau.

Die CARINTHIA nämlich habe die Kiste verraten. Sie habe nur so getan als ob … außer Sichtweite aber sofort die Britische Admiralität alarmiert. Und nun seien die Leimis mit Kreuzern, Schlachtschiffen, ja sogar mit Flugzeugträgern hinter dem armen kleinen Hilfskreuzer her …

Kommandant an Brücke:

»Es wird allerschärfster Ausguck befohlen!«

In den Nachmittagsstunden schon löst sich das Rätsel, als der Ausguck einen »treibenden Gegenstand« recht voraus meldet.

Die, die glückliche Besitzer eines Glases sind, geben Berichte zur Lage. Verdammt komisch sähe das Ding aus. Wie eine gefüllte Blumenvase. Oder so ähnlich.

Eine Viertelstunde später weiß man es …

Ein deutsches Unterseeboot steht hier, etwas südlich der Kap Verden, voraus. Brücke und Wintergarten sind mit einer dicken Traube menschlicher Gestalten behängt. Deswegen dieses eigenartige Bild, das einer treffend mit einer mit Blumen gefüllten Vase auf blauseidener Tischdecke verglich.

Die Erklärung ist:

U-A hatte Torpedoverschuß gemeldet. Der BdU, Admiral Dönitz, befahl dem U-Boot-Kommandanten Versorgung durch »Schiff 33«, das für solche Fälle Überbestände an Bord führt.

Der augenblickliche Standort des deutschen Hilfskreuzers war ja der Seekriegsleitung in Berlin, die den Kurs des Schiffes mitgekoppelt hatte und sich die Position annähernd errechnen konnte, bekannt. Es spricht für die hervorragende Zusammenarbeit aller Stellen, für das planende, jede Möglichkeit auszunutzende Ineinandergreifen des feinen, verästelten Räderwerkes der Kriegsmarine wie auch schließlich für die improvisierende Erfindungsgabe der maßgeblichen Offiziere in den heimatlichen Befehlsstellen, wenn, wie in diesem beispielhaften Falle, praktisch durchführbarer Rat geschaffen wurde.

Um die damalige Zeit verfügte die deutsche Unterseeboot-Waffe noch nicht über eigene Versorgungs-U-Boote, und dieses Boot, das nun von »Schiff 33« Torpedos erhalten sollte, war eines der ersten, das bis an und auch über die Linie vorstieß. Um das Boot, dessen Kommandant Boot und Besatzung in bester Verfassung meldete, noch länger in diesem vom Stützpunkt sehr entfernten Operationsgebiet zu halten, wurde dieser Weg gewählt, um seine Kampfkraft wieder aufzufrischen. Die Bedeutung einer solchen Versorgung wird noch verständlicher, wenn man erfährt, daß die U-Boote zwei Drittel normaler Seeausdauer für den An- und Rückmarsch zur und von der Atlantikfront brauchten*.

> * *Das bezieht sich lediglich auf die Zeit, vor der Besetzung Frankreichs und französischer Atlantikhäfen, von denen einige als U-Boot-Stützpunkte eingerichtet wurden und von denen der Anmarsch in das Hauptoperationsgebiet wesentlich kürzer war.*

Auf dem Hilfskreuzer ist inzwischen ein Boot zu Wasser gebracht worden, das zum U-Boot tuckert und nun zurückkehrt.

Über die schwankende Lotsentreppe klettert der Kommandant von U-A an Bord. Es ist der später als einer der U-Boot-Asse bekannt gewordene Kapitänleutnant Cohaus. Krüder eilt seinem Kameraden mit ausgestreckten Armen entgegen, als dessen bärtiges, braungebranntes Gesicht über der Reling auftaucht.

»Es ist wahr«, denkt Krüder, »daß jede Waffe ihrem Träger ihren eigenen Stempel aufträgt!« Über alle Äußerlichkeiten hinweg, die diesen Offizier als U-Boot-Fahrer kennzeichnen, ist es dieses Gesicht, das denen ähnelt, die Krüder schon im Ersten Weltkriege unter den »Grauen Wölfen der Marine« sah.

Ein herzliches, sehr herzliches Willkommen. Durch ein Spalier ausgestreckter Hände entführt Krüder seinen Gast in die Kajüträume. Doch bevor Cohaus seine dienstlichen Anliegen vorzubringen vermag, sagt Krüder in der ihm eigenen impulsiven Herzlichkeit:

»Vor allem und zunächst, mein lieber Cohaus, wollen wir etwas für Ihre Besatzung tun. Denke, daß es den Männern Freude machen wird, einen Spaziergang ins Gehölz meiner schwimmenden Insel zu unternehmen. Nach dem langen Aufenthalt in Ihrer muffigen, engen Naziröhre wird den Jungs ein bißchen Bewegung gut tun. Für Sie ist ein Frischwasser-Bad gerichtet, und für Ihre Männer haben wir da eine prima Segeltuchbadeanstalt an Oberdeck. Meinem Smut wird eine Stallaterne aufgehen, warum ich heute morgen extra knusprige Brötchen bestellt habe. Sie werden mir wohl nicht gram sein, daß ich bereits einen großen Korb voll auf Ihr Boot entsenden ließ. Auf dem Bootsdeck stehen Bottiche mit Fruchtsäften und Liegestühle, in denen Ihre Männer ausruhen können und auch sollen.

So, und nun medias in res ...«

Cohaus ist sich nur nicht im klaren, auf welche Weise die viele Zentner schweren Aale in das Boot geschafft werden können. Er habe sich schon den Kopf zerbrochen, aber keine befriedigende Lösung gefunden.

»Kriegen wir hin. Wenn Sie keinen Kran an Bord haben, nun, dann werden wir einen bauen«, tröstet Krüder den U-Boot-Kommandanten. »Das besprechen wir am besten sofort mit meinem Leitenden, Kaleunt Cramer, und dem Sperrwaffenoffizier, Oberleutnant Schmidt. Die haben für solche ausgefallenen Sachen ein findiges Köpfchen.«

Schneller als jede Werft in der Heimat schweißen und schmieden später die Hilfskreuzermänner nach den Angaben der beiden Offiziere einen Kran, einen Ausleger und alles, was dazugehört. Die Dünung rollt unverschämt ungemütlich und erschwert die Übergabe der Torpedos sehr. Durch das Montageluk des Bootes verschwindet unter angemessenen Flüchen schließlich doch ein Aal nach dem andern. Es sind zwar genau dieselben Torpedos, wie man sie in den Stützpunkten bekommt, und dennoch behaupten die U-Boot-Kameraden, sich die ölverdreckten Hände reibend, es seien ausgesucht prima Aale ...

Donnerwetter noch mal!

Die U-Boot-Kameraden bekamen vor Erstaunen die Luken nicht dicht.

Auch Proviant, Öl und Wasser werden im Pendelverkehr mit den großen Motorbooten des Hilfskreuzers übernommen. Bloß in den Bach darf keiner dabei fallen ...

Hier lauern die gefräßigen Mäuler ganzer Scharen von Haifischen. Wenn sie auf »Schiff 33« einen Köder hineinwerfen, schäumt das Wasser auf.

Ein ganzes Meer voll Hunger.

Auf dem Boot und auf »Schiff 33« werden Haie in Massen gefangen.

Cohaus »nagelt« eine dieser mit Tabak präparierten dreieckförmigen Schwanzflossen an die Vorderkante des Turms.

»Sie bringt Glück«, behauptet er zuversichtlich.

Einzige Gegenleistung, die Cohaus als Dank für die so herzliche, kameradschaftliche Bewirtung, für die Ruhe und die Erholung für jeweils ein Drittel der Besatzung entbieten kann, ist die Einladung an einige Offiziere und Männer, ein Alarmtauchen auf seinem Boot mitzumachen.

»Laßt uns nur erst wieder zu Hause sein«, berichtet danach Neumeier begeistert seinen Kameraden. »Ich werde mich sofort zur U-Boot-Waffe melden.«

Doch die Pflicht hat dem Treffen eine Abschiedsstunde gesetzt ...

U-A nimmt die erste Post mit in die Heimat.

Krüder verzichtet auf eine Zensur.

Er vertraut seinen Männern.

Dort, wo die Sonne sank, in deren Strahlen U-A am 18. Juli 1940 hineinmar-
schierte, steht noch geraume Zeit ein heller, lichter Streifen am Himmel.

Fragend, wie ein ungelöstes Rätsel.

VI.

Einem alten Seemannsbrauch folgend, treffen sie auf dem Hilfskreuzer Vorbereitungen, um das Fest der Linientaufe zünftig zu begehen. Jene, die schon als »Würdige« und »Getaufte« in Neptuns sehr sorgfältig geführten, wasserfesten Listen verzeichnet sind und derlei Strapazen schon hinter sich haben, beraten in langen, geheimnisvollen Sitzungen, wie man den »Schmutzfinken« der nördlichen Hemisphäre den gehörigen Respekt (mit s-pitzem »s« zu sprechen) vor Seiner Tiefgekühlten Majestät Neptun beibringen und wie man diese Philister am »zweckmäßigsten« bereinigen könne. Der Phantasie sind keine Schranken gesetzt. Damit die Sitzungen auch ihre Blüten treiben, hat der Kommandant lächelnd und ausnahmsweise etwas »Geist« bewilligt. Die harten Getränke beflügeln den Gedankenflug erstaunlich. Die Verschworenen steigen hinab in den gänsehaut- und schüttelfrosterregenden Keller der Erinnerungen ihrer eigenen Linientaufe …
»Hart, aber ungerecht, war bei uns die Parole«, reckt sich Bootsmann »Qualm«. Er überdröhnt die Runde derer, die da mit finsteren Gesichtern die Wiederauferstehung der Leiden ihres einstigen Weges zum Taufaltar des Gottes aller Meere nun an anderen gefeiert wissen wollen.
»Warum soll es denen besser ergehen?«
Hart, aber ungerecht.
Das schmeckt den bärtigen Gesellen. Hier sitzt nicht der Kapitänleutnant neben dem Bootsmannsmaaten; auch nicht der Oberleutnant neben einem Matrosen. Diese, die sich hier zusammenfinden, sind die vollmachtschweren Abgesandten Neptuns. Sie sind die Vorreiter Seiner Majestät, dessen Botschaft an die Besatzung des Hilfskreuzers sie soeben aus der Taufe gehoben haben.
So wird sie lauten, von Triton, Seiner Majestät Admiral, am Vorabend der Taufe zu verlesen:
»Wir, Neptun, Herrscher über aller Meere, Seen, Teiche, Tümpel, Ströme, Flüsse, Quellen, Bäche, Tinten und Mixturen, Gebieter über Tritonen, Nixen, Seehunde, Quallen, Molche und Krabben; Stifter des Ordens vom einfältigen Dreizack; Ritter und Edler Herr von Babelsflach zu Buelk und Mellum; Inhaber allerhöchster Biertrinkerorden, Vorstand der Verwertungsgenossenschaft vergammelter und ausschließlich für Marinebordzwecke geeigneter, nicht nur in tropischen Gewässern, sondern auch sonst ungenießbarer Dosenheringe; Direktor des Vereins zur Schaffung unbefahrbarer Seefeldwege, Künder eines neuen und noch viel durstigeren Zeitalters; Goldenes Mitglied im Geheimen Komitee des staatlichen Oberbetrunkenmachermeisters; Präsident des Hauses des deutschen Durstes und Freund und Beschützer aller wackren Seeleute entbieten Euch, Männer vom ›Schiff 33‹, durch Unseren Admiral Triton Unseren Herrschergruß. Wir tuen hiermit kund: Zum ersten Male nahet Eures Hilfskreuzers Kiel Unseres Reiches Mitte. Da dieses Schiff auf dem Wege ist, Unser Reich mit vielen großen, schwerbeladenen

Frachtern zu bedenken und da auch der Name des Kommandanten einen guten Klang bei Uns hat, wollen wir es Uns nicht versagen, höchstpersönlich an Bord zu erscheinen, um nach uraltem Brauche die heilige Taufe zu vollziehen …«

Man begreift, die Herren vom Linientaufkomitée haben vollauf zu tun, um die Entwürfe zu fertigen, die Festreden zu »meißeln«, die Verse zu schmieden und jeden in sein Amt und Tun einzuweisen.

Es ist außerdem höfische Sitte, daß Seine Majestät Orden und Erinnerungsgaben an seine Freunde und Gönner zu verteilen wünscht. Hinter verschlossenen Türen werden in der Freizeit solche Dinge mit viel Sorgfalt, großem Eifer und erstaunenswerter handwerklicher Kunstfertigkeit gebastelt, gesägt und gefeilt, wobei jeder Orden zu einer persönlichen Erinnerung des zu Bedenkenden werden soll. Wilde Drohungen verkündet der Sprecher Neptuns über den Bordlautsprecher denjenigen, die es wagen sollten, die Würde und Heiligkeit Seiner Majestät etwa durch Schmähreden herabzusetzen. Wehe denen, die an der Ernsthaftigkeit und Gründlichkeit der bevorstehenden Taufe Zweifel hegen.

Die ganze Sache läßt sich prächtig an.

Denen, die als Getaufte mit der Durchführung des Festes betraut worden sind, vergeht die Zeit wie im Fluge. Den andern aber auch, denn es ist mancher brave Seemann in den Reihen der »Dreckspatzen nördlicher Halbkugel«, der sich lieber ein Gefecht herbeisehnt, statt als »Vogelfreier« der grausligen Taufe entgegensehen zu müssen …

*

In der Offiziersmesse ist eine heftige Diskussion entbrannt.

Es würde endlich einmal an der Zeit sein, dem Schiff einen Namen zu geben. Es wäre durchaus nicht in der Ordnung, mit einer nichtssagenden und zu nichts verpflichtenden Nummer über die Linie zu brausen. Vorschläge werden erörtert. Die Sache mit dem Namen ist zudem eine heikle Angelegenheit, zumal man ihn ja dem Kommandanten vorschlagen muß und …

Na schön.

Familienväter werden es bestätigen, welchen Kummer die Namensgebung für einen Neugeborenen bereitet und welcher Aufwand an goldenen Worten verschwendet werden muß, um den eigenen Namenswunsch gegen die liebe Verwandtschaft durchzusetzen, weil der Onkel Justav nämlich grantig ist, wenn der Kronensohn nicht auch Gustav heißt und der Onkel Gottlieb ähnliche Rechte geltend macht.

*

Nun, aber auch der Kommandant selbst ist in diesem Punkte inzwischen nicht müßig geblieben …

Es war noch lange Zeit vor den Tagen des Auslaufens, als Kapitän zur See Krüder nach den aufreibenden Ausrüstungsarbeiten Zerstreuung in einem Buche suchte, in dem das Leben auf Walfängern geschildert wird. Es behandelte Männer, die sich freiwillig auf kleinen, aber sehr seetüchtigen Fahrzeugen der Einsamkeit der ewigen Eismeere verschrieben haben, teils aus seemännischer Passion, teils aber auch, um ein gutes Stück Geld für Familie und Existenz zu verdienen.

Eisbären, See-Elefanten und wunderlich possierliche Pinguine bilden neben der Arbeit die einzige Abwechslung in dem monatelang abgeschiedenen Dasein in den antarktischen Regionen.

»Pinguin.«

Wie eine Erleuchtung kam damals dem Kommandanten dieser Name. Krüder wiederholte ihn. Immer wieder. Er hat guten Klang, er hat auch Beziehung zu dem geheimen Sonderauftrag, der dem Schiff von der Seekriegsleitung gestellt worden ist.

Gelegentlich brachte Krüder diesen Namen beim Oberkommando der Kriegs-marine in Vorschlag. Er fand Billigung und Anerkennung. In den Geheimakten wird der Hilfskreuzer, der nach außen hin für die Werften, Arsenale und Dienststellen nur eine nüchterne Nummer führt, bereits mit dem Wörtchen »Pinguin« bedacht.

*

An einem der Abende, an dem erneut über den Schiffsnamen diskutiert wird, weilt Krüder in der Offiziersmesse.

»Übrigens, ich habe unsere schwimmende Heimat auf den Namen ›Pinguin‹ getauft. Es wird mich freuen, wenn mein Einfall auch Ihren Geschmack und Ihre stillen Wünsche getroffen hat.«

Keine Antwort.

Nur erstaunte Gesichter.

Krüder schmunzelt, denn er sieht sehr wohl die Verblüffung, und er versteht das Schweigen.

Erst als er in seiner typischen Art die Messe unvermittelt und mit einem kurzen Gruß verlassen hat, löst sich die unterirdische Spannung.

Eben darum ging er, um seinen Offizieren Gelegenheit zu unbekümmerter Pole-mik zu geben. »Man muß seine Offiziere von Fall zu Fall allein und unter sich las-sen, damit sie auch mal über ihren Kommandanten schimpfen können«, ist ein Grundsatz von ihm von jeher gewesen. Es ist auf »Schiff 33« zur Regel geworden, daß der Kommandant nur an Sonntagen in der Offiziersmesse ißt, sonst lebt er sehr enthaltsam und zurückgezogen auf dem Brückendeck. Das soll nicht heißen, daß ihn seine Besatzung nur selten sieht. Er geht täglich durch das Schiff, spricht mit den Männern und hat oft nachmittags den Wunsch nach einem »Schikanöschen« oder einem »Hütchenspiel« in der Offiziersmesse.

Doch das nur nebenbei. Zurück zu den Anwesenden in der Offiziersmesse des Hilfs-kreuzers.

»Pinguine, das sind doch diese komischen Radaubrüder, die vereinsweise die Antarktis bevölkern«, unterbricht Küster das Stillschweigen.

Genaueres weiß man aber auch nicht über diese Vögel. Weshalb auch? Die Bezeichnungen fehlten bislang. Im Lexikon, richtig, da wird mehr drin stehen. Doch der Brockhaus schmückt beim Alten die Bücherregale. Warning soll ihn holen. Der kann so was auch am besten mit dem Kommandanten aushandeln.

»Augenblick noch, Warning, ich will Ihnen und den anderen Herren helfen«, sagt Krüder, bevor der späte Besucher mit dem dicken Wälzer unter dem Arm die Kajüte verläßt. Krüder nimmt das Buch zur Hand. Er sucht unter P mit i als zweitem Buchstaben.

Warning fühlt sich ertappt.

»Hier, irgendwo auf dieser Seite, werden die Herren schon finden, was sie suchen.« Und mit unverändertem Tonfall in der dunklen Stimme fügt er gleichmütig hinzu: »Und eine Sorte ist dabei, die klaut die Eier von der anderen. Na, nehmen Sie das Ding erst mal mit, und halten Sie Familienrat.«

Warning dankt mit einem sauren Gesicht und schließt leise, aber schnell die Tür. Kapitänleutnant Schwinne, der IO, liest nach, was die Leipziger Verleger in ihrem Lexikon über dieses Lebewesen auszusagen haben und erläutert:

»Mal herhören. Also, diese Pinguine haben nach diesem schlauen Buch ihren klangvollen Namen in dem lateinischen Sprachstamm ›pinguines‹. Zu deutsch heißt das Fett. Pinguine sind Flossen- oder Fettsucher, Fettgänse, flugunfähige Meeresvögel der südlichen Halbkugel. Die meisten leben im Südpolargebiet. Einzelne Arten dringen mit kalten Meeresströmungen bis an die südlichen Küsten Afrikas, Amerikas und sogar bis zu den am Äquator liegenden Galapagosinseln vor. Ihre schwungfederlosen Flügel sind mit schuppenartigen Federchen besetzt. Das ganze Gefieder ist gleichmäßig und pelzartig. Sie stehen auf kurzen Beinen mit menschenähnlich aufgerichteten Oberkörpern. Sie laufen und springen aufgerichtet, werfen sich aber bei schneller Bewegung auf den Bauch und schieben sich mit Füßen und Flügeln voran. Meine Herren«, wirft Schwinne mit besorgtem Gesicht auf einige jüngere Kameraden ein, »es erscheint nun aber nicht notwendig, diese Fortbewegungsformen in der Messe zu üben. Weiter. Im Meere schwimmen sie mit ihren flossenähnlichen Flügeln außerordentlich geschickt, wobei die Beine nur als Steuer gebraucht werden. Sie brüten entweder in Höhlen oder in einfachen Bodennestern. Die größeren Arten klemmen dagegen ihr einziges Ei zwischen Fußrücken und Bauch fest.

Werden einer Pinguinfrau die Eier weggenommen und bemerkt diese, daß ihre Nachbarin noch auf den Eiern sitzt, geht sie sofort zum Angriff über, um jener die Eier zu entreißen – wobei es gewöhnlich eine fürchterliche Keilerei gibt. Das steht hier nicht drin. Das weiß ich so. Weiter. Die Nahrung besteht aus Meerestierchen. Feinde haben sie wenige. Sie sind daher zutraulich und kommen im Südpolargebiet in ungeheuren Scharen vereint vor. Wichtige Arten sind der Riesen- oder Kaiserpinguin, der Königspinguin, der Felsenpinguin, der Eselspinguin, na – und andere. Wir müssen uns eben den richtigen aussuchen.«

»Ein sinnreicher Vogel«, sagt Oberleutnant zur See Levit mit traurigem Blick und leert sein Glas in einem Zuge.

Die Meinungen prallen hart aufeinander. Einer spricht sogar von einem charakterlichen Offenbarungseid.

Aber die Mehrzahl ist dafür.

Das sind die positiven Argumente, denen sich die anderen Kameraden zuletzt nicht verschließen.

Wenn der Name »Pinguin« auch nicht so heldisch verpflichtend, so wuchtig oder so erhaben klingt wie der der Hilfskreuzer THOR, ORION oder ATLANTIS, so zweifelt unter diesem Kommandanten keiner der Besatzung daran, daß seine Originalität allein schon eine Verpflichtung zum Ausgefallenen und Außergewöhnlichen ist.

»Dieser Name ist ein echter Krüder.«

So schreibt einer abends in sein Tagebuch.

*

Die Linie sei in Sicht.

So behaupten einige Seeleute, die das berühmte Haar vor das Fernglas montiert zu haben scheinen*.

* *Auf großen Schiffen, vor allem auf Passagierschiffen, ist der Scherz üblich, vor der vorderen Linse eines Fernglases ein Haar zu befestigen. Der Betrachter sieht dann, wenn er die See durch das gerichtete Glas betrachtet, eine sich quer über das Wasser ziehende Linie – also den »Äquator«.*

Mit Pomp und Gefolge erscheint unter kannibalischem Geschrei, unter dem dumpfen Pong Pong urwäldlicher Trommeln, unter nervenzersägenden schrillen Trompetenstößen und peinigenden Bootsmannsmaatenpfeifenpfiffen Triton, Seiner Majestät Admiral. Er verliest mit einer Stimme, die an das gespenstische Knarren einer morschen Hinterhaustreppe erinnert, die schon beschriebene Botschaft Seiner Majestät, und er droht den Ungehörigen, die Neptun als verkalkten Unterwassertrottel bezeichnet und Seiner Majestät Gemahlin, die pfirsichrote, herbsüße Thetis, eine Kamarilla geheißen haben, ohne Rücksicht auf Dienstgrad, Name und Geburt mit gar »schröcklichen« Strafen.

Einige der Täuflinge erhalten eine kleine Probe dessen, was ihnen bei der eigentlichen Taufe an auserlesenen Schikanöschen blühen wird.

Dr. Hasselmann, der als Assistenzarzt die Zahnbehandlung mit zu versorgen hat, bekommt auch seinen Teil. Tritons wilde Gesellen putzen ihm auf ihre Art einmal die Zähne.

Die häßlichen Vögel haben die Zahnbürste vorher in eine undefinierbare Flüssigkeit getaucht, in der aber Torpedoöl und roter Cayenne-Pfeffer zu überwiegen scheinen.

»Herr Admiral«, so wendet sich Hasselmann an Triton, »in untertänigster Dankbarkeit für diesen so königlich würdigen Putz bin ich selbstverständlich jederzeit bereit, Ihrer Majestät – und natürlich auch Ihnen mein Geheimnis der absolut zuverlässigen und sofort wirksamen Behandlung anzubieten, sollten Ihre Gnaden mal an Zahnweh leiden.«

»Und welcher Art ist diese Behandlung?«

»Sie ist zwar irdisch einfach, aber verblüffend wirksam. Der Patient muß den Mund voll Wasser nehmen, dann wird er auf einen heißen Ofen gesetzt. Wenn das Wasser im Munde kocht, sind die Zahnschmerzen meistens verschwunden. Dafür verbürge ich mich, Herr Admiral. Habe auf Wunsch auch eine schriftliche, notariell beglaubigte Garantie.«

Durch das Schiff geht ein Wiehern.

Dem Admiral hat es die Sprache verschlagen.

Doch bevor noch der traditionelle Betrieb der sorgsam vorbereiteten Linientaufe über die Bühne steigen kann, greift das Schicksal ein …

Trotz der Festesstimmung an Bord, der Whooling in allen Decks und der sich allerorts tummelnden, wildbemalten Gestalten des stattlichen neptunischen Gefolges verlief ja der Dienst- und Wachbetrieb gewissenhaft wie an jedem anderen Tage an der Front. Und jeder Ausguckmann war sich dessen bewußt, daß er heute besonders und doppelt aufmerksam sein mußte, denn seine feiernden Kameraden verlassen sich auf ihn …

Daß der Kommandant trotz des Kriegsmarsches auf die Linientaufe – der Äquator stellt übrigens die kürzeste und daher am besten kontrollierbare Verbindung zwischen den beiden Erdteilen Afrika und Südamerika im atlantischen Raum dar – nicht verzichten wollte, kann ihn nur als Seemann und Soldat auszeichnen. Es beweist einmal seine großartige Selbstsicherheit, und zum andern aber, welch ein großes Vertrauen er in seine Besatzung setzt. Nicht nur, daß er der festen Überzeugung war, daß der Dienstbetrieb in seiner ganzen Verantwortlichkeit weiterlief, sondern auch, daß die während der Taufe auftretenden, gar nicht zu umgehenden Vertraulichkeiten eben nur auf diese paar Stunden beschränkt bleiben und später wieder vergessen sein würden.

VII.

Das geschah während der letzten Vorbereitungen zum eigentlichen Taufzeremoniell ...

Noch einmal reibt sich Schneekloth, der im Vormast auf Ausguck sitzt, die Augen, ehe er begreift, daß es kein Trugbild ist. Einer dünnen, kleinen Wolke gleich windet sich hauchzart eine Rauchsäule über die Kimm in den ausgedörrt blaßblauen Äther. Erst nachdem er sich ganz genau von der Richtigkeit und Verläßlichkeit seiner Beobachtung überzeugt hat, meldet er der Brücke:

»Rauchfahne in 355 Grad.«

Der Wachoffizier stürzt aus dem Kartenhaus. Im Augenblick ist auch der Kommandant bei ihm.

»Eine?« sagt Krüder nach längerem Hinsehen mit verhaltener Erregung in der Stimme. »Eine, ich sehe zwo!«

»Nein, Herr Kapitän, es scheint nur eine zu sein.«

Krüder beobachtet lange den immer stärker werdenden Rauch. Dann setzt er das Glas ab. Und mit auf dem Rücken verschränkten Armen beginnt er, mit großen Schritten auf der Brücke auf und ab zu gehen. Mit einem plötzlichen Ruck hält er ein, setzt das Glas wieder an – und wieder ab. Seine Augen sind ein schmaler Strich.

Da war doch vor ein paar Tagen Aufruhr im Äther ...

»Läufer, bitte, den FTO mit der Funkkladde auf die Brücke!«

Charley Brunke meldet sich zur Stelle. Krüder kontrolliert die letzten Meldungen der SKL über die Standorte deutscher Hilfskreuzer. Ferner liegt ein aufgefangener offener Funkspruch vor, nach dem der schwerbestückte 22 209 BRT große britische Hilfskreuzer ALCANTARA von einem deutschen Handelsstörer angegriffen und schwer beschädigt worden sei. Der Brite habe Rio de Janeiro mit schweren Beschädigungen und Toten und Verletzten an Bord als Nothafen anlaufen müssen. Entschuldigend fügt man hinzu, daß es sich bei dem Angreifer wohl schwerlich um einen normalen Handelsstörer gehandelt haben könne. Die Vermutung läge vielmehr nahe, daß der viel kleinere deutsche Hilfskreuzer ein als Handelsschiff umgetarnter schwerer Kreuzer gewesen sei.

Krüder entnimmt den deutschen Schlüssel-M-Meldungen den genauen Standort des Gefechts.

Er trägt den Ort – er liegt auf der Höhe Brasiliens – in die große Übersichtskarte des mittelatlantischen Raumes ein.

»Sie kennen doch das Schiff, das den Briten angeknackt hat. Michaelsen?«

Und als dieser bejahend nickt, fährt Krüder fort:

»Was meinen Sie, wie lange unser Schwesterschiff, der Hilfskreuzer THOR, bis zu unserem augenblicklichen Standort wohl brauchen würde?«

»Nun, wenn er sich gleich nach dem Gefecht in Richtung unserer augenblicklichen Position mit Höchstfahrt abgesetzt hätte, dann wäre er übermorgen, vielleicht aber auch erst einen Tag später hier.«

»Hm«, sagt Krüder und zieht bedächtig an seiner nußbraunfarbenen Zigarre. Auf der Stirn verdichten sich die Falten zwischen den Augen.

»Hm, ich habe da folgende Gedanken:

Erstens werden die Briten es sich einiges kosten lassen, THOR zu jagen.

Zweitens haben wir es in der Hand, unseren Kameraden zu helfen und dabei den Briten auch noch ganz gehörig über die wahre Geschwindigkeit des THORS zu täuschen. Wenn wir den jetzt ausgemachten Frachter angreifen und wenn dieser funkt, was ja nicht mit Bestimmtheit zu verhindern ist, dann könnte der Brite annehmen, daß wir der Angreifer vor Brasilien, also HK THOR, gewesen sind, daß also dieser eine erheblich höhere Geschwindigkeit laufen kann, als es wirklich der Fall ist. THOR müßte jedenfalls nach meiner rohen Schätzung mindestens 24 Knoten machen, hätte er heute, zu dieser Stunde also, hier sein wollen. Diese Täuschung über die Höchstgeschwindigkeit der deutschen Raider dürfte nicht nur THOR, sondern auch uns wie allen anderen deutschen Hilfskreuzern zugute kommen. Außerdem ziehen wir die zur Jagd auf THOR angesetzten Streitkräfte ab, ohne uns selbst dabei zu schaden, da wir ja nicht die geringste Absicht haben, in diesem Gebiet und im Südatlantik zu verbleiben.«

»Ausgezeichneter Plan, Herr Kapitän. Unter diesen Umständen wäre es trotz der SKL-Weisung zu vertreten, schon vor Erreichen unseres Operationsgebietes anzugreifen.«

»Eben, das ist meine Meinung und meine Absicht.«

An Deck hat sich die Besatzung zu dichten Haufen geballt. Ihr Interesse gilt mal der Rauchfahne und dann wieder verstärkt der Brücke, auf der sie jetzt wieder den Kommandanten so ruhig wie bei den Manövern in der Ostsee sehen. Und wie ein Blitz fährt dann die Nachricht in sie hinein:

»Wir greifen an.«

Krüder setzt den Kurs auf den näher stehenden, jetzt über die Kimm herausgekommenen Frachter ab.

Der Gegner dreht sofort ab. Sein schlechtes Gewissen stinkt zum Himmel. Es liegt kein Grund vor zur Annahme, daß der andere den Spruch über den Angriff auf die ALCANTARA etwa nicht auch aufgenommen hat.

Das Gegnerschiff ist also gewarnt. Bei aller Selbstherrlichkeit der Briten wird der Gegnerschiffkapitän sich vorsichtshalber noch einmal die Anweisungen der Britischen Admiralität durchgelesen haben. Und diese lauten: Jeder Sichtung ist in jedem Falle auszuweichen!

Funkobergefreiter Lindener bringt dem Kommandanten eine Meldung aus dem FT-Raum.

Der Gegner funkt Position und qqq.

Der Buchstabe »Quatsch« ist die Kurzform für die Meldung: »Werde von deutschem Handelsstörer verfolgt.«

»Fein«, sagt Krüder zu Lindener. Trotz der angespannten Situation hat der Kommandant ein Lächeln für den Funker übrig, als er dessen Gesicht sieht. »Geh schon, Lindener. Machst ja ein Gesicht wie ein Dackel, der sich auf einen heißen Eierkuchen gesetzt hat. Ist alles in Butter. Laß ihn funken. Er soll funken!«

»Es wird bereits versucht, die Gegnerwelle zu stören«, sagt Lindener noch.

Krüder nickt nur flüchtig und gibt den Befehl: »Beide Maschinen zwomal AK.« Hochauf springt die Bugwelle der PINGUIN.

Ein mächtiges Rauschen ist in den Ohren der Männer, eine herrische, kraftvolle Melodie, die über die Außenbordwände hinaufsingt, sie mitreißt in den Taumel des ersten Angriffes. Fahrtwind zaust in den Haaren derer, die an Oberdeck und auf der Brücke stehen.

Langsam holen sie auf. Die Entfernung ist gar nicht mehr so groß. 40 Hundert hat der E-Messer eben von dem noch getarnten Stand auf dem oberen Peildeck gemeldet.

Noch immer funkt der Brite seine verzweifelten Hilferufe in die Gegend. Es ist der 5358 BRT große Frachter DOMINGO DE LARRINAGA. Er fährt seine typische gelb-rot-gelb-rot-gelbe Schornsteinmarke auf schwarzem Grund bei schwarzer Kappe. Aus der Gruppierung der Masten, Brücke, Schornstein und Aufbauten läßt sich nicht feststellen, wie der Zampan heißt. Aber die übermalten Namen am Bug und Heck können mit der stark vergrößernden E-Meßoptik gelesen werden. Und außerdem steht der Name schön deutlich oben am Peildeck der Brücke in mittelgroßen Buchstaben aufgemalt. Tief, weit über die Lademarke der Eichung »North Atlantic wintertime« beladen, liegt die DOMINGO im Wasser*.

> * *Diese Überbeladung bedeutet nicht, daß die britischen Schiffe befehlsgemäß über die zulässige Lademarke beladen wurden, denn zur Stunde stand das Schiff ja auf Sommerfahrt durch den Atlantik. Erst ab 1943 gab die britische Admiralität den Kapitänen der Handelsschiffe die Anweisung, auch bei der Winterfahrt das Risiko der Überbeladung einzugehen.*

Kommandant an AO:

»Warnschuß vor den Bug.«

In den Mast steigt, sich weit entfaltend, die Kriegsflagge empor. Über die außenbords aufgemalte griechische Flagge und den Namen KASSOS entrollt sich eine Segeltuchbahn mit der daraufgemalten deutschen Nationale.

Auf der Back steht schon Bootsmann Rauch mit seiner vor Eifer fiebernden Gäng »klar zum«.

»Entfernung 36 Hundert und etwas, Herr Bootsmann.«

»Schiet an'n Boom. Lot mal seihn, min Jong«, winkt Bootsmann Qualm in vollendeter Ruhe ab. Er stellt sich hinter die Kanone, streckt den rechten Arm aus, zielt über seinen breiten, kerzengerade »aufgesessenen« Daumen, verbessert noch etwas die Rohrerhöhung des Geschützes …

»Klar ssso. Füüüüüer!«

Rums. Ein Blitz. Ein Feuerstrahl.

Man hört ein orgelndes Brausen in der Luft. Es stinkt gallig-giftig nach Schwefel und heißem Eisen. Qualm saugt diesen Geruch mit vibrierenden Nasenflügeln ein, dabei läßt er keinen Blick von dem Briten. Dicht vor dem Bug der LARRI-NAGA bricht es silbern aus der See. Ein wohlgezielter Schuß. Jedoch Qualm schüttelt sichtlich unzufrieden den Kopf und brummt in das krause Gestrüpp der Anfänge eines Seemannsbartes:

»Düwel ook, da sünd wi doch noch 42 Zentimeter to wiet nach links afkommen.«

Funkraum an Brücke:

»Gegner funkt weiter! Beschreibt jetzt Aufbauten und Umrisse von uns.«

»Das geht zu weit. Das ist nicht im Sinne unserer Spielregeln«, wettert Krüder. Er befiehlt einen neuen Stoppschuß. Er hätte jetzt schon das auch moralisch vertretbare Recht, gezieltes Feuer eröffnen zu lassen, aber er hofft noch auf Vernunft und Einsicht auf der Gegenseite.

Er will keine Menschen opfern.

Ein zweiter und unmittelbar darauf ein dritter Schuß vor den Bug verlassen die museumsreife Anhaltekanone. Diesmal liegen die Einschläge so nahe, daß da drüben die Splitter an Deck zischen müssen.

Sie funken weiter!

Jetzt machen sie auch noch ihr Heckgeschütz klar.

»Verdammt zäher Bursche«, zischt Krüder, ohne viel den Mund zu öffnen. Aber es ist auch gerechte Anerkennung im Unterton. In seine Stirn graben sich drei Falten. Mit einem Ruck wendet er sich an den I.AO:

»Geschütze enttarnen! Salve in die Brücke!«

Riegel und Halterungen fliegen zurück. Die Männer in den Geschützräumen hatten keine Sekunde die Hände von diesen gelassen, bereit, sie sofort aufzureißen. Die Rohre liegen nun frei und schwenken aus. Sie sind im Augenblick gerichtet.

»Salve!«

PINGUIN erbebt wie unter unterirdischen Hammerschlägen. Bleistifte werden vom Kartentisch geschleudert. Eine Kaffeetasse, die eben noch auf dem Kasten für die Ledertücher der Ferngläser stand, hüpft in weitem Bogen herunter, zerschellt klirrend auf dem Teakholzdeck der Brücke.

Dann ist's mit einem Mal erschreckend still …

Die erste Vollsalve hat die Rohre verlassen.

»Treffer!« schreit einer. Oder waren es alle? Aus der Brücke des Briten schießt die grellgelbe Glut einer Stichflamme. Balken, Bretterzeugs wirbeln durch die Luft, und aus der sich explosionsartig ausdehnenden Detonationswolke, die im Augenblick die Mittschiffsaufbauten der DOMINGO verhüllt, stieben, als hätte ihnen ein Gigant einen Fußtritt versetzt, zwei Figuren heraus. Es sind zwei Menschen, die im hohen Bogen aus dem pechschwarzen Pulverqualmgewölk herausfliegen, als kämen sie direkt aus dem Schlund der Hölle. Irgendwo, gar nicht weit vom Schiff, endet ihre unfreiwillige Luftreise im Bach. Sie müssen wohl leben. Es scheint so, denn sie bewegen sich und versuchen, mit wilden Ruderbewegungen von dem Dampfer wegzukommen.

Fast rauchlos gehen die in tropischer Hitze ausgedörrten Holzaufbauten des britischen Frachters in Flammen auf. Die vernichtende Wirkung der ersten scharfen

Salve der PINGUIN hat den Britenkapitän zur Besinnung gebracht. Er stoppt nun das Schiff. Kaum ist die Fahrt aus dem schwerbeladenen Frachter gekommen, als auch schon ein deutscher Kutter längsseits geht. Das Untersuchungskommando entert das brennende Schiff. Als erster betritt es Leutnant Warning. Ihm folgen Stabsarzt Dr. Wenzel und zwei Sanitätsgasten. Krüder hatte den Schiffsarzt noch in letzter Minute in das bereits abfahrtsklare Boot geschickt, um den Verwundeten schneller Hilfe gewähren zu können.

Nach diesen klettern, flink wie die Wiesel, die Seeleute vom Untersuchungskommando auf das fremde Deck. In ihren derben Fäusten haben sie kleine, aber schwere Kisten mit knallroten Aufschriften und Zeichen. Die Kisten mit der hochexplosiven Sprengmunition.

Die Besatzung hat sich aus den brennenden Brückenaufbauten heraus auf das Vor- und Achterschiff gerettet. Es sind auch Farbige darunter, solche mit irren, flackernden Augen und vor Angst wächsernen, gelben Gesichtern. Sie zittern wie Gelatinepudding und drücken sich an die Verschalungen der achternen Aufbauten, um der Glut des immer mächtiger werdenden Feuers zu entgehen. Mit bissigem Lächeln blickt der Kapitän, eine ausgegangene Pfeife zwischen den Zähnen, überlegen und erhaben auf diesen Haufen Angst.

Warning leitet umsichtig die Untersuchung, während seine Soldaten die Besatzung antreten lassen und ihre Vollzähligkeit überprüfen.

Der Doktor beschäftigt sich mit den auf die Luken gelegten Verwundeten. Es hat einige böse und sehr schwere Verletzungen gegeben. Nur durch das schnelle Eingreifen, das kundige, fachgerechte Verbinden besteht Hoffnung, die Schwerverletzten zumindest vor dem Verbluten zu bewahren.

Das Feuer rast.

Die Flammen fressen sich krachend in alles, was hölzern und brennbar ist.

Die Hitze des Brandes drängt Deutsche und Briten immer weiter zurück.

Hier ist nichts mehr zu retten.

Das Schiff ist als Prise verloren.

Warning läßt durch Morsespruch eine Meldung an PINGUIN abgeben.

»Gefangene von Bord, Schiff sprengen«, ist die schnelle Antwort.

Ein Wettlauf zu den Booten hebt an. Malaien, Schwarze, Chinesen, Briten und Inder drängen in heilloser Verwirrung an die Davits und in die Boote. Mit Mühe gelingt es einigen deutschen Seeleuten, Ordnung in dieses panische Durcheinander zu bringen.

Die Boote sind abgesetzt. Warning und der Arzt verlassen als Letzte das Schiff. Die Sprengladungen brennen.

»Wieviel Zeit bleibt uns denn?« erkundigt sich der Doktor, als er schleunigst sein Bein über die Reling hebt, halb mißtrauisch, halb neugierig bei dem noch an Deck stehenden, gelassen umherschauenden Warning.

»Neun Minuten, 'ne lange Zeit«, antwortet der und folgt.

»Jetzt sind es aber nur noch fünf«, sagt der Doktor später im Boot, und er schiebt den Ärmel seiner weißen Tropenjacke diesmal nicht wieder über die Uhr. Die

Hand legt er so auf den Schoß, daß er bequem den Sekundenzeiger beobachten kann. Eine ungeduldige Frage Warnings an den Bootsführer läßt ihn aufhorchen. Irgend etwas scheint da nicht zu stimmen.

»Mensch, stellen Sie sich doch nicht an wie der erste Mensch. Sie werden doch den Motor in Gang bekommen«, muntert Warning den Bootsmaaten auf, der sich mit seinen Leuten verzweifelt und wohl auch etwas nervös in der Motorhaube zu schaffen macht. Das Biest will nicht. Es gibt keinen Mucks von sich. Der Bootsmaat blickt halb entschuldigend und halb vorwurfsvoll auf Warning. Warning war Erster Offizier auf der BREMEN. Und dieses Boot stammt von der Schwester EUROPA. Man hat es eigens angefordert.

»Noch vier Minuten«, grinst der Stabsarzt, der so tut, als ob die Sache für ihn langsam anfange, Spaß zu machen.

Der Motor ist wie verhext. Der, der für den Vogel verantwortlich ist, behauptet mit unschuldigem Kindergesicht, daß er vorhin aber noch »gegangen« sei.

»Mit dem Gongschlag, meine Herren, ist es …«

Obwohl er witzelt, fühlt der Stabsarzt einen nicht abzuschüttelnden Schauer seinen Rücken heraufkriechen.

Auch Warning vermag den störrischen Motor weder durch gutes Zureden noch durch sein persönliches Eingreifen zur Betriebsamkeit anzuregen. Der scheint seinen eigenen Willen zu haben, und ihm ist es ganz egal, ob in ein paar Meter Nähe Sprengkisten hinter der Bordwand hängen, die bestimmt sind, Eisenplatten von der Stärke eines kleinen Fingers wie Zeitungspapier zu zerfetzen. Man sitzt hier nicht einmal auf Eisenplatten, sondern in einem offenen, aus Holz gefügten Boot. Es ist zudem das erste Mal, daß ein Dampfer gesprengt werden soll. Es fehlt ebenso an Erfahrungen wie an Vergleichen, in welcher Form ein solches Vernichtungswerk vor sich geht. Man nimmt, was liegt näher, in dieser heiklen Situation zunächst das Ärgste an. Inzwischen hat Warning befohlen, den Versuch zu machen, das Boot in die See und vom Dampfer abzustoßen. Ein Rettungsboot des Schnelldampfers EUROPA ist aber kein Wannseekajak. Es kommt zwar ein paar Handbreiten von der Bordwand frei. Mehr aber auch nicht.

Sie warten. Die Gesichter werden immer länger. Man hört zwar keine Flüche, doch steht der Groll in allen Gesichtern.

Und diese glätten sich …

Die neun Minuten sind nun um.

Es werden zehn, elf und zwölf.

Nichts ereignet sich.

Warning faucht, jetzt auf einmal ärgerlich, den Sperrwaffenspezialisten an. »Wer weiß, was Sie da angesteckt haben, Sie Weihnachtsmann. Sehen Sie was? Hören Sie was?«

»Alle Zündschnüre haben gebrannt. Ich habe es genau gesehen und kontrolliert, Herr Leutnant.«

»Haben Sie die Zündschnüre nicht etwa doppelt genommen? Ich meine, daß aus neun Minuten achtzehn werden?«

Alle Farben, alle Rassen waren unter den Gefangenen auf dem Hilfskreuzer PINGU-IN vertreten. Oben links: Einer der Inder, der sich eine Mahlzeit mixt. Darunter: Malaien und Inder durften auf der Prise STORSTAD ihr Essen selbst kochen. Unten links: Chinesen, die sich hier ein schachähnliches Spiel schnitzen. Alle farbigen Gefangenen wollten später auf der Heimfahrt der Prise STORSTAD freiwillig im Bordbetrieb mitarbeiten. Soweit dies aus Sicherheitsgründen möglich war, machte das Kommando Gebrauch von diesem Angebot. Oben rechts: Neger Louis aus Dakar, das Waschgenie. Er war kein Freund der Briten, und auf der Prisenheimfahrt gab er den Deutschen einen wertvollen Tip über einen geplanten Ausbruch.

Drei gefangene britische Kapitäne:
In der Mitte: Kapitän Thornten, lachend und
selbstbewußt wie immer.
Links: Kapitän Dudley Crowther (Gastkapitän
auf der NOWSHERA), kalte Abweisung.
Rechts im Bild: Kapitän Cox, der korpulente
Kapitän der MAIMOA. Er ist ebenfalls böse.

Leutnant Hanefeld unterhält sich mit Kapitän
Collins (NOWSHERA).

Gefangene an Deck des Tankers STORSTAD.

Der Seemann beteuert, alles nach Vorschrift angelegt zu haben. Dabei wundert er sich wohl genauso wie die anderen im Boot, warum Warning sich so aufplustert. Sollte doch froh sein, daß es diesen Versager gegeben hat.

Es gibt nur eine Erklärung. Die Zündschnüre sind in dem warmen Dunst tropischer Seeluft feucht geworden. Sie haben zwar gebrannt, sind dann aber ausgegangen.

Auf einmal tut es auch der Motor wieder. Und mit wenig Befriedigung im Herzen kehrt das Prisenkommando auf den Hilfskreuzer zurück. Warning erstattet Bericht.

Krüder hat nun doch Eile, den Briten auf den Grund zu schicken, denn sie schwimmen hier in unangenehmer Nähe des Flottenstützpunktes Freetown herum. Eine Versenkung durch Artillerie hält er für zeitraubend. So kommt die Besatzung in den Genuß eines wohlgezielten Torpedoschusses. – Der Aal trifft mittschiffs.

Erst langsam und dann schneller neigt sich der Frachter. Das ersterbende Fauchen entweichenden Dampfes erinnert an das Keuchen eines zu Tode getroffenen Tieres. Mit einer gentlemanliken Verbeugung zur PINGUIN hin kentert die DOMINGO DE LARRINAGA und versinkt dann schnell und entschlossen.

Eine Wolke aus Rauch und Wasserdampf steht über der Untergangsstelle. Kein Windhauch bewegt die Luft.

»Requiescat in pace!« sagt der Stabsarzt, als spreche er ein Amen nach dem Gebet.

»Suchen Sie jemanden, Doktor?« fragt ihn der Kommandant auf diese Worte hin.

»Nein, Herr Kapitän. Ich sprach lateinisch.«

»So, so, lateinisch sprechen Sie auch. Was so'n Arzt nicht alles wissen muß, um anderen Leuten den Hals mit Jod auszupinseln!« Krüder wollte schon gehen, als er sich noch einmal umdreht. »Was sagten Sie übrigens?«

»Ruhe in Frieden, Herr Kapitän!«

»Das hätten Sie auf diesem Schiff auch hochdeutsch sagen können!« gibt Krüder lachend zurück, sich an die beiden geschlossenen Augen seines mit ihm ehemals so unzufriedenen Lateinlehrers erinnernd.

Nur, daß die Linientaufe ins Wasser fiel, bedrückt ihn etwas.

Aber darüber spricht er nicht.

Der Äther ist in Aufruhr.

Eine Meldung jagt die andere.

Ob britische Flotteneinheiten ausliefen, ist nicht bekannt geworden.

Krüders Angriff blieb tatsächlich nicht ohne Folgen. Nach Berichten, die norwegische Kapitäne der in der Antarktis später aufgebrachten Wal-Fangflotte gaben, wurden die Geschwindigkeiten der deutschen Hilfskreuzer bedeutend überschätzt und sogar mit 25 Seemeilen in der Stunde benannt. Praktisch bedeutete dies, daß der Gegner bei Such- und Verfolgungsaktionen nach deutschen Hilfskreuzern völlig falsche Vorausberechnungen anstellte.

Krüders Entschluß beruhte, wie aufgezeigt wurde, nicht auf einer sorgsamen Planung. Er wurde aus der Situation heraus geboren und er, Krüder, war bereit, jede Verantwortung gegenüber der Seekriegsleitung in Berlin zu tragen, denn nach deren Anweisungen sollte Krüder seine Operationen ja erst im Indischen Ozean beginnen.

Außerdem, übersehen wir diese Tatsachen nicht, leistete er seinem Kameraden Kähler, dem Kommandanten des Hilfskreuzers THOR, einen beachtlichen Dienst, daß er dessen Verfolger in Verwirrung brachte, auf sich zog und die gegnerischen Suchaktionen auf eine falsche Fährte lenkte.

VIII.

Funksprüche zucken durch den Äther.

Schiffe nehmen andere Kurse.

Schon auslaufbereite, bis über die Lademarke vollgepfropfte Frachter werden zurückgehalten ...

Der Südatlantik ist wie leergefegt. In den Breiten, die PINGUIN auf seinem Marsch zum Süden durchstößt, hätte man doch dann und wann mindestens eine Rauchfahne sehen müssen. Gewisse Beobachtungen an Bord des Hilfskreuzers lassen darauf schließen, daß der Brite den gesamten Verkehr und alle Schiffsbewegungen im südlichen und mittleren Atlantik abgestoppt hat. Das bedeutet praktisch, daß für die britische Versorgung indirekt viele Tausend Tonnen Schiffsraum ausfallen, weil sie brachliegen und in den Häfen zurückgehalten werden. Es ist notwendig, sich dieses vor Augen zu führen, denn erst diese Betrachtungen lassen den Wert solcher Hilfskreuzeroperationen in ihrer ganzen Tiefe und Tragweite erkennen.

*

Soweit der Kommandant vorausschauend die Lage überblicken kann, ist in den nächsten Wochen schwerlich mit besonderen Ereignissen zu rechnen. So ist es jetzt sein Bemühen, der Besatzung neben dem strengen, aber eintönigen und wenig abwechslungsreichen Wachdienst über diese Tage des Abwartens hinwegzuhelfen.

Ihm sind ja nicht nur mehr als 300 junge, beste Soldaten anvertraut, sondern auch ebenso viele Herzen mit all ihren Stärken, Schwächen und Gemütsschwankungen. Diese hat er, und Krüder erblickt darin eine seiner vornehmsten Aufgaben, über die in diesen operativ ruhigen Breiten drohenden Klippen der Vereinsamung hinwegzuführen, so wie ein gewissenhafter Steuermann die zerbrechliche Hülle und Sicherheit seines Schiffes durch nautisch schwieriges Fahrwasser manövriert, durch ein Gewässer, das an der Oberfläche so harmlos aussieht, in dem aber darunter Klippen und nicht immer berechenbare Strömungen lauern.

Es erscheint nicht immer ratsam, Vergleiche anzustellen. Aber in diesem Zusammenhang sei ein Vergleich mit anderen Truppen gestattet. Selbst die braven Infanteristen, die auf vorgeschobenem Gefechtsposten liegen, haben Abwechslung in der sie umgebenden, niemals erstarrenden Landschaft. Selbst die Männer in der Luft, die viele Stunden lang über See Fernaufklärung fliegen, haben am Ende ihres Einsatzes ein Haus, vielleicht auch nur eine Baracke, wohl aber Land, das ihren Schritt nicht begrenzt, in Sicht.

An Bord eines Hilfskreuzers bleibt sich alles gleich. Das Schiff ist so und so lang und so und so breit. Daran ändert sich nichts. Zum Auslauf und zur Bewegung blei-

ben immer nur die Decksplanken, die man nun schon zum soundsovielten Male
überschritt. Kein Gras wächst darauf, kein Halm, keine Blume, an denen man sich
erfreuen könnte. Höchstens ein Ölfleck tanzt aus der Reihe und verunziert auf den
Brückenaufbauten das weißgescheuerte, sauber kalfaterte Deck aus asiatischem
eisenhartem Edelholz. Und über diesen erbost sich allenfalls Smarting, Bootsmann
und seemännische Nummer Eins an Bord.
Und um die Männer herum?
Oben Himmel und Wolken. Und unten Wasser, Wasser, Wasser ...
Der Gedanke, daß dieses doch ein abscheuliches Dasein sei, das keinem zu emp-
fehlen wäre, liege nahe.
Der, der so spricht, ist dem Meere fremd.
Es ist ein gewaltiger Unterschied, im Indischen Ozean, im Eismeer oder im Südatlantik zu schwimmen. Es ist keinesfalls nun so, daß man wie auf einem home trainer
über einen sich überall gleichbleibenden Zementboden oder Asphalt braust. Die
»Landschaft« der Meere und Ozeane zeigt sich in tausendfältigen, überhaupt nicht
zu erschöpfenden Variationen – von den Küsten ferner Länder, den Häfen, den Inseln
gar nicht zu sprechen ... Die Farben der Wasser wechseln von Zone zu Zone, und
die Tönungen des Lichts und die Formen der Wolken sind immer wieder verschieden. Wer die Unterschiedlichkeiten der Meere zu sehen versteht, dem schenkt es sich
in immer wieder neuem Erleben, dem ist das Meer wie eine Frau, deren Lächeln das
Licht der Anmut und das Licht des Geistes verbindet, dem offenbart sich die See im
Wissen um den Atem des Göttlichen in Schönheit, Ästhetik und Leidenschaft.
Er muß nur darum werben und – wenn es not tut – auch darum kämpfen.
Aber um das zu erkennen, muß man Seemann sein. Und Seemann wird man nicht
von heute auf morgen. Es ist ein langer, langer Weg bis dahin. Und viele der Männer an Bord gehen ja auf die erste große Reise über die Meere der Welt ...
Noch in einem anderen Punkte unterscheidet sich der Marinesoldat vom Landser.
Während es an Land zur unheiligen Allianz der Großväter, Väter und Enkel gehört,
die Persönlichkeitswerte eines Soldaten zu brechen, verlangt der Dienst auf Schiffen genau das Gegenteil, nämlich die Formung der Persönlichkeit auch des kleinsten und letzten Mannes – und ein hohes Maß an menschlicher Überlegenheit bei
allen Vorgesetzten.
So ist denn auch auf HK PINGUIN der Ton zwischen Untergebenen und Vorge-
setzten ungezwungen.
Die Männer sind ohne Hemmungen – und selbstbewußt. Sie sind von einem
gesunden Eifer und auffallend starker geistiger Wendigkeit.
Jeder Mann fühlt und betrachtet sich als verantwortungsbewußtes Mitglied einer
Familie.
Das unterscheidet die Marine vom Heer, dessen Masse in lähmender Autoritäts-
gläubigkeit erstarrt ist.
Krüder hat einen Wohnraum-Verschönerungswettbewerb angeregt.
Er verspricht sich zweierlei davon. Einmal die Überwindung der Vereinsamung,
zum andern aber auch eine Schulung des gesunden Stil- und Geschmacksemp-

findens. Er selbst wacht in eigener Person über die mit viel Eifer aufgenommenen Arbeiten seiner Männer. Sein Urteil, das er manchmal fällt, trifft zwar manchen guten Willen.

Aber es verletzt nicht.

»Daß der Alte auch davon etwas versteht! Man soll es nicht für möglich halten!« wundert sich ein Seemann und macht bekümmert einen dicken Strich durch seinen Entwurf. Er fängt von vorn an und beginnt neu und anders.

Mit den einfachsten Bordmitteln entstehen regelrechte Kunstwerke, weil sie mit sehr viel Lust und Liebe, dem kritischen Kommandanten zu genügen, gefertigt werden. Krüder trägt sich mit dem Gedanken, diese Sachen später einmal in einer Ausstellung an Land vorzuführen. Solch ein Plan ist nur noch doppelter Ansporn für die Männer.

Unversehens erscheint der Kommandant in den Räumen. So auch einmal in der Wäscherei, in der man – in der Freizeit selbstverständlich – wie überall im Wettbewerb steht. Er faßt hin und wieder tatkräftig und beratschlagend mit an, wenn es nicht so recht werden will.

»Kerls, was ist das warm bei euch«, sagt Krüder, dem silberne Perlen auf der Stirn stehen. Er zieht kurzerhand die weiße Jacke aus.

Da erscheint doch von draußen einer der nichtsahnenden »Persil-Jünger«, sieht die fremde Gestalt, die ihm den Rücken zukehrt. Und dann – den anderen stockt der Atem, erstarrt das Wort im Munde – holt der Seemann mit der Pranke aus und donnert sie dem »Fremden« auf die Schulter, daß es nur so knallt und dröhnt …

»Old boy, du willst wohl … eine geistige Anleihe bei uns aufnehmen …!«

Da trifft es ihn wie der Schlag. Sein Gesicht wird grün und gelb.

»Nur helfen, Seemann!« lächelt verbindlich, und ohne eine Miene zu verziehen, der Kommandant den Seemann an.

»Herr Kapitän, ich bitte …« stottert der Matrose, immer noch entsetzt und fassungslos.

»Die Verpflegung scheint mir nicht schlecht zu sein auf diesem Dampfer«, lenkt Krüder ein und fährt sich lachend über die mißhandelte Schulter.

Das schreibt sich der Verwaltungsoffizier, als er es hört, in Versalien in sein Tagebuch.

*

Gefreiter Dittmann fährt erschreckt zusammen. Als ob ihn eine Wespe in die Wade gestochen habe, so knickt er auf einmal ein. »Dunnerlüchting, wat'n nun los«, brummt er unwillig, zerrt das Glas von der Nase weg und schaut an sich herunter. Er blickt geradewegs in die faltige Unschuldsschnauze Struppis, des Stabsarztes Dackel, der mit seiner grabeskalten Nase an der nach würzigem Hautöl duftenden Seemannswade schnupperte.

»So spät ist es schon wieder«, murmelt der Posten, als er das vierbeinige Besatzungsmitglied sieht.

Mit militärischer Pünktlichkeit inspiziert nämlich das Dackelbiest jeden Morgen die Brücke, um den Chef seines Herrchens zu begrüßen, nach seiner Laune zu sehen und mal nachzuschnüffeln, ob er Lust zu einem Spielchen habe …

Wenn Krüder nicht andere Sorgen oder vordringliche Dienstgeschäfte zu erledigen hat, dann darf Struppi damit rechnen, daß dies »seine« Stunde ist …

Als der Kommandant heute auf der Brücke erscheint, saust der Dackel ihm jaulend vor Freude um die Beine, legt sich dann artig zu seinen Füßen nieder und bittet und bettelt mit einem herzerweichenden flehenden Blick. Der Schwanz trommelt einen Wirbel auf das harte Deck dazu.

»Was schlägt der schlaue Hund dem Alten heute vor?« fragt Krüder in strahlender Heiterkeit den Dackel, beugt sich zu ihm herab und streicht ihm sanft über das drahtig rauhe Fell.

»Möff«, sagt Struppi und trollt sich, mit schiefen Augen, aus denen es weiß und funkelnd herausblitzt, zurückschielend, zum Bootsdeck hin.

»Aha, der kluge Hund schlägt ein Spielchen vor. Nun, dann laß uns Suchen und Verstecken spielen.«

Erst muß sich Krüder hinter dem Boot verstecken. Dann muß er ein Zeichen geben, und Struppi setzt sich in Trab. Wo ist der Kommandant? Er peilt links ums Boot. Krüder springt nach rechts. Er flitzt zur anderen Seite. Aha! Übermütig winselnd packt er des Kommandanten Schuhe. So! Stop! Ich habe dich! Nun ist die Reihe an Krüder, Struppi zu suchen und zu fangen. Immer um das Boot herum. Und wenn es sein muß, dann auch unten drunter durch. Krüder droht zwar dann jedesmal, ihn zu versohlen, weil das gegen die Spielregeln ist. Aber er vergißt das immer wieder. Endlich hat Krüder den Dackel, packt ihn ins Nackenfell und nimmt ihn lachend auf den Arm.

So hat jeder einmal gewonnen.

Das Spiel ist für heute aus.

Struppi ist zufrieden und lacht.

Wenn er lacht, rümpft er seine krause Schnauze und zeigt seine weißen Zähne. Wie eine Diva aus Hollywood.

»Und wohin gehen wir jetzt?« wendet sich Krüder an den spaßigen Gesellen, stiller Freund der ganzen Besatzung.

Wütend bellend und knurrend weist er den Weg zum Niedergang hin. Als Krüder dann aber Ernst macht und ihm folgt, kommt er schnell zurück und drängt sich schutzsuchend an den Kommandanten heran. Schimpfend tapst er mit zaghaft komischen Bewegungen hinterdrein.

Unten öffnet Krüder die halbhohe Tür eines Holzverschlages.

»Morjen Eumäus, alles gesund?«

»Morgen, Herr Kapitän, alles gesund«, dröhnt ein menschliches Organ aus dem zitternden Halblicht heraus. Ein würziger, beißender Geruch weht der Stimme nach. Eine Wolke Mief drängt nach draußen. Man hört das behagliche Grunzen sattsam zufriedener Borstentiere. Zwischen diesen macht sich eine Gestalt zu schaffen, eben jene, die der Kommandant eben mit Eumäus anredete.

Krüder steigt in den sauber aufgeklarten Stall. Ihm nach windet sich der Dackel, zähnefletschend und derzeit, in der Obhut des Kommandanten, urkomisch mutig. Krüder besichtigt die »lebenden Rationen«, die jener Eumäus mit der Sorgfalt eines ostpommerschen Gutsinspektors hegt und pflegt. Die Jolantes gedeihen bei der guten Schiffskost und den immer reichlich abfallenden Speiseresten prächtig. Jener Seemann mit dem mythologischen Namen heißt eigentlich Schneekloth. Er stammt aus der Gegend von Flensburg herum. Seine Eltern sollen dort eine kleine Landwirtschaft haben. So kam es denn, daß Krüder Schneekloth – der übrigens neuerdings auch bei seinen Schützlingen wie der wahre Eumäus griechischer Sage schläft – dieses Amt zuwies. Welche Bedeutung Krüder diesem besagten Amt beimißt (ein Laufbahnabzeichen gibt es aber dafür nicht in der Marine!), erhellen die fast täglichen Besuche.

Eines Tages entdeckt Krüder nämlich, daß in der Schweinebox zwei Uniformen hingen und auf dem Sims sogar ein Wasserglas mit Zahnbürste stand.

Krüder wollte der Sache auf den Grund gehen.

»Eumäus, haben sie dich unter Deck ausgebootet?«

»Aber nein, Herr Kapitän, ich lüfte mir nur meine Sachen mal.«

»Ganz gute Ausrede«, lachte Krüder, der nun weiß, daß Schneekloth zu seinen wahren »Freunden« gezogen ist.

So wurde Eumäus sozusagen eine Persönlichkeit an Bord, der niemand gern auf den »Slips petten« wollte.

Auch der Bootsmann nicht.

Es wäre auch unklug bei »dessen« Beziehungen …

*

Um die Mittagsstunde kommt eine Rauchfahne in Sicht. Seit vielen Tagen wieder … Auf PINGUIN gellen die Alarmglocken. Man läßt das fremde Schiff vorsichtig aus der Kimm herauskommen, nachdem sich Krüder in günstige Position gesetzt hat.

Es ist ein Japaner, wie die ersten Beobachtungen erkennen lassen. Später stellt der NO fest, daß es sich um die HAWAII MARU handelt. Geht nach Buenos Aires. Der Japaner passiert an Backbord.

An Bord hat sich eine stille Tragödie zugetragen: Leutnant zur See Gabe berichtet in seinem Tagebuch darüber:

»Meinen beiden Kanarienvögeln geht es wieder gut. Nur der Max singt immer noch nicht wieder. Ihm scheint immer noch der Schreck in seiner Kehle zu sitzen.

Vor Wochen geschah es. Ich hatte dem Max und auch dem Moritz die Türen ihrer Bauer geöffnet. Sie flogen in der Kammer umher und erfreuten sich der Bewegung, als mein Freund Rieche mit Jim, einem unserer Bordhunde, einen Besuch abstattete. Max nahm keinerlei Notiz davon, weder von Rieche noch von dem Hund. Rieche wollte dann dem Jim den Max vorführen, der auf einem Blumentopf saß und das Grünzeug versuchte. Jim muß sich über soviel Ignoranz wohl bannig geär-

gert haben. Er schnappte zu. Erwischte aber nur die herabhängenden Schwanzfedern. Max schrie entsetzt auf und rettete sich auf die Gardinenstange. Er war lausig durch den Wind und zitterte derart, daß ich glaubte, er würde seinen letzten Atemzug tun. Aber der arme Kerl hat sich erholt.
Aber er singt nicht mehr. Und sein Hinterteil läßt er auch nicht mehr hängen.

*

Der Kommandant hat heute der Besatzung mitgeteilt, daß die Angehörigen in der Heimat nicht ohne Nachricht sind, auch wenn sich bisher keine neue Gelegenheit bot, Post in die Heimat zu entsenden, geschweige denn, solche zu empfangen.
Das Oberkommando der Kriegsmarine unterrichtet laufend die Angehörigen über ihren Sohn, Mann, Verlobten oder Bruder … Dieses könne selbstverständlich nur in kurzen, sachlichen Mitteilungen geschehen. Darin käme aber zum Ausdruck, daß der Betreffende gesund sei und daß man sich keine Sorgen zu machen brauche. Mit einer Heimkehr sei jedoch vorerst nicht zu rechnen …
Diese Mitteilung beruhigt die Gemüter.

*

Der 40. Breitengrad ist überschritten. PINGUIN stößt noch tiefer zum Süden vor. Dem kalten Süden entgegen, in dem zudem noch der Winter ausgebrochen ist. In den Segelhandbüchern werden diese Breiten »The roaring forties« geheißen.
Diese Bezeichnung »Die brüllenden Vierzig« ist ein treffender Name für ein Seegebiet, das einem Seemann, hat er es erst einmal erlebt, unvergessen bleibt. Auch die Besatzung der PINGUIN hat keinen Grund, Klage zu führen, den bildhaften Sinn dieser Namensgebung nicht bestätigt gefunden zu haben.
Oberleutnant zur See Lewit erkrankt. Dr. Hasselmann stellt die Diagnose. Blinddarm. Es ist keine Zeit mehr zu verlieren. Der Störenfried muß raus. Stabsarzt Wenzel bittet den Kommandanten, das Schiff während der dringend notwendigen Operation gegen die See zu fahren, damit es wenigstens in dieser Zeit etwas ruhiger liege.
»Selbstverständlich, geben Sie mir Ihre Anweisungen«, sagt Krüder bereitwilligst. So geschieht es denn, daß ein Arzt den Kurs und die Lage des Schiffes bestimmt.
Dr. Hasselmann schreibt in sein Tagebuch:
»Wir konnten uns in dem OP-Raum kaum auf den Füßen halten. Ich mußte den Sanitäts-Obergefreiten Schilhabel bitten, sich auf den Boden zu setzen und mich während der Operation mit dem Becken gegen den Operationstisch zu drücken. Dr. Wenzel assistierte, und San.-Maat Krobitzsch machte die Narkose. Jedes Instrument mußte in der Hand behalten werden. Nichts hielt sich auf dem Tisch. Die Hand, die das Messer führte, drohte bei den stampfenden Bewegungen des Schiffes abzugleiten. Es kostete große Mühe und doppelte Konzentration – und obwohl

es nicht sehr warm im Lazarett war, schien es mir, als sei ich aus dem Wasser gezogen.«

Die Operation verlief gut. Lewit erholte sich später bald.

Um PINGUIN herum tobt sich ein irrsinniges Lärmen, ein tierisches Brüllen, ein schepperndes Klatschen und Schurren, als gingen einige Tausend Teller zu Bruch, und ein grollendes böses Donnern aus. Noch immer scheint das Wetter nicht seinen Höhepunkt erreicht zu haben. Spürbar hängt da noch etwas Riesenhaftes in der Luft. Krüder schaut zu. Ruhig und gelassen.

Eben hat ihm Dr. Roll den neuen Wetterlagebericht vorgelegt. Und kurz vorher war der Smarting bei ihm. Berichtete über einige Seeschäden. Unter Deck sei ein Mann verletzt worden. Er habe auch dem Eumäus geraten, den Schweinestall zu verlassen. Qualm sagte geraten und nicht befohlen. Krüder kann ein Lächeln nicht unterdrücken.

Eumäus wolle aber nicht. Erstens sei es schön warm, habe er gesagt. Und dann wolle er bei seinen »Lieblingen« sein. Und außerdem, so habe er noch gesagt, sei dies »lütt beeten Stiehm noch gor nix«. Von ihm aus könne es noch »veel düller kommen«. Na, der hat 'ne Ahnung.

Der Verwaltungsoffizier war auch bei Krüder vorstellig geworden. Was zu machen wäre? Es hielte sich kein Feuer. Und kein Topf auf den Herden. Es wäre unmöglich zu kochen.

»Es muß aber gekocht werden!« befiehlt Krüder.

Der VO hat nur »Jawoll« gesagt, hat versucht, die Hand an die Mütze zu legen, da schmiß ihn das überholende Schiff in die Ecke, als habe er bei Maxe Schmeling im Ring gestanden.

K. o.!

Es ist eine alte Erfahrungstatsache, daß immer der im Unglück ruhig und besonnen bleibt, der mit dessen Behebung beschäftigt ist.

Der Phantasie bleibt kein Raum in solchem Kopf.

Außerdem ist Krüder ein im Wind und auf See hart gewordener Mann. Er weiß von sich, alles getan zu haben, was ein Seemann zur Abwetterung für sein Schiff nur eben tun kann. Und tun muß.

Den Männern erscheint er wie einer, der sogar ein gewisses Behagen in diesem Tosen ausströmt. Der Wind hat sein Gesicht, das noch unter dem triefenden, breitrandigen Südwester sichtbar bleibt, gemeißelt, die braune Wetterhaut ist vom Salzwasser gerötet ...

»Es muß gekocht werden! Befehl vom Kommandanten«, ruft der vom Kaltwasserstrahl seines ihm unbarmherzig erscheinenden Auftrages wieder regenerierte VO mit stahlharter Stimme den Männern in der Kombüse zu.

»Tschä, dann muß es wohl saiiiin!« sagt der Smut und turnt aus seiner Ecke heraus, in der er sich festgeklemmt hat. Man hätte annehmen sollen, daß ihm ein stiller Fluch hinter den Lippen anzusehen wäre. Nichts davon. Die Verehrung für Krüder ist an Bord so groß und stark, daß auch dieser Befehl mit soldatischer Selbstverständlichkeit erfüllt wird.

Wenn Krüder sagt, es geht, dann geht es eben.

Es muß!

Daran ist nicht zu rütteln …!

Man wird zweimal, vielleicht sogar dreimal kochen müssen. Die Töpfe halten nicht einmal die Hälfte Wasser. Alles andere schwappt bei den tollen Schräglagen über den Rand heraus. Auf und in das Feuer, daß es zischt und brodelt.

Zusätzlich läßt der VO Keks und Schokolade verausgaben. Das tut gut. Das ist ein Wort.

So wird es Nacht.

Und der Himmel droht über den Hilfskreuzer hereinzubrechen.

Wie ein Stein sackt das Schiff manchmal hinab, um sich dann stöhnend wieder aufzurichten, hoch über den grauschwarzen, von zitternden Lichtern übersäten Wasserbergen thronend.

Die Uhr geht auf den Morgen zu. Schwer kämpft das Tageslicht mit den düsteren Gesellen der langen Nacht.

Aber gegen Mittag reißt der Himmel auf. Durch einen Spalt leuchtet die azurne Bläue des unendlichen Alls. Als der Abend naht, ordnen sich die Wolken, ziehen höher und höher.

Der Kommandant legt sich schlafen. Er legt nur den schweren, feuchten Mantel ab. Sonst bleibt er vollkommen angezogen. Nicht lange währt die wohlverdiente Ruhe. Die plötzlich anders klingenden Schritte zerren ihn aus tiefstem Schlaf.

Da reißt auch der Läufer die Tür auf.

»Herr Kapitän …!«

»Was ist?« fragt Krüder vollkommen wach.

»An Backbord steht ein Schatten.«

Der Kommandant ist im Augenblick auf der Brücke. Ganz klar und deutlich hebt sich das fremde Schiff gegen die sternenklare Nacht ab.

Ein Schiff in dieser Breite? – Das ist verdächtig!

Man hat allen Grund, gerade jetzt leise aufzutreten. Man will unbemerkt das eigentliche Operationsgebiet, den Indischen Ozean, erreichen.

Die WO sind anderer Meinung. Den da drüben könnte man doch in aller Ruhe abtakeln. Sicherlich schläft der ganze Verein bis auf den wachhabenden Steuermann, den Rudergänger und die Gäng an der Maschine.

Michaelsen bremst die draufgängerischen Gemüter ab. Es gäbe zweierlei zu bedenken. Erstens könne es sich um einen britischen Hilfskreuzer handeln, und wenn dies so wäre, dann dürfte man mit sofortigem Widerstand rechnen. Nicht, weil keine Hoffnung bestünde, den Gegner zu vernichten, sondern, weil denen da noch immer Zeit zur FT-Meldung bliebe, sei es wenig ratsam, den Marsch der PINGUIN zu verraten. Zweitens aber bestünde auch die Möglichkeit, daß der Fremde ein deutscher, von Japan kommender Blockadebrecher oder eine deutsche Prise sei.

Auf alle Fälle sei es kein gewöhnlicher Frachter.

Niemals!

Solche südlichen Kurse fährt ein Frachtschiff nicht.

Krüder hat der Auseinandersetzung interessiert und neugierig zugehört. Dann gibt er unvermittelt den Befehl zum Abdrehen.

Er läßt den anderen laufen ...

»Wie aufregend all das ist«, entfährt es dem Matrosen Kretschmar, braver Reservist, Sohn eines Fettviehhändlers in Berlin-Karlshorst.

»Wat'n Schnack«, fährt ihn der Hamburger Dittmann an. »Marlene Dietrich wäre für mich jetzt viel aufregender als der kanonengespickte Bewacher. Außerdem – die da drüben träumen wohl auch von so'n paar Frauenbeinen. Hätten uns doch sonst sehen müssen ...«

Dittmann ist ebenfalls einer von den seemännischen Reservisten. Ein Hüne von Gestalt. Sah die ganze runde Welt. In Chile verdrosch er mal eine ganze Fußballmannschaft, und in Shanghai räumte er eine Kellerkneipe alleine aus, als man einem anderen Seemann an die Gurgel wollte. Später spielte er Schauermann im Hamburger Hafen. Mit Zwei-Zentner-Säcken begann so mancher Tag ...

Es war gut so, daß Krüder nicht angriff. Wie man erst später vom Kommandanten des Hilfskreuzers ATLANTIS, Bernhard Rogge, erfuhr, handelte es sich um die Prise TIRRANNA. Leider erreichte dieses Schiff, das auch eine größere Anzahl an britischen Gefangenen an Bord führte, den sicheren Hafen dann doch nicht.

Vor der französischen Girondemündung wurde die 7 230 BRT große TIRRANNA von einem britischen Unterseeboot torpediert. Die Besatzung kam mit dem Leben davon. Sechzig Mann von den Gefangenen kamen dabei um. Ein Trost, daß die Opfer nicht größer waren. Aber doch ein bitterer Trost, wenn man fast 10 000 Seemeilen Feindfahrt hinter sich gebracht, alle Blockaden glücklich gesprengt und allen Widerwärtigkeiten, Tücken und Unbilden getrotzt hat.

Die tiefere Ursache?

Die Unfähigkeit des Marinebefehlshabers des französischen Hafens Royan, rechtzeitig ein Sicherungsgeleit zu organisieren, rechtzeitig, auch in der Nacht noch, Maßnahmen zur Einbringung der auf abenteuerlichen Wegen heimgekehrten Prise zu treffen*.

   * *Laut Feststellung des Kommandos »Schiff 16« in dem gleichnamigen Buch von Vizeadmiral Rogge und Dr. W. Frank.*

3 000 Tonnen Weizen, 27 000 Sack Mehl, 6 015 Ballen Wolle und diverse Militärkraftfahrzeuge versanken im Meer.

IX.

Das »Kap der Guten Hoffnung« ist gerundet. Ein guter Name. Ein prophetischer Begriff, der den PINGUIN-Männern verheißungsvoll wie süßer, milder Honig schmeckt. Als sei er just für sie und ihre stillen Wünsche geschaffen worden …
Fast parallel zum Meridian stößt »Schiff 33« zum sonnigen Norden vor. Die häßliche, ungemütliche Sturmzone der »Brüllenden Vierzig« liegt hinter dem Hilfskreuzer. Ist schon vergessen. Warmluft bricht mit den ersten Triften des Südostmonsuns ein. Spürbar. Von Stunde zu Stunde klettert das Thermometer. Ölzeug und dicke, muffig und modrig riechende Wachmäntel schaukeln wie klapprige Vogelscheuchen in den Wanten der Luvseite.
Die See ist ruhig. Gemessen und erhaben rollt eine lange Dünung daher. »Bürokratisch« hat einer an Bord einmal diese sich genau gleichbleibenden Bewegungen bezeichnet, ein Wort, das man auf diesem Schiff, auf dem selbst der Verwaltungsoffizier mehr Soldat, mehr Mensch und mehr Kamerad als nüchterner Zahlentheoretiker und Überwachungs- und Ausführungsorgan drei- und mehrstelliger Paragraphen ist, gelassen aussprechen darf.
Einmal, nachts, gerade während der Geisterstunde, erleben sie ein wundersames Schauspiel dieser Breiten.
Das Meer leuchtet.
Es leuchtet so unwahrscheinlich stark, daß den Männern fast die Augen geblendet werden. Als seien riesige Scheinwerfer in den Tiefen des Meeres aufgestellt worden, so wirkt das Wasser.
Ein märchenhaftes Abenteuer gewährt diese heimatferne, fremde See der einsamen Schar, ein Erleben, das die allmächtige Größe des Reichtums an lebenden Wesen im Meere ahnen läßt.
Man hat den Danziger Doktor geweckt und auf die Brücke gebeten.
»Meeresleuchten ist ja an sich nichts Außergewöhnliches«, sagt er langsam. »Daß es hier so stark ist, hängt mit den Strömungen zusammen, die der Monsun hier herüberdrückt. Das vielgestaltige Leben, der heiße Kampf, der unter den Kleinen und Kleinsten in den Tiefen ausgefochten wird, drängt um diese Jahreszeit besonders stark an die Oberfläche.
Zu den leuchtenden Körpern gehört so ziemlich alles, was sich von der niedrigen Tier- und Pflanzenwelt in den Wassern der Ozeane tummelt. Es sind Rädertiere und Mollusken, Quallen und Würmer, Krebse, Polypen und Infusorien. Und schließlich eine in Zahlen überhaupt nicht auszudrückende Zahl an Bakterien. Viele dieser kleinen Lebewesen tragen eine kleine Laterne in sich, um ihre Nahrung zu finden und den Feind im Dunkel der Meeresnacht zu erkennen. Es sind die Glühwürmer des Meeres.«
Bach entsinnt sich, auf dem Schnelldampfer BREMEN von einem Forscher gehört zu haben, daß auch die großen Lebewesen der tiefsten Tiefen aus 4 000 und 5 000

und noch viel mehr Metern des Nachts an die Oberfläche schweben. Diese Fische bestünden neben ihrem druckfesten Knochen- und Horngerüst ganz und gar aus Zellen durchlässiger, dünnwandiger Gewebe. Mittels dieser mit einer wäßrigen Flüssigkeit gefüllten Zellen vermögen diese Fische, deren Formen und deren Aussehen an die wildesten Schreck- und Phantasiegebilde chinesischer Maskenbildner erinnern, den ungeheueren Druckunterschied auszugleichen. Man bedenke, daß das Meer in 4 000 Meter Tiefe einen Druck von vierhundert Atmosphären erreicht. »Das Meer ist doch die Mutter aller Dinge«, setzt der Kommandant nach einer Pause hinzu, auf ein Messegespräch über Thales von Milet anspielend, das vor Tagen den Mittelpunkt vielstündiger Diskussionen bildete.

In dieser leuchtenden Nacht werden noch mancherlei Fragen aufgeworfen und Probleme um Dinge angeschnitten, die mancher vergaß oder bis dahin noch niemals erfuhr.

Auch darüber reden sie … über die Entdeckung des Irrationalen. Und wieder ist es das Meer, das in diesem Zusammenhang als der »Ort der Entstehung« bezeichnet wird. In einem Scholion zum zehnten Buche Euklids heißt es: »Man sagt, daß der Mann, der zuerst die Betrachtung des Irrationalen aus dem Verborgenen in die Öffentlichkeit brachte, durch einen Schiffbruch ums Leben gekommen sein soll. Und zwar deshalb, weil das Unaussprechliche und Bildlose immer hätte verborgen bleiben sollen. Deshalb auch wurde der Übeltäter, der von ungefähr dieses Bild des Lebendigen berührte und aufdeckte, an den Ort der Entstehung versetzt und wird dort nun von den ewigen Fluten umspült.«

*

Aus Gabes Tagebuch:
»Eine sehr schöne Abwechslung bieten uns die Filmvorführungen. Die Filmstelle in der Heimat hat uns mit einer stattlichen Anzahl von Spielfilmen bedacht. Fast jede Woche gehen wir, wenn es die operative Lage gestattet, ›ins Kino‹.
Da wir nur einen Vorführapparat besitzen, müssen zwischen den Akten immer Pausen eingelegt werden. Man wird dabei unwillkürlich an seine frühe Jugendzeit, an die damals übliche freundliche Aufforderung: ›Billett 5 abgelaufen‹ erinnert.
Im Vorführraum, der Messe oder dem Divisionsraum, ist es natürlich sehr eng. Man muß schon arg Kopf und Körper verdrehen, um sehen zu können. Ich habe so nach und nach soviel Training darin erworben, daß mir der Genuß nicht mehr getrübt wird. Viele der Filme habe ich schon früher gesehen. Ich sehe sie mir aber gern wieder an. Manchmal sogar mehrfach, denn damit sie die ganze Besatzung vorgeführt bekommt, müssen sie wegen der Raumschwierigkeiten und der Wachgänger zweimal oder auch dreimal gespielt werden. Man ist hier auch gründlicher im Denken und damit auch in der Kritik.
In einem Vorfilm zog sich übrigens neulich ein Mädchen aus. Der Kommandant befahl energisch und empört, die Dame sofort wieder anzuziehen. Das bereitete keine Schwierigkeiten, denn der Vorführer brauchte dieses Stück nur zurückzu-

spielen. Wir sind aber alle der Meinung, daß auch Kapitän Krüder dieses duftige
Geschehen bloß noch mal genießen wollte.

Denn so alt ist er nun nicht, unser Kommandant.«

*

Im Indischen Ozean.

Ein paradiesisch blauer Himmel spannt sich über das Schiff. Tagsüber brennt eine
quecksilberfarbene Sonne den Männern wohltuend auf den Pelz. »Ich kann die
Leute, die in den Süden reisen, gut verstehen«, sagt einer. »In der Sonne öffnen sich
die Seelen wie Blumen. Alles scheint freundlicher, lichter, heller und zukünftiger.«

»Solch ein Zauberlicht wirkt auf unser Gemüt und unsere seelische Verfassung
wie ein Echo, das aus dem Innern antwortet und unser Gesicht froh und heiter werden läßt«, greift ein anderer diese Gedanken auf.

PINGUIN kämmt immer wieder in Kreuzschlägen das Seegebiet ab.

Sollen sich die Erwartungen, die der Kommandant in dieses Operationsgebiet
setzt, nicht erfüllen? Haben die Briten Wind bekommen? Haben sie den Verkehr
auf eine andere Route gelegt? Warum nicht! Sind auch keine Hohlköpfe, diese Briten. Wahrlich nicht. Es ist gut, den Feind nicht zu unterschätzen.

An einem solchen dieser Herrgottstage befiehlt Krüder den Fliegeroffizier auf die
Brücke. »Was meinen Sie, können wir es riskieren, Ihren Vogel loszulassen?«

»Jawoll, Herr Kapitän!« die schnelle Antwort.

Und so holen sie die Maschine aus dem Schiffsbauch herauf und setzen die »Ente«
mit dem Schwergutbaum mit allen guten Wünschen behutsam auf den Teich.

Die ganze Besatzung hat sich an Oberdeck versammelt. In feierlicher Andacht
erwartet sie den ersten Start. Die Flieger bremsen ab, lassen den Motor brummen.
Unter der »He 115« wird das Wasser wie vom Sturmwinde gepeitscht.

Wird der erste Start klar gehen?

Gemütlich brummend torkelt die Maschine über die dünende See. Eine Hand
hebt sich unter der Glaskuppel. Zeigt klar. Der Motor brüllt und faucht, der Pro-
pellerwind zerfetzt das Wasser zu nebelhaftem Sprühregen. Wie eine Rauchfahne stiebt es hinter der Maschine auf. In den feinen Wassertröpfchen brechen sich
die Strahlen der Sonne in den schillernden Farben des Regenbogens. Mit der nächsten sich hebenden See hüpft die »He 115« aus dem Wasser …

Na, wenn das man …

Wenn sie jetzt ein wenig, ein ganz klein wenig an Höhe verliert, wird sie mit den
Schwimmern den nächsten Wellenberg streifen … Die blechernen Kähne werden
sich hineinbohren … Und? … Na aus wird's sein. Kopfstehen wird der Vogel.

Hörbar stöhnend saugt einer, irgendeiner, Luft in die Lungen, hält sie an …

Sie fliegt.

Eine »He 115« über dem Indischen Ozean!

Gestartet ohne Katapult. Ganz einfach vom Wasser losgeschnurrt. Wie eine Ente
vom Teich. Prima so was. Der Jubel kennt keine Grenzen mehr. Stimmen schwir-

ren durch die Luft, und wer dem andern etwas sagen will, spricht lauter, schreit vor Aufregung und Begeisterung.

Es ist soweit: Die Jagd geht auf!

Die Maschine fliegt ein paar Runden. Der Beobachter tauscht Blinksignale mit der PINGUIN aus, nach denen das Schiff seine Kurse ändert. Die Kompasse der Maschine werden überprüft und kompensiert. Durch das lange Lagern im Eisenteil »Schiff« zeigen die Magnete eine Mißweisung, die berichtigt werden muß. In der weiten Wasserunendlichkeit ist für den Flugzeugführer eine peinlichst genaue Navigation erforderlich, um das Pünktchen PINGUIN später wieder aufzufinden*.

> *Bei einem anderen Hilfskreuzer ging eine Maschine auf eine bisher ungeklärte Weise verloren. Auf dem Schweren Kreuzer ADMIRAL SCHEER hätte sich beinahe später ein ähnlicher Vorfall ereignet. Nur durch einen Zufall wurde das Bordflugzeug nach gut einem halben Tag Suchfahrt wieder aufgefunden.*

Beobachter und Navigationsoffizier haben eine Signalsprache vereinbart. Bestimmte farbige Sterne sollen die Sichtung eines feindlichen Kriegsschiffes, andere wieder die eines gegnerischen Handelsschiffes melden.

Erst eins haben …

*

Wasser! Wasser! Wasser!

Die Millimeterkarte auf dem Schoß, so jagt der Flugzeugführer seine kleine Maschine in das große Schweigen. Die 60, 70 ja 100 Meter breiten Intervalle der Dünung sind zusammengeschrumpft. Sie wirken wie die verspielten Wellchen einer ganz dummen kleinen Pfütze. Warte nur, von wegen Pfütze. Werden ja sehen, wie das bei der Landung aussehen wird.

Dunstig wird die Luft von dem Brodem, der vom Wasser aufsteigt. In größeren Höhen ist der PINGUIN bald nicht mehr sichtbar. Es ist ein Irrtum zu glauben, aus größeren Höhen auch einen größeren Weitblick zu haben. Der Dunst versagt jede weite Sicht. Wohl aber vermag die kleine Maschine in schnellem Flug viele hundert Meilen zu überbrücken und abzusehen.

Eine Stunde fliegen sie schon.

Nichts.

Trostlos. Kein Baum. Kein Strauch. Kein Anhaltspunkt.

Himmel – Luft – Wasser.

Eine steile Kurve. Der mehr erahnte als sichtbare Horizont rutscht aus der Ebene. Der Beobachter Müller sieht verwundert auf die Karte und dann zu seinem Piloten. Der vor ihm hebt den Arm, stößt ihn zwei-, dreimal nach oben, und dann zeigt die geöffnete Hand mehrmals weisend nach vorn. Ein grinsendes, strahlendes Gesicht dreht sich um, eine Hand reicht einen Zettel nach hinten. Die Hand zittert ja. Liegt wohl an den Erschütterungen der Maschine … Ganz bestimmt. Oder … In großen ungelenken Buchstaben steht es auf dem herausgerissenen, nicht ganz sauberen Blatt:

»Voraus ist etwas. Ich halte drauf zu!«

Tatsächlich. Der Oberleutnant ärgert sich, diesen winzigen Punkt nicht selbst gesehen zu haben. Schon, schon, er ist winzig, nicht viel größer als ein Reiskorn, das man in den Sand geworfen hat, in einen Sand, über den noch Dampfschwaden hinwegziehen.

Alle Wetter. Gute Augen, der alte Kumpel. Als er ihn sah, muß er schon querab gestanden haben. Beinahe hätte man ihn übersehen … Dunkel sieht das Pünktchen aus. Nein, es ist kein Pünktchen mehr. Jetzt nicht mehr. Ist schon ein Strich …

»Tanker, was?« schreit der Oberleutnant.

»Jaaah«, brüllt der Pilot zurück, läßt den Knüppel los und reibt sich die vor Aufregung feuchten Hände.

Der schwarze Strich wird größer und das Schwarz seines Anstriches langsam zum Grau. Hinten ist er ein wenig erhöht. In der Mitte davon die Brücke. Ganz normal. Ganz klarer Fall, ein Tanker. Fährt der überhaupt? Oder treibt er in der See? Nein, er fährt! Man erkennt es an den weißen Tupfen hinter dem Heck und an den silbernen, hellen Streifen seitlich des Stevens.

Der Beobachter mißt die Entfernung, die sie im Augenblick von PINGUIN abstehen. Was! 150 Meilen! Das ist viel, verdammt viel. Mal auf die Uhr sehen. 14.00 Uhr. Daß diese verdammten Kerls beim Aussetzen soviel Zeit vertrödelten. Unmöglich aber wird es für PINGUIN selbst bei höchster Fahrt sein, den Standort des Tankers noch vor Sonnenuntergang zu erreichen. Obendrein hat er zur Zeit noch einen seitlich ablaufenden Kurs und hat sich so eher entfernt als genähert. Außerdem ist es nicht ausgeschlossen, daß der Tanker mit Anbruch der Abendstunden seinen bisherigen Kurs ändert. Und dunkel wird diese Nacht auch noch sein … Mondlos dunkel. Der alte taumelige Freund wird heute erst nach Mitternacht am Himmel erscheinen.

»Scheißkram …!«

»Jaaaah!«

»Abhaaaalten …!«

»Wieee? Versteeehe nicht!«

Der Oberleutnant schreibt seinem Kameraden auf, daß er von dem Schiff so abhalten soll, daß keine Gefahr besteht, gesehen zu werden. Na also … Warum denn nicht gleich. Sie umbrummen den Tanker.

Zurück zur PINGUIN!

Müller berichtet Krüder, einen großen Tanker gesehen zu haben. In der Seekarte zeigt er die Position des Schiffes. Krüder hantiert, ohne die erlösende Antwort zu geben, mit Steckzirkel und Kursdreieck in der Karte. Seinem Gesicht sieht man es an, daß kaum eine Hoffnung besteht, das fremde Schiff noch vor Anbruch der Dunkelheit in Sicht zu bekommen.

Betretenes Schweigen im Kartenhaus.

Da zuckt es in Krüders Gesicht, als sei ein Stein in den See seiner schlummernden Gedanken gefallen. Krüder greift noch einmal mit dem Zirkel die Karte ab, wirft ein paar Zahlen in die Schmierkladde und wendet sich an Müller:

»Sie werfen einen Meldebeutel ab. Inhalt eine englisch geschriebene Anweisung: ›Steuern Sie 197 Grad – Süd zu West ¹/₂ West. In Ihren vorausliegenden Kursquadraten operiert ein deutscher Hilfskreuzer. gez. Hopkins, Kommandant HMS CUMBERLAND.‹«

»Aber Herr Kapitän ...«

»Ich weiß, was Sie einwenden wollen ...

Was aber können wir dafür, wenn die Herren da drüben eine »He 115« nicht von einer britischen Swordfish-Maschine unterscheiden können. Trojanische Pferde sind der Hilfskreuzer stärkste Waffen.«

*

Ins Riesenhafte wachsen die Aufbauten des Tankers in den Himmel. So ähnlich, wie wenn man als kleiner Mensch auf eine Filmleinwand zuschreitet. Ganz niedrig fliegen sie, um denen da auf dem Schiff keine Möglichkeiten zu geben, den Flugzeugtyp näher zu studieren.

Näher ... Immer näher ʼran.

Immer größer wird der Rumpf.

Da! Menschen.

Aufgeregt und aufgescheucht wie die Hühner auf dem Hof, über dem ein Habicht schwebt, laufen sie hin und her. Sie zeigen mit ausgestreckten Armen auf das Flugzeug. Einige strecken sie abwehrend aus, als wollten sie den schnellen Flug der Maschine aufhalten.

Der mit der weißen Mütze, das ist sicherlich der Kapitän. Oder der Wachhabende Offizier. Ist ja auch egal im Augenblick.

Ein dumpfes, kurzes Geräusch, wie wenn ein Sektpfropfen in die Gegend knallt ... der Oberleutnant hat die Signalpistole abgeschossen. Rauchfäden ziehend fahren die sprühenden Leuchtkugeln aus der Pistole. Grellrot entfalten sich Sterne. Dem Flug der Maschine voraus ... Auf der anderen Seite des Tankers. Ganz wie gewünscht, verläuft der Plan. Der mit der weißen Mütze sieht mit einem Ruck zu den Sternen. Das Ablenkungsmanöver klappt ... Auch die andern vergessen für Sekunden die Maschine, wenden die Köpfe zum »Feuerwerk« hin.

Weit muß sich der Beobachter vorbeugen, weit ʼraus aus der Maschine, daß ihm der Fahrtwind den Atem verschlägt, die Nase zusammengepreßt, als hätte sich eine Faust darauf gelegt. Seine rechte Hand umkrallt den beschwerten Meldebeutel. Sein Körper ist wie eine Sehne gespannt. Viel zu eng ist doch solche Kombination.

Nicht ganz hundert Meter sind es bis zum Tanker ...

Himmel ...

Wir nehmen doch den Mast mit.

Mensch, Kumpel, der Mast. Ziehen mußt du die Maschine. Ziehen ... Ist der verrückt? So was müßte man besser selbst fliegen ... Aber wer würde dann den Meldebeutel schmeißen, daß er auch trifft ... egal.

Jetzt. Ja, – jetzt …

Es sind noch zwanzig Meter. Alle Berechnungen haut der Kerl mit seiner Hecken-springerei über den Haufen. Man hat sich alles schön ausgerechnet, die Höhe, den Fahrtwind, den anderen Wind, die Gegnerfahrt und die Sturzparabel des Beutels. Mit einem Ruck schleudert die Hand den Beutel in die Tiefe. Was heißt hier Tiefe? Es sind bloß noch ein paar Meter. Unten fallen einige flach an Deck, suchen Deckung … Einen Augenblick, einen winzigen Augenblick nur sieht der Ober-leutnant den sich überschlagenden Beutel davonfliegen. Dann wird der Schall anders. Hohl und blechern und prasselnd. Wie ein Geschoß rasen sie über den Tan-ker weg.

Alle Einzelheiten verwischen sich.

Der Beobachter fällt schwer atmend in seinen Sitz zurück. Mit dem Handrücken wischt er sich den Schweiß von der Stirn. Als er sich wiederfindet, liegt der Tan-ker schon weit hinter ihnen; ist wieder ein Strich geworden, ein Fleck auf der blauseidenen Tischdecke des Indischen Ozeans.

Im weiten Bogen umkreisen sie das Schiff. Eine rote Flagge haben sie dort auf dem Peildeck ausgelegt. Und ein blaues Kreuz ist in dem Rot. Ein Norweger also. Wie vermutet.

Aufmerksam beobachten beide die Instrumente am Armaturenbrett und dann wieder den Kurs des gegnerischen Schiffes.

»Haut hin.«

Der Flugzeugführer hat es zuerst bemerkt. Der Tanker wandert aus. Minuten spä-ter liegt er auf dem befohlenen Kurs, der ihn geradewegs in die ausgebreiteten Arme des deutschen Hilfskreuzers führen wird.

Eine Kriegslist ist geglückt.

Und Kriegslisten sind erlaubt; erst recht, wenn es sich um Gegner wie die Briten handelt. Oder auch um britenfreundliche Norweger. Sie hätten ja ihre Augen auf-sperren können.

Das mit den mohnroten Leuchtkugeln war doch eine famose Idee. Paragraphen hin, Paragraphen her. Hauptsache, es geht.

Darauf kommt es an.

»Right or wrong my country!«

*

Die »He 115« fliegt zurück. Sie wassert, selbstverständlich und einfach. Erst als der Vogel ruhig und sicher auf den Fluten schwimmt, fällt es dem Oberleutnant ein, wie sehr man sich doch wegen der Landung in der starken Dünung gesorgt hat. Der Kommandant sagte schon einmal, wer den Hammer oder Meißel in der Hand hat …

»Kontrollieren Sie sofort, ob der Bursche den Kurs beibehält«, ruft Krüder von der Brücke herab.

»Wir müssen tanken!«

»Ist alles vorgesorgt.«

Während PINGUIN seine Fahrt aufnimmt, füllen sie den Treibstoff aus den herübergegebenen Kanistern nach. Bis oben hin, daß es überschwappt.

Auf denn …!

Es sind wohl gut zwei Stunden vergangen, seitdem sie den Tanker verlassen haben. Komisch. Dort, wo er stehen soll, steht er nicht. Sie überprüfen den geflogenen Kurs, vergleichen die Zeiten. Man hat sich nicht verrechnet. Kompaßfehler? Ausgeschlossen.

»Dort ist er.«

An Backbordseite schwimmt der Gesuchte. Nach der Kopplung ist er gut vor einer halben Stunde auf seinen alten Kurs gegangen. Möglich ist, daß denen da drüben das Insichtkommen des Britenkreuzers CUMBERLAND zu lange dauerte. Vielleicht ist der norwegische Kapitän aber auch einer jener starrköpfigen Wikingergestalten alter Seefahrerschule, daß er sich verärgert sagte: »Wir fahren zwar für die Briten, weil es nicht anders geht. Aber unsere Kurse bestimmen wir alleine!«

Sie umpirschen den Tanker, und der Oberleutnant hat noch ein wenig Zeit, um zu überlegen. Da drüben denken sie gar nicht daran, angesichts des zurückgekehrten Flugzeuges den befohlenen Kurs wieder einzunehmen. Stur wie der alte Hugenberg. Weiß Gott.

Der mit der weißen Mütze ist auch nicht mehr auf der Brücke. Ihr könnt mich mal … so soll das wohl heißen, da er sich nicht blicken läßt. Überhaupt zeigen sich die Burschen auf dem Tanker gelassen und uninteressiert. Nur hin und wieder bleibt einer auf dem Laufgang oder an der Reling stehen, sieht zur Maschine hinüber, die tieffliegend das Schiff umbrummt, und latscht dann gemächlich weiter. Beide Hände in die Hosentaschen versenkt. Durch das Glas kann man jede dieser Bewegungen verfolgen.

Wenn die wirklich ahnen, daß der »CUMBERLAND-Befehl« nur eine Finte ist, dann spielen sie eine gute Komödie. Ein verteufelt gut gekonntes Theater. Wenn aber nicht, dann spricht dieses Rutsch-mir-den-Buckel-'runter-Verhalten wohl schwerlich für eine gute und verständnisinnige Zusammenarbeit zwischen Briten und Norwegern schlechthin.

Einerlei. Es muß etwas getan werden.

Bloß was?

Eine verteufelt dumme Situation.

Dem Oberleutnant fällt der Kommandant ein, und er sieht sich vor ihm stehen. Mit leeren Händen! Ohne den Tanker! Ihm ist's, als zöge ihm einer den wollenen Schal zusammen. Dabei ist's nur der Wind … Man könnte den dickfelligen Tankerkapitän zwingen, auf den befohlenen Kurs zu drehen. Das würde aber heißen, ihn im Auge zu behalten. Dabei nahen der Abend und eine mondlose, pechschwarze Nacht. Außerdem – ist ja alles Unfug – reicht der Sprit nicht so lange aus, fliegend die Ankunft der PINGUIN zu erwarten. Nein, so geht das nicht.

Müller kurvt noch näher heran – der Tanker dreht jetzt tatsächlich wieder auf den ihm vordem befohlenen Kurs, – ein wenig später aber eigensinnig auf den alten zurück. Das neckische Spiel geht so lange hin und her, bis es Müller zu viel – oder genauer gesagt, das Benzin in der Maschine immer weniger wird.

Er setzt dem Tanker kurz entschlossen eine Bombe vor den Bug, fordert ihn zum sofortigen Stoppen auf und unterstreicht seine Befehle noch durch eine Geschoßgarbe hart an der Brücke vorbei …

»Ich stoppe. Aber verlassen Sie sich darauf, ich werde mich bei der Britischen Admiralität beschweren«, schimpft der Kapitän mit der Blinklampe hinauf.

»Bitte, tun Sie, was Sie für richtig halten. Jetzt aber bleiben Sie gestoppt liegen. Andererseits sind Sie der Kollaboration mit den Nazis verdächtig und werden rücksichtslos gebombt. Wir behalten Sie bis zum Eintreffen der CUMBERLAND unter Kontrolle.«

Kurz danach wassert die »He 115« in der Nähe des Tankers. Sie hätte auch ohnehin landen müssen. Der Sprit ist alle.

Aber das weiß der Gegner nicht.

PINGUIN fährt indessen Kollisionskurs. Die ganze Besatzung hat bis auf die Wachgänger Dienstausscheiden, nachdem an Bord alles für den Befehl »Alle Mann auf Gefechtsstationen« klar gemacht worden war. Krüder gewährt Vorschußruhe. Es wird fünf Uhr. Es wird sechs Uhr nachmittags. Nichts zeigt sich am Horizont. Die schnell einsetzende Dämmerung bricht Stück für Stück aus dem Tageslicht heraus. Um 19.00 Uhr ist finstere Nacht.

19.45 Uhr meldet der Ausguck »rechts voraus« die Positionslampen eines gestoppt liegenden Schiffes. Unmittelbar daneben, nur niedriger, sind kleine Lichter zu sehen. Sie tanzen wild auf und nieder. Das kann nur die »He 115« sein. Scheinwerfer blenden auf. Es ist der Tanker und neben ihm schwimmt das Flugzeug. Die Lichtfinger tasten den Gegner von vorn bis hinten ab. Mehrmals. Dadurch wird die gegnerische Schiffsbesatzung derart geblendet, daß sie keine Einzelheiten auf ihrem Gegenüber, in dem sie einen britischen Kreuzer erwarten, zu unterscheiden und auszumachen vermögen. Der Norweger scheint nicht bewaffnet zu sein. Gleichzeitig mit diesem Manöver rutschen knarrend und jaulend zwei Boote mit der Prisenbesatzung aus den Davits und klatschen auf das Wasser. Was früher bis zum Weichwerden geübt worden war, klappt jetzt, trotz der hohen Dünung, ausgezeichnet, vor allem das Ausschäkeln der Boote. Jeder Handgriff muß schlafwandlerisch sitzen, wenn die Männer nicht mit dem Boot und der ganzen Ausrüstung kentern sollen.

Den ersten Kutter führt Warning. An der Reling sieht er, die übergehängte Jakobsleiter des Tankers enternd, eine goldbestickte Mütze. Der Kapitän erwartet ihn bereits. Als Warning an Deck steigt und der andere in Warning einen Deutschen statt des erwarteten Briten erkennt, reißt dieser sich entsetzt von der Reling los, wie einer, den ein Spukbild narrt.

»Ich habe irgendeine Schweinerei geahnt«, stößt der Tankerkapitän schweratmend hervor. »Aber weiß der Leibhaftige, an Germans habe ich hier nicht gedacht.«

»Vor Wochen sind doch Minenwarnungen für die Agulhaes Bank* gefunkt worden? Hat Sie das nicht mißtrauisch gemacht?«

* Die Minen von Cap Agulhaes wurden am 10./11. Mai vom Hilfskreuzer ATLANTIS gelegt, der auch die erwähnte CITY OF BAGDAD und die anderen Schiffe aufbrachte.

»Vor Wochen? Vor zwei Monaten war das.«

»Und die QQQ-Meldungen der CITY OF BAGDAD vom 24. August?«

»Bekannt, Sir, auch die Notrufe anderer Schiffe und das spurlose Verschwinden der Norweger TIRRANNA und TALLEYRAND. Eben deshalb fand ich die Anwesenheit eines britischen Kreuzers so natürlich und beruhigend. Sind Sie mit Ihrem Schiff etwa die Ursache gewesen?« – Warning lächelt.

»Keine Antwort ist auch eine Antwort, Sir.«

Ohne weitere Befehle abzuwarten, hat sich inzwischen die restliche Prisenbesatzung in katzenartiger Geschmeidigkeit über das Schiff verteilt. Da das Prisenkommando meist aus Handelsschiffleuten besteht, fällt es diesen nicht schwer, sich auf dem noch immer angestrahlten Tanker zurechtzufinden.

Die Funker besetzen den FT-Raum, das Maschinenpersonal die Maschinen und die Seeleute die Brücke. Alles geht so schnell vor sich, daß die Norweger auf allen Stellen überrumpelt wurden, und daß die Brückenwache keine Zeit mehr findet, wertvolle Papiere und Dokumente zu vernichten.

Warning meldet bereits eine nur knappe Viertelstunde später durch Morsezeichen an PINGUIN:

»Haben Schiff fest in der Hand. Tanker ist ein 7 616 BRT großer Norweger. Name FILEFJELL, Ladung 10 000 Tonnen Benzin und 500 Tonnen Öl. Wertvolle Geheimpapiere in Sicherheit.«

Oberleutnant Müller hat den Spruch mitgelesen. Er treibt mit seiner Maschine noch immer auf der See – »10 000 Tonnen Benzin. Kein Wunder, daß die Herrschaften nach der Bombe so artig waren!«

Krüder beabsichtigt, so viel wie möglich von den Frisch-Proviantreserven des Tankers zu übernehmen. Weiter aber haben die inzwischen vom technischen Personal auf der FILEFJELL angestellten Untersuchungen ergeben, daß die Viskosität der geladenen 500 Tonnen Öl der der eigenen Treibstoffansprüche gleichkommt, denn nicht immer ist die Ölfracht auf Tankern für hochwertige Motoren ohne eine weitere Aufbereitung zu verwerten.

Krüder spielt mit dem Gedanken, den Tanker zunächst in ein östlich gelegenes, ruhigeres Seegebiet zu verholen, um diese 500 Tonnen zur Auffüllung seiner eigenen Brennstoffreserven zu übernehmen.

Bei dem Marsch in dieses Seegebiet sichtet der Ausguck um die Mitternachtsstunde zwei abgeblendete Lampen an Steuerbord voraus, dünne, armselige Funzelflämmchenfeuer in rubinem Rot und giftigem Grün. Es sind ohne Zweifel die abgeblendeten Positionslaternen eines größeren Schiffes.

Der Mond ist erschienen, blank und glitzernd, und die Brückenwache der PINGUIN, günstig zum Mondlicht stehend, macht nun auch die schattenhaften Umrisse des anderen Schiffes aus.

Typmäßig gleicht es nicht dem eigenen. Es könnte ja sein, daß das Schwesterschiff der KANDELFELS, die ehemalige GOLDENFELS und jetzige ATLANTIS, hier umherspukt. Krüder vermutet das Kameradenschiff hier irgendwo in der Nähe. Die SKL versäumt es – leider – die Operationsgebiete der im Indischen Ozean operierenden Hilfskreuzer genauer abzugrenzen.

Krüder geht auf Parallelkurs und schickt seine Männer auf Gefechtsstationen. Für das jetzt deutsche Kommando auf dem Tanker FILEFJELL ergeht Anweisung, mit der Fahrt herunterzugehen und im Kielwasser langsam zurückzubleiben.

Der Fremde wird sofort angenommen.

Mit der Morselampe läßt Krüger in englischer Sprache absetzen: »Stoppen Sie sofort, funken Sie nicht, oder Sie werden beschossen.«

Der andere stoppt tatsächlich. PINGUIN schleicht sich vorsichtig näher heran. Da erscheint der Funkoffizier Brunke auf der Brücke.

»Gegner funkt.«

Krüder läßt die Scheinwerfer aufblenden.

Sie sehen, wie da drüben einige Leute mit hastigen Bewegungen an das auf dem Heck aufgestellte, typisch britische Langrohrgeschütz eilen. Krüder verfolgt durch sein Nachtglas jede Bewegung auf dem fremden Tanker. Noch zögert er, noch hofft er auf die Einsicht derer da drüben. Es ist ein sinnloser Mut, sich mit dem Geschütz etwa wehren zu wollen.

»Wahrscheinlich wird der Kapitän geschlafen haben, und die Männer tun in der ersten Bestürzung einfach das, was ihnen für einen solchen Fall einexerziert wurde …«

»Gegner funkt noch immer«, kommt es zur Brücke durch.

Krüder gibt nun doch das Feuer für die Backbordgeschütze frei, gerade in dem Augenblick, als sie da drüben das Rohr des Geschützes in Zielrichtung drehen wollen.

Eine Salve verläßt die Rohre. Bei der kurzen Entfernung verfehlt keine der Granaten ihr Ziel.

Die Brücke des Fremden brennt. Das Geschütz ist fluchtartig verlassen worden. Einige Gestalten, beleuchtet von dem flackernden Feuer, eilen zu den Booten. Der achtere Scheinwerfer faßt bald danach die hinter dem Heck hervorstoßenden, bemannten Rettungsboote auf, die man im Feuerschein zu Wasser gelassen hat.

»Der Kopfzahl nach scheinen es alle von der Besatzung zu sein, die da in den Booten sitzen«, wendet sich der Navigationsoffizier an Krüder.

»Sieht so aus«, bestätigt Krüder. »Aber dort, sehen Sie mal genau hin. Sie haben Verwundete bei sich, Dr. Wenzel, Dr. Hasselmann, machen Sie Ihre Operationsräume klar … und …«

»Capetown meldet Funkrufe aufgefaßt …«, meldet der FT-Raum.

»Natal gibt Verstandenzeichen und funkt die Hilferufe weiter.«

Walfisch Bay, Algoa Bay, Port Elisabeth und Takorady folgen.

Der Äther ist in Aufruhr.

»Gegner funkt wieder Position«, meldet FT-Offizier Brunke jetzt persönlich.

»Danke, Brunke«, sagt der Kommandant. So sehr er über diese Unvernunft der Briten verärgert ist, so froh ist er auf der anderen Seite, daß dieser Funkspruch möglicherweise auch von HK ATLANTIS oder zumindest von der SKL aufgenommen wird. So erfährt das Schwesterschiff wenigstens, daß »Schiff 33« jetzt im Indischen Ozean steht und südlich und südöstlich von Madagaskar operiert.

Kein Zweifel, das britische Funkpersonal blieb an Bord des Tankers. Den sicheren Tod vor Augen, versuchen diese Männer ihre Pflicht, die letzte Pflicht, zu erfüllen. An zehn Fingern können sie sich abzählen, was nun geschehen wird.

Obwohl Krüder durch seine eigenen Beobachtungen einen klaren Überblick hat, vergewissert er sich durch eine Rückfrage. »Sind da noch Boote in der Nähe des Tankers? Sind Leute zu sehen, die im Wasser treiben?«

»Keine Boote mehr beim Tanker. Auch keine Überlebenden«, melden seine Offiziere und Ausguckposten.

»Danke. Brücke an Funkraum. Funkt Gegner immer noch?«

»Funkraum an Brücke. Gegner sendet noch immer Notruf, Namen und Position.«

»AO unterbinden Sie das Funken!« fordert Krüder erst jetzt, da er sich davon überzeugt hat, daß durch den Beschuß keine Unschuldigen gefährdet werden.

»PINGUIN« schießt zwei, drei, vier gezielte Salven, bis die Brücke zertrümmert ist. »Eigentlich ein Jammer um solche Männer, sind verdammt zähe, schneidige Kerls gewesen«, sagt Krüder leise.

»Ich sagte Ihnen ja, daß die Briten anders sind, als sie unsere hinkende Propaganda in Berlin zu schildern und hinzustellen versucht.«

Es ist nur gut, daß es Michaelsen war, der diese Feststellung traf. Krüder schätzt diesen besonnenen und erfahrenen Seemann, der wie ein ruhender Pol zu seinem eigenen Draufgängertum wirkt. Krüder richtet sich nur ein wenig unwillig auf, unterdrückt eine Antwort, dreht sich um und bittet, den inzwischen an Bord genommenen Kapitän des angegriffenen Tankers auf die Brücke. Von zwei Matrosen bewacht, erscheint ein großer, schlanker, fast hager zu nennender Mann. Ehe sich Krüder ihm widmet, schickt er die beiden Seeleute weg, dann geht er mit zwei langen Schritten auf den Fremden zu. Dieser hat seine Mütze vom Kopf genommen, um sich die silbernen Schweißperlen von der Stirn und aus dem Mützenleder zu wischen. Kupferrotes Haar wird sichtbar. Das Gesicht ist schmal und scharf geschnitten. Freimütig und aufrecht steht er abwartend vor dem deutschen Kommandanten. Über die Decksplanken zittert der Lichtstrahl der Kompaßlampe, steht wie ein trennendes Ausrufungszeichen zwischen diesen beiden gleichrangigen Männern.

»Thornton, Kapitän des britischen, 7000 BRT* großen Regierungstankers BRITISH COMMANDER, stellt sich der Fremde mit einer leichten Verbeugung vor. Krüder legt die Hand an die Mütze, dankt und stellt die hier notwendigen Fragen.

   * *Genauer (nach Gröners Taschenbuch für Handelsflotten, 1940) 6901 BRT.*

»Wer funkte bei Ihnen?«

»Mein Funker natürlich«, erwidert Thornton, und ein dünnes Lächeln zuckt über seine rostbraunen, wetterharten Züge.

»Haben Sie ihm Anweisungen gegeben?«

»Es bedarf für unser Funkpersonal keiner Anweisungen, in solchen Lagen bis zur letzten Minute auszuharren.«

»Sie haben uns also zu täuschen versucht, als Sie das Schiff verließen. Sie wußten, daß Ihr Funker nicht bei Ihnen war.«

»Ich wußte es nicht. Immerhin: Mein Funker hatte Zeit genug, die britischen Flotteneinheiten zu mobilisieren und die andere ahnungslose Schiffahrt im Indischen Ozean zu warnen. List gegen List. Im Kriege gibt es kein Wenn und kein Hätte, im Kriege entscheidet nur der Sieg oder die Niederlage. Die Götter sind grausam, glauben Sie es nur. Sie richten hart, aber gerecht.«

»Nun, der Unterlegene in diesem Falle sind Sie.«

»In diesem Falle, Kommandant. Im Endfall Sie. Ihr Deutschen seid zwar ausgezeichnete Seeleute, ich meine den kleinen Haufen, der da zur See fährt, die Führungsstelle und die Masse des Volkes sind seefremd. Sie mögen an Land eine Schlacht nach der anderen gewinnen. Die Entscheidung fällt auf dem Wasser.«

»Wie kommen Sie auf eine derartige Apotheose dieses blutigen Schauspiels dieses zweiten Weltkrieges?«

»Sie haben doch den letzten Krieg verloren, weil Ihr Volk und seine Führung nicht kosmopolitisch zu denken vermochte und die See nicht verstand. Lesen Sie bei Ihrem Tirpitz nach. Es hat sich nichts geändert, im Gegenteil und von unserer Warte aus gesehen: Gott sei Dank. Es stände schlimm um Großbritannien und den Kriegsausgang. Hätten Ihr Hitler, Goebbels, Göring und wie diese Herrenmenschen alle heißen, verstanden, daß die Schiffahrt das Ruder der Wirtschaft ist, daß Großbritannien in einem Kriege das letzte und schwerste Bollwerk Europas bleibt, sie hätten Ihrer Marine mehr Mittel zugestanden und keine Brosamen vom Tisch der Gesamtrüstung. Wäre es anders, dann allerdings wehe uns, Captain Krüder! Ich hoffe und wünsche, daß Sie den Krieg überstehen, daß wir uns nach dem Kriege wiedersehen. In der Not, die dann an Sie herantreten wird, werden Sie in mir einen Freund haben, einen Freund aus seemännischer Kameradschaft und aus der Bewunderung vor Ihren Leistungen und Ihrer Fairneß.«

»Sie sind sehr selbstsicher, Captain Thornton. Ich danke Ihnen.«

»Und ich danke Ihnen, daß Ihre Ärzte sich sofort um meine Verwundeten gekümmert haben. Und außerdem … Nochmals meinen Respekt vor Ihrem Mut, sich mit einem solchen Schiff in den Indischen Ozean zu wagen, denn der Indische Ozean ist ein britisches Meer.«

»Gleich, wie der Krieg ausgeht – es wird so oder so britisches Meer gewesen sein, Thornton …

»Wem sagen Sie das, Sir?!«

Artilleriefeuer zerreißt danach den Tanker. Als das erste Morgenlicht heraufbricht, beleuchten die Strahlenkeile der aufgehenden Sonne die grünlich bewachsenen, rostrotgestrichenen Unterwasserplatten des gekenterten Tankers, der buckelhaft herausschaut und auf seiner Ladung treibt.

Langsam sackt er ab.

Zwei Männer, Seeleute, legen die Hand an die Mütze.

Krüder auf der Brücke und Thornton an Deck.

Der Äther hat sich noch immer nicht beruhigt. Natal, Mombassa und Mauritius funken ununterbrochen und abwechselnd Warnrufe und Anrufe für das angegriffene Schiff, das gar nicht mehr existiert.

In seinem Buch »Schiff 16« berichtet Wolfgang Frank nach den Unterlagen des ATLANTIS-Kommandanten, des späteren Vizeadmirals Rogge: ATLANTIS sieht aus diesen Funksprüchen, daß »Schiff 33« – PINGUIN – im Indischen Ozean eingetroffen sein muß. Für »16« ist das nicht besonders angenehm. ATLANTIS bekommt dadurch zwar für einige Tage ein Alibi, aber der Aufenthalt im Raum Mauritius wird erschwert, und es ist nun mit großem Mißtrauen bei den feindlichen Handelsschiffen zu rechnen.

Andererseits bieten sich Möglichkeiten, den Kameraden durch Abgeben von falschen Notrufen mit falschen Standorten zu unterstützen und etwaige Abwehr zu verwirren. Derlei Überlegungen zeigen, welche Bedeutung der Funkerei als Waffe in diesem großräumigen Seekriege zukommt ...

Hierzu ist zu ergänzen, daß »Schiff 16« ziemlich weit östlich von Madagaskar operierte, nämlich östlich des 60. Längengrads Ost mit dem Schwerpunkt nördlich und südlich des 20. Südbreitengrades. (Die wesentlich südlicheren und südwestlicheren beiden Versenkungen vom 2. 8. [TALLEYRAND] und 20. 9. [COMMISSAIRE RAMEL] ausgenommen.)

HSK PINGUIN dagegen suchte nach den vorausgegangenen, von HSK ATLANTIS ausgelösten QQQ-Meldungen, die jetzt näher an Madagaskar herangelegten Schiffahrtswege direkt südlich und südöstlich der Insel auf.

Krüder hat also aus den Warnmeldungen für die Schiffahrt im Indischen Ozean seine Rückschlüsse gezogen und ist näher in die südlichen Seegebiete von Madagaskar eingebrochen, die ATLANTIS erst später, im Frühjahr 1941 – allerdings ohne Erfolg – aufsuchte.

Da aber weder Krüder noch Rogge des anderen weitere Absichten kannte und die Seekriegsleitung keine Steuerung innerhalb dieser hart aneinandergrenzenden Schwerpunktbildungen der Operationen vornahm, bestand für beide Kommandanten Grund genug, eine nächtliche Begegnung zu befürchten.

Zu bewußt falschen Notmeldungen und den Gegner irreführen sollenden Standortmeldungen ist es seitens ATLANTIS jedoch nicht gekommen.

*

Doch zurück zum Hilfskreuzer PINGUIN nach der Versenkung des britischen Regierungstankers.

Im Operationssaal arbeiten Dr. Wenzel und Dr. Hasselmann mit ihrem Personal, um die Verwundeten und Schwerverletzten zu verbinden und zu operieren. Sie wenden alle ärztliche Kunst an, die, die noch vor Stunden Feinde waren, am Leben zu erhalten.

Um sechs Uhr morgens legen die erschöpften Ärzte endlich die Operationsbestecke aus ihren blutbefleckten Händen. Sie taten, was in ihren Kräften stand. Alle Ver-

wundeten ruhen in den sauberen, frisch bezogenen Betten des hinteren Gefechts-
verbandsplatzes, dem eigentlichen Lazarett, das an der Backbordseite des Oberdecks
am Ende des Bootsdeckes eingerichtet worden ist. Die beiden Sanitätsgasten Schilhabel und Poeten sind etwas benommen. Das Schreckensantlitz des Krieges, das hier
zum ersten Male durch die Technik gewordene brachiale Gewalt den Heroismus des
Einzelnen mitleidlos zerfleischte, schwebte wie ein Medusenhaupt über ihnen.

»Sie haben sicher eine Frau daheim ... oder eine Freundin ... vielleicht auch Kinder«, sagt Poeten leise zu Schilhabel, als sie sich das Blut von Händen und Armen
waschen.

Später erscheint Krüder, um sich eingehend nach dem Befinden der Verwundeten
zu erkundigen. Er ist froh und atmet erleichtert auf, als ihm die Ärzte berichten,
daß für keinen der Verwundeten mehr Lebensgefahr besteht.

Übrigens – als Thornton angewiesen wurde, den Gefangenenraum aufzusuchen,
bäumt er sich auf. »Wozu das. Welch ein Unsinn. Gleich hinter der nächsten Ecke
kommt ein britisches Kriegsschiff und holt uns wieder heraus.«

Er sollte sich irren.

Von seiner Besatzung wurde er mit einem wahren Begeisterungssturm empfangen,
als er endlich im Gefangenenraum erschien. Ein unbequemer Mann scheint er
seinen Leuten nicht gewesen zu sein.

Gegen zehn Uhr kommt der aufgebrachte Benzintanker FILEFJELL wieder in
Sicht. Schon von weitem meldet das dort an Bord verbliebene Prisenkommando,
eine Rauchfahne beobachtet zu haben. PINGUIN dreht in die gewiesene Richtung ab.

Sonderbarerweise weicht das jetzt aus der Kimm herausgekommene Schiff nicht
aus, wie es die alliierten Anweisungen fordern. Es läuft seinen Kurs weiter. Der fremde Frachter dreht auch nicht ab, als PINGUIN mit leicht konvergierendem Kurs
von Backbord achtern aufdampft.

Krüder sitzt in der Brücken-Nock und studiert zusammen mit Kapitänleutnant
Michaelsen die Silhouetten-Unterlagen in Talbot-Booth Merchant Ships. »Sieht mir
für einen britischen Frachter zu nobel aus«, gibt er zu bedenken. »Das Schiff riecht
verdammt nach einem Amerikaner.«

»Das wäre gefährlich genug. Aber es ist bestimmt kein Amerikaner«, meint der NO
und blättert jetzt in dem Teil für norwegische Schiffe.

Die Ahnungslosigkeit des Fremden spricht dafür, wie sicher sich die alliierte Schiffahrt noch immer im Indischen Ozean fühlt und der möglichen, und dabei schon
erwiesenen, Anwesenheit deutscher Hilfskreuzer überhaupt keine Rechnung trägt.
Die Nähe Madagaskars ist Krüders Trumpf.

Das neue Schiff entpuppt sich als der Norweger MORVIKEN, ein wundervoller
Frachter in modernster, ja eleganter Formgebung – eine Schöpfung der schwedi-
schen Öresundsvarvet in Landskrona, die den 5 008 BRT großen Motorfrachter
in norwegischem Auftrag erbaut hatte.

Der Navigationsoffizier der PINGUIN, Michaelsen, erkennt die MORVIKEN
jetzt wieder. Er kennt noch mehr ...

*So schön der norwegische Neubau MORVIKEN war, so stolz und erhaben endet er auch.
Noch einmal reckte er sich auf, ehe er in die ewige Tiefe fuhr.*

Im Indischen Ozean sanken die vom Hilfskreuzer PINGUIN aufgebrachten gegnerischen Schiffe.

Jeder Untergang war ein Drama, das auch die deutsche Besatzung nie mit Freude und Stolz erfüllte. Jeder Untergang war anders, gleichsam als hätten die Schiffe eine Seele.

Von der PINGUIN gibt es leider keine Fotos von den getarnten schweren Waffen. Hier ein Bild vom Versorger NORDMARK. Auch hier wurden hinter aufklappbaren Bordwänden die so getarnten Geschütze aufgestellt. Deutlich ist der Mechanismus zu erkennen, über den die Bordwand aufgeklappt werden kann.

Krüder, der mit PINGUIN auf der Steuerbordseite aufgekommen ist und nun auf gleicher Höhe liegt, läßt einen Stoppschuß mit der Bugkanone vor den Steven des ahnungslosen Mitfahrers schießen. Kaum 50 Meter vor dem Norweger bricht eine Wassersäule aus der See. Dieser stoppt auch sofort, setzt eine große, neue norwegische Flagge, funkt nicht, und erwartet das unter Leutnant Warning stehende Prisenkommando, das sich in Schlauchbooten nähert.

Nachdem man bei der DOMINGO DE LARRINAGA ein so fatales Pech mit dem Motorboot hatte, hielt es Krüder für ratsam, die Prisenbesatzung wie Indianer in Schlauchbooten hinüberpaddeln zu lassen, damit die Männer im kritischen Augenblick nach der Sprengung auch die Gewißheit der Handlungsfreiheit behalten können.

Der Kapitän der MORVIKEN beschwört die an Bord gekommenen deutschen Männer, sein Schiff nicht zu versenken.

»Sehen Sie es sich an. Es ist das schönste und modernste Schiff der norwegischen Flotte. Wenn Sie wollen, und wenn Sie und vor allem Ihr Kommando mir vertrauen, werde ich die MORVIKEN nach Deutschland fahren. Glauben Sie es mir. Ich gebe Ihnen mein Ehrenwort als Norweger, und das muß Ihnen doch ein Wort sein.«

Leutnant Warning hat keine Vollmachten, hierüber zu entscheiden. Aber er gibt diesen Wunsch des Norwegers durch Blinkspruch Kapitän zur See Krüder bekannt. Krüder kann sich, so verlockend der Vorschlag auch scheint und so ehrlich es auch der norwegische Kapitän meinen mag, nicht entschließen, das Schiff als Prise auszurüsten. Durch die wilden Funksprüche des britischen Regierungstankers ist der ganze westliche Indische Ozean alarmiert worden.

Schweren Herzens gibt Krüder den Befehl, das Schiff durch Torpedoschuß zu versenken.

Die Besatzung und das Prisenkommando verlassen die MORVIKEN. Auf der PINGUIN haben sich inzwischen alle, die nicht eine Station versehen, an der Reling eingefunden. Plötzlich brandet ein freudiger Aufschrei auf, um dann in einem Freudengeheul aller unterzugehen. Eines der norwegischen Rettungsboote hat plötzlich einen Motor angeworfen und bewegt sich in flotter Fahrt auf den Hilfskreuzer zu. Wie ein rohes Ei wird das Motorboot behandelt, als es nach der Übernahme der Norweger an Bord gehievt wird. Irgendeiner spricht es aus, daß dieses Motorboot der rettende Moritz wäre, und bei diesem Namen blieb es dann später auch.

Es kam sogar noch ein Max dazu.

Als der norwegische Kapitän auf die PINGUIN klettert, spricht er Bootsmann Rauch in einwandfreiem, fließendem Deutsch an.

»Habe ich mich denn nicht richtig verhalten?«

»Doch, Herr Kapitän, absolut richtig und sehr vernünftig sogar. Dadurch, daß Sie stoppten und nicht funkten, haben Sie Ihrer Besatzung viel Leid erspart und uns nicht in Verlegenheit gebracht.«

Der norwegische Kapitän, auf den ersten Blick als ein Weltmann von Format anzusprechen, dankt mit einer Verbeugung und geht dann den Weg in die Internierung an Bord.

Bootsmann Rauch führt die norwegische Besatzung, die alle ihre Sachen, die sie mit an Bord gebracht haben, behalten dürfen, in den Steuerbord-Gefangenenraum. Hier erhalten sie, wie andere Besatzungen vor ihnen, als erstes ein warmes Essen. Heute gibt es Erbsen mit Speck, dasselbe Essen, das auch die Besatzung erhalten hat.

Selbstverständlich werden auch Zigaretten ausgegeben.

Inzwischen vollzieht sich draußen das Schicksal der MORVIKEN.

So schön wie das Schiff, so stolz und erhaben ist auch sein Ende.

Der Torpedo trifft gut. Hoch aufgerichtet reckt sich der Rumpf mit Teilen der Brücke aus dem Wasser, steht Sekunden lang wie ein Leuchtturm auf dem blauen Teppich der See und schießt dann in die Tiefe hinab.

Freude über diesen Erfolg empfindet keiner an Bord, der dieses Ende miterlebte.

Bootsmann Rauch ist nach der Versenkung wieder in den Gefangenenraum zurückgegangen. Seinem ernsten und traurigen Gesicht entnimmt der norwegische Kapitän, was sich draußen zugetragen hat. Die Torpedodetonation ist den Norwegern ja nicht verborgen geblieben.

Bootsmann Rauch kann nicht anders. Er geht auf den Norweger zu, reicht ihm die Hand. Der Norweger steht auf. Rauch spricht ihm seine Teilnahme zu dem Verlust seines schönen Schiffes aus. Der Norweger dankt und nimmt wieder Platz. Seine Augen glänzen feucht. Aber er weint ohne Tränen.

Kapitänleutnant Michaelsen hat bis jetzt mit keinem Wort verlauten lassen, daß er den Kapitän der MORVIKEN nicht nur kennt. Er ist sogar seit vielen Jahren mit dem prächtigen Norweger befreundet. Einige Tage später bittet er Krüder um die Erlaubnis, den Norweger in seiner Kammer empfangen zu dürfen.

Krüder hat nichts dagegen. »Tun Sie das, Michaelsen, wenn Sie einem Menschen damit helfen und einen Seemann damit trösten können. Lassen Sie sich eine Flasche Whisky aus den Beutebeständen geben. Sie trinken ja kaum etwas, aber vielleicht braucht der Norweger einen harten Schluck.«

Der norwegische Kapitän erscheint in der Kammer des Navigationsoffiziers. Michaelsen steht auf und geht ihm entgegen.

Der Norweger wird blaß.

Seine schon zum Gruße ausgestreckte Hand fällt bleiern zurück.

»Du, ausgerechnet du ... und du konntest nichts dazu tun, dies zu verhindern ...«

»Nein, ich bin nicht der Kommandant. Versuchte ihn zu überreden ... aber die Situation zwang zu diesem Entschluß ... und dem hatte auch ich mich zu beugen ...«

»Natürlich ... nicht den Mut gehabt, dagegen anzugehen ... Befehl gewesen, strikter Befehl ... Gehorchen müssen ... preußische Disziplin ... Die alte Walze bei euch Deutschen! ...«

»Soso, Walze nennst du das ... Wie denn, wenn bei dir der Leitende Ingenieur auf See rebelliert, die Feuer herausreißt und sagt: ›Kapitän, ich mache nicht mehr mit!‹ – was, mein lieber alter Freund, würdest du dazu als Kapitän dann sagen ...?«

»Meuterei.«

»Na also, verstehen wir uns nun besser, alter prächtiger Kerl? Und nun gib mir erst mal zur Begrüßung deine Pranke her. Einen Black and White? Mit oder ohne?«

»Ohne … und doppelt!!!«

X.

Krüder wendet den Bug der PINGUIN zum Süden, um so schnell wie möglich aus dem Alarmgebiet herauszukommen. In Abstand folgt der Tanker FILEFJELL. Noch zweimal werden an diesem ereignisreichen Tage Rauchfahnen gesichtet. Der besonnene Michaelsen rät Krüder zu, diese Schiffe nicht anzugreifen. Diese Vorsicht sei geboten, denn PINGUIN stünde im Augenblick nur 400 Seemeilen vom Land ab. Und der Draufgänger Krüder geht auf den Ratschlag ein.

Erneut ergänzen sich diese beiden Offiziere, und erneut beweist der Kommandant, daß er auch die Meinung anderer gelten läßt und anerkennt, ebensowenig wie er ein Vorurteil gegen nur irgendeine Rasse hat.

Die Nacht senkt sich herab. Das Intermezzo Sterne beginnt, andere Sterne als daheim, leuchtender und schöner und über allen das prächtige Kreuz des Südens, das die Australier symbolisch in ihre Flagge eingewebt haben.

Wieder erscheint der FTO auf der Brücke. Krüder unterbricht seinen Pendelgang … besorgt, daß der Funkoffizier eine unerfreuliche Nachricht bringen könnte.

Brunke reicht Krüder einen Zettel hin, Krüder lacht und gibt an seine Offiziere weiter. Die Seekriegsleitung in der Heimat sendet Glückwünsche zur Versenkung des britischen Regierungstankers.

Man hatte also auch in Berlin die Notrufe des BRITISH COMMANDER vernommen und richtig kombiniert, daß PINGUIN der Angreifer war.

Gegen 20.00 Uhr soll der Benzintanker gesprengt werden. Das Sprengkommando fährt mit der neuen Barkasse, mit dem MORITZ, hinüber. PINGUIN geht auf Abstand, um nicht von unvorhergesehenen Ereignissen, von explodierenden Benzinmassen etwa, überrascht zu werden. Die Ladungen gehen hoch. Dumpf und grausam grollend bricht der Knall der Detonationen aus dem Maschinenraum heraus. – Das Benzin brennt aber nicht. Die erwartete Wirkung der Sprengung bleibt aus. Das Schiff sackt nur ganz langsam achtern ein, um dann auf der Ladung zu treiben. Eine Stunde nach Mitternacht schwimmt es immer noch.

Krüder läßt den Norweger mit der 3,7-cm unter Feuer nehmen.

Erfolglos.

Gegen drei Uhr nachts entschließt sich Krüder, das Schiff anzustrahlen und mit einem der großen Geschütze zu beschießen. Schon der zweite Schuß trifft eine der vorderen Zellen des Tankers. Unmittelbar nach dem Treffer schießt eine Feuergarbe aus dem Loch heraus.

Himmelhoch …

Benzin fließt aus …

Das ganze Schiff brennt jetzt.

Flammen fließen über das Wasser hinweg. Detonationen rollen durch die Nacht. Eine Zelle nach der anderen explodiert, 100 und mehr Meter hoch lodern die Feuerzungen in die Nacht.

Krüder ist über dieses dramatische Schauspiel wenig erfreut. Er läßt PINGUIN in hoher Fahrt ablaufen. Um die Stunde der Morgendämmerung stehen sie 50 Seemeilen von der Versenkungsstelle ab. Noch immer sehen sie einen tiefroten Feuerschein am Horizont.

Aber der Äther schweigt.

*

Ein sonnenklarer Tag.

Krüder, ermutigt durch den Erfolg des Aufklärungsflugzeuges, der zur Aufbringung des Tankers FILEFJELL führte, will das Bordflugzeug starten lassen. Die wachfreie Besatzung versammelt sich an Oberdeck; denn der Start der Maschine bedeutet wegen der damit verbundenen Schwierigkeiten ein beinahe atemberaubendes Ereignis. Sonderbar – bei allem Fortschritt in der Technisierung der Mittel war man hier mehr oder weniger kaum einen Schritt weitergekommen, hatte man kaum den technischen Stand des Ersten Weltkrieges überwinden können.

Erster Offizier Schwinne und Bootsmann Ahlendorf blicken besorgt in die heute etwas unruhige See.

Wenn das nur gut geht …

Sie machen aber keine Einwände und bereiten das Aussetzen vor. Seeleute decken das direkt vor der Brücke liegende Luk Zwo, die Flugzeughalle, auf, und gar bald erscheint, von einem Ladebaum herausgezerrt, auf einer Art Schwebebühne das Flugzeug. Einige Männer schwenken die nach hinten an den Rumpf herangeklappten Tragflächen nach vorn, setzen sie fest, und der Pilot, Obermaat Werner, prüft argwöhnisch jeden Handgriff nach, um dann in seinen Vogel zu klettern und um den Motor warmlaufen zu lassen.

Eine Viertelstunde brummt der Motor, dann stellt ihn Werner ab und gibt mit der Hand das Klarzeichen, mit dem schwierigen Manöver des Aussetzens zu beginnen. An einem Seil, an einem starken Ladebaum hängend, wird die vor der Führerkabine zwischen den Tragflächen im Schwerpunkt der Maschine angebrachte Hängevorrichtung eingeschäkelt. Vorsichtig und behutsam läuft die Elektrowinde an, hebt die Maschine auf. Der Baum schwenkt vorsichtig über die Bordwand, und ganz langsam senkt sich das Flugzeug dem Wasser zu. Besonders ausgesuchte und vornehmlich aus der Handelsmarine stammende Seeleute unterstützen das Aussetzen mit Leitleinen und abgepolsterten Bambusstangen.

Dicht über dem Wasser wirft Werner den Motor an, und jetzt ist der aufregende und entscheidende Augenblick gekommen … das Flugzeug auf die dünende See aufzusetzen, dabei aber gleichzeitig die Hängevorrichtung auszuhaken. Bei einem zu frühen Aushaken würde es abstürzen. Bei einem zu späten aber auch, denn die See ist ja in einer ständigen Auf- und Abbewegung.

Aber es klappt auch diesmal. Der Vogel schwimmt und dreht mit laufendem Motor, der ihn steuerfähig macht, schnell von der Bordwand frei. Ein hörbares Aufatmen geht durch die gesamte Besatzung. Man müßte meinen, als seien die Zuschauer

Aktionäre dieses Unternehmens, so gehen sie mit, so viel innere Anteilnahme zeigen sie.

Krüder schiebt mit dem Daumen erleichtert den goldbestickten Mützenschirm ein wenig nach oben …

Gott sei Dank …

PINGUIN fährt einen »Ententeich«, das heißt, das Schiff läuft in hoher Fahrt um das Flugzeug einen Bogen, glättet die See und legt sich dann in der Luvseite vor die Maschine.

Werner startet, er bekommt die »He 115« aber nicht mehr innerhalb des »Ententeiches« aus dem Wasser. Krachend setzt die Maschine in einen hohen Dünungskamm ein … Der Motorblock bricht heraus. Erst sehen sie an Bord Qualm und dann helle Flammen, die aus der Maschine herausschlagen. Müller und Werner retten sich auf die Tragflächen. Zu allem Überfluß krepiert die Munition der Bordkanonen. Splitter zischen durch die Luft. Die beiden Flieger stürzen sich kopfüber in die See. Diesen Kopfsprung hätten sie – bei allem Verständnis für seine sportliche Eleganz – bleibenlassen sollen. Beim Aufprall auf das Wasser wurden ihnen nämlich die automatisch aufgeblasenen Schwimmwesten unter den Bauch gezerrt, und Müller und Werner haben große Mühe, den Kopf über Wasser zu halten, da ihr Achtersteven nun einen recht natürlichen, aber sehr gewaltsamen Auftrieb erfährt.

Während die brennende Maschine zischend im Wasser versinkt, bemühen sich PINGUIN-Männer, die beiden Flieger in das ausgesetzte Rettungsboot zu übernehmen.

Die sonst so ausgezeichnete Stimmung an Bord ist bedrückt. Daß sich ein Ersatzflugzeug an Bord befindet, ist kein Trost. Zum ersten Male empfinden sie, die ihren Dienst an Bord mit Freude und großer Selbstdisziplin versehen, den Schatten der Erkenntnis, daß nicht alle Manöver unter einem glücklichen Stern stehen und daß Tage vor ihnen liegen, die jeder noch so sorgsam ausgeklügelten Berechnung zuwiderlaufen …

*

Wind und See sind wieder stärker geworden. In nicht allzu weiter Entfernung meldet der obere Ausguck Masten und Schornstein eines fast 12 000 BRT großen Tankers. Bei Insichtkommen der PINGUIN dreht dieser hart ab, kommt wieder über die Kimm und ändert erneut, nunmehr wahrscheinlich in der Annahme, daß auch der andere den alliierten Kurswechselbefehlen gefolgt sei, heftig funkend seinen Kurs.

PINGUIN hatte aber ihren Kurs beibehalten.

»Die haben einen Fuchs als Kapitän an Bord«, bemerkt Krüder, der sehr wohl, aber zu spät durchschaut, daß das Zurückdrehen lediglich einer Kontrolle diente, ob man es mit einem Mitwisser der Geheimanweisungen zu tun habe oder nicht. Die Quittung läßt nicht lange auf sich warten.

FT-Offizier Brunke meldet wenig später, daß die nahe Mauritius-Station geant-wortet habe. Durban und Port Elizabeth schalten sich später ein. Wie ein Platzre-gen trommeln die FT-Zeichen in den vorher noch so stillen Äthersee. Stunden dar-auf vernehmen sie auf PINGUIN den schnellen Takt einer Kriegsschiff-Funkstelle. Für die alten Funker ist dies an der Art und Geschwindigkeit der Gebeform leicht erkenntlich.

Beim Gegner dürfte die Vermutung näherliegen, daß sich der deutsche Hilfs-kreuzer nach diesem Großalarm in ein ruhiges Seegebiet, vielleicht sogar bis in die Antarktis, verkriecht.

»Das denken die anderen, die uns suchen. Das müssen sie sogar annehmen. So viel Frechheit, daß wir dennoch bleiben, werden sie uns nicht zutrauen. Nicht wahr, Michaelsen?«

Michaelsen, der besonnene, weniger impulsive und stets klar und fast kaufmännisch rechnende Kopf, nickt erst, ehe er in seiner feinen Art in bedächtigen, schweren Worten antwortet.

»Jawohl, Herr Kapitän, – aber nur, wenn der Gegner nicht weiß, daß Sie der Füh-rer dieses Schiffes sind. Sie kennen doch die Briten, und Sie wissen doch auch, daß die Britische Admiralität über jeden höheren Offizier ein psychologisches Sig-nalement hat. Sie handeln anders als Rogge, Kähler oder Eyssen – so wie deren Cha-raktere und Mentalitäten anders sind. Wenn der Brite weiß, daß hier Kapitän zur See Krüder steht …, dann marschieren wir ihm direkt in empfangsbereite Geschüt-ze seiner uns suchenden Kreuzer.«

Krüder lächelt und wischt eine schon bereite Antwort mit einer Handbewegung weg.

»Wir bleiben, und wir stoßen nun erst recht in das Hauptverkehrsgebiet östlich Madagaskar vor.«

Ein Taktiker der Schreibtischstrategie hätte zweifelsohne anders gehandelt.

Aber Krüder ist Seemann und als solcher kein schlechter Psychologe.

Krüder ist Praktiker mit seemännischem Fingerspitzengefühl.

Außerdem schreibt Krüder in sein KTB: Wenn ich jetzt etwas mehr nach Norden in das östliche Seegebiet von Madagaskar vorstoße, brauche ich kaum mit einer Begegnung mit der ATLANTIS zu rechnen. Nach den letzten Alarmmeldungen dürfte sich Rogge, dessen östlich des 60. Längengrades Ost auf der Höhe der fran-zösischen Insel aufgebrachte Opfer* ebenfalls heftig gefunkt hatten, in die Weite des Indischen Ozeans abgesetzt haben.

   * *Es handelt sich hier um die britischen Motortanker ATHELKING, 9 557 BRT groß, am 9. September versenkt, und um die am 10. September angegriffene, 5 800 BRT große BENARTY, ein sehr ähnliches modernes Schiff der BENAVON, über deren Schicksal hier jetzt berichtet wird.*

Das ist zwar nur eine Vermutung von Krüder, rein gefühlsmäßig glaubt er sie bestätigt.

Als harmloser Niederländer getarnt laufen sie nach einigen Tagen dem 5 872 BRT großen Briten BENAVON über den Weg.

PINGUIN steuert konvergierende Kurse und kommt dabei dem Briten so nahe, daß der Wachhabende auf dem Gegenschiff besorgt Signale mit der Dampfpfeife gibt, so ungefähr wie:

»Herrschaften, ihr seid wohl nicht ganz nüchtern ... seid doch nicht allein auf diesem Tümpel.«

Als denen da drüben endlich eine Stallaterne aufgeht, drehen sie plötzlich ab und zeigen das geschützbewehrte Heck.

Das taten übrigens alle Schiffe, um dadurch einmal eine so geringe Angriffsfläche wie nur möglich zu bieten, und um zum anderen ihre Waffe am besten zum Einsatz zu bringen.

Auf PINGUIN sehen sie, daß eine Handvoll Männer sich an der ganz und gar nicht kleinen Kanone zu schaffen macht.

Krüder: »AK voraus!«

Ein Zittern und ein Beben durchwogt das Schiff und teilt sich jedem Mann der Besatzung mit.

Es vergehen zwei Minuten, drei Minuten.

Wer schießt zuerst? Wird der Brite durchdrehen?

Krüder: »Heiß Flagge und Wimpel! Enttarnen! Schuß vor den Bug!«

Angesichts der bedrohlichen Abwehrmaßnahmen, die eindeutig genug an Bord der BENAVON erkenntlich sind, hätte Krüder nach dem Enttarnen moralisch keine Veranlassung mehr gehabt, jetzt noch einen Warnschuß abzugeben. Er hält sich aber auch hier an die in solchen Fällen einseitigen und viel umstrittenen Spielregeln der international festgelegten Übereinkommen.

Erst nach diesem Kriege wurde für solche Fälle eine endgültige Form anerkannt, auf die hier einzugehen nicht der Raum vorhanden ist.

Kaum hatte der Warnschuß der PINGUIN das Rohr verlassen, eröffnet auch die BENAVON das Feuer aus ihrer langrohrigen, großkalibrigen Kanone.

Die Jungs da drüben schießen nicht schlecht.

Die Einschläge liegen dicht bei der PINGUIN.

Sonderbarerweise wirken sie gar nicht wie krepierende Granaten. Ein zu flach kommendes Geschoß prallt von dem Kamm einer See ab, durchschlägt die Bordwand in der Nähe des Luks V, ein paar Handbreiten oberhalb des Minenraumes. Die Granate prallt geräuschvoll auf einen Lüfter, wird erneut aus der Bahn gelenkt und bleibt schließlich im Spind eines Heizers dampfend liegen. Im Raum liegen einige Seeleute flach auf dem Boden, andere sind durch das Schott gehüpft, nur Maschinen-Obermaat Streil steht aufrecht da. Er kratzt sich hinter den Ohren, geht auf den Spind mit der zerfetzten Tür zu, zerrt sich die Mütze vom Kopf und packt darin die heiße Granate in filmischer Gelassenheit und Seelenruhe ein. Er besieht sich eingehend und prüfend das Geschoß und will es danach gerade durch das ausgezackte Einschlagloch in der Bordwand zurückstecken, als ihn ein Sperr-Waffen-Unteroffizier anruft:

»Halt, Streil ... wahnsinnig ... nicht aufprallen lassen.«

Streil hält ein und zeigt dem anderen das schwere Geschoß.

Der andere ruft im Herauslachen: »Ja dann … dann wirf sie man getrost durch das neue Bullei wieder ’raus. Mit der passiert nischt.«

Der Granate fehlte der Zünder.

Sämtlichen Granaten, die die Briten schossen, fehlte der Zünder. Vergessen einzuschrauben. Bißchen kopflos, die britische Geschützbedienung.

Krüder hat nach dieser scharfen, wenn auch versehentlich unscharfen Erwiderung ebenfalls gezieltes Feuer eröffnen lassen. Wie ein Baumstumpf stiebt der getroffene Mast des Gegners in die Luft. Der Schornstein blättert auf. Zwei Mann von der Geschützbedienung fliegen über Bord. Neue Männer hetzen herbei. Wieder muß Krüder mit der 3,7-cm dazwischenschießen lassen. Bereitschaftsmunition krepiert.

»Arme, tapfere Irre«, ruft er aus, ohne das Glas an die Augen zu nehmen.

Als der Qualm sich verzieht, ist das Geschütz verschwunden.

»Halt, Batterie halt.«

Die Überlebenden der BENAVON gehen bereits in die Boote. Andere flüchten sich auf die über Bord geworfenen Flöße, wie sie auf allen britischen Schiffen bereitliegen.

Krüder schickt Schiffsarzt Dr. Wenzel und einige Sanitäter mit dem Prisenboot mit. Obwohl auf der BENAVON ein rasend schnell um sich greifendes Feuer ausgebrochen ist und jetzt auch auf die Ladung – sie bestand, wie man später hörte, aus Gummi, Jute und Hanf – übergreift, klettern das Prisenkommando und der Arzt mit seinem Gehilfen an Bord. An Deck mühen sich drei Briten um zwei Schwerverwundete. Sie müssen wahnsinnige Schmerzen haben. Dr. Wenzel macht ihnen Notverbände und lindert die Qualen vorerst mit Morphiumspritzen.

Der Zweite Offizier wird noch vermißt. Angeblich soll er, auf der Brücke stehend, verwundet worden sein. Dr. Wenzel und der Prisenoffizier versuchen, durch den Qualm bis auf die brennende Brücke vorzudringen.

Unaufhörlich donnern jetzt Explosionen aus dem Schiffsinnern heraus. Gummi und Jute brennen. Die gewaltige Hitze sprengt die Schotten, zerknackt die schweren Lukendeckel wie Streichholzschachteln.

»Sie brauchen nicht, Doktor«, sagt der Prisenoffizier. »Kein Mensch kann das von Ihnen, einem auf Schiffen Unerfahrenen, verlangen.«

»Wenn Sie umkehren wollen, ich finde den Weg auch alleine«, schreit der Arzt, um den Lärm der Detonationen zu übertönen.

»Sehr gut. Also gehen wir.«

Die beiden deutschen Offiziere tasten sich durch einen wahren Flammenorkan tatsächlich bis auf die Brücke vor. In einer Blutlache liegt ein Mensch. Er ist bewegungslos. Dr. Wenzel reißt ihm die Jacke auf, hebt die Hand, nickt und lächelt. Das Herz schlägt noch.

Unter Lebensgefahr bergen sie den Zweiten Offizier.

Ihr Tropenzeug fängt Feuer.

Sie nehmen Brandwunden an den Armen, an den Füßen und am Kopf hin. Die Haare versengen.

Aber sie schleppen den Unglücklichen doch noch heil an Deck und dann schnell in das bereitliegende, an der Bordwand auf- und niederdümpelnde Boot.

Noch während der Überfahrt verbindet der Arzt den Schwerverletzten.

»Ein Foto von diesem armen Schwein möchte ich denen auf den Tisch legen, die schuld an Kriegen sind. Besonders an diesem …!«

»Und an wen denken Sie dabei zuerst?«, fragt der Arzt den Sprecher bestürzt.

Seine blutbefleckten Hände liegen locker auf der Ducht des Bootes.

Als Dr. Wenzel sie im grellen Licht des Tropentages sieht, zieht er sie ruckartig zurück.

Er verzichtet auf eine Antwort.

*

»Warum haben Sie denn bloß diesen sinnlosen Stunk mit Ihrer dußligen Kanone angefangen, warum bloß? Warum haben Sie nicht mit der Knallerei eingehalten, als Sie erkennen mußten, daß wir stärker, viel stärker bewaffnet sind …?« will Krüder von dem britischen Kapitän später wissen.

»Sorry. Ich war es nicht einmal. Es war mein Erster. Der sprach davon, als das Schwesterschiff unserer Reederei, die BENARTY, vorgestern durch einen anderen deutschen Raider* aufgebracht wurde, es den Germans schon zu zeigen. Nun – und bei etwas mehr Glück – hätte er vielleicht… Ich bewundere ihn. Trotzdem.«

   * *Die BENARTY wurde, etwas östlicher vom Standort der BENAVON stehend, am 10. September durch HSK ATLANTIS aufgebracht. Sie funkte qqq und ihre Position, bei der sich allerdings ein Besteckfehler von 60 sm ergab.*

»Er hätte vielleicht wirklich. Aber sein famoser Gunner war durchgedreht. Von ihm und anderen weiß ich inzwischen, daß man die Zünder einzusetzen vergaß.«

Der Britenkapitän macht ein Gesicht wie ein eben aus dem Wasser gezogener Hund.

»Fools – Narren«, wettert er im gerechten Zorn und ballt die Faust dabei.

»An Ihrer Stelle würde ich noch etwas ganz anderes sagen, Captain«, lacht Krüder und legt seinem Gegner die Hand auf die Schulter. »Vielleicht habe ich schon morgen einen ähnlichen Grund, so wie Sie zu fluchen.«

Drüben brennt die BENAVON jetzt von vorn bis achtern.

Sie kam von Singapore und sollte nach London laufen. Genau östlich von Madagaskar ereilte sie ihr Schicksal. Eine tiefschwarze Rauchfahne schiebt sich quellend wie ein düsteres Gebirge über die Indische See.

»12. September 1940« – zeigt der Kalender an.

Von dem britischen Kapitän erfährt Krüder noch, daß er in den letzten Tagen mehrfach vor deutschen Handelsstörern im Indischen Ozean gewarnt worden sei. Er habe aber auf seinen guten Stern vertraut und auch darauf, daß der deutsche Angreifer sich nach seinen ersten Erfolgen zurückgezogen haben würde.

»Es ist, gestatten Sie mir das offene Wort, Captain, eine Frechheit und ein purer Leichtsinn von Ihnen, hier noch herumzufahren«, schimpft der BENAVON-Kapitän.

»Wenn man immer das Gegenteil von dem tut, was der Gegner wirklich annimmt, dann ist auch solch ein Leichtsinn nur scheinbar. Haben Sie keine Sorge, Kapitän, Sie sind bei uns ganz gut aufgehoben.«

*

Trotz der unermüdlichen Bemühungen der Ärzte verstarben drei der schwerverwundeten britischen Seeleute.

Sie werden bei gestoppt liegendem Schiff in mit Eisen beschwertes Segeltuch eingenäht und, mit der Flagge ihres Heimatlandes bedeckt, nach Seemannsart über Bord gegeben.

Michaelsen hält die Trauerrede. Er sagt etwas von tapferen Gegnern und – von Kameraden auf See und von unschuldigen Opfern einer geschichtlichen Krise …

Statt des Trauersaluts heult das Typhon der PINGUIN langgezogene Töne über die Weltverlorenheit der See.

Es ist ein Wetter wie im Himmel.

Sonne, tropisch warme Luft und Nächte im Zauber des Intermezzos südlicher Sterne. Sonntage sind Feiertage. Es geht an Bord zu wie in einer kleinen Stadt, in der jeder jeden kennt. Nicht so früh wie an den Werktagen klettern die Männer an Oberdeck. So wie die Menschen an Land sich in Ruhe und Sorgfalt sonntäglich kleiden, so haben auch die PINGUIN-Männer sich sonntagsfein gemacht, ehe sie an Deck gehen und in Gruppen einen Spaziergang machen. Die einen klönen, andere sonnen sich in Liegestühlen, und hier und dort spielt einer auf dem Schifferklavier alte, schwermütige Seemannsweisen – oder Shanties aus der Zeit verklungener Romantik der Segelschiffahrt.

Auch Schneekloth in seinem Schweinestall hat sich »landfein« gemacht, was beweist, daß die Umgebung nicht immer auf den Menschen abzufärben braucht, wenn er nur über ihr steht.

Apropos, die Schweine.

Unter der vortrefflichen Obhut von Eumäus-Schneekloth gedeihen sie wie auf einem Mustergut und werden bei der guten Kost runder und runder. Und da Eumäus ein Herz für seine Schützlinge hat, möchte er ihnen auch gern einen Spaziergang, ein bißchen Auslauf gewähren.

Solche Probleme bespricht Eumäus keineswegs auf dem Dienstwege mit Smarting oder dem I.O. In Schweinesachen ist für ihn nur und ausschließlich der Kommandant zuständig.

»Ich will mine Swins nen beeten Bewegung taukommen laaten. De setzen mi sünst toveel Speck an.«

»Die brechen sich doch Hals und Füße, wenn sie auf dem hinteren Batteriedeck frei herumlaufen«, wendet Krüder besorgt ein.

»Daran habe ich gedacht. Aber wenn wir nun kleine Knubbeln auf die Eisenplatten schweißen, dann müssen sie doch genügend Halt finden«, schlägt Schneekloth vor.

»Prima, Eumäus. Das veranlassen wir.«

Aber diese »Beinstützen« halfen nur wenig. Sobald die Schweine schwerer wurden, brachen sie sich in der hohen Dünung die Beine – und die Schlächter an Bord bekamen die »Restarbeit«, nachdem Dr. Hasselmann als Allroundarzt die Fleischbeschau vornahm.

So mußte dann eins nach dem andern der in Kiel übernommenen acht Schweine dran glauben.

Allein, weniger wurde die Zahl nicht, denn inzwischen waren von den aufgebrachten Schiffen einige ausländische, in den Tropen zur Welt gekommene »Kollegen« an Bord gekommen, wildschweinähnliche Borstentiere mit auffallend langen Schnauzen und von dunkler Farbe.

Aber Rassengesetze kennen sie wohl nicht.

Sie vertragen sich mit den deutschen Schinkenproduzenten ausgezeichnet.

*

PINGUIN ist in ein östlicheres Gebiet vorgestoßen. Aber auch hier zeigt sich kein Schiff mehr. Das unheimlich stille Verschwinden wertvoller Frachter und die verschiedenen Notrufe stoppten den Einzelfahrerverkehr im ganzen Indischen Ozean. Die einzige Begegnung, die PINGUIN hätte haben können, war ein Insichtkommen der ATLANTIS, denn das Schwesterschiff stand, beiden Kommandanten unbekannt, in diesen Tagen oftmals nicht mehr als 100 Seemeilen entfernt. Erst am 20. September erfährt Krüder die bedrohliche Nähe Rogges durch den Notruf des genau in der Mitte der Verbindungslinie zwischen Südafrika und der Südwestspitze Australiens aufgebrachten ehemaligen Passagierschiffes COMMISSAIRE RAMEL.

Erst nach Tagen, am 16. September, läuft ihnen der Norweger NORDVARD, ein 4 111 BRT großes, auf dem Wege von Australien nach Südafrika strebendes Schiff, über den Weg.

Warnschuß.

Flaggensignal.

Keine Gegenwehr.

Krüder bespricht sich mit seinen Offizieren. Ihm liegt daran, die inzwischen auf 150 Köpfe angewachsene Gefangenenzahl aus verschiedenerlei Gründen loszuwerden.

»Es ist für mich kein angenehmes Gefühl, wenn wir diese Seeleute so behelfsmäßig unterbringen müssen und ihnen durch weitere Gefangene noch mehr Raum wegnehmen. Sorgen macht mir auch die Verpflegung, vor allem die der Inder, denen eine Schweinshaxe allenfalls ein verächtliches Lächeln abzwingt. Und kommen wir wirklich in ein Gefecht, so opfern wir unnötig völlig wehrlose Menschen.

Diese Überlegungen bestimmen Krüder, die Gefangenen an Bord der NORDVARD zu geben und dieses Schiff mit seinen 7 511 Tonnen Getreide als Prise in die Heimat zu entlassen.

Leutnant zur See Hans Neumeyer, ein Handelsschiffsoffizier, bekommt das verantwortungsvolle Kommando über die Prise. Endlich macht er sich nach der Übernahme der Gefangenen und deren Unterbringung auf den langen Weg in die Heimat. Die PINGUIN-Männer stehen an der Reling und winken, winken und hoffen, daß mit den Gefangenen auch ihre Post nach Deutschland kommt.
Neumeyer erreichte auch wirklich einen französischen Hafen.
Aber wie …

*

PINGUIN bleibt auf östlichem Generalkurs.
Nach Tagen vergeblichen Suchens entscheidet sich Krüder, nach Nordosten in Richtung der Sunda-Straße vorzustoßen, um einmal die durch die Straße führende Schiffahrt unter die Lupe zu nehmen, zum anderen, um auf dem an den Niederländischen Inseln vorbeiführenden Dampfertreck zwischen Indien nach Südaustralien nach Beute zu suchen. Er kann nicht ahnen, daß sein Freund Rogge die gleichen Absichten hat, wenn dieser auch erst ein wenig später eintraf und die Schwerpunkte seiner Operationen in die Ausläufe der Bengalischen See verlegte, nachdem er direkt vor der Sunda-Straße den Jugoslawen DURMITOR überraschte.
Es bedarf keiner besonderen Ausführungen, im Zusammenhang mit dem Ablauf des täglichen Dienstbetriebs in den Tagen und Wochen solcher Suchfahrten, darauf hinzuweisen, daß das Leben auf einem solchen Schiff, auf dem ein Mann den anderen kennt, auf dem einer von dem anderen weiß, mit wem er verheiratet oder verlobt ist, wieviel Kinder er hat und welche Speisen er besonders gern ißt, auf die Dauer gesehen, gewisse Spannungen erzeugt. Diese zu beseitigen, ist wohl eine der schwersten, aber auch der schönsten Aufgaben für einen Hilfskreuzerkommandanten, kann er doch hier seine menschlichen Qualitäten und Vorzüge voll in die Waagschale werfen.
Krüder hat schon vor dem Auslaufen an dieses Problem gedacht und viel für die Besatzung tun lassen.
So stehen der Besatzung viele Dinge zu ihrer Zerstreuung zur Verfügung: Unterhaltungsspiele, Brettspiele, Spielkarten und eine umfangreiche, sehr sorgsam ausgewählte Bücherei. In allen Wohnräumen und an Oberdeck sind Lautsprecher angebracht.
Über sie ertönt in ruhigen Stunden und in der Freizeit Musik. Es gibt ein Tischtennis, ein Scheffelbord und vor allem ein Kino.
PINGUIN hat sechzig Spielfilme und eine große Anzahl von Wochenschauen und Kulturfilmen mit auf die Reise genommen. Die Versorgungsschiffe sorgen auch in diesem Punkt für Nachschub.
Die Vorstellungen fanden zu Anfang im vorderen Gefangenenraum statt. Als aber das erste Flugzeug nach seinem Start verlorenging, steht jetzt die leere Flugzeughalle zur Verfügung. Krüder ließ darin sofort ein Kino einrichten, in dem hun-

dertfünfzig Mann Platz haben. Die Sitzreihen wurden aus leeren Kisten hergestellt und mit Wolldecken gepolstert, und die Herren »Innenarchitekten« haben es sogar so einrichten können, daß die Sitzreihen wie in einem richtigen Kino nach hinten ansteigen. Vor der Vorstellung und auch während der Pausen können sich die Männer Erfrischungen kaufen. Der Kantinier, der seinen Laden im Wohnraum hat, schließt diesen bei jeder Kinovorstellung und geht mit einem an Bord gefertigten Bauchladen durch die Reihen, um Drops oder Zigaretten zu verkaufen.

Für den Bordhund »Struppi« sind diese Vorstellungen ein besonderes Ereignis, denn er wird dort wie auch sonst überall von sämtlichen Besatzungsmitgliedern verwöhnt. Wenn sein Herrchen, Stabsarzt Dr. Wenzel, nur sagt: »Struppi, gehen wir jetzt ins Kino?«, veranstaltet der kleine Kerl ein wahres Freudengeheul. Er rennt vor und wieder zurück und wieder vor, und er zupft Dr. Wenzel an den Hosenbeinen, damit er ja nicht das Kino versäume. »Struppi« meint natürlich nicht den Film, sondern die Dropse oder die Schokolade oder die Kekse, die ihm die PIN-GUIN-Seeleute entgegenstrecken.

Ja, auf der PINGUIN können die Männer neuerdings sogar richtigen Urlaub einreichen. Der Bordurlaub ist eine Erfindung vom Kommandanten, der sich schon lange sorgte, wie er seiner Besatzung von Fall zu Fall einmal wirkliche Ruhe schenken könnte. So wurde denn ein Unteroffiziersraum besonders nett und freundlich, ja für soldatische Begriffe sogar gemütlich hergerichtet.

Es hängen Bilder an den Wänden, Sessel stehen zur Verfügung, und es gibt auch sonst noch mancherlei andere Annehmlichkeiten. Immer jeweils acht Besatzungsmitglieder dürfen für acht Tage »in Urlaub gehen«. Sie finden sich im Urlaubsraum ein, und sie können hier tun und lassen, was sie wollen. Sie dürfen lärmen, sie dürfen singen, und sie bekommen je Tag statt einer Flasche zwei Flaschen Bier. Der Urlaubsraum ist so gewählt worden, daß alles, was dort vorgeht, den Schiffsbetrieb nicht stört. Der einzige Ausnahmefall ist der Alarmfall. Bei einem solchen Geschehen kann das Kommando auch auf die »Urlauber« nicht verzichten.

PINGUIN schleicht indes in langsamer Marschfahrt durch die kornblumenblaue See.

Ein Tag gleicht dem andern.

Auf der Brücke aber reifen ungewöhnliche Pläne.

XI.

Immer seltener sehen die Männer ihren Kommandanten. Er sitzt jetzt viel in seiner Kammer. Vor ihm liegen die Spezialkarten der Einfahrten und vorgelagerten Seegebiete australischer und neuseeländischer Häfen. Natürlich ist Michaelsen, Krüders Schatten, bei ihm. Wie könnte es auch anders sein.

»Michaelsen, es wird so sinnig Zeit, daß wir unsere Eier loswerden. Meine Minen, Michaelsen! Sie wissen, wie sehr ich als alter Sperrwaffenspezialist daran hänge. Wir wollen sie nicht irgendwo hinkleckern. Wir wollen eine regelrechte, großangelegte Minenoperation starten, die den Gegner wirklich in Verwirrung bringt.«

Und in dieser Nacht reift Krüders verwegener und in der Geschichte aller überseeischen Minenoperationen auch einmalig dastehender Plan.

Nur auf eines wartet er noch, auf ein Schiff ganz eigener Art.

Kein Spezialschiff etwa. – Beileibe nicht.

Ein Tanker soll es sein …

»Na, wir werden sehen.«

PINGUIN steht jetzt nur noch einige hundert Seemeilen von der in Nord-Nord-Ost liegenden Sunda-Straße ab. Diesen Weg müssen auch die mit Borneo-Öl beladenen, westwärts gehenden Tanker wählen.

Unwirklich wie ein Traum ist das fahlgelbe Licht, das die Sonne und mit ihr einen neuen, hoffnungsschweren Tag verkündet. Sanft wiegt die See den Hilfskreuzer auf und nieder. Es schaut grünlich aus, das Meer, und es hat einen matten, stumpfen Glanz. Die Männer auf den Ausguckstationen schütteln sich und ziehen fröstelnd die Schultern ein. Hier und da knarrt ein Block in das schwebende Schweigen hinein. Es wird nicht gesprochen. Auch nicht geflüstert. Der Kommandant wünscht das nicht. Die Gedanken sind im Dienst. Und der Blick bleibt eisern im befohlenen Sektor.

Mit einem Knall ist die Sonne da. Sie schießt rotglühende Zacken in das glockenhafte All.

Welche Farben … Welch eine Verschwendung …

An einem solchen traumverlorenen Morgen kommt ein Schiff in Sicht.

Es ist ein Tanker.

Das fremde Schiff, das man inzwischen als den 8 998 BRT großen norwegischen Motor-Tanker STORSTAD identifiziert hat, stoppt auf Anruf ohne Gegenwehr und ohne zu funken. Der Heimathafen des Schiffes ist Oslo. Der Norweger Klaveness ist der Reeder.

Leutnant Hanefeld führt das Prisenkommando.

Hanefeld entert das Schiff und wird von dem norwegischen Ersten Offizier, einem schlanken, gutaussehenden dreißigjährigen Mann, nach einer korrekten Begrüßung in die auf der Backbordseite des Brückendecks liegende Wohnkammer des Kapitäns geführt.

Kapitän Williamsen ist ein großer, breitschultriger Mann. Der norwegische Hüne macht einen ruhigen, gefaßten Eindruck, als Hanefeld von ihm die Papiere und alle anderen Unterlagen fordert.

»Sie haben Dieselöl geladen?«

»Well, bestes Dieselöl, 13 460 Tonnen.«

»Sie kommen aus Miri. Liegt doch auf Borneo, dieses Miri?«

»Well, aus Miri auf Borneo.«

»Sie wollten nach Melbourne.«

»Es ist so. Wollte mich dort über meine weitere Reise informieren.«

»Wohl deswegen«, und Hanefeld zeigt auf die PINGUIN, die man durch die Kajütfenster erkennen kann.

»Auch deswegen, Commander«, bestätigte Williamsen mit einem dünnen Lächeln. »Ist wohl jetzt überflüssig geworden, wie mir scheint.«

»Sie geben also zu, daß Sie für britische Interessen fahren?«

»Nein, ich bestreite das. Diese Ladung ist für ein neutrales Land bestimmt. Daß wir Eventualitäten auszuweichen versuchen, werden Sie verstehen.«

»So, und was sind das für sehr klare Anweisungen Ihres nach London emigrierten Schiffahrtsministers?« sagt Hanefeld und kramt aus den im Schreibtisch des Kapitäns unter den untersten Schubfächern gefundenen Papieren eine Geheimanweisung hervor.

Das Schreiben ist vom Königlich Norwegischen Konsulat in Yokohama ausgestellt. Es trägt als Datum den 18. April 1940 (am 9. April erfolgte die Besetzung Norwegens durch deutsche Truppen) ...:

Norwegian Shipping

»Dear Sir,
I am directed by the Royal Norwegian Legation, in Tokyo to inform you that the following telegraphic instructions have been received from the Norwegian Minister in London in respect to Norwegian Shipping.
Message begins:
»In view broadcast instructions from Norwegian Government concerning Norwegian ship(s). I propose take advantage of presence of representative of Norwegian Shipowners Association HYSING OLSEN in London to centralise here, pending further instructions all information and instructions regarding movement(s) of Norwegian ship(s) round the world stop. I have been assured of fullest help by British Government stop. Please therefore instruct Masters who want advise to communicate with HYSING OLSEN either direct or through me.«
Message ends.
»Master of Norwegian ships who may find themselves in a dilemma should therefore adopt the advice given above, or should approach the nearest Royal Norwegian Consulate in order, that such stops may be taken to solve this difficulties ...«

Und so fort.

Der Fall ist klar. Die STORSTAD fährt in englischen Diensten.

Williamsen, ein typischer Norweger, in der Mitte Fünfzig stehend, erbleicht.

»Warum werden Sie blaß? Warum erschrecken Sie?« lenkt Hanefeld ein. »Sie kennen unseren Kommandanten nicht. Er wird es Ihnen nicht nachtragen, daß Sie uns bemogeln wollten. Es ist doch Ihr gutes Recht, das Beste aus der Situation zu machen, um Ihr Schiff zu retten.«

»Darf ich bitten, Herr Kapitän …«

Hanefeld weist zur Tür. Der Kapitän schiebt sich, vorangehend, durch sie hindurch.

»Warten Sie einstweilen an der Jakobsleiter, bis sich das Schicksal Ihres Schiffes entschieden hat«, ordnete der Prisenoffizier an, der über die weitere Verwendung des Tankers noch keine Anweisungen hat.

In der Zwischenzeit ist die gesamte norwegische Besatzung auf dem mittleren Tankerdeck angetreten. Es sind fast ausnahmslos große, gesund aussehende Männer. Sie sehen neugierig, aber nicht feindselig, eher gleichgültig den deutschen Soldaten zu. Sie schweigen bis auf einen quirligen Alten mit zerknittertem Gesicht und lustigen Augen.

»Jetzt bietet sich endlich eine Chance, nach Hause zu kommen«, kräht der Alte vergnügt mit heller, hoher Stimme. Einige nicken ihrem Zimmermann zu.

Der Kommandant hat sich den Sperrwaffenoffizier, Oberleutnant (Sp) Schmidt, kommen lassen. »Was meinen Sie, Schmidt, wäre das nicht der richtige Untersatz für unsere Minen?«

»Wenn ich einwenden darf, Herr Kapitän, ein Tanker fällt doch zu sehr auf.«

»Eben darum, bester Schmidt. Sie verkennen die Vorzüge dieses alten Schlittens. Kommen Sie, sehen wir uns die Beute einmal an Ort und Stelle an.«

Kapitän zur See Krüder, der während der ganzen bisherigen Unternehmung nicht einmal sein Schiff verließ, fährt heute zu dem Tanker hinüber. Fast die ganze Besatzung steht an Deck.

Krüder steigt aus?

Donnerwetter, dann wird sich aber etwas ereignen.

Das große Verkehrsboot bringt den Kommandanten und dessen Begleitung, Oberleutnant Schmidt, den LI und Leutnant Warning, zur STORSTAD.

»So habe ich mir das Ding vorgestellt«, sagt Krüder und zeigt auf die rotbraune Bordwand, deren schwarzer Farbanstrich abgeblättert und abgewaschen ist. Wenn die Dünung sich senkt, glaubt man, das Schiff sei an seinem Unterwasserteil mit Schlacken bezogen. Muscheln kleben an dem Eisen, wunderlich aussehende Schnecken haben sich festgesogen, und allerlei Grünzeug hängt dazwischen.

»Möchte wissen, wann der das letzte Mal eine Werft oder ein Dock gesehen hat. Da kann man wieder mal sehen, wie die Briten diese Tankschiffe beanspruchen müssen. Schleppen, fahren, schleppen, bis sie auseinanderfallen. Mit keinem Penny werden Lloyd's diesen Kasten versichern.«

Die Barkasse hat den Tanker erreicht. Mit sicherem Griff packt Krüder die Lotsentreppe und entert sie.

»Weitermachen, Jungs«, ruft er seinen Leuten an Deck zu, als diese ihm beim Übersteigen der Reling behilflich sein wollen.

Leutnant Voßloh, Wachingenieur auf der PINGUIN, vormals Leitender auf der KANDELFELS, erstattet Kapitän zur See Krüder den Untersuchungsbericht. Danach hat der Tanker ein wenig mehr als 14 000 Tonnen Dieselöl geladen. Die Analyse des Öls ergab ein vorzügliches, selten reines Treiböl, das sich bedenkenlos ohne weitere Aufarbeitung für die Motoren der PINGUIN verwenden lassen wird.

»Ausgezeichnet«, strahlt der Kommandant. Er bespricht sich sofort mit seinem LI, mit diesem Öl die Brennstoffreserven des Hilfskreuzers aufzufrischen. »Meines Wissens können wir gut 2 000 Tonnen in unsere Bunker schütten.«

»Es stimmt, Herr Kapitän, es sind nicht ganz 2 000 Tonnen, die wir dringend brauchen.«

»Bestens. Wir steigen im Kurse. Unser Aktionsradius und unsere Seeausdauer wachsen.«

»Mit britischer Unterstützung«, sagt Schmidt noch dazu, und er sieht, wie sich Krüder vergnügt die Hände reibt, wie einer, der seinen Garten wohl bestellt weiß. Dann gehen sie zum Achterschiff.

»Hier, was wollen Sie mehr, meine Herren, hier bringen wir die Minen unter«, und Krüder zeigt auf die achteren Aufbauten, in denen die Kammern der Ingenieuroffiziere und für das technische Personal eingerichtet worden sind. Krüder entwickelt seine Gedanken, als hätte er eine lange vordem ausgedachte Vorstellung. An der dem Heck zugewandten Front des Deckshauses soll eine große Tür eingeschweißt werden. Man könnte das Loch mit einer Persenning abdecken. Das würde bei dem vergammelten Dampfer gar nicht weiter Mißtrauen erregen. Kammern und Gangverschalungen müssen 'raus. Restlos. Es soll ein großer, hallenartiger Raum entstehen.

»Wenn wir die Minen los sind«, fährt der Kommandant fort, »dann haben wir gleich eine vorzügliche Unterkunft für die Scheinis und Inder. Da stellen wir noch einen Ofen 'rein, und die braunen Brüder können sich ihre auswärtigen Mahlzeiten alleine kochen. Das ist viel wert, vor allem für die Prisenbesatzung, sollte dieses Schiff einmal als Prise später Verwendung finden. Ferner müssen Schienen gelegt werden, auf denen die Minen aus der Halle heraus bis an das Heck geschoben werden können. Ausklappbare Ausleger gehören auch dazu. Gar kein Problem. Die bauen unsere Techniker in einer Nacht zusammen.

»Wie lange dauert diese Umbauarbeit?« fragt der Kommandant.

»Wenn es eine Werft in der Heimat macht, drei Wochen, mindestens. Bei uns … drei Tage, wenn alle mit anfassen.«

»Na, na«, sagt Krüder, nachsichtig lächelnd. »Ihr Vergleich ist ein bißchen übertrieben. Das hübsche Gedicht von der Kaiserlichen Werft stimmt nicht mehr ganz. Und außerdem: Was heißt hier alle …

Selbstverständlich packen alle Mann mit an. Ob Offizier oder Seemann oder Heizer, hier gibt es keine Unterschiede.«

»Natürlich nicht«, antwortet Schmidt, mitgerissen von der Begeisterung und dem Schwung seines Kommandanten.

Krüder fährt mit Südostkurs mit der STORSTAD aus dem Schiffahrtsweg heraus und beginnt nordwestlich vom Nordwestkap Australiens mit dem Umbau des Tankers.

Drei Tage lang zischen die Schweißbrenner. Ihre lichtblauen Stichflammen zernagen einen Stringer nach dem andern. Die Hämmer dröhnen und die Bohrer surren. Drei Tage und drei Nächte wird ununterbrochen gearbeitet. Schichtweise rücken die Männer an ... und die Abgelösten denken nicht daran, zur Ruhe zu gehen. Drei Tage sind eine verflucht knappe Zeit, das muß auch der LI jetzt einsehen. Aber er hat dem Kommandanten sein Wort gegeben. Prächtig von seinen Soldaten, daß sie ihn nicht verlassen. Der Wille und der Glaube an die gestellte Aufgabe sind wieder einmal der unerschöpfliche Brunnen, aus dem sie Kraft und Ideen schöpfen. Krüder versteht zu »wägen«, und er darf deshalb wagen. Bei ihm sind Gewagtes und Wagnis immer nur Errechnetes, und die Gewißheit der Rechnungsrichtigkeit, der Auflösungssicherheit auch der schwierigsten Formel verleihen ihm die souveräne Ruhe des Wartens auf das Reifen des Erfolges.

Der einfache Mann hat keine Worte dafür, solches auszudrücken. Aber daß er es fühlt, und daß er bedingungslos für seinen Kommandanten einsteht, das bewiesen sie alle wieder einmal in diesen Tagen schwerster Arbeit ...

Nach drei Tagen, es mochte so gegen Mitternacht sein, meldet der LI dem Kommandanten den Umbau der STORSTAD beendet und die Minenschienen gelegt. Inzwischen ist auch die Übernahme der 2 000 Tonnen Öl glücklich und ohne Zwischenfall durchgeführt worden. Man sieht es der PINGUIN direkt an, wie sehr sie sich »vollgefressen« hat. Viel tiefer als vordem ruht das Schiff jetzt in der See.

Noch in derselben Nacht beginnen die Arbeiten der Minenübernahme. Der Kommandant hat es nicht befohlen. Er persönlich war mehr dafür, erst mit Tagesanbruch zu beginnen, um den Männern ein wenig Ruhe zu gönnen. Aber dann kam der Smarting und sagte sehr schlicht, daß die Männer gerne weitermachen wollen, sie wären gerade zu schön »inne Gäng«, und was erledigt wäre, das wäre eben erledigt ...

Krüder hat schließlich eingewilligt.

Er hätte jedem seiner Soldaten die Hand drücken mögen.

*

Erst wollte man die Minen im Schlauchboot über die See schleppen. Schon der erste Versuch aber ließ erhebliche Bedenken aufkommen. Also müssen die Kutter dran glauben, so sehr die Nummer Eins, aus der Sorge heraus, die gute Farbe könnte schamfielt werden, auch lamentiert. Die Böden werden zu seiner Beruhigung mit Polstern und Matten ausgelegt, schon um ein Durchbrechen der Spanten zu verhindern.

An den aufgeschirrten Ladebäumen hängend, schweben die Teufelseier aus dem PINGUIN-Bauch heraus an die frische Luft, um dann ganz langsam und mit viel Fingerspitzengefühl in die Boote gefiert zu werden.

Das ist kein einfaches Manöver, denn die Kutter liegen ja in der dünenden See nicht still. Sie tanzen an der Bordwand auf und nieder. Es gilt nun, den richtigen Augenblick, die richtige Sekunde zu erfassen, um die Mine aus ihrer Halterung zu lösen. Ein Zufrüh oder Zuspät würde zur Folge haben, daß der viele Zentner schwere Koloß in das Boot stürzt und dieses zerschlägt. Gute Dienste leistet hierbei der von einem Mechanikermaaten konstruierte Schlipphaken für den Flugzeugkran. Die Aufnahme des Flugzeuges geschieht ja unter gleich schwierigen Bedingungen. Der betreffende Maat hat daher einen Haken gefertigt, der mittels einer einfachen Reißleine vom Oberdeck, von dem man die bessere Übersicht hat, auszulösen ist.

Sämtliche Minen gelangen ohne Zwischenfall auf das Deck der STORSTAD.

Das ist eine Leistung.

Das ist eine seemännische Tat.

Die Schweißtropfen, die diese Arbeit kostete, würden ein munteres Bächlein fließen lassen …

Der letzten Mine für die STORSTAD erweisen sie auf PINGUIN einen feierlichen Abschied.

Bunte Flaggen schmücken die Reling, und auf das schwarzgestrichene Metall des Ungetüms kleben Matrosenhände ein mit einem Gedicht beschriebenes Blatt. Ein literarisches Denkmal ist dieses Erzeugnis natürlich nicht. Soll es auch gar nicht sein. Es reimt sich, und es drückt auch so alle echten, tiefen Empfindungen der Männer aus.

> »Die STORSTAD hat jetzt ihre Minen.
> Wir waren fleißig wie die Bienen.
> Der Seemann und der Minenmixer –
> Sie stritten, wer von beiden fixer.
> Ein Lob gebührt wohl allen beiden,
> Darüber gibt es nichts zu streiten.
> Mit ›Fier‹ und ›Heiß‹ und Frühstücksspeck
> Geht jetzt die letzte Mine weg.
> Nun, lieber Oberleutnant Schmidt,
> Bring nicht zu viele wieder mit.
> Denn möglichst alle sollen nun
> Für Deutschlands Flagge das ihre tun.
> Dem Tommy mit Splittern und Krachen verkünden,
> Auf allen Meeren sind Deutsche zu finden.
> Im Indischen Ozean hält treue Wacht
> Der PINGUIN – Tommy, gibt acht.«

Der Tanker braucht einen Kommandanten, einen erfahrenen Nautiker, einen Mann, der mit Handelsschiffen umzugehen weiß. Wen …?

Unter den aktiven Offizieren ist keiner, der eine Praxis auf Handelsschiffen nachweisen kann.

»Leider«, vermerkt Krüder in sein KTB, »es wäre sinnvoll gewesen, wenigstens einen Teil der aktiven Seeoffiziere vorübergehend auf Frachtschiffen Dienst machen zu lassen. Das hätte aber bedingt, auch die nautischen Patente der Handelsmarine zu erwerben. Zum Nachteil wäre dies nie gewesen, im Gegenteil. Und auch nicht, wenn man wenigstens die Segelschiffsausbildung gemeinsam auf Segelschulschiffen durchgeführt hätte. Allein dadurch wären die künftigen Offiziere der Kriegsmarine und der Handelsmarine Crew-Kameraden fürs Leben geworden, zum Nutzen des besseren Verständnisses untereinander und auch der gegenseitigen Achtung. So mußte ich der Sache wegen den mir einzig vertretbaren Weg gehen …«

Der HSO Warning dünkt Krüder der rechte Mann. Er hat die erforderlichen Erfahrungen und auch Umsicht und Schneid. Aber …

Krüder greift mit weit ausholender Bewegung an die Nase.

Dieser Gedanke ist gut. Zweifelsohne. Aber da sind noch einige Hürden …

Warning ist »nur« Leutnant an Bord, wenn er auch das Kapitänspatent in der Tasche hat, und Schmidt ist wohlbestallter Oberleutnant. Schmidt muß aber mit. Er ist der Spezialist für Minen. Aber er ist kein Nautiker.

Michaelsen entbehren …? Nein.

Krüder trifft seine Entscheidung. Er darf wagen, was auf einem anderen Schiff unter einem anderen Kommandanten vielleicht Unwillen und Verärgerung unter den aktiven Offizieren hervorgerufen hätte.

»Warning, Sie werden das Hilfsminenschiff PASSAT – so wollen wir die STORSTAD für die Minenunternehmung taufen – als Kommandant übernehmen. Für die Dauer des Einsatzes auf der PASSAT ernenne ich Sie zum Kapitänleutnant Sonderführer. Sie haben alle Vollmachten eines Offiziers dieses Dienstgrades. Sie sind der allein verantwortliche Kommandant.«

Warning ist ein zielstrebiger Mann mit gesundem Ehrgeiz. Aber mit keiner Miene verrät er, wie groß seine Freude über diesen Vertrauensbeweis seines Kommandanten ist, als dieser ihn nun anblickt und schweigend prüft …

»Aber«, Krüders Gesicht wird wieder heiter und locker, »nachher, lieber Warning, müssen Sie die Streifen aber wieder schön abtrennen. Aber aufbewahren! Die Marine braucht solche Praktiker als Offiziere!«

In der folgenden Nacht steigt Warning mit zwei Offizieren und 35 Soldaten auf die PASSAT über. Bevor die Männer gehen, drückt der Kommandant jedem einzelnen fest die Hand, und er hat für jeden ein herzliches Wort und eine persönlich treffende Bemerkung.

»Macht's gut. Wir sehen uns wieder.«

»Jawoll, Herr Kapitän, wir sehen uns wieder.«

Unter dem neuen Kommando wird das Minenschiff PASSAT in Dienst gestellt und probegefahren. Obwohl die Bedienung der Maschinen einwandfrei funktioniert, bittet Warning Kapitän Krüder noch um ein paar eingefahrene Norweger.

Die Männer hätten ja einen absolut verläßlichen Eindruck gemacht. Der Kommandant geht auf den Vorschlag ein.

Drei norwegische Maschinisten, ein Heizer, ein Motormann und der ebenso fidele wie uralte Zimmermann, kurz »Timman« geheißen, steigen über.

Die Norweger haben sich, das sei vorausgeschickt, hervorragend bewährt, auch dann noch, als sie beim Anmarsch in das Operationsgebiet den Zweck der Unternehmung zu ahnen glaubten. Dem deutschen Maschinenpersonal waren sie eine wertvolle Unterstützung, kannten sie doch jede Ecke in ihrem Schiff, jede kleine, vielleicht harmlose Tücke der Maschinen, die aber nur ein Eingeweihter beheben kann, so wie sich ein Pferd eben nicht von »all und jedem« traben läßt.

*

Der 12. Oktober 1940.

Drei Uhr nachts.

Die Besatzungen beider Schiffe sind zur Verabschiedung an den einander zugewandten Relingen angetreten.

Diamantene Sterne.

Ein aufrüttelnd schöner Tropenhimmel. Es ist warm und still. Man möchte den Krieg vergessen, und alle Gedanken wandern in die ferne, ferne Heimat.

Lichtblitze zerhacken die Dunkelheit.

Ein Morsespruch für den Tanker.

»Entlasse Hilfsminenschiff PASSAT gemäß befohlener Order. Beste Wünsche für guten Erfolg. Auf Wiedersehen.«

Drei brausende Hurras rollen durch die Nacht. Sie verhallen in der Weltverlorenheit der See.

»Wir danken dem Kommandanten und erwidern die kameradschaftlichen Wünsche für unsere PINGUIN und ihre Besatzung. Das Unternehmen glückt.«

In die tosenden Hurras mischt sich der helle Klang des Maschinentelegrafen.

»Beide Maschinen halbe Fahrt voraus.«

Hilfsminenschiff PASSAT geht in Fahrt. Es soll zusammen mit PINGUIN mit einem Schlage alle bedeutsamen Verkehrsstraßen um Australien und Neuseeland sowie alle Hafenvorfelder der größten Südhäfen Australiens verminen.

Um die Minenaktion auf breiteste Ebene zu stellen, faßte der Kommandant diesen verwegenen Plan. War schon die Vorbereitung des Tankschiffes zum Minenschiff eine bis dahin in der Seekriegsgeschichte einzig dastehende Leistung, so wurde nun die Unternehmung selbst zu einer Operation ohne Beispiel.

Krüder sagte sich ferner, daß der Tanker bei den Briten schwerlich Mißtrauen erregen dürfte, da das Schiff ursprünglich für Melbourne deklariert gewesen war. Man hatte ja alle erforderlichen Unterlagen erbeutet. Danach bestand jede Hoffnung, daß die STORSTAD beziehungsweise die PASSAT unangefochten, wieder als norwegischer Tanker getarnt, alle Bewachungszonen passieren würde.

Auch PINGUIN ist auf Kurs gegangen.

Kein Bild aus der Zeit friedlicher Handelsschiffahrt. Dieses Foto wurde auf dem
Hilfsminenleger PASSAT während dessen Minenunternehmung vor Australien
gemacht.
Als Handelsschiffsoffiziere getarnt:
Mitte: Leutnant Warning (als Kapitänleutnant [S], Kommandant),
links: Oberleutnant Schmidt (Sperrwaffe),
rechts: Oberleutnant zur See Lewit (Wachoffizier).

Die PASSAT hatte mühsam gegen
schwere See und heulenden Orkan
anzudampfen.

Mit hoher Fahrt läuft der australische Bewacher auf den fremden Tanker zu. Eine Kollision scheint unvermeidlich. Auf dem Bewacher ahnen sie nicht, das dieser Tanker das Hilfsminenschiff PASSAT ist, das hier soeben seine Minen vor den Hafen von Adelaide legt ...

Gleichsam, als solle es so sein, als sollten die Arbeit und die Planungen der letzten Tage einen kleinen Dank und Anerkennung finden, geht ein Funkspruch von der Seekriegsleitung ein.

Dem Kommandanten wird das Eiserne Kreuz I. Klasse, durch FT übermittelt, verliehen. Weitere Eiserne Kreuze II. Klasse sollen an die Besatzung vergeben werden. Eines davon bekommt Oberleutnant Brunke. Und die anderen …?

Es ist schwer für Kapitän Krüder, die Wahl zu treffen. Es ist keiner unter der Besatzung, der seine Pflicht nicht freudig und mit Begeisterung erfüllt hat …

Auch am nächsten Tage »liegt wieder etwas« an.

Es ist nicht minder erfreulich.

PINGUIN hat jetzt eine Wegstrecke von 21 600 Seemeilen auf den Meeren der Welt zurückgelegt. Diese Strecke entspricht dem äquatorialen Erdumfang. Oberleutnant Küster hat Ort und Stunde sogar auf den Meter genau ausgerechnet.

Um 18 Uhr steht PINGUIN auf dieser Position.

»Dann sünd wi also einmal 'rum«, meint Krüder und fährt mit dem Zeigefinger einen Kreis. »Ein schönes Wort, dieses 'rum – und ein noch besserer Tropfen.«

Um 18 Uhr wird jedem ein Glas Rum gereicht.

Der Kommandant hat es so befohlen.

XII.

Die Besatzung der entlassenen PASSAT kann sich über Arbeitsmangel nicht beklagen. Es ist noch vieles, was nicht fertig wurde. Daß sie zu arbeiten haben, sogar tüchtig zu schuften haben, ist nur gut. Die Tage vergehen so wie im Fluge.

Plötzlich ist der Sturm da.

Er bläst ihnen genau aus der Marschrichtung entgegen. Der Tanker gerät sehr bald in heftige Bewegungen. Man muß die Minen festlaschen, sollen sie nicht durcheinandertrudeln.

Je näher sie ihrem ersten Ziele kommen, um so ärger wird das Wetter. Nun schreiben sie schon Windstärke acht in das Kriegstagebuch.

Der beginnende Orkan heult und schleift in der Takelage. Er hat die See zu einer einzigen Gischt aufgewühlt. PASSAT schleppt sich durch einen milchigen, schaukelnden Brei. Wenn man überhaupt noch das Meer zu sehen bekommt, dann hat es eine gläsern-grüne Farbe, die ekelhaft giftig und kalt auf die Gemüter wirkt. Sie schreit zu den Männern auf der Brücke herauf, immer wenn einer der Brecher sich gegen das schwer arbeitende Schiff stemmt. Hin und wieder fluten schwere Seen über das ganze Vorschiff. Man hat den besten Rudersmann am Rad stehen … Aber es hilft nichts … Bis zur Brücke stieben die Spritzer salziger See. Im orkanhaften Winde haben solche Spritzer fast die Wirkung feiner Schrotkörner, die den Männern in das Gesicht geschossen werden. Sie können nicht in Deckung gehen. Sie haben voraus zu sehen. Vorn ist der Feind. Plötzlich und unvermittelt kann er vor dem Schiff stehen.

Sie haben bald keinen trockenen Faden mehr am Leibe. Ihre Augen sind gerötet, als seien darinnen die Äderchen zersprungen. Das Gesicht glüht und brennt. Wer auf Ausguck steht, sieht so knallrot aus wie gebrühter Hummer.

Aber das Lachen, dieses trotzige, eigenwillige Lachen, das bleibt auf aller Lippen. Als sei es festgefroren, als gäbe es keine Schmerzen im Gesicht …

Unter normalen Umständen würde ein Schiffsführer bei einem solchen Hundewetter mit der Fahrt heruntergehen. Vorsichtige Gemüter würden sogar beidrehen und den Sturm abreiten. Aber der Plan des Kommandanten darf nicht scheitern. Die Termine der einzelnen Minenoperationen sind einzuhalten. Was schert sie schon dieser Orkan. Sie haben einen Befehl. Und der gilt!

In der Rubrik »Windstärke« steht heute eine nüchterne Elf. Es sind zwei ganz schlichte Einsen, die der Steuermannsmaat dort hingemalt hat … Und in kleiner Schrift ist dahinter vermerkt »Zwölf in den Böen«.

In Logbüchern übertreibt man nicht.

Eine Geisterwelt johlt wie das Jüngste Gericht um den Tanker umher. Mit Juis und Jiffs tobt der Orkan. Gleich Furiengeheul zieht es brausend, schauerlich grölend über sie hinweg.

Aus der Tiefe der kochenden See dröhnt ein Rumoren herauf.

Nächte des Klabautermannes, dieses zotteligen, grünlich phosphoreszierenden Männleins. Er soll einen langen gezwirbelten Bart haben. Viel länger als der Kerl selbst lang geworden ist. Und auf dem Bugsprit soll er meistens seinen Platz haben.

Der Sage nach bringt er, taucht er im Orkan auf einem Schiffe auf, Unglück und Verderben über Schiff und Mannschaft. Mit wachen Sinnen hat ihn bestimmt noch keiner gesehen – aber, wer nur etwas Phantasie in sich verspürt, der müßte ihn da vorne hocken sehen …

Manchmal bäumt er sich auf, wächst ins Überdimensionale, seine schlohweißen Haare flattern wie ein Totentuch und wehen wild hinter ihm her. Immer höher reckt er sich an der Reling auf, um dann mit einem Aufschrei spielerisch in sich zusammenzusinken. Spritzer zischen über das Deck, und dann grinst er plötzlich höhnisch mittschiffs über die Bordwand. Seine gekrümmte Gestalt plustert sich auf, räkelt sich, um wieder zusammenzufallen.

Das Spiel beginnt von neuem.

Welch ein Schauspiel!

Welch ein makabrer Tanz!

Der unheimliche Geselle weicht nicht mehr vom Schiff.

Nicht an diesem Tag und in dieser Nacht, nicht am nächsten Tag und in der nächsten Nacht.

Warning ist in ernster Sorge, ob der alte Tanker diesen Wirbel noch länger mitmachen wird. Er wird das Gefühl nicht los, daß sich bei jedem Male, wenn der Tanker rittlings auf einem Wellenkamm thront, alle Verbände biegen und dehnen. Das halten die stärksten Nieten auf die Dauer nicht aus. Warning hört noch, auf der schmalen Koje liegend, dem Tosen und Toben zu. Unruhig wälzt er sich hin und her. Er liegt vollkommen angezogen auf den Polstern, nur mit einer Decke zugedeckt. Es gibt keine Ruhe. Und wieder springt er auf und lauscht in die wilde Nacht. Er wankt zum Schreibtisch, auf dem sich kein Bleistift und kein Buch mehr hält. Die Seekarte, in die Warning Einblick nehmen will, muß er mit Reißnägeln festpinnen.

Es ist noch weit zum befohlenen Ort.

400 Seemeilen …

Warning blättert in alten Segelhandbüchern. Nach diesen Büchern zu urteilen, kann dies Wetter in diesen Breiten noch lange dauern.

Ein Höllenwetter.

Aber ist es nicht wie geschaffen für dieses Unternehmen?

Man muß sich nur das Gute aus dieser Teufelssuppe herauspicken, dann läßt sie sich schon löffeln. Immerhin, Warning kann sich nicht entsinnen, jemals einen solchen Orkan erlebt zu haben. Aber man vermag sich an Schlechtes ja immer schwer erinnern, weil nur das Gute bleibt …

Das Doppelte und Dreifache an Zeit wird man bis zum Punkt X wohl brauchen. Bleibt nur zu hoffen, daß die PINGUIN genauso zu kämpfen hat, so daß auch deren Anmarsch verzögert wird.

Auch der nächste Tag zieht grau und kalt herauf. Es will gar nicht hell werden unter diesen tief segelnden Wolken. Mit der Hand könnte man sie greifen. Fugenlos scheint der Himmel grau in grau zusammengeschweißt.

Kein Loch, kein Riß zeigt sich irgendwo.

Dieses Leben auf diesem verrückt gewordenen Tanker, der sich in beängstigenden Schräglagen und wilden Bewegungen behaupten möchte, strengt an. Der Weg nach achtern wird zu einer regelrechten Unternehmung. Paß auf, Kamerad, daß die See dich nicht erwischt. Plötzlich, auf einmal langt sie über die Reling, schleudert tonnenweise Wasser über dich hinweg. Wenn du nur mit Knochenbrüchen herauskommst, hast du Glück, viel Glück gehabt.

An ein vernünftiges Essen ist schon gar nicht mehr zu denken.

»Ob man nicht mal die Buddel kreisen lassen soll«, fragt einer den Kommandanten.

»Natürlich, selbstverständlich. Einen daumenbreiten Schluck für jeden zunächst …«

Es werden zwei Daumenbreite daraus. Das wärmt, das belebt. Man wird in zwei Stunden noch mal fragen müssen …

Die Stimmung ist famos. Warning bewundert diese Jungen. Als er so alt war und solch ein Wetter auf See erlebte, da … na, es war nicht gerade Angst. Aber die Worte von der Mutter fielen ihm ein und gruselige Geschichten von Schiffen, die die See zerschlug. Seltsam, wie wirkt doch solch ein Orkan harmlos jetzt im Kriege …

In den ersten Morgenstunden passieren sie einen Frachter, kaum, daß man ihn in der kochenden See erkennen kann.

Dem ausweichen? Wozu? Im Gegenteil.

Sie marschieren friedfertig und stur wie eine Holzpütz an dem anderen vorbei. Wie betrunken torkelt das fremde Schiff hin und her. Manchmal leuchtet das Rot des Unterwasseranstriches herüber, das Rot der Bottomfarbe*, wie sie zum Schutz gegen das Seewasser Verwendung findet. Zeitweilen verdecken mächtige Wellenkämme den anderen, von dem man dann nur noch Schornstein und Masten sehen kann.

   * *Von Bottom = Boden.*

Das sind die Riesen, die ein Brite so treffend als »Monarch's of Sea« bezeichnete, Giganten, die aus dem Weltozean, aus der Zone der »Roaring forties« herüberreiten, von dort, wo sie zu Hause sind, wo sie geboren wurden.

Dieses wildschöne Spiel schnürt einem die Kehle zu …

Die armen Menschen dort drüben an Bord … Dabei kann man selbst nicht mal auf zwei Beinen stehen. Aber es ist auch hier wie immer im Leben, bei den »andern« sieht es immer schlimmer und beängstigender aus.

In den Mittagsstunden flaut der Sturm ab. Das Barometer klettert dem Schönwettersektor entgegen. Es steht nur noch eine grobe, lange See.

In der Nacht sehen sie zum ersten Male die Leuchtfeuer der fruchtbaren Insel Tasmanien.

Sie ist der südlichsten Spitze des kleinsten Erdteils vorgelagert und ist an ihren drei Seiten einem gleichseitigen Dreieck ähnlich, gut vierhundert Kilometer lang.

Ihre Riffe voll schauriger Klippeneinsamkeit haben schon manchem Schiff ein dramatisches Ende bereitet.

Der Niederländer Tasman hat diese Insel zum ersten Male betreten. Nach ihm ist auch das angrenzende Seegebiet benannt, die zwischen den Gestaden Ostaustraliens und Neuseeland gelegene Tasmanische See.

Der Weg zwischen der Südspitze Australiens und der Insel Tasmanien, die Bass-Straße, von dem Briten Bass vermessen, ist das erste Ziel des Hilfsminenlegers PASSAT. Diese Straße ist der Hauptverkehrsweg für alle Schiffe, die nach Sydney, Neuseeland oder anderen östlichen Inseln gehen oder mit westlichen Kursen von dort kommen. Hinter dem westlichen Ausgang der Bass-Straße liegt Melbourne. Jeder sechste Australier wohnt in Sydney und jeder siebente in Melbourne, berichtet eine Statistik. Und Melbourne mit seinem vorgelagerten Hafen Port Phillip ist das zweite Ziel, das Kapitän Krüder dem Hilfsminenleger befohlen hat.

Melbourne, das ist der Hafen, von dem der norwegische Kapitän der ehemaligen STORSTAD sprach. In Melbourne sollte er weitere Befehle empfangen.

In der Nacht wanderten die Feuer Tasmaniens seitlich achtern aus, und vor dem Schiff, das in der immer hochgehenden Dünung hart arbeitet, greifen neue Lichtbündel in das Dunkel.

Dort liegt Australien, die Heimat der possierlichen Känguruhs, die das Wappentier dieses Erdteils wurden, der nur ein Fünftel kleiner als Europa und fünfundzwanzigmal größer ist als die britischen Inseln. Australien kann auch heute noch als ein Antipode der abendländischen Welt angesprochen werden.

Warning weicht nicht mehr von der Brücke.

Das schwierige Fahrwasser und die vielen kleinen Inselgruppen, Riffe und Klippen erfordern seine ganze Aufmerksamkeit.

Die PASSAT steht jetzt mitten in der Bass-Straße.

Keiner der Australier, keiner der Briten, keines der kleinen Fischereifahrzeuge, denen sie begegnen, ahnen auch nur, daß dieser Tanker, der gemächlich seines Weges trottet, ein Schiff mit einer sehr zielbewußten und hartgesottenen deutschen Besatzung ist.

Daß hinter den Bullaugen der Aufbauten des Achterschiffes keine müden Seeleute schlafen …

Wie auf den anderen Schiffen, so haben sie auch auf PASSAT keine Flagge gesetzt, und die Männer auf der Brücke und an Deck verhalten sich betont desinteressiert an dem ganzen Treiben.

Warning muß auch durch das schärfste Glas von Neugierigen als waschechter »Norge-Mann« angesprochen werden. Er selbst trägt eine an Bord gefundene Mütze der norwegischen Reederei, am Rock die Ärmelstreifen eines norwegischen Schiffskapitäns. Dabei ist er groß und langsam gemessen in seinen Bewegungen wie ein aus dem Film geschnittener Wikinger.

Hinten im Achterschiff liegen die stählernen Leiber vieler Minen, an denen sich jetzt der Oberleutnant Schmidt, der Sperrmixer und eine Handvoll Matrosen zu schaffen machen. Im blaßfarbenen Schein blauer Lampen setzen die Männer mit schlafwandlerischer Sicherheit die Zündsätze in die faustgroße Öffnung jeder Mine ein. Bis zum Gelenk muß jedesmal die Hand in den Bauch des Ungetüms hineinfassen, ein paar Handgriffe, die Zündeinrichtung sitzt fest. An Stelle der Muttern werden jetzt am Außenkörper auch die »Spargel« eingeschraubt, wie der Seemann die bleistiftlangen Bleikappen auch nennt. Wie Ungetüme aus den tiefsten Tiefen der See wirken jetzt die Minen.

Einer der Matrosen stürzt beim Überholen des Schiffes. Er wird direkt gegen eine solche Bleikappe geschleudert. Diese verbiegt sich, und der Seemann fühlt, wie der Herzschlag aussetzt. Ein Schrei entfährt seinen Lippen. Er will die Kameraden warnen …

»Passiert nichts«, sagt der Sperrmixer beschwichtigend. »Kann ja nicht. Die Minen werden erst endgültig scharf, wenn sie geworfen sind. Wenn sie sich nach dem Werfen von ihrem Stuhl gelöst haben, wenn das Minentau abgerollt ist, dann wird die letzte Zündung scharfgemacht. Aber vorsehen kannste dich trotzdem, du Patentseemann. Man kann nie wissen …«

Die Stimmung unter den Männern ist großartig. Davon künden die witzigen und humorigen Sprüche, die sie mit Kreide auf die Minenkörper malen. Es sind fürwahr keine frommen Wünsche für die Briten.

In dieser Nacht fallen die ersten Minen.

Eine breit ausgelegte Sperre versinkt im Wasser dieses Nadelöhrs australischer Schiffahrt.

Nun stehen sie, dicht unter der Küste entlang steuernd, mit Kurs auf Melbourne. Cape Wilson hinter sich lassend, werden sie gegen Mitternacht vom Leuchtfeuer Promontory angerufen …

»What ship …? What ship…? What ship…?«

»Sollen wir denen etwa antworten«, sorgt sich Oberleutnant zur See Lewit, WO bei Warning.

»Wir würden uns nur verdächtig machen, würden wir es nicht tun.«

»Als STORSTAD?«

»Selbstverständlich. Eine glaubwürdigere und echtere Tarnung haben wir während der ganzen Reise nicht gehabt.«

WO Lewit gibt dem Signalposten seine Anweisungen.

»Tanker STORSTAD, Norge, von Miri nach Melbourne«, blitzt die Morselampe zum Leuchtturm hinüber.

Die Antwort dauert eine geraume Zeit.

»Die blättern wohl erst in Listen und Anweisungen«, hört man den Steuermannsmaaten mit vor Besorgnis schwingender Stimme.

»Das sollen sie ruhig tun«, beruhigt Warning. »Von mir aus können sie auch mit Melbourne oder mit Churchill telefonieren.«

»Und wenn diese Station mit Soldaten der australischen Navy besetzt ist«, fällt Lewit ein.

»Ich bin sogar überzeugt, daß dieser wichtige Ansteuerungspunkt jetzt im Kriege von der Navy besetzt, zumindest aber von ihr kontrolliert wird.«

Sie warten, warten, warten.

Einige werden nervös. Mit hastigen Zügen verpaffen sie eine Zigarette.

Endlich! Kurze und lange Lichttupfen hüpfen unterhalb des Leuchtfeuers durch die Nacht.

»Wohl schlecht Wetter gehabt dieser Tage?« will der Leuchtturmwärter wissen. Sicherlich wundert man sich, daß das schon früher gemeldete Schiff erst heute hier eintrifft.

»Sehr schlechtes Wetter«, antwortet der vermeintliche Norweger bestätigend.

»Man hat sich schon Sorge um Sie gemacht. Sie wurden früher erwartet.«

»Machten gegen den Orkan nur wenig Fahrt über dem Grund. Lagen mehrmals beigedreht. STORSTAD ist kein neues Schiff.«

»Vorsicht ist besser als Nachsicht. Aber nun haben Sie das Schlimmste geschafft.«

»Das denken wir auch.«

»Good luck. Glückliche Reise. Und passen Sie später auf deutsche Hilfskreuzer auf!«

»Danke. Angenehme Ruhe.«

Es ist wieder Tag.

PASSAT hat wieder den Mantel friedfertiger Harmlosigkeit übergeworfen. Die Ausleger für die Minen sind eingeholt, und damit niemand allzu neugierig die veränderten Heckaufbauten bewundern kann, hat Warning bunt karierte Bettlaken, Unterhosen und Tischtücher aufhängen lassen.

Direkt vor die schmale Einfahrt zur Port-Phillip-Bay, in der der Hafen der zweitgrößten Stadt Australiens, Melbourne, liegt, wird in dieser Nacht die nächste Minensperre gelegt.

Dann nimmt das Schiff westlichen Kurs und dreht nach dem Umfahren von Cape Otway langsam mehr nach Nordwesten ein.

In der nun folgenden Nacht gehen sie noch dichter unter Land. Die hellen Tupfen da drüben, das sind erleuchtete Fenster irgendwelcher Wohnstätten. Vielleicht sind es nur ein paar armselige Fischerkaten, vielleicht aber auch die Strandvillen vermögender Australier.

Warning ertappt sich und seine Leute immer wieder, wie sie sehnsüchtig nach den hier nicht verdunkelten Fenstern hinübersehen, nach diesem Bild des Friedens, das hohlspiegelhaft tausend Wünsche ihres piratenhaften Daseins aufblitzen läßt. Gar nicht erstaunt stellt Warning eine bedrückte Stimmung fest. Die Männer haben alles Kriegerische abgestreift.

Zwei helle Punkte wandern langsam aus. Ein Auto. Es gehört nicht Phantasie dazu, sich in Gedanken in diesen Wagen zu setzen. Daneben eine junge und hübsche Frau. Traumbild einsamer Seemannsnächte.

Der Steuermannsmaat hat der Spezialkarte entnommen, daß der an Steuerbord liegende Küstenstreifen den sinnvollen Namen »Young Husband-Pen« trägt. Wörtlich übersetzt heißt das »Laufstall für junge Ehemänner«.

»Schlechtes Handwerk haben wir uns ausgesucht«, sagt Levit zu Warning hin.

»Das brauchen Sie mir nicht erst auch noch zu sagen«, grollt Warning und verzieht sich ins Kartenhaus, um in der Karte vom Seegebiet von Adelaide zu arbeiten.

Quer durch das Fahrwasser, zwischen dem Westkap der vorgelagerten Känguruh-Insel, dem Cape Willoughby und der der Festlandzunge vorgelagerten Encounter-Bay, laufen drei rote Linien. Sie sind mit kleinen blauen Kreuzen durchsetzt. Diese von Kapitän zur See Krüder dem PASSAT-Kommando befohlene Sperre soll die südliche Ein- und Ausfahrt des Hafens Adelaide gefährden. Die zwischen der Känguruh-Insel und dem Festland hindurchführende »Backstairs-Pass«-Straße ist kaum zehn Meilen breit und daher leicht abzuriegeln.

Jedes Kreuz bedeutet eine Mine.

Zwei Stunden später ist man am »Ort«.

Im Scheine der Rundfeuer der großen Leuchtfeuer von Cape Jervis und Cape Willoughby fallen die ersten Minen.

Jetzt bewähren sich die quer zur Heckreling gespannten Wäscheleinen. Hinter den daran mit seemännischen Nitzeln aufgehängten Unterhosen, Takelpäckchen und Hemden arbeiten die Männer an den im achteren Deckshaus aufbewahrten und jetzt zum Teil herausgefahrenen Minen. Nach einem Glockenzeichen schieben sie die Teufelseier durch den Wäschevorhang zum Heck hin und stoßen sie in die See.

Mine auf Mine fällt.

In dieser Situation meldet der auf dem Peildeck postierte Ausguck ein Schiff.

Es ist, wie die schattenhaften Umrisse deutlich erkennen lassen, ein kleineres Marinefahrzeug, wahrscheinlich irgendein Bewacher.

Die Stelle, auf der das Wachschiff kreuzt, ist die engste des Fahrwassers. Und gerade hier sollen weitere Minen hin.

Der Bewacher nimmt Kurs auf den herantrottenden Tanker. Der Bart des Fremden, die Bugsee, wird immer höher, wird zu einem großen V, das leuchtend auf dem dunklen Wasser steht und größer und größer wird.

Umkehren? Unmöglich!

Auf dem Bewacher würden sie sofort mißtrauisch werden. Wer ein gutes Gewissen hat, begrüßt Einheiten der australischen Navy als Freunde, der läuft nicht davon …

»Sprengkommando klar«, ruft Warning dem Matrosen Pangert zu.

Durch die halbmannshohe Reling geschützt, rennen die Männer gebückt auf ihre Stationen.

Einer von ihnen macht die Kriegsflagge klar …

Jetzt ist der Australier heran.

Im Kreuzkurs läuft er unmittelbar vor den Bug der PASSAT.

Warning hat trotz dieser verzweifelten Situation das Minenwerfen immer noch nicht einstellen lassen. Er will jede Sekunde ausnutzen. Er fürchtet, daß ihn nur noch ein gnädiger Zufall vor der Entdeckung schützen kann. Bei einer Beschießung durch den Australier oder der Selbstsprengung will er wenigstens die letzten Minen von Bord herunter haben.

Warning ruft den Funker heran.

»Jakobs, nehmen Sie die Klapp-Buchs und blinken Sie zu dem Australier hinüber: ›Scheren Sie sich vor meinem Bug hinweg.‹«

Jakobs morst den Bewacher an. Der gibt Verstanden, und dann folgt der wenig höfliche Spruch in englischer Sprache. Zur Bekräftigung dieser gegenüber einem Kriegsschiff Seiner Majestät geradezu unverschämten Aufforderung betätigt Warning noch das Typhon. Ein langer grollender Ton entschwebt ihm und heult warnend durch die Nacht.

Der Australier dreht sofort ab und geht auf anderen Kurs, um nun schräg zur Fahrrinne zu laufen.

Auch die PASSAT ändert ihren Kurs, um die Sperre so wirksam wie nur irgend möglich zu legen.

Warning fährt jetzt genau auf der dritten roten Linie, wie sie auf der Seekarte eingezeichnet wurde.

Der mißtrauische Bewacher läßt aber nickt locker. Er fährt einen halben Drehkreis und macht nun Anstalten, den Tanker von achtern zu umlaufen.

Ist man da drüben überhaupt mißtrauisch?

Oder fährt man diese Manöver nur aus der Langeweile der Warteposition heraus?

In allerletzter Minute stoppt Warning das Werfen und läßt Bettlaken wie einen Vorhang vor die Bühne des Minenraums ziehen. Die über das Heck weit herausstehenden Ausleger sind nicht mehr einzuholen.

»Himmel, Arsch und Wolkenbruch«, tobt Warning, »steht denn da drüben der Moses auf der Brücke? Die fahren uns ja vierkant ins Heck 'rein.« Folgendes muß erklärt werden, um diese kritische Situation zu verstehen: PASSAT führt seine Hecklaterne nämlich nicht unmittelbar am Heck, sondern an der Achterkante Schornstein. Hinter dem Schornstein, also hinter der Hecklampe, kommen noch gute 25 Meter Schiff.

Der Australier spricht aber die Hecklaterne als das wirkliche Schiffsende an und versucht – augenscheinlich nach der Art schneidiger Zerstörermanöver – in Meternähe das für ihn vermeintliche Heck des gegen den pechschwarzen Horizont sich abzeichnenden Tankers zu passieren.

»Lassen Sie ihn, Herr Kapitänleutnant … Es kann unsere Aufgabe nur retten, wenn wir ihn aufbrummen lassen … Sind so und so dran …« schreit Lewit.

Warning hat gar keine Zeit mehr für eine Antwort. Mit einem Sprung ist er in das Ruderhaus gestürzt und hat in die Spaken des Rades gegriffen, das er in verzweifelter, wilder Hast »Hart Steuerbord« dreht. Die hierdurch bewirkte Kursänderung verhinderte in letzter Sekunde die drohende Kollision. Unmittelbar hinter dem Heck, in Meternähe, passiert der australische Bewacher. Man könnte hinüberspringen …

Vermutlich hat die Brückenbesatzung da drüben in allerletzter Minute auch die Gefahr des Zusammenstoßes erkannt und ein Rudermanöver befohlen. In der entstandenen Aufregung übersahen die Wachoffiziere des Australiers die ausgefahrenen Minenausleger oder sie wußten sie nicht zu deuten.

Ein Tanker als Minenleger?

Zu unwahrscheinlich!

Am Heck der PASSAT haben einige Deutsche ein paar Hemden und Hosen von der Wäscheleine gepflückt.

Mit diesen winken sie aufatmend und grinsend dem Bewacher nach.

Noch in derselben Nacht, welch eine Ironie des Schicksals, spricht der australische Ministerpräsident über den australischen Rundfunk, daß die Australier sich glücklich schätzen dürften, vom Kriege bisher verschont worden zu sein.

»Ich warne aber Optimisten. In dieser Nacht schon kann es zu Kriegsereignissen im heimatlichen Raum kommen.«

Das hätte ihm der australische Bewacher vor Adelaide bestätigen können, wenn seine Brückenbesatzung nicht geschlafen hätte.

Der Tanker hatte doch Kurs auf den Hafen ... Wo blieb er denn nach dieser Begegnung?

*

Hohlwangig ist Warnings Gesicht. Seine Augen sind nicht nur von dem jetzt plötzlich wieder aufgekommenen Sturm gerötet.

»Herr Kaleunt, darf ich einen Vorschlag machen?« sagt der Steuermannsmaat.

»Nun?«

»Sie müssen endlich mal schlafen. Das hält das stärkste Pferd nicht aus. Und Sie sind, entschuldigen Sie, bitte, diesen Vergleich, eines der besten im PINGUIN-Stall.«

»Nett von Ihnen. Stelle die Gegenfrage: Wann haben Sie das letzte Mal in der Koje gelegen?«

»Das war ... das war damals ... ja eigentlich und genau genommen war es, als wir die Unternehmung begannen ...«

»So, dann lassen Sie sich bitte ablösen.«

Der Steuermannsmaat zögert und weiß mit diesen Worten nichts anzufangen.

»Sie wollen wohl nicht?«

»Ich kann doch meinen Posten nicht verlassen. Wer soll mich denn auch ablösen?«

»Na also, Bester, dann sind wir uns beide sehr einig.«

Das Wetter ist wieder härter geworden.

Sturm bläst wieder genau aus der Richtung, in der die PASSAT fahren muß. Orkanhafte Böen fegen heran. Das Schiff kommt nicht voran. Sie machen höchstens eine halbe Meile Fahrt über den Grund, so wild auch die Schraubenflügel mahlen.

Warning fürchtet diesen Aufenthalt. Es ist ihm lieber, sich so weit wie möglich von den gelegten Sperren entfernt zu wissen. Kurzerhand läßt er zwei solide Pumpenschläuche ausbringen und von der Maschine Öl aus der Ladung direkt in die kochende See pumpen. Öl hat man genug an Bord.

In allen Farben schillernd breitet es sich aus. Es hilft. Die hauchdünne Ölhaut beruhigt die Kämme der wilden Brecher.

Am nächsten Morgen bekommt der Himmel einen Sprung.

Und durch dieses Loch scheint die Sonne ...

Abends ist's nur noch ein Hauch, was vorher ein Orkan gewesen ist.

Hilfsminenleger PASSAT stampft dem mit Kapitän zur See Krüder vereinbarten Treffpunkt entgegen.

XIII.

Und der Hilfskreuzer PINGUIN?

Keine Besonderheiten des Wetters beeinträchtigten seinen Anmarsch ins Operationsgebiet …

In der Tasmanischen See!

Eine sanfte, kaum verspürte Brise weht den Männern im Raum zwischen Australien und Neuseeland entgegen. Sie nähern sich der Küste, die mit der anbrechenden Abenddämmerung immer deutlicher heraustritt.

Neben den üblichen Hafenfeuern und den großen Küsten-Leuchtfeuern flammen in der Nacht plötzlich Hunderte von Scheinwerfern auf, bündeln sich und greifen wie Spinngewebe den Himmel ab. Dazwischen zerspringen Feuerbälle. Flakgranaten detonieren. Dann ist wieder Ruhe. Ein dumpfes Summen und Brummen ist in der Luft.

Die australische Luftwaffe führt ein großangelegtes Luftabwehrmanöver durch. Vielleicht sind das reine Routinemanöver.

Vielleicht aber auch traut man den mit den Deutschen verbündeten Japanern nicht.

Krüder geht noch näher an Land heran. Er steuert sein Schiff in den Raum zwischen den beiden Hafenstädten New Castle und Sydney.

Sie sind jetzt nur noch sechs Kilometer vom Land entfernt und laufen auf Parallelkurs zur Küste der Hauptstadt Sydney entgegen.

Deutlich sind die großen Lampen einer breiten Küstenpromenade zu erkennen. Die Scheinwerfer im Bereich der Einfahrten zum Port Jackson werfen ihre tastenden Lichtkegel weit in die offene See hinaus.

Erst erfassen sie, nur kurz aufzuckend, die Mastspitzen. Nun treffen sie bereits den Schornstein.

»FTO an Brücke: Das letzte Flugzeug meldet soeben seine Landung. Luftmanöver beendet.«

»Okay. Jetzt geht es los. 'ran also und 'raus die Minen!«

PINGUIN schleicht sich weiter an die Hafeneinfahrt heran. Die grellen, kalkigen Lichtkeile zucken jetzt sogar über die Brückenaufbauten des deutschen Schiffes hinweg.

Angesichts australischer Küstenbatterien der Forts Phillip und Macquarie zuckelt ein deutscher Hilfskreuzer, als harmloser Frachter getarnt, bis vor die Haustür der sich so kriegsfern und so sicher wähnenden australischen Hauptstadt.

»Wirf erste Mine!«

Die ersten gehörnten Ungetüme verlassen den Minenraum. Sie kollern aus in der Heimat schon für diesen Zweck eingebauten Luken Steuerbord achtern und Backbord achtern heraus und plumpsen in die hinter dem Heck von den Schrauben zermahlene See.

Seegang ist aufgekommen.

Die Arbeit der Männer im Minenraum ist nicht nur verteufelt schwer, sondern auch gefährlich geworden. Da die Ausstoßpforten dicht über der Wasserlinie liegen, dringt jedesmal, wenn das Heck in die See einsetzt, Wasser in den Minenraum, manchmal schießt es mit sturzseeähnlicher Gewalt hinein.

Oberleutnant Küster, von Natur aus ein vorsorglicher und gewissenhafter Mann, fühlt kalte Schweißtropfen auf seiner Stirn. Er hatte ja schon gleich bei Beginn des Werfens Schwierigkeiten, bei dem Seegang die Minen aus ihren Halterungen zu lösen, sie auf den Schienen in Richtung Abwurfbühne fahren zu lassen, sie durch Einschrauben der Zünder scharf zu machen … Wehe, wenn solch ein Teufelsei bei dem heftigen Schlingern und Arbeiten des Schiffes aus den Schienen kippt.

Küster läßt die an der Pforte stehenden Männer anseilen. Das war vernünftig, denn schon einer der nächsten Brecher umspült einen vorn stehenden Seemann packt ihn und zerrt ihn zur Pforte hin … den geworfenen Minen nach.

Das Seil um den Bauch rettet ihn.

Von der Brücke aus sieht das Manöver einfach aus.

Alles verläuft vorschriftsmäßig.

Man hört die Glocke klingen – und weiß, daß wieder eine Mine achteraus gesegelt ist.

Zwei Stunden nach Mitternacht fällt die letzte der Minen in die Gewässer vor dem größten Hafen Australiens, eines Hafens, der neben Kapstadt und Rio als einer der schönsten der Welt angesprochen wird.

Schweißtriefend, naß und mitgenommen erscheinen die Minenwerfer aus ihren Räumen. Die Kameraden oben sind erstaunt, sie so erschöpft zu sehen.

Aber Felix Krüder hat an sie gedacht.

Die Flasche mit gutem Rum steht schon bereit, und bald kreisen die Buddeln.

Krüder sieht seine Männer lachen.

PINGUIN läuft mit südlichem Kurs ab.

Sonnenwetter. Windstille. Spiegelglatte See. Eine lange, schwere Dünung kündet von einem schweren Unwetter in einem anderen Seegebiet. Würde der internationale Seewetternachrichtendienst noch funktionieren, wüßten die PINGUIN-Männer, daß ihre Kameraden auf der PASSAT um die gleiche Stunde einen förmlichen Eiertanz auf ihrem schwimmenden Untersatz vollführen und seit Tagen kein warmes Getränk und keinen warmen Bissen mehr im Magen haben.

»Direkt gemütlich ist die Fahrt – mal 'rauf – mal 'runter – so stellt sich meine Frau die Seefahrt vor«, freut sich der Erste Offizier Schwinne, als er nach dem morgendlichen Reinschiff auf dem sonnenüberfluteten Deck im Kreise seiner Männer steht.

»Delphine in Sicht«, ertönt es aus der Bordlautsprecheranlage. An Deck erscheint, wer keine Wache hat, um die lustigen Wassersäugetiere zu begrüßen. Voraus, im Abstand von 250 Metern, kreuzt eine Delphinherde. Gut 120 Tiere mögen es sein. Wie eine gut einexerzierte Gruppe im Turnverein »Vater Jahn«, so springen sie einzeln, in Paaren und Scharen aus dem Wasser heraus und zeigen ihre schneeweißen Westen.

PINGUIN läuft Höchstfahrt. 17 Knoten. Delphine schaffen aber nur ein wenig mehr als 15 Seemeilen in der Stunde, wie Wissenschaftler beobachtet und gemessen haben. Zusehends kommt das Schiff näher und näher an die lustig verspielte Herde heran.

Jetzt schneidet der Bug den Kurs der sich tummelnden Gruppen. Empört stieben die fröhlichen Fahrtgenossen auseinander, vollführen zornbebend noch einige Kapriolen und springen dann wild durcheinander. Ihre Ordnung zerfällt.

Wo Menschen auftauchen, ist der Frieden zum Teufel.

Endlich neigt sich der Tag. Es sind nicht mehr viele Meilen bis zur Südspitze Tasmaniens. Das Hafenvorfeld von Port Hobart ist der PINGUIN neues Ziel.

Der Schiffsarzt Dr. Hasselmann schreibt in sein Tagebuch:

»Wir kamen genau vom Süden westlich der westlichen Einfahrt angefahren. Der Himmel war dunstig, aber von einer Farbenpracht, wie wir sie weder vorher noch hinterher auf unserer Unternehmung sahen.«

Lautlose Blitze zuckten über den westlichen Horizont. Unter den dünnen, weißen Wolkenstreifen dehnte sich blutrot der Widerschein der untergehenden Sonne. Das Aufleuchten der Blitze zauberte Bögen und Dome und spitze Türme in die Nacht. Als die Sonne sank, flammte es saphirn auf. Das Meer erglühte am äußersten Rand. Die Wolkenfetzen erstrahlten an ihren Rändern in purpurnen und violetten Farben.

Südlicht!

Es gibt keinen Künstler auf dieser Welt, dem es gelingen würde, dieses Schauspiel auf die Leinwand zu bannen ... und es gibt wohl auch keine Farben auf einer Palette, die eine solche Leuchtkraft haben ...

*

Neuerdings gehen auch die Ärzte und das Sanitätspersonal mit Wache, da durch das Parallelunternehmen mit dem Hilfsminenleger PASSAT die Kopfzahl der Offiziere stark vermindert worden ist.

Dr. Hasselmann ist dem jungen, unbeschwert heiteren Leutnant zur See Gabe beigeordnet. Gabes Spitzbart ist schon prächtig gediehen, und das Wetter, die harten Tage auf See und die nicht abzuschüttelnden Sorgen um die Zukunft des Schiffes und der Kameraden, diese stündliche Bereitschaft, das letzte und höchste soldatische Opfer bringen zu müssen, haben seinem jungen Gesicht starke männliche Züge eingegraben.

Dr. Hasselmann hat in Erwartung dieser Aufgabe tüchtig vorgearbeitet – er hat ja neben seiner Tätigkeit als Arzt und vor allem als Chirurg auch die Zahnstation zu versehen. Von den anfänglichen 200 Zahnerkrankungsfällen verblieben noch 40 bis 50, meist solche in Frühstadien, bei denen eine Behandlung schnellen Erfolg hatte. Gefangene sind nur noch ein paar zu versorgen, denn auch diese hat Dr. Hasselmann zahnärztlich wie ärztlich zu betreuen.

Bei dieser Gelegenheit einige Worte über den Gesundheitszustand auf PINGUIN.

Er war bis dahin und verblieb auch bis zum dramatischen Ende des Schiffes ausgezeichnet.

PINGUIN hat durch Krankheit nicht einen Mann verloren. Es gab lediglich einige Unfälle, harmlosere Krankheiten und zwei schwere Verbrennungen.

Dr. Hasselmann: »Man könnte den zusätzlichen Wachdienst anstrengend nennen. Aber die Natur entschädigt. Mein großes Interesse für die allmächtige Umgebung läßt vieles überwinden. Wann schon in meinem Leben werde ich je wieder ein Südlicht sehen …«

Hohe, nackte, glattgeschliffene Felsenriffe künden Port Hobart an. PINGUIN geht mit der Fahrt herunter und läuft erst, als die Nacht sich Handbreite um Handbreite aus dem Himmel herauserobert, schwarze, düstere Wolken, wie das Vorspiel eines nahenden Unwetters vor sich herschiebend, in einem nordöstlichen Bogen dem Hafenvorfeld entgegen.

Nachts fallen die Minen unbehindert vor die beiden Einfahrten nach festgelegtem Plan.

Das Interesse der Besatzung am Minenlegen hat nachgelassen. Auch die innere Spannung, die nun einer lockernden Reaktion gewichen ist. Wer nicht unmittelbar am Manöver beteiligt ist, sitzt in den Messen und Kantinen. Unentwegte spielen Skat oder Doppelkopf. Pik-As und Kreuz-Bube ziehen bei ihnen mehr als das nach einem Uhrwerk ablaufende Minenwerfen.

Diese besessenen Skatbrüder haben es gut. Für sie hat eigentlich nur die Umgebung und für manche nur der Anzug gewechselt.

Man muß nur ein Hobby haben.

Dann lassen sich auch der Krieg und große Einsamkeit ertragen.

Als PINGUIN, nach Westen ablaufend, um die Südspitze Tasmaniens marschiert, erfüllen die düsteren Vorreiter des Vorabends ihr drohendes Versprechen.

Taifunhaft bricht das Unwetter los, und unter dem rasanten Druck des Windes ist die See am Rande des südlichen Weltmeeres bald in einen tobenden Hexenkessel verwandelt. Krüder kann nicht ausweichen. Er kann auch keinen Hafen anlaufen, um Schutz vor den entfesselten Gewalten zu suchen. Drei volle Tage rast der Sturm mit einer unvorstellbaren Gewalt.

PINGUIN versucht mit einer Fahrt von gut neun Knoten vergeblich, dagegen anzudampfen. In diesen drei Tagen legt das Schiff eine Gesamtstrecke von sage und schreibe 45 Seemeilen zurück. Es gibt keinen überzeugenderen Beweis für die Gewalt des Unwetters als diesen lächerlich kurzen Weg, der sonst in knappen drei Stunden durchlaufen werden kann.

Für den Meteorologen Dr. Roll ist diese »Landschaft« an der Schwelle des wirklichen Weltozeans eine Fundstätte wertvoller Beobachtungen. Hier ist die Heimat der Riesen aus Wasser, der »Monarch's of Sea«, hier jagt ein Sturmtief das andere – und Sturmperioden von 50, 60, 100 ja 160 Stunden sind nicht selten. Mit 20, ja 30 Meter in der Sekunde toben sich hier die Winde aus. Fast so schnell wie ein Geschoß.

Hier ist Neuland für die Wissenschaft.

Dr. Hasselmann schreibt in sein Tagebuch:
»Für mich selbst bleibt der Orkan ein unvergeßliches Naturereignis. Ich habe jede
freie Zeit ausgenutzt, um dem wilden Schauspiel zuzusehen. Daß überall Leinen
an Oberdeck gezogen sind, ist selbstverständlich. Aber unsere Männer haben nun
doch alle richtige Seebeine bekommen und können der Schwierigkeiten einigermaßen Herr werden. Nur mit dem Schlafen ist es ungemütlich. Die Nachfrage nach
Hängematten ist groß. Jedes Besatzungsmitglied hat ja sonst eine festeingebaute Koje
zur Verfügung. Ich habe in meiner Kammer vom Kopf des Bulleies zum Türha-
ken hin eine Hängematte gezogen. Schlief endlich wieder herrlich.
Das Schiff krängt manchmal bis zu 25 Grad über. Beim Essen rutschten dann die
Teller und Schüsseln oft gegen das hochgeklappte Tischsüll. Oder darüber hinweg.«

*

Das mistige Höllenwetter hat nachgelassen.
PINGUIN hält auf den Spencer-Golf westlich neben Adelaide zu. Er läuft ihn,
von Südwesten kommend, an. Kurz vor dem mitternächtlichen Werfen berichtet
Charly Brunke, der Funkoffizier, daß der Funker vom Wachschiff eben seinen
Klönschnack mit der Landstation beendet habe.
»Sie haben sich gute Nacht gesagt und werden sicherlich zur Ruhe gegangen sein.«
Die Glockenzeichen für die fallenden Minen hören sie nicht.
In berechneten Abständen kleckern die großen, schwarzen Kugeln aus dem Achterschiff der PINGUIN heraus. Die Sperre, die nach der vorausgegangenen Unternehmung des Hilfsminenlegers PASSAT nun Krüder mit seiner PINGUIN legt,
riegelt nicht nur die zwischen der Festland-Südspitze, dem Cape Catastrophe und
der Westspitze der Känguruh-Insel, dem Cape Borda liegende Ein- und Ausfahrt
in den Spencer-Golf mit seinen Häfen Port Augusta und Port Pirie ab, sondern nun
auch die Investigator-Strait. Die Investigator-Straße ist der andere Wasserweg, der
nach dem Hafen Adelaide führt und von westwärts gehenden oder aus dem Westen
ankommenden Schiffen benutzt wird.
Der Tag dämmert.
Ein hellschimmerndes Band breitet sich im Osten aus, wird breiter und höher,
und dann bricht ein Wasserfall roten, weichen Lichtes über die Kimm.
An Steuerbordseite ruht ein mattdunkler Schatten. Wie der Buckel eines Wales.
Land am Spencer-Golf.
Einst Ziel der deutschen Windjammer PRIWALL, PADUA, PAMIR, PASSAT oder
PINNAS, jener berühmten Weizensegler unter deutscher Flagge, die in der größ-
ten und längsten Regatta dieser Erde mitsegelten.
PINGUIN dreht ab. Die gestellte Aufgabe ist erfüllt.
Die Maschinen rasen.
Kurs: Treffpunkt PASSAT.
Am 7. November legt der Funkmaat Hamann einen vom FTO entschlüsselten
Funkspruch der Australier auf Krüders Tisch.

»Schiffsname nicht verstanden. Schiff meldet SOS nach unerklärlicher Unterwasserexplosion vor Promontory Point an der Osteinfahrt in die Bass-Straße*«

> * Es handelte sich, wie erst nach dem Kriege ermittelt werden konnte, um das 10 846 BRT große britische Kühlschiff CAMBRIDGE, das vor Promontory Point auf eine Mine lief und sank.

Am 9. November jagen wieder Notrufe durch den Äther und werden auf PINGUIN aufgenommen.

Das 5 883 BRT große Motorschiff CITY OF RAYVILLE sendet aus der Westeinfahrt der Bass-Straße bei Cape Otway SOS.

»Schiff sinkt«, ist die letzte Meldung.

In Australien verbreitete Ursache: Unerklärliche Explosionen unter Wasser oder im Laderaum.

Die CITY OF RAYVILLE ist das erste US-amerikanische Schiff, das in diesem Kriege durch Kriegseinwirkung verlorenging.

Anfang Dezember sinkt auf der Höhe von Newcastle der 1 052 BRT große australische Motorfrachter NIMBIN ...

Am 23. November warnten australische Sender bereits vor dem Seegebiet zwischen Sydney und Newcastle.

Am 6. Dezember erklären sie das Gebiet südlich der Einfahrt von Newcastle zum Gefahrengebiet, am 7. Dezember sperren sie den Spencer-Golf ... Dann kommen SOS-Rufe von Port Hobart durch den Äther**.

> ** Über diese liegen auch heute noch keine Bestätigungen von der ehemaligen Gegenseite vor. Unbestritten bleibt aber, daß auf PINGUIN Notrufe aus dem Minengebiet vor Port Hobart empfangen und aktenkundig gemacht wurden.

Eine Hiobsbotschaft jagt die andere.

Erst im Frühjahr 1945 hören die Notrufe von Schiffen und die Warnmeldungen auf***.

> *** Im März wurde noch das 287 BRT große Fischerfahrzeug und Hilfsminenleger MILLIMUMUL durch Minendetonation schwer beschädigt und sank.

Inzwischen hat die australische Marine ihre Minensuchflottillen verstärkt und eingesetzt.

»Nur Luckner kann der Kommandant dieses Schiffes sein«, versuchen britische, australische und afrikanische Rundfunksprecher entschuldigend zu erklären, warum es nicht gelang, dieses wie ein Gespenst im Indischen Ozean operierende deutsche Schiff zu stellen, das die Kühnheit besaß, direkt vor die Haustür der australischen Flottenstützpunkte zu fahren und Minen zu werfen. Luckner ist seit seinen Kaperfahrten im Ersten Weltkrieg für dieses Seegebiet zu einem Begriff geworden, der eine gewisse Nachsicht für die eigene Ohnmacht gestattet.

Die Verwirrung und Bestürzung wurde noch durch das Auftreten des HSK ORION erhöht, den ein australischer Bomber südlich von Südwestaustralien überflog und filmte.

Alarmmeldungen aus dem Pazifik!

Am 25. November versenkten hier ORION und KOMET die HELMWOOD.

Am 27. November funkt die 16 712 BRT große RANGITANE eine qqq-Meldung – und schweigt. Ebenfalls ein Opfer dieser beiden deutschen Raider.
Alarmmeldungen aus dem Indischen Ozean!
Am 9. November verschwindet der Tanker TEDDY, den Tanker OLE JACOB ereilt sein Schicksal einen Tag später.
Am 11. November jagt die britische AUTOMEDON rrrr-Notrufe in die Welt.
Alle drei Schiffe liefen dem HSK ATLANTIS südlich der Bengalischen See in die Fänge.

*

PASSAT hat am Treffpunkt die Maschinen gestoppt. Von der PINGUIN ist noch nichts zu sehen. Ob alles klargegangen ist? Hat ja einen längeren Anmarschweg zu bewältigen. So groß ist das Vertrauen in das Kriegsglück ihres Kommandanten, daß sich die Männer nicht sorgen. Einen anderen Kummer haben sie dafür im Herzen. Ein Fest will man feiern, ein Fest, wie es sich nach jedem Minenunternehmen von selbst versteht. Und Warning sagt nicht nein. Es entspricht zwar nicht seiner ernsten Natur und seinem beinahe abgeschlossenen Wesen, aber er tut mit, um den Männern die Freude nicht zu nehmen.
Die ehemaligen Minenräume verwandeln sich unter den Händen der eifrigen Seeleute in festliche Hallen. Die Wände hat man mit Signalflaggen geschmückt, den Boden ausgelegt und Polster als Sitzgelegenheit zusammengetragen.
Abends sitzen sie bis auf die Wachgänger in frohem Kreise.
Der Koch lüftet sein sorgsam gehütetes Geheimnis.
Nach einer großartigen Bouillonsuppe läßt er falschen Hasen in solchen Mengen servieren, daß nicht jeder soviel essen kann wie er möchte. Die Krönung des festlichen Schmauses bilden jedoch die schneeweißen gedämpften Kartoffeln, über die sich die Männer hermachen, als hätte man ihnen die schönsten Früchte dargeboten.
Für den falschen Hasen interessiert sich keiner mehr.
»Mann, wo haben Sie denn auf einmal die Kartoffeln her?« wundert sich Warning. »Warum sind die denn nicht schon früher auf die Back gekommen, statt dieser leidigen Dörrkartoffeln, was?«
»Habe sie aufgespart für dieses Fest. War ja früher lange genug bei der Minensuch, da muß man als Smut zum Abschluß immer eine Perle bereit haben.«
»Das war schon ›nen ganzes Kollier, Smut«, lacht Warning.
Eine neue Schüssel wandert in den Saal.
Sie recken die Hälse.
»Mensch, Spargelsalat«, ruft einer aus, fast entsetzt, denn er ist satt.
Den Spargel hat der Smut in der Proviantlast des Tankers gefunden. Stammt aus Amerika. Schmeckt aber trotzdem ganz gut, denn der beste Spargel wächst nun doch in der Heimat.
Warning kann nun nicht umhin. Er muß seinerseits auch etwas tun. Mit einem Daumenbreiten sind die Männer nicht zufrieden.

»Zwei Flaschen Bier je Kopf sind auszugeben«, ordnet er an.

Das Fest ist damit wirklich ein Fest geworden.

Die Männer haben es sich redlich verdient.

Zwei Tage später trifft der Hilfskreuzer ein. Er wird jubelnd begrüßt. Das Winken will gar kein Ende nehmen.

Warning, Schmidt und Lewit fahren hinüber. Leutnant Hanefeld übernimmt auf dem Norweger das Kommando.

Warning berichtet Krüder.

»Saubere Arbeit, Warning«, sagt der kurz. Was Anerkennung betrifft, ist Krüder geizig wie ein Schotte. Wenn er aber lobt, kommt es von Herzen. Und das wiegt um so schwerer.

Der Treffpunkt wurde auf die Minute genau angelaufen. In einem gewöhnlichen Atlanten, wie wir ihn in Gebrauch haben, würde er, wenn wir ihn mit einem Bleistift einmalen, viele Quadratkilometer umfassen. Krüder hatte die Stelle aber in einer Seekarte eingezeichnet. Sie zu finden, war die hohe Kunst seiner Nautiker, denn die See hat keine Straßenbäume, keine feststehenden Berge und keine Täler – über ihr schweben nur die himmlischen Trabanten. Aus deren jeweiligem Höhenwinkel läßt sich aber ein Ort in Kompottellergröße genau bestimmen*…

> * Erich Gröner dazu: »Da 'scha woll 'nen büschen übertrieben. Ja wenn man an Land fest steht und kostbare Instrumente zur Hand hat und in Bierruhe ablesen kann! Auf See ist man immerhin zufrieden, wenn man auf weniger als eine halbe Seemeile zurechtkommt.« Bei allem Humor des mathematisch genauen Wissenschaftlers, dieser Vergleich ist auch nur bildhaft gemeint.

In allen Räumen, in allen Kammern aber werden die Erlebnisse ausgetauscht – erst die sachlichen und dann der Rees, daß der Firnis von der Decke fällt und die Spanten sich biegen.

»Wir«, sagt einer von der PASSAT, »wir waren so dicht unter Land, daß wir durch das Glas sogar das Monogramm in der aufgehängten Spitzenunterwäsche der Frau des Leuchtturmwärters gesehen haben. H. L. hatte sie eingestickt.«

»H. L.?« staunt einer. »Ach so, heißt: Hei lücht! Gebt bloß nicht so an. Wir aber waren wirklich dicht unter Land, als wir Sydney anliefen. Ihr Armen – wir haben ganz andere Sachen gesehen. Nicht so 'ne olle Leuchtturmwärtersche vom Format einer Hamburger Gemüsefrau. Piekfeine leckere Mädchen stolzierten auf der Promenade herum. Unser Fiete Gabe hat sich untröstlich in eine süße kleine Blonde verliebt. Bloß, daß die Strumpfnaht verrutscht war, paßte ihm nicht, als er genauer hinsah. Die Dunkelhaarige, das war mein Typ. Eine Figur, Kerls, zum Niederknien.«

Mit solchem Seemannsgarn vergeht die Nacht.

Die vorstehenden Schilderungen haben bereits mehrfach erkennen lassen, daß Krüder die außerordentliche Gabe besaß, zu improvisieren und sich jeder Situation anzupassen. Mit Phantasie und einem reichen Ideenschatz von Natur aus beschenkt, versuchte er, aus den ihm zur Verfügung stehenden Mitteln das Beste und Nützlichste herauszuholen. Er hielt sich nicht an das Althergebrachte, Dagewesene, er trachtete danach, Bisheriges anders und besser zu machen.

So kommt es denn zu einer anderen, im Operationsplan der Seekriegsleitung nicht vorgesehenen und auch nicht vorgeschlagenen Erweiterung des Hilfskreuzerkrieges.

Krüders neuer Plan ist »das zweite Auge«.

Er will die STORSTAD, Ex-Hilfsminenleger PASSAT, noch lange nicht vermissen, und er baut dieses Schiff, dessen »Harmlosigkeit« sich beim Minenlegen so glänzend bewährt hat und dem Gegner in seiner neuen Eigenschaft als Prisenschiff unter deutscher Flagge noch nicht bekannt wurde, als erweiterten Ausguck, vom PINGUIN nämlich 50 bis 150 Seemeilen entfernt fahrend, in seine Operationspläne ein.

Niemand dürfte beim Sichten des Tankers STORSTAD einen Argwohn haben. Allerdings hat die Britische Admiralität, um solchen und ähnlichen Eventualitäten vorzubeugen, klugerweise ihre Kapitäne angewiesen, jedem Schiff – auch solchen, die man mit absoluter Sicherheit als eigene ansprechen könne – auszuweichen. Krüder rechnet aber mit der menschlichen Unzulänglichkeit und einem gewissen Phlegma derartigen Befehlen gegenüber. Es gibt zudem in der Seekriegsgeschichte noch kein Beispiel, daß ein Tanker als Hilfskreuzer oder Hilfskreuzer-Hilfsschiff die Meere befuhr.

Eben auf den Tankertyp baut der Kommandant seine Pläne auf.

Krüders Überlegungen sollen zum Erfolg führen. Der alte Fuchs in ihm ist immer noch klüger als die ihn suchende Meute australischer und britischer Kriegsschiff-feinheiten.

Warning hat das Kommando der STORSTAD abgegeben. Als Kapitänleutnant war er nach der Unternehmung zu Krüder in die Kammer gebeten worden. Nach drei Stunden erschien er wohlgelaunt, von Krüder mit herzlichen Worten verabschiedet, wieder als Leutnant zur See der Reserve an Deck.

Den Tanker führt jetzt der Oberleutnant zur See Lewit, der sich während der Minenunternehmung unter Warnings Kommando auch als Nautiker bewährte. Zwischen Lewit und dem Funkoffizier Oberleutnant Ch. Brunke – der übrigens in nächtelanger Arbeit den neuen Geheim-Code zwischen der Britischen Admiralität und alliierten Handelsschiffen entschlüsselte – wird ein Kurz-Code vereinbart, um Nachrichten austauschen zu können.

XIV.

Einige Tage sind seitdem vergangen, und noch immer zeigt sich keine Rauchfahne und keine Mastspitze an der Kimm. Die Tage schleichen dahin, und wieder dämmert ein Abend herauf, der einen jener traumhaft schönen, fast wirklichkeitsfremden Sonnenuntergangszauber beschert.

Kulissenhaft schieben sich die Herden kleinerer und größerer Schäfchenwolken, an den Rändern goldverbrämt und nach der Mitte zu in dunkles Rosa übergehend, über den Horizont.

Die Kimm ist bei diesem Strahlenfeuerwerk schwer zu beobachten.

Dennoch behauptet Leutnant Bach, einen kurzen Augenblick eine Rauchfahne gesehen zu haben.

Alle anderen Wachgänger, auch die höher in den Masten ausguckenden Posten, haben nichts gesehen.

Einer von Bachs Kameraden ulkt: »Sie müssen mal heim. Für 24 Stunden zur Mutti hin ... Bißchen nervös. Das war 'ne Wolke.«

»Es war keine Wolke ... aber das mit der Mutti, das allerdings wär 'ne Wolke ... Never mind ...«

Krüder bespricht sich mit seinem NO Michaelsen.

»Angenommen, Bach hat Recht – woran ich nicht zweifle –, dann wird das Schiff 15 Seemeilen ab stehen. Angenommen, es läuft westlichen Kurs, dann müssen wir es, wenn es, wie allgemein üblich, zwölf Knoten läuft, um die Mitternacht in Sicht bekommen«, das ist Michaelsens Meinung.

Krüder schließt sich ihr an und gibt den Kursbefehl.

PINGUIN legt sich mit voller Maschinenkraft auf NzO 1/4 Ost.

Auf der Wache bis um die Mitternacht kommt nichts in Sicht, obwohl sich die Männer die Augen wundsehen. Nach der Ablösung verlassen die beiden Wachoffiziere betrübt die Brücke. Sie trinken noch eine Mug starken Bohnenkaffee, sehen das Sinnlose ein und dämpfen die Wirkung des aufmöbelnden »Mittelwächters« (besonders starker Kaffee für die Mittelwache) mit einem Manhattan, den sie sich von dem Pentrygasten Dammeier reichen lassen.

Typisch für alle an Bord ist die Erwartung eines erlösenden Ereignisses ...

Sind sie nicht hier alle Verbannte des unerbittlichen Meeres? Durch den Krieg in die für einen Menschen so grauenvolle Zeitlosigkeit des Ozeans verdammt?

Weich und voll schwerer Sehnsucht umspült nachtfeuchter Wind, herübergeweht von den hitzegeschwängerten Gestaden Indiens, die Einsamen auf der Brücke, die unruhig Schlafenden über die Lüfter in ihren Kojen. Gleichmäßig umrauscht die Bugwelle den schwarzen eisernen Leib des Schiffes und vermischt sich mit dem leisen Rumoren der Maschinen und dem Singen des Windes in Stagen und Masten zu einer schweren Melodie. Nur ab und zu ein Ruf, ein Schritt oder der schwache Hall einer zuschlagenden Tür.

Die abgelösten Wachgänger können keine Ruhe in ihren Kojen finden.

Sie horchen gequält auf den Herzschlag des Schiffes. Wälzen sich von einer Seite auf die andere.

0.32 Uhr zerreißt das ekelhafte Getöse der Alarmglocken scheinbare Ruhe. Verhaltenes Trappeln vieler Füße. Metallenes knackt und klirrt. Alles an Bord ist schleichende, verhaltene, aber zum Zerreißen angespannte Bewegung.

Dr. Hasselmann kann es sich nicht verkneifen, vor dem Wege auf seine sanitäre Gefechtsstation auf die Brücke zu eilen. Da sieht er durch das Nachtglas, lächerlich dicht, den Schattenriß eines großen, im Glase nicht endenwollenden Schiffes. Er sieht auch den Kommandanten in der Brückenmitte stehen. Die Hand an der Nase. Hasselmann ahnt, daß Krüder wieder einmal etwas anderes tun wird, als die Besatzung es erwartet.

Krüder will Munition sparen. Er läßt die Geschütze klarmachen und den Fremden durch einen Morsespruch in englischer Sprache zum Stoppen auffordern.

»Benutzen Sie nicht Ihre FT. Sie werden sonst beschossen.«

Der Gegner stoppt und gibt mit der Morselampe im Top zurück:

»I am stopping.«

Sein großes, gut sichtbares Geschütz auf dem Heck bleibt unbesetzt.

»Nanu, das ist doch beinahe gar nicht möglich. Wenn das nur keine Falle ist«, sagt Krüder. Er wittert Unrat.

Es ist keine Falle. Auf dem Briten bleibt es friedlich und ruhig. Er erwartet, gestoppt liegend und leise in der Dünung auf- und abwiegend, das inzwischen klargemachte Prisenkommando.

Krüder ist immer noch mißtrauisch.

»Halten Sie sich achterlich, damit wir schießen können, falls die da drüben einen Angriff planen«, ruft Krüder dem abfahrenden Prisenkommando nach.

Nichts ereignet sich.

Das Geschütz auf dem Gegnerfrachter – es ist unzweifelhaft ein Brite – bleibt in Ruhestellung.

Der FT-Raum auf PINGUIN meldet keinen Funkverkehr. Die qqq-Meldung bleibt aus.

Bach und Warning klettern ihren Männern über die auf dem Gegner über Bord gehängte Jakobsleiter voraus.

Dumpf und fremd dröhnt in der Dunkelheit ihr Schritt auf den Eisenplatten des Fremden. Ein hochaufgeschossener Mann, eine blakende Stallaterne in der Hand, erwartet das Untersuchungskommando mit undurchdringlichem Gesicht.

»Der Alte ist das nicht«, sagt Bach und sieht sich den Mann genauer an. Er hat ein unangenehmes Gefühl, als er diesen Kerl betrachtet. Vielleicht ist es auch nur sein graues, von Blattern porös gewordenes Gesicht, das diese Begegnung so unheimlich macht.

»Bitte, Sir«, sagt der mit der Laterne im zuckenden Licht des Funzelflämmchenfeuers, »der Kapitän läßt bitten.«

»Sie können's nicht lassen, die alten Fahrens-Kapitäne ... Sie empfangen stilvoll im Salon ... Wie Könige, die dem Sieger keinen Schritt entgegengehen.«

Der mit der verwitterten Visage, aus der weder Verwunderung noch Erstaunen noch Angst noch Feindseligkeit sprechen, bewegt die Hand und weist zur Brücke hin. Auf dem Wege nach dort treten malerische Gestalten aus dem Dunkel heraus. Laskaren, indische Besatzungsmitglieder. Sie drängen sich wie eine frierende Herde zusammen. Ihre großen, braunen Augen sind vor Furcht weit aufgerissen.

Ein uralter weißer Seemann bahnt sich schimpfend durch die Inder einen Weg. Mit langem schlürfendem Schritt kommt er daher und bleibt, die Hände bis zu den Ellbogen in den Turm seiner geringelten Hosenbeine versenkt, vor Bach und Warning stehen. Seine gutmütigen Kinderaugen scheinen eine Vision zu bewundern. Er sagt kein Wort. Er kaut auf seinen Lippen herum …

Stehend empfängt der britische Kapitän das Prisenkommando in seinem Salon. Sein Name ist Collins. Er ist von schmächtiger, hagerer, ja fast kleiner Gestalt. Sein Gesicht ist maskenhaft erstarrt und ernst. Aber Warning meint doch, ein fatales Lächeln hinter den Zügen zu sehen. Unter der Nase tropft ein sorgsam gepflegter weißer Spitzbart.

Sieht aus wie eine Tüte. Vor jeder Antwort zupft er mit seiner braungebrannten linken Hand daran. Seine Aussagen sind sachlich. Nur ein geübtes Ohr hört eine mitschwingende, verhaltene Erregung heraus.

Bach schreibt später in den Prisenbericht:

»Der 7 920 BRT große britische Frachter NOWSHERA hat 4 000 Tonnen Zinkerz, 3 000 Tonnen Weizen und 2 000 Tonnen Wolle geladen. Außerdem ist das Schiff mit Stückgutkisten beladen. Bewaffnung zwei 15-cm-Geschütze japanischer Konstruktion. Besatzung 25 Weiße und 120 Laskaren. Der einzige Passagier ist der britische Kapitän Dudley Crowther.«

Bach hat inzwischen die Kapitänskammer verlassen, um sich um die Besatzung zu kümmern. Er hat dem Kapitän von Krüder entworfene, hektografierte Blätter mit dem Hinweis in die Hand gedrückt, diese sofort verteilen zu lassen. Auf den Blättern steht in englischer Sprache:

»Vergessen Sie bitte nicht, mitzunehmen: Toilettengegenstände, warme Bekleidung, Ihre Wertsachen …« Alle in Frage kommenden lebenswichtigen und privatpersönlich wertvollen Dinge sind in dieser Liste aufgezählt.

Krüder hatte nämlich bei der Aufbringung der ersten Schiffe festgestellt, daß die Leute in ihrer Hast und Aufregung doch diesen und jenen notwendigen Gegenstand vergaßen. PINGUIN ist nicht so gründlich ausgerüstet, um mit allen Dingen aushelfen zu können.

Unmittelbar nach Bach betritt der Gastkapitän die Kammer von Collins. Trotz der geschlossenen Türen vernimmt der deutsche Prisenoffizier, wie Kapitän Crowther seinem Kollegen Collins mit vor Zorn lauter Stimme schwere Vorwürfe macht.

»Ich an Ihrer Stelle hätte das Schiff führen sollen. Ich hätte mich nicht ergeben. Das ist eine glatte Feigheit, Herr …«

»Sie sind ein Narr, wenn Sie meinen, gegen ausgebildetes Artilleriepersonal und modernste E-Meßanlagen des Hilfskreuzers aufkommen zu wollen. Wozu Blutvergießen?! Wir gewinnen den Krieg. Das ist entscheidend. Ich habe während des Ersten Weltkrieges als Kommandant Truppentransporter gefahren und gewißlich meiner Pflicht genügt. Hier aber bin ich dagegen, auch nur einen meiner Leute unnötig zu opfern.«

»Ich werde Sie melden, Collins.«

»Oh, interessant. Wem denn? Wenn wir an Bord des deutschen Raiders nicht von den Kanonen britischer Einheiten zusammengeschossen werden – vielleicht dem Kommandanten des in Aussicht stehenden Internierungslagers?«

»Verlassen Sie sich darauf. Ich werde fliehen. Ich werde vor Ihnen und vor Kriegsende in Großbritannien sein.«

»Dann nehmen Sie meine Hand zu diesem tapferen Entschluß. Hier aber bedeutet Schneid nur ein sinnloses Opfer vieler braver Seeleute.«

»Haben Sie wenigstens gefunkt?«

»Wissen Sie, mein lieber Crowther, Ihre Fragen nehmen langsam inquisitorische Formen an, die mich an die Regeln erinnern, die Papst Paul der Dritte im Jahre 1542 für die Ketzergerichte erließ. Sie haben hier weder die einen noch die anderen Befugnisse. Sie sind Gast an Bord, mein Herr. Bitte, lassen Sie mich jetzt allein. Vergessen Sie Ihre Zahnbürste nicht. Es könnte Ihnen leid tun. Alles andere steht da auf diesem Zettel. So gründlich die Deutschen in diesem Punkte sind, so gründlich hätten sie uns zusammengeschossen. Bis nachher, Mister Crowther.«

*

Als Bach später die PINGUIN betritt, berichtet er von Crowthers Vorwürfen. »Sonst noch etwas…?«

»Nein, die beiden scheinen achtbare Kerle zu sein. Jeder auf seine Art.«

Über den Fluchtplan des britischen Gastkapitäns schweigt Bach.

Krüder kratzt sich verlegen hinterm Ohr, als er die 120 indischen Seeleute an Bord klettern sieht.

»Was geben wir den braunen Herrschaften denn bloß zu futtern. Schweinefleisch dürfen sie, so viel ich weiß, aus religiösen Gründen nicht essen – und Reis haben wir nicht genug an Bord, um ihn alle Tage auf den Tisch zu bringen.«

»Da ist ein Hammel an Bord der NOWSHERA – vermutlich hat man ihn extra für die Inder mitgenommen«, erwähnt Bach.

»Na gut, dann holen wir ihn herüber, bevor das Schiff gesprengt wird.«

Matrose Schneekloth, der Bauernsohn aus Dänischenhagen bei Kiel, Betreuer der lebenden Schinken, wird zum Kommandanten gerufen.

»Eumäus, was frißt so ein Hammel?«

»Jras, Herr Kapitän.«

»Aber wir haben bloß Seegras hier, Eumäus.«

»Dunner noch mol, dascha war Nijet for de Wissenschaft. Wull'n wie mol verseuken, Herr Kaptein.«

Schneekloth nimmt den Hammel in Empfang.

In der Nacht noch werden auch Lebensmittel, Getränke, Rauchwaren und die australischen Weihnachtskisten von der NOWSHERA übernommen. Die ganze Besatzung steht in schweigenden Gruppen herum und bestaunt diese unerwarteten Gaben, die ihr ein gütiges Schicksal nun für den eigenen Weihnachtstisch bescherte.

Man wird ja zum Fest ohne Post, ohne Gruß aus der Heimat sein.

In drei Wochen …

Man hat heimlich einigen Kisten den Deckel angelüftet. Sie enthalten Wollzeug, Pullover, prima dicke Pullover, Schals in großartig bunten Farben, warme Handschuhe, Unterhosen, Unterjacken …

Viele sind enttäuscht.

»Wat'n Bleudsinn, wat schall'n wi denn in de Tropen mit dat warme Tügs.«

Die Begeisterung ist hin.

Das frohe Lachen verstummt.

Der Kommandant hört schmunzelnd der Männer Empörung. Er allein weiß, daß die Stunde gar nicht mehr fern sein wird, in der diese warmen Sachen ihre dankbaren Träger finden.

Bis jetzt ist das Bild der Versenkungen eigentlich immer verschieden gewesen. Auch die NOWSHERA ist eigensinnig genug, ihrem tragischen Ende eine eigene Note zu verleihen.

Um Granaten zu sparen, sprengt auch hier ein Kommando das Schiff mit außenbords aufgehängten Fliegerbomben, während die Männer selbst noch an Bord verbleiben, um notfalls durch weitere Ladungen nachzuhelfen.

Die Sprengungen sind kaum verhallt …

Ein furchtbarer Ruck erschüttert das Schiff. Es bäumt sich auf wie ein geschlagenes Tier. Den deutschen Seeleuten ist's, als zerbrechen alle Knochen. Ihre Füße verlieren den Halt, als hätte man ein Brett unter ihnen hinweggezogen. Der Kopf dröhnt ihnen. Glas splittert. Holz hagelt an Deck. Dann ist mit einem Male eine Kirchenstille um sie herum.

Einige haben die Augen geschlossen. Andere stürzen zur Reling hin. 'runter von diesem verfluchten Kasten. Der platzt ja auseinander. Sinkt.

Er sinkt aber nicht mehr …

In seiner ganzen Länge ist der 8 000 Tonnen große Frachter um zwei Meter abgesackt. Wie ein Stein. Er treibt nun wohl auf der Luft in den noch durch die Lukendeckel geschlossenen Laderäumen. Von Deck aus könnte man jetzt bequem in den Kutter steigen, denn die Reling liegt nun in ebener Höhe mit der See. Könnte …? Sie tun es … Sogar schnell und ohne weiteren Befehl.

'rein in den Kutter und 'runter vom Schiff.

Es wurde auch höchste Zeit für die Männer vom Sprengkommando, daß sie den zerfetzten Leib des Briten NOWSHERA verlassen. Sie sind um eine Erfahrung reicher. So was kann ja auch in keinem Lehrbuch stehen …

Zwei Tage nach dem Untergang der NOWSHERA erscheint Schneekloth auf der Brücke.

Krüder begrüßt ihn herzlich.

»Dat Jras aus den Seegrasmatratzen will hei nich. Ein Hammel von einem Hammel.«

»Hast du das ernsthaft versucht?«

»'woll, Herr Kaptein, for de Wissenschaft is mi keen Opfer groß genug.«

*

Es ist der 20. November.

Die Schatten der Nacht sind mit tropisch schnellen Schwingen davongeflogen, und die ersten Strahlenkeile einer aufgehenden Sonne beleuchten das Deck der PINGUIN, auf dem sich das buntfarbene Völkchen der Inder tummelt. Die Braunen wurden in den freigewordenen Minenräumen untergebracht. Das soll sich bei achterlichem Wind für die weiße Besatzung nicht als sehr angenehm erweisen, denn die Laskaren umhüllen sich mit einem eigenartigen, für eine europäische Nase unwahrscheinlich unangenehmen Körpergeruch, der aus dem Unterkunftsraum durch die Lüfter nach oben dringt. Dafür können die Leute natürlich nicht, und man sorgte daher dafür, daß sie sich weitmöglichst an Oberdeck bewegen dürfen.

Für Assistenzarzt Dr. Hasselmann bedeutet das farbige Völkchen eine ansehnliche Mehrarbeit. Die Braunen kommen mit jeder Kleinigkeit, mit jedem Kratzer am Finger oder am Bein, zum »Doktor« – vielleicht, weil in Indien deutsche Ärzte und deutsche Medikamente von jeher einen guten Ruf gehabt haben.

»Para darant«, klagten die Patienten, was soviel wie »große Schmerzen« bedeutet. Hasselmann läßt sich in solchen Fällen den indischen Vereinsführer, den leidlich Englisch sprechenden »Serang«, kommen und behandelt nun mit Hilfe dessen Dolmetscherkunst. Das ist ein nicht immer einfaches Unterfangen. Es ist oftmals aber auch erheiternd, denn die harmlosen, noch immer etwas scheuen Inder geben genug Anlaß zu unfreiwilligen Späßen.

Krüder hat Dr. Hasselmann überdies neben der gesundheitlichen Betreuung der Besatzung und der Gefangenen befohlen, den »Serang« vor jedem zu erwartenden Gefecht aufzusuchen – und aufzuklären. Der »Serang« soll seine Leute unterrichten, um eine Panik unter den schreckhaften Sonnenkindern zu verhüten.

Auch mit diesen Maßnahmen zeigt sich Ernst-Felix Krüder von seiner besten menschlichen Seite. Für ihn sind die Gefangenen nur der Form nach Gefangene. Sonst tut er alles, um sie als Menschen zu behandeln und unterzubringen. Krüder macht da keine Unterschiede zwischen Weiß, Schwarz oder Braun.

In das übliche, fast friedfertige morgendliche Bild der sich an Deck tummelnden Gefangenen, die eher Deckspassagiere als Internierte sein könnten, schrillen die Alarmglocken.

Wieder stehen zwei Mastspitzen über dem Horizont.

Das Schiff wächst aus der Kimm, dreht ab, kommt wieder in Sicht und wechselt erneut seinen Kurs. Es funkt aber nicht.

Der FT-Verkehr australischer Landstationen mit irgendwelchen in See befindlichen Kriegsschiffeinheiten ist an diesem Tage besonders rege. Der wachhabende Funkmaat Splittgerber legt dem Kommandanten laufend einen Code-Spruch nach dem anderen vor. Nur teilweise ist es gelungen, in das Schlüsselsystem der Gegner einzubrechen.

Krüder läßt den Fremden unter die Kimm laufen und beobachtet zunächst den Funkverkehr. Wie immer bespricht er sich mit Michaelsen, um dann das zweite, inzwischen aus den Kisten ausgepackte Bordflugzeug mit Sonderanweisungen starten zu lassen. PINGUIN überholt gerade in Teilabschnitten seine Motoren. Das Schiff ist nicht voll einsatzfähig. Das bedeutet aber nicht, daß Krüder nicht einen Weg findet, den Fremden zu jagen und zu stellen.

Die Flieger nehmen den für PINGUIN unter der Kimm stehenden 10 000 BRT großen Frachter seitlich an und morsen ihm den Stoppbefehl entgegen. Als Antwort werden sie mit Maschinenwaffen beschossen. Oberleutnant Müller will das Schiff aber nicht in Brand werfen, und getreu Krüders Grundsatz: »Nach Möglichkeit kein Blutvergießen«, wirft er nun seine Bomben direkt vor den Bug. Aber auch das kann dem britischen Kapitän ganz und gar nicht imponieren. Statt dessen beginnt man auf dem Frachter über FT einen mörderischen Lärm im Äther zu schlagen.

Der die Maschine fliegende Obermaat bekommt von Müller einen Zettel hingeschoben:

»Reißen Sie ihm die Antenne.«

Sie fahren ihre Schleppantenne aus, gehen tiefer und tiefer und rasen nun dem Frachter entgegen. Größer werden die Masten, größer der Schornstein. Die britische Brückenwache, die an einen Angriff glaubt, bringt sich mit langen Sätzen in Deckung. Nur der Kapitän bleibt und steht breitbeinig wie ein Turm auf dem Brückendeck. Er hantiert nur wild mit den Armen, so, als ob er Befehle erteile. Es klirrt, knackt, zittert in der Maschine. Die »He 115« bietet dem heftig schießenden Briten eine wundervolle Schießscheibe. Die Deutschen können aus ihren Bordwaffen das Feuer nicht erwidern. Die Flugzeugmechaniker hatten die Waffen zur Überholung ausgebaut, als der Startbefehl kam.

Aber das wissen ja die Briten nicht.

Plötzlich ein Ruck. Werner und Müller werden in den Gurten nach vorn gerissen. Der Funkverkehr reißt ab, aber …

»Benzin«, schreit der Oberleutnant und zeigt nach den Tanks hin. Es riecht unverschämt stark nach Benzin. Der beißende Geruch wird immer stärker. Kein Zweifel, das rasende Abwehrfeuer des Briten hat einen oder mehrere Tanks im Flugzeug getroffen und durchlöchert. Da steht auch schon der Motor still. Der Propeller macht noch einige Umdrehungen, dann ist es aus. Die Latte steht aufrecht wie ein Ausrufungszeichen von der Kanzel. Obermaat Werner setzt das Flugzeug einige hundert Meter neben dem Frachter geistesgegenwärtig in die dünende See.

»Paß auf, Werner«, schreit Müller, »jetzt knallen sie uns ab.«

»Das wäre feige und unfair.«

»Danach fragen die Briten nicht.«

»Propaganda.«

Der Gegner hat das Feuer tatsächlich eingestellt und rauscht nun mit hochauf-
schäumendem weißem Bart seiner Bugwelle in hoher Fahrt vorüber. Deutlich
sehen die beiden Deutschen die britischen Schiffsoffiziere auf der Brücke und das
zusammengelaufene Schiffsvolk an der Reling. Einer auf der Brücke hebt die Hand
und winkt, als gälte sein Abschiedsgruß guten alten Bekannten.

Sie haben außer den Flakwaffen auch ein mächtiges Langrohrgeschütz auf dem
Heck stehen – und sie schießen trotzdem nicht auf das wehrlos gewordene Flugzeug.

»Unglaublich anständige Herrschaften«, sagt Müller und winkt nun auch seinerseits hinter dem ausreißenden Frachter her. Als Antwort kommt ein grollender Ton
aus dem tiefliegenden Bauche des Schiffes herüber – ein Verstandenzeichen mit
der Dampfpfeife.

»Hätten Sie anders gehandelt?« fragt Werner den Oberleutnant Müller.

»Ich – nein. Aber nach all dem, was man in den Zeitungen las …«

*

PINGUIN hat inzwischen ihre Maschinen klar bekommen. Sie läuft in hoher
Fahrt auf. Krüder darf seine Flugzeugbesatzung nicht im Stich lassen – er darf
aber auch keine Minute Zeit verlieren, um den Briten zu jagen.

»Küster, machen Sie die Boote klar. Decken, Pelzmäntel, Verbandzeug, Schnaps und
Proviant für zwei Tage. Drei Seeleute dazu und dann weg mit dem Boot.«

»Bei der Fahrt, Herr Kapitän?« wendet Warning ein. »Ein Risiko, dieses Boot aus-
zusetzen.«

»Bei AK natürlich nicht. Aber sehr viel weniger darf es auch nicht sein. Wozu habe
ich denn meine Handelsschiffsoffiziere und Seeleute von der Christlichen an Bord?«

Michaelsen schaltet sich ein. »Herr Kapitän, Warning hat recht mit seinen Bedenken … aber es kann klargehen, wenn die richtigen Leute im Boot und an den Davits
sind – und wenn wir mindestens die Hälfte unserer jetzigen Fahrt vermindern.«

»Na also. So ist es gemeint. Stoppen können wir nicht oder wir schreiben die
Beute in den Schornstein.«

Tatsächlich glückt es, den Kutter trotz immer noch verhältnismäßig hoher
Geschwindigkeit der PINGUIN glatt auf die hoch dünende See aufzusetzen und
rechtzeitig und vor allem gleichzeitig auszuklinken. In weitem Bogen schwingt der
Kutter mit Hartruderlage von der Bordwand frei. Krüder hat bei diesem Manöver
die Hände in das gelackte Teakholz der Brückenreling gekrallt – als der Kutter
freischwimmt, schiebt er mit dem Daumen die Mütze ein wenig nach oben und
streicht mit der rechten Hand ein paar silberne Perlen von der Stirn.

Das Rettungsboot kommt gerade noch zur rechten Zeit. Bei dem Beschuß war auch
der Backbord-Schwimmer getroffen worden, und die Maschine hat beim Annähern
des Bootes bereits bedrohliche Schlagseite.

Mit dem Verbandzeug gelingt es, die Löcher im Schwimmertank abzudichten und das Flugzeug schwimmfähig zu halten.

PINGUIN folgt dem in hoher Fahrt ablaufenden Gegner. PINGUIN läuft 15 Knoten, der andere 14. Mit minutiöser Genauigkeit rechnen sie auf der Brücke aus, wann das ablaufende Schiff in den Feuerbereich der Artillerie kommen wird.

Aus dem Funkraum kommt die Meldung, daß das gegnerische Schiff wieder funkt. Offenbar hat man da drüben eine Notantenne aufgebracht. Der Gegner beschreibt alle Einzelheiten der PINGUIN. Ihre Größe, ihre Aufbauten, ihre Schiffsform. Ohnmächtig und nicht imstande, diese gegnerische Maßnahme zu unterbinden, muß Krüder es hinnehmen, daß der ganze Indische Ozean und alle Flottenstützpunkte rebellisch gemacht werden. Die Hoffnung des andern, daß der deutsche Handelstörer ablassen würde, um sich der Beobachtung und damit der Beschreibung zu entziehen, erfüllt Krüder nicht. Meter um Meter schiebt sich PINGUIN an den großen Frachter heran. Jetzt versucht dieser sogar, sich einzunebeln – ein hoffnungsloses und verzweifeltes Bemühen. Bei der großen Geschwindigkeit, der an sich klaren Sicht und dem herrschenden Wind gleitet die künstliche Nebelwand seitlich weg. Ihre Wirkung verpufft.

Auf PINGUIN beobachten sie, daß der Brite sein Heckgeschütz besetzt. Durch das Glas betrachtet, entpuppt sich die Gegnerwaffe als eine der üblichen 15-cm-L/40-Kanonen.

»Ein Glück, daß die Briten den gleichen Kummer haben wie wir. Das Ding ist genauso alt wie unsere schweren Geschütze. Stammt auch aus der Zeit vor dem World War number one«, sagt Krüder und setzt das Glas wieder ab.

»Und diese Kanonen haben sogar noch zehn Prozent weniger Mündungsenergie als unsere«, schaltet sich der AO ein.

»Bekannt, mein Lieber. Und ein Trost für uns.«

Endlich steht der Brite in Schußweite des Hilfskreuzers. PINGUIN enttarnt. Die Klappen fallen von den Bordwänden. In den Mast steigt die Kriegsflagge. Aus dem harmlosen Frachter ist ein Hilfskriegsschiff geworden. Krüder befiehlt eine ganze Breitseite seiner 15-cm-Geschütze. Er will bei dieser Gelegenheit zum ersten Male die im Laufe der Fahrt vom AO Rieche und seinen Artilleriemechanikern ausgeknobelte und mit »Bordmitteln« installierte Zentralabfeuerung ausprobieren, denn beim Auslaufen des Schiffes mußte jedes Geschütz noch für sich abgefeuert werden. Die erste Salve verläßt fauchend und orgelnd die Rohre. Unmittelbar danach steigen neben der Backbord-Bordwand des Fliehenden vier dicht nebeneinanderliegende Wassersäulen auf. Die zweite Salve liegt noch näher, und es ist auch dem britischen Kapitän klar, daß die nächste sein Schiff treffen muß.

Das Gegnergeschütz ruht noch immer in Nullstellung, obwohl PINGUIN jetzt in den Wirkungsbereich der britischen Abwehrkanone gefahren ist.

»Gegner streicht Flagge«, brüllt der Ausguck im Mast. Durch die guten Gläser sehen sie nun auch auf der Brücke, daß der Brite seine Flagge »im Bogen« gestrichen hat, das heißt, man hat da drüben die Flaggleinen einfach unten losgeworfen. Die Vollsalven der PINGUIN müssen den britischen Kapitän so stark beeindruckt haben, daß er nicht einmal Zeit ließ, die Flagge ordnungsgemäß niederzuholen. Weißer Dampf quirlt aus dem Dampfrohr am Schornstein, das Zeichen, daß die Maschinen da drüben stoppen und der Dampfüberschuß abgeblasen wird. In einem weiten Bogen schwingt das gegnerische Schiff aus der Fahrt.

Hanefeld und Warning übernehmen das Prisenkommando.

»Da sitzt doch ein Kerl auf der Reling«, sagt der Untersuchungsoffizier erstaunt und ungläubig zu seinem Kameraden, als sie und eine Handvoll Seeleute nun zu dem britischen Frachter hinüberfahren.

Hanefeld reckt sich in dem torkelnden Boot auf und blickt mit zusammengekniffenen Augen, wie um besser sehen zu können, zu der bezeichneten Stelle hinüber. »Der ist tot«, antwortet er dann seelenruhig. »Rührt sich ja auch nicht.«

»Tot?«, amüsiert sich Warning, Haben Sie 'ne Ahnung. So kann doch kein Toter auf der Reling sitzen. Der lebt. Passen Sie auf, der lebt!«

Das Boot hat die Bordwand erreicht. Warning entert ein herunterhängendes Manntau, die Füße gegen die rostige Eisenwand des Britendampfers gestemmt, hinauf. Das kostet ihn erhebliche Kraftanstrengung, denn er ist nicht mehr jung. Aber er läßt es sich nicht merken. Hanefeld folgt ihm an einem anderen Tau sofort.

Tatsächlich, die Figur lebt. Sie hält einen gefährlich und böse funkelnden, amerikanischen Colt in den Händen und spielt damit wie einer, der zuviel Gangsterromane gelesen hat.

Er hat dicke, runde Backen, der Mann mit der goldbestickten Mütze auf dem Kopf und den vier goldenen Streifen auf den blauen Schulterstücken auf seiner blütenweißen Tropenjacke; und sein Leibesumfang läßt darauf schließen, daß er viel Zeit seines Daseins hinter Messer und Gabel zu verbringen pflegt. Sieht aus wie ein wohlgenährtes Bäuerlein. Die Nase ist so rot wie eine Erdbeere. Das kann von der Sonne sein. Braucht aber nicht, denn der Herr sieht nicht aus, als sei er ein eingeschworener Abstinenzler. Er lächelt überlegen wie in einem schlechten Kriminalfilm. Jedenfalls macht er keine Anstalten, die simpelsten Formen zu wahren, die man von ihm als Kapitän – ganz gleich, ob er nun Brite, Yankee oder Niederländer ist – erwarten darf.

Die beiden Prisenoffiziere übersehen die Waffe und gehen grüßend auf den Briten zu, der nun endlich sein Bein über die Reling zurückschwingt, den Colt in die Hosentasche schiebt und seinen Namen nennt.

Er heißt Cox und ist 51 Jahre alt, wie später aus den Schiffspapieren ersichtlich wird. Warning streckt die Hand aus, und Mister Cox weiß auch gleich, was damit gemeint ist. Ein bißchen umständlich zerrt er die Kanone aus der Hose wieder heraus. Statt sie aber Warning zu reichen, wirft er sie mit einem boshaften und vielsagenden Lächeln über Bord. Die an Deck stehende Mannschaft weicht zurück, als die Männer vom Prisenkommando das Schiff besetzen. Zwischen der britischen Mannschaft stehen einige Heizer. Sie sind schweißnaß, wie aus dem Wasser gezogen, und machen einen schändlich erschöpften Eindruck, so haben sie geschuftet, um das Letzte aus den Maschinen herauszuholen.

Auf die Frage nach der Ladung antwortet Cox lakonisch: »General Cargo.«

»General Cargo« können ebensogut Schnürsenkel, Eier, Büstenhalter oder auch Maschinengewehre sein.

»Sehen Sie doch selbst nach«, höhnt Cox und plustert seine Backen genießerisch an diesem einseitig renitenten Intermezzo auf.

Die beiden Deutschen gehen auf den herausfordernden Ton nicht ein. Warning befiehlt knapp mit gar nicht mehr kollegialer Stimme: »Treten Sie zu Ihren Leuten und warten Sie unsere weiteren Befehle ab.«

Sicherheitshalber stellt er einen deutschen Seemann ab, auf diesen Herrn aufzupassen.

Aus den Schiffspapieren geht hervor:

Der aufgebrachte Frachter ist das 10 123 BRT große britische Kühlschiff MAIMOA. Es ist mit einer wertvollen Ladung von Australien nach Großbritannien unterwegs. Die Ladung besteht aus der »Kleinigkeit« von 1 500 Tonnen australischer Butter, aus 17 000 Kisten Eier – jede Kiste angefüllt mit 360 Stück (umgerechnet wären dies 16 120 000 Eier), 5 000 Tonnen Gefrierfleisch und 1 500 Tonnen Getreide.

Die Freude kann der PINGUIN-Kommandant seinen Männern nicht machen, einmal in die Laderäume des Kühlschiffes zu schauen. Wie gern hätte er seinen Leuten, wie weiland der Kommandant der ADMIRAL SCHEER, die den Eierdampfer DUQUESA aufbrachte, je eine Kiste Eier geschenkt, und wie gern hätte er mit den Lebensmitteln seine eigenen Proviantreserven aufgefüllt – oder besser ausgetauscht, denn die Provianträume der PINGUIN sind immer noch hinreichend gut gefüllt.

Krüder kann es aber wegen der wilden Funkerei der Briten und des regen Funkverkehrs in der Nähe stehender Kriegsschiffe auch nicht wagen, das Schiff in ein ruhigeres Seegebiet zu schicken oder gar als Prise in die Heimat zu entlassen. Klugerweise hat man auf britischer Seite die Brennstoffreserven immer so bemessen, daß solche wertvollen Schiffe nur Teilstrecken von Zwischenhafen zu Zwischenhafen fahren können. Und über »Zwischenhäfen« verfügt Großbritannien überall. Auf allen Meeren dieser Welt hat es – noch! – seine Stützpunkte. Wie und unter welchen Umständen sie erworben wurden, steht auf einem anderen Blatt.

»Right or wrong – my country.«

Die Zeit reicht für Krüder nicht einmal aus, wenigstens eine der Luken zu öffnen. Bemerkenswert ist vielleicht noch, daß auf der MAIMOA kein einziger Farbiger eingeschifft ist. Die ganze Besatzung setzt sich aus Briten, Iren und ein paar Australiern zusammen. Darunter befinden sich allein neun Ingenieure, zwei von ihnen als Kühlschiffingenieure spezialisiert.

Als die Boote mit den Überlebenden anlegen, gibt es bei der PINGUIN-Besatzung einiges Erstaunen.

»Der hat ja ausnahmsweise mal Neger an Bord«, sagt Michaelsen, als er die schwarzen Gestalten da unten sieht.

Der Schein trügt.

Es sind keine Neger. Es sind kohlenschwarze Weiße. Die halbe Besatzung hatte während der Verfolgung vor den Feuerbuchsen gestanden und Kohlen geschaufelt.

Es war umsonst.

Zwei hoch in die Luft hinausragende Schrauben und das müde, umgeschlagene Ruderblatt sind das letzte, was sie von dem sinkenden, kostbaren Schiff sehen, als PINGUIN nach der Sprengung in die Nacht abläuft, um sich um das Flugzeug zu kümmern.

*

Es ist 1.00 Uhr nachts geworden, als die Schrauben der PINGUIN wieder zu mahlen beginnen. Wo liegt das Flugzeug? Wird man es finden? Obersteuermann Ernst Neumeister hatte zwar in der Karte den Punkt der Landung genau eingezeichnet, aber, aber … Auf See herrschen Strömungen. Auch der Wind kann die notgelandete Maschine inzwischen abgetrieben haben.

Neumeister hat das zwar alles einberechnet. Er hat sich außerdem noch eingehend mit dem NO unterhalten.

»Obersteuermann, wann sind wir bei dem Flugzeug?« fragt Krüder kurze Zeit später.

»Drei Uhr siebzehn, Herr Kapitän«, entfährt es dem Obersteuermann. Er hat es kaum ausgesprochen, als er ein saudummes Gefühl den Magen heraufkriechen spürt. »Neumeister, Neumeister …«, ruft ihm eine innere Stimme zu … »Finde du mal in stockfinsterer Nacht ein gewassertes Flugzeug, das nicht funken kann und nicht funken darf, während man selbst infolge der veränderten Aufbauten womöglich auch noch gegen jede Berechnung abgetrieben ist.«

Krüder sieht Neumeister nur erstaunt an. Er runzelt die Stirn und streicht sich mit der Hand über das Kinn. Dann dreht er sich um und geht nach draußen. Neumeister meint, ein Lächeln gesehen zu haben.

Die Zeit verrinnt. Es wird 3.00 Uhr, 3.10 Uhr … In immer kürzeren Abständen kommt Krüder in das Kartenhaus. Neumeister fühlt sich von dessen Blicken durchbohrt. Noch immer schweigt der Kommandant. Auch Michaelsen, der hin und wieder Neumeister zunickt, als wolle er sagen: »Laß man, wird schon hinhauen.«

3.15 Uhr geht der Obersteuermann auf die Brücke, um mitzusuchen. Er tritt von einem Bein auf das andere. Er läßt das Glas nicht mehr von den Augen, und er spürt auch ohne Hinsehen hinter sich oder neben sich die große, schattenhafte Gestalt seines Kommandanten. Neumeister sieht nichts, denn, um in dunkler Nacht etwas erkennen zu können, brauchen die Augen mindestens eine halbe Stunde der Gewöhnung an die Dunkelheit.

Es wird 3.17 Uhr …

Nichts …

3.19 Uhr: »Voraus ein Licht.«

Es scheint noch sehr fern zu sein.

»Ruder hart Backbord«, schreit Michaelsen auf. Um ein Haar hätte PINGUIN das Flugzeug gerammt, denn man hat dort drüben das Lichtsignal mit der abgeblendeten Klapp-Buchs gegeben. Und das irritierte die Entfernungsschätzung.

Eine Viertelstunde später stehen die Bootsbesatzung und die Flieger an Deck.

»Wir haben uns schon mit dem Gedanken vertraut gemacht, daß wir nicht gefunden werden«, atmet Müller auf.

Krüder zeigt grinsend auf den Obersteuermann.

»Ein Hellseher ist ein Waisenknabe gegen unseren Neumeister.«

Neumeister schreibt später in sein Tagebuch:

»Wenn ich ehrlich bin, dann muß ich zugeben, daß ich mir etwas einbilden darf.«

Das durfte er.

Mit Fug und Recht.

Auch Dr. Hasselmann notiert dieses Ereignis:

»Es war für mich verblüffend und fast unheimlich, daß wir trotz der Dunkelheit genau auf den Platz kamen, an dem das Flugzeug und der Kutter lagen …«

XV.

Der 21. November, nur einen Tag später, nachdem das britische Butterschiff in die Tiefe fuhr.

Das »zweite Auge«, die STORSTAD, hat die Mastspitzen eines Einzelfahrers gesichtet.

»Zum Kotzen«, ergrimmt sich der LI mit seinen Offizieren und Männern, die wenig Freude an der neuen Sichtmeldung haben. Sie wollten wieder einmal gerade den Backbord-Hauptmotor abschalten, um ihn endlich einer Generalüberholung zu unterziehen.

»Alles auf Null!« befiehlt der LI wenig heiter. Ingenieure sind nun mal so. Die Maschinen gehen vor.

»Nachher«, knurrt er noch, »berichten die Zeitungen großspurig über die Erfolge. Über uns in der Maschine schreiben sie nichts. Daß der nicht die Puste ausgeht, ist dem da oben auf der Brücke so selbstverständlich wie der tägliche Sonnenaufgang.«

PINGUIN passiert EX-PASSAT in geringer Entfernung. Krüder ruft mit der Sprechtüte ein »Dankeschön« und »Gut gemacht, Lewit« hinüber und geht auf Kurs. Das fremde Schiff kommt mit den Mastspitzen in Sicht. Krüder fällt ab und marschiert nun parallel zu dem anderen. In regelmäßigen Abständen windet sich die Rauchfahne des fremden Schiffes über die Kimm, immer, wenn die Heizerleins da drüben Kohlen unter die Kessel schaufeln. Auf diese Weise kann der Kommandant gar bald schon ermitteln, welchen Generalkurs der andere läuft, welche Geschwindigkeit er fährt und dergleichen mehr.

Zunächst ist die Klärung der Frage wichtig: Ist es ein Brite?

Kommandant an NO.

»Was ist das für ein Schiff?«

»Entweder ein Australier oder ein Brite. Der Amerikaner befährt dieses Gebiet nicht mit Dampfschiffen.«

Warning wendet sich an den NO.

»Herr Kapitän, der gehört entweder zur Blue-Funnel-Linie oder zur Port-Linie.« Einmal kommt ganz kurz der Schornstein heraus.

»Herr Kapitän«, sagt Warning zu Krüder, »wir müssen die vorderen Gefangenenräume freimachen. Der hat mindestens 50 Inder an Bord.«

»Stimmt«, fällt Michaelsen ein, »Schiff gehört unzweifelhaft der Port Line an.«

Nach dem Lärm, den die MAIMOA im Äther veranstaltet hatte, will Krüder das Schiff nicht bei Tage angreifen. Die MAIMOA hat nicht nur die Position gefunkt, sie hatte auch Zeit gehabt, das Aussehen, die Aufbauten und die Geschwindigkeit zu beschreiben. Die Erstaunten im Indischen Ozean und in der ganzen Umgebung hatten erfahren, daß der German Raider mit einem nicht einmal langsamen Flugzeug ausgerüstet ist, und daß dieses Flugzeug Bomben werfen und Antennen reißen kann.

»Komme mir mit dem Schiff jetzt vor wie ein Nackter auf einem Volksfest«, hatte Obersteuermann Neumeister nach der Versenkung der MAIMOA grinsend gesagt, um sich nachdenklich hinter dem Ohr zu kratzen.

Krüder lächelte: »Guter Vergleich, leider nur zu gut zutreffender Vergleich.«

So also reifte der Entschluß, in Zukunft nur noch nachts anzugreifen.

Krüder in sein KTB: »Die verschiedenen erbeuteten Unterlagen lassen erkennen, daß der Gegner seine Handelsschiffskapitäne unter Androhung einer späteren kriegsgerichtlichen Untersuchung zwingt, bei Insichtkommen eines anderen Schiffes nicht nur sofort abzudrehen, sondern auch in jedem Falle zu funken. Diese Maßnahmen erschweren es mir, die klassische Form des Hilfskreuzerkrieges, also den Stoppschuß vor den Bug, weiter zu verfolgen. Im Interesse der eigenen Sicherheit bin ich gezwungen, gesichtete Schiffe tagsüber zu beschatten und nachts sofort mit einer Breitseite anzugreifen, wenn es sich um ein einwandfrei erkanntes Gegnerschiff handelt*.«

* *Interessant ist, daß fast zur gleichen Zeit der Kommandant der ATLANTIS denselben Entschluß faßte. Auch Kapitän zur See Bernhard Rogge sah sich nach dem Studium erbeuteter Geheimanweisungen der Britischen Admiralität gezwungen, von der bisherigen Anhaltetaktik abzugehen.*

PINGUIN liegt jetzt wenigstens auf einem »vernünftigen« Kurs. Man kann nämlich im Indischen Ozean nicht jeden beliebigen Kurs steuern, wenn man Wert auf Unauffälligkeit legt. Wer dort nicht nach Osten oder nach Westen fährt, ist verdächtig, denn im Süden ist die Antarktis, dort ist die Welt zu Ende. Von dort kommt niemand und dorthin fährt auch niemand. Außer Walfängern und Mutterschiffen.

Obersteuermann Neumeister hat inzwischen das Millimeterpapier aus dem Kasten geholt, und er zeichnet darin alle Eigenbewegungen und die Kurse des Fremden auf, seitdem dieser um 13.29 Uhr in Sicht kam.

Inzwischen gehen die Stunden dahin.

Die tropische Nacht zieht sehr schnell herauf.

PINGUIN geht jetzt auf einen anderen Kurs, der so gewählt worden ist, daß er bei erhöhter Geschwindigkeit des Hilfskreuzers den Kurs des anderen Schiffes schneiden muß. Voraussetzung für dieses »Treffen« ist natürlich, daß der ahnungslose Partner mit annähernd gleichem Kurs und gleicher Geschwindigkeit auch weiterfährt.

Die Anweisungen der Britischen Admiralität sehen zwar vor, bei Einbruch der Dunkelheit vorübergehend einen anderen Kurs zu fahren, um etwa das Schiff beschattende Hilfskreuzer abzuschütteln. Hier aber rechnet Krüder mit einer gewissen Sturheit der Dampferkapitäne und der Tatsache, daß ja jeder Frachter so schnell wie möglich den Bestimmungshafen erreichen möchte, also auf die die Reise nur verzögernden Ausweichkurse verzichtet.

Viele Leser werden hier die Frage stellen, warum denn der Hilfskreuzer, der doch tagsüber stundenlang neben dem anderen Schiff herlief und dessen Rauchfahne und Mastspitzen nicht aus dem Auge verlor, nicht selbst gesehen wurde.

Nun, HK PINGUIN fährt mit Motoren, hat also keine Rauchfahne. Und der Mast ist so kurz gehalten, wie es eben noch, ohne aufzufallen, erlaubt schien. Außerdem, und das ist wohl das Wichtigste, haben sie auf dem Hilfskreuzer hervorragende Ferngläser, Zeißgläser. Der Ausguck wird alle zwei Stunden abgelöst, damit keine Ermüdung eintreten kann. Ausguck gehen nicht nur die Soldaten mit den besten Augen an Bord, das ist selbstverständlich. Es sind auch ausgesuchte Männer mit besonders hervorragender Dienstauffassung. Eine Schlafmütze als Ausguck wäre trotz »bester Augen« gleichbedeutend mit einem baldigen Untergang.

Tagsüber hatte die Besatzung dienstfrei bekommen, um in der Nacht frisch und ausgeruht zu sein. Als Krüder mit der schlagartig einsetzenden Dunkelheit um 18.02 Uhr die Jagd aufnahm, wurde das Schiff noch peinlicher als sonst abgedunkelt. Die Geschützbedienungen gingen auch, ohne einen Befehl zu haben, noch einmal zu ihren Geschützen, um sich zu vergewissern, daß nichts vergessen war. In der Kombüse kochen jetzt mehrere Kessel mit besonders starkem Bohnenkaffee; denn 325 Mann können von 19.00 Uhr bis in die Morgenstunden schon einige Liter vertilgen.

Ab 20.00 Uhr wird PINGUIN im Alarmzustand gefahren. Es besteht die Gefahr, daß der Gegner doch seinen Kurs ändert, und wenn er dies in Richtung PINGUIN tut, muß in jedem Augenblick mit einem Zusammentreffen schon jetzt gerechnet werden.

Selten war eine Nacht so dunkel wie diese.

Kein Licht ist auf dem Wasser zu sehen.

Der Himmel ist bedeckt.

Sterne und Mond haben sich verkrochen.

Man kann buchstäblich die Hand vor Augen nicht sehen …

Wohl jeder der Besatzung hat ein kribbeliges Gefühl im Leibe.

Wie wird es ausgehen? Alle Wünsche, die die PINGUIN-Männer an ihre künftige Beute stellen, werden noch einmal durchgesprochen …

Der andere soll nicht schießen, denn das kann doch einmal ins Auge gehen. Und bei der Munition, die PINGUIN an Bord hat, sind diese Besorgnisse schon gerechtfertigt.

Der andere soll nicht funken. Man legt auf PINGUIN so gar keinen Wert auf die Öffentlichkeit.

Der andere soll ein Riesendampfer sein.

Und seine Ladung soll wenigstens zu einem Teil aus Obst, Gemüse, Zigaretten und Jamaika-Rum bestehen. Und er soll Kartoffeln an Bord haben. Viel Kartoffeln! »Einmal wieder Pellkartoffeln mit grünem Salat.« Das ist ein Wunsch, der durch alle Decks geistert und der oben auf der Brücke genauso wie im Mannschaftsraum mit Eifer erörtert wird.

Gegen 23.30 Uhr geht der Obersteuermann auf die Brücke. Er hat nichts mehr zu tun im Kartenhaus. Der voraussichtliche Treffpunkt ist auf dem Millimeterpapier längst festgelegt.

Neumeister kriecht durch die verschiedenen Abdunklungsvorhänge und tritt heraus. Auf der Brücke wird kein Wort gesprochen. Jeder an Bord, auch der jüngste Heizer, weiß, daß es in 17 Minuten »soweit« sein soll.

Das Brückenpersonal hängt an den Ferngläsern.

Niemand achtet auf seinen Nebenmann.

Die Minuten schleichen dahin.

Plötzlich ein Ruf vom Signaldeck.

»Fahrzeug drei Strich an Steuerbord.«

Fahrplanpünktlich trifft der Fremde auf dem Treffpunkt ein. Wie berechnet zieht er seinen Kurs. PINGUIN geht mit der Fahrt herunter. Die Geschütze werden enttarnt. Der Dampfer marschiert in 800 Meter vor dem Bug vorbei. Er führt weder Positionslaternen noch sonst ein Licht. Also ist es auch kein Neutraler, der eine einwandfreie Ladung hat.

PINGUIN bleibt zunächst im Kielwasser und folgt dem Fremden wie ein gespenstischer Schatten.

»Gegner ändert Kurs.«

Tatsächlich, der fremde Frachter dreht nach Steuerbord ab. Aber Minuten später fällt er wieder auf den alten Kurs zurück.

»Hat sich sicherlich ein Pfeifchen angezündet, der ahnungslose Rudersmann«, sagt Schwinne.

PINGUIN setzt sich jetzt nach Backbord heraus, um in Schußposition zu kommen. Die Brückenwache beginnt nervös zu werden. Der da drüben muß HK PINGUIN doch sehen. Aber Krüder ist nicht aus der Ruhe zu bringen. Breitbeinig steht er hinter seinem Fernglas. Kein lautes Wort fällt. Nur im Flüsterton tauschen sie ihre Beobachtungen aus, als ob sie befürchten, daß ein laut gesprochenes Wort von denen da drüben gehört werden könnte. Man glaubt fast, den Zigarettenrauch von den Wachgängern da drüben zu riechen.

Leise und gedämpft geben die E-Messer ihre Beobachtungen nach unten. Das E-Meßgerät steht über der Brücke auf dem sogenannten Peildeck. Es ist aus Tarnungsgründen in einer großen Blechtrommel untergebracht, und selbst der Mißtrauischste wird diesen Behälter auf dem Peildeck als harmlosen Wasserkessel ansprechen.

Näher, immer näher kommt der Fremde. In den jetzt enttarnten Geschützräumen der PINGUIN richten die Geschütze nach den über die Rechenstelle aufgrund der Entfernungsmessung eingehenden Werte ihre Rohre.

Unbeweglich steht Krüder noch immer in der Brückennock und wartet …

Im Gegensatz zu seiner sonstigen Aktivität und Vitalität erscheint er in solchen Situationen als die Verkörperung maßvoller Ruhe und Beherrschtheit. Seine Offiziere und Männer, die ihn so sehen, zweifeln nicht an seinem Erfolg und an seiner glücklichen Hand, in allen Fällen das Richtige zu tun, gleich, ob es sich mathematisch berechnen ließ, ob die Vernunft und Erfahrung dominierten oder ob er nur einer bei Seeleuten so oft anzutreffenden Intuition folgte …

Wie eine Erlösung empfinden es alle, als Krüder endlich den Befehl zum Angriff gibt.

»Feuererlaubnis!«

»Scheinwerfer leuchten. Halbe Fahrt voraus.«

Schon die erste Salve liegt deckend in der feindlichen Brücke. Sie zerstört die Funkbude und macht so wenigstens diese Gegenwehr unmöglich. Trotz seiner schweren Bewaffnung stoppt der Fremde sofort und erwartet, ohne Fahrt in der Dünung liegend, die herüberfahrenden Prisenkommandos. Krüder hat die Scheinwerfer wieder abblenden lassen. Der sich immer mehr ausweitende Brand auf der Brücke des gestoppten Schiffes weist den deutschen Booten den Weg.

Ein Teil der Besatzung geht noch vor Anbordkommen des Prisenkommandos in die Boote. Die erste Sorge der deutschen Soldaten gilt eventuellen Verwundeten. Erfreulicherweise ist bei dem Beschuß nicht einem einzigen Mann der gegnerischen Besatzung ein Haar gekrümmt worden.

Am Rande sei bemerkt, es hat auch schon damals und nicht erst nach dem Kriege Soldaten gegeben, die sich für Uhren interessierten. Die Matrosen Baumann und Kimmritz gehören zu jenem Sonderkommando, das die Aufgabe hat, ein zu versenkendes Schiff nach Uhren zu untersuchen. Nicht nach goldenen Taschen- oder schweizerischen Armbanduhren – nein, aber nach Weckern, nach einfachen, dummen blechernen Weckern. Sie standen manchmal in den Matrosenlogis oder in den Kammern der Offiziere der zu versenkenden Schiffe – bestimmt aber fand man sie beim Steward und beim Smut.

Die Sache mit den Weckern hat hier aber einen soliden militärischen Hintergrund. Man braucht diese Uhren nämlich, um die Zündanlagen für die Sprengladungen damit zu koppeln. Die üblichen, mit auf die Reise genommenen Langlaufzündkabel brannten Krüder nicht lange genug oder ... gar nicht, wie das Beispiel von damals bewies, als die Panne mit dem Motorboot bei der DOMINGO DE LARRINAGA passiert war – oder jener Vorfall nach der Sprengung der NOWSHERA, von der das Sprengkommando nicht mehr rechtzeitig herunterkam, zeigte.

Auf PINGUIN nehmen sie inzwischen die Gefangenen an Bord. Zum Erstaunen der Soldaten ist unter diesen eine Frau, eine Passagierin, die durch den Beschuß recht unsanft aus ihrem Schlaf gerissen wurde und auch jetzt noch den Eindruck macht, als betrachte sie das ganze Geschehen als einen bösen Traum.

Beim Überzählen der Gefangenen wird festgestellt, daß ein Teil der Besatzung fehlt. Der Zweite Offizier bestätigt aber, daß niemand verletzt oder getötet worden wäre, und daß alle Besatzungsmitglieder ausgestiegen wären.

Krüder läßt sofort das Seegebiet um den Punkt 30 Grad Süd und 95 Grad Ost absuchen. Das verschwundene Boot ist aber nicht aufzufinden. Er fährt nach der Versenkung des aufgebrachten Schiffes noch einmal einen großen Kreis und läßt alle verfügbaren Männer die See absuchen ...

Nichts ...

Das Schiff hieß PORT BRISBANE. Es war bei der Port Line in London bereedert. Es war 8 739 BRT groß und hatte Gefrierfleisch, Butter, Käse und Stückgut geladen.

Wieder ein Kühlschiff.

Wieder eine millionenschwere Beute, denn Kühlschiffe kosten nicht nur bis zu 40 Prozent mehr – auch ihre Ladung ist für die gegnerische Seite von größter Wichtigkeit.

Krüder ist heilfroh, die PORT BRISBANE nicht bei Tage angegriffen zu haben. Sie war ausgezeichnet bewaffnet und hätte sich mit ihren Geschützen schon auf Distanz wehren können.

Fast 9 000 BRT Schiffsraum sind dem Feind genommen. Etwa für 20 Millionen Mark Werte sanken auf den Meeresboden.

PINGUIN hat sein Erfolgskonto erneut erhöht.

Im Kartenhaus wird der neue Kurs bestimmt. Ein Blick auf die Uhr, es ist 2.20 Uhr. »Mühsam ernährt sich das Eichhörnchen«, meint der Kommandant zum NO, »man könnte glauben, daß die 10 000- und 15 000-Tonner schon alle versenkt sind.«

Zufrieden ist er mit diesen »kleinen« Schiffen nicht. Typisch Krüder. Dann geht er noch einmal nach draußen in die Backbord-Nock, dann in die Steuerbord-Nock, saugt prüfend die Luft ein. Schnuppert, wie es immer seine Art ist, sagt »Gute Nacht« und verschwindet in seine Kammer.

Wer will, kann sich in der Kombüse ein Paar Würstchen abholen.

Bis auf die Wache legt sich die Besatzung schlafen.

Es ist wieder einmal gutgegangen.

Einige Tage später fängt der FTO Brunke den Funkspruch einer britischen Landstation auf. Diese meldet, daß ein australischer Kreuzer ein bemanntes Rettungsboot des auf 30 Grad Süd und 95 Grad Ost durch einen deutschen Hilfskreuzer versenkten Kühl-Schiffes PORT BRISBANE aufgenommen habe. Danach würde, wenn diese öffentlich bekanntgemachte Position überhaupt stimmt, der Kreuzer fast nördlich von PINGUIN stehen. Offenbar sucht er hier, allein oder mit anderen Kriegsschiffeinheiten zusammen, nach dem anderen Schiff, das ihm östlich von Sumatra am 10. und 11. November den wertvollen Frachter AUTOMEDON kaperte und spurlos verschwinden ließ, nämlich die ATLANTIS, die sich inzwischen wieder weit nach Süden abgesetzt hat.

Der Kommentator einer späteren Sendung verspricht, daß man dem German Raider bereits auf der Spur wäre …

»Aha«, sagt Krüder, »wir spuren auch – und bleiben. Laßt sie nur dort suchen, wohin Gottlieb Schulze, wäre er Kommandant bei uns, hingefahren wäre.«

Unter der Überschrift »Indian Ocean Raider« – »Armed Nazi merchantman« berichtete übrigens später, am 28. November, der in Buenos Aires erscheinende »Buenos Aires Herald«:

»R. F. Dingle, zweiter Ingenieur des britischen Kühlschiffes PORT BRISBANE, behauptet, daß der Angreifer, der die PORT BRISBANE versenkte, ein bewaffnetes Handelsschiff gewesen sei.«

Dingle, der ein Rettungsboot mit 27 Überlebenden kommandierte und von einem australischen Kriegsschiff in der Nähe der Versenkungsstelle aufgenommen wurde, sagt, daß er am 21. November gegen 0.52 Uhr durch Geschützfeuer geweckt wurde.

Er sagte wörtlich aus:

»Ich stürzte an Deck und sah den feuernden Raider, ein bewaffnetes Handelsschiff, ungefähr anderthalb Seemeilen abseits stehend. Die PORT BRISBANE wurde sofort und achtmal im Hauptdeck getroffen. Soweit ich feststellen konnte, ist keiner der Besatzung verwundet oder getötet worden. Es gab nur einige Schrammen.

Ich überredete meine Leute, mit denen ich mich in ein Boot gesetzt hatte, kein Licht zu zeigen, da wir sonst wahrscheinlich aufgegriffen würden. Sie folgten mir und sagten: ›Wir ziehen es vor, mit Ihnen im Boot eine Chance zu erhoffen, als einem ALTMARK-Schicksal entgegenzugehen.‹ Die Männer bewegten sich leise im Boot. Niemand machte Licht. Ich sah dann, wie der Raider die PORT BRISBANE torpedierte. Fürchterlich brennend ging sie über den Steven in die Tiefe. Das war so gegen 2.00 Uhr. Zwischen den aufgetriebenen Wrackteilen fanden wir Pakete, adressiert an die australischen Truppen.

Als das Tageslicht kam, bestimmte ich die Position und schlug meinen Männern vor, nach Australien zu gehen, obgleich die augenblicklichen Windverhältnisse nur wenig Hoffnung ließen, es zu erreichen. In den Nachmittagsstunden entschlossen wir uns, nach Mauritius zu segeln, um die günstigen Winde auszunutzen. Ich warnte meine Compagnons, sich auf eine Fahrt von 40 Tagen einzurichten. Um 6.00 Uhr wurden wir dann von einem australischen Kriegsschiff, das auf der Jagd nach dem Raider war, aufgenommen.«

Soweit der Originalbericht des II. Ingenieurs. Die Zeitung weist auf die in anderen Blättern ausgesprochene Vermutung hin, Luckner wäre der Kommandant dieses Gespensterkreuzers. Daß Graf Luckner viel zu alt für ein solches Kommando geworden ist, auf den Gedanken kommt man offenbar nicht.

Daß der Rettungskutter angeblich schon am nächsten Morgen um 6.00 Uhr aufgenommen wurde, steht allerdings in einem erheblichen Widerspruch zu der genannten Position des Kreuzers. Wenn er aber in einer derart kurzen Zeit den Bereich der Untergangsstelle – das Rettungsboot hatte ja erst nur wenige Seemeilen zurückgelegt – erreichte, dann stand er tatsächlich in bedrohlicher Nähe des Hilfskreuzers.

Ein Wort noch zu Krüders Entschluß, Schiffe, die nachts ohne Lichter und völlig abgeblendet fahren, also sich genauso wie Hilfskreuzer verhalten, und die außerdem so schwer bewaffnet sind wie es die MAIMOA und PORT BRISBANE waren, ohne Warnung anzugreifen …

Krüder war im Falle der PORT BRISBANE überzeugt, es mit einem feindlichen Hilfskreuzer zu tun zu haben.

Die Rechtsstellung bewaffneter Handelsschiffe ist zwar bis zum Ausgang des Krieges nicht übereinstimmend geklärt worden. Bedeutende Völkerrechtler vertraten noch 1939 die Ansicht, daß die Handelsschiffsbesatzungen je nach ihrem Verhalten selbst ihren Charakter als Kombattanten oder Nichtkombattanten bestimmen

könnten. Das war natürlich ein Unding und eine einseitige, das heißt keine Rechts-
grundlage. Es dürfte doch nicht gerecht zu nennen sein, bei zwei bewaffneten
Handelsschiffen dem einen das Recht des ersten Schusses zuzubilligen und dem
andern die Pflicht aufzubürden, den ersten Treffer abzuwarten. Bei Ausbruch des
Zweiten Weltkrieges lagen jedenfalls keine gewohnheitsrechtlichen und erst recht
keine vertraglichen Regelungen des Handelsschiffsbegriffes vor. Heute erst ist die
Entscheidung dahingehend gefallen, daß bewaffneten Handelsschiffen Kriegs-
schiffcharakter zugesprochen wird. Die Regeln über die Prisenverfahren gegen
Handelsschiffe sind auf sie nicht mehr anzuwenden.
Sie dürfen demgemäß warnungslos versenkt werden.
Damit ist allerdings die deutsche Auffassung des Ersten Weltkrieges insoweit nicht
anerkannt worden, als diese ein Verbot des Widerstandes feindlicher Handelsschiffe gegen prisenrechtliche Maßnahmen und die Behandlung mindestens des
aggressiv vorgehenden Handelsschiffes als illegalen Kombattanten, daß heißt als Piraten und Franktireure, forderte. Wohl aber haben sich die damals gleichzeitig vor-
gebrachten Argumente, daß bei Zulässigkeit der Bewaffnung der Waffeneinsatz
gegen bewaffnete Handelsschiffe an Stelle der bisher gültigen Regeln des Prisen-
verfahrens treten müsse, voll und ganz durchgesetzt.

*

Pantrygast Dammeyer hat einen Gehilfen bekommen, einen mit schmalen
Schlitzaugen und einem stets breiten, verbindlichen Lächeln, aber auch einen, der
genauso fleißig wie sauber und zuverlässig ist. Es ist der 45 Jahre alte Chinese Hay
Fong. Er hatte einen Unterschenkelbruch erlitten und lag einige Zeit im Revier in
Behandlung. Um ihm einige Beschäftigung zu geben – Krüder hatte nichts dage-
gen –, schickte ihn Dr. Wenzel in die Offizierspantry, um Dammeyer beim Tel-
lerwaschen zur Hand zu gehen. Als er ausgeheilt war, kamen Krüder aber doch
Bedenken, ihn wieder unter die anderen Gefangenen einzureihen.
Der Mann hatte zuviel gesehen und auch zuviel gehört.
»Na schön, wenn er will, dann mustern wir ihn ganz an.«
Und ob Hay Fong wollte.
Er strahlte wie eine Jupiterleuchte, als ihm eröffnet wurde, er brauche überhaupt
nicht mehr in den Gefangenenraum zurück. So ist denn Hay Fong nach und nach
zu einem Faktotum und auch immer dicker geworden. Er brauchte sich wirklich
kein Bein auszureißen – und überdies, die ganze Besatzung mochte den stets lie-
benswürdig lächelnden Chinesen gern.

*

Obwohl seinerzeit mit der Prise NORDVARD ein Teil der Gefangenen abgegeben wurde, hat Krüder es für richtig befunden, noch alle Kapitäne an Bord zu
behalten. Inzwischen haben sie sich munter vermehrt, und der Stolzeste, erhaben

und unbeugsam in Haltung und Sprache, unter ihnen ist immer noch Kapitän Thornton von der BRITISH COMMANDER.

Seine Zuversicht, von einem britischen Kriegsfahrzeug befreit zu werden, hat einem nicht gelinden Zorn auf die Kollegen von der British Navy Platz gemacht. Wenn er etwas bei der Navy zu sagen haben würde, wäre dieser »damned German Raider« schon lange bei den Fischen.

Captain Crowther und Thornton haben sich angefreundet. Sie hocken zusammen im Gefangenenraum, sie gehen zusammen an Deck spazieren.

Dr. Hasselmann hat eine Entdeckung gemacht. Bei der Behandlung eines erkrankten Kapitäns sah er zufällig einen Zettel mit Zahlen und Ziffern, wie er sie von seinen Besuchen im Kartenhaus der PINGUIN her kannte. Hasselmann nimmt den Zettel unauffällig mit und zeigt ihn Krüder.

Krüder entfährt ein Fluch.

»Was soll das heißen, hält da jemand etwa nicht dicht? Das sind ja die genauen Positionen der letzten Wochen.«

Nein, vom Nichtdichthalten kann keine Rede sein. Aber schließlich sind die britischen Kapitäne keine seemännischen und nautischen Wickelkinder. Bestimmt haben sie das nicht aus Langeweile getan, daß sie den Kurs der PINGUIN mit Taschenuhr und Sonnenstand mitgekoppelt haben. Durch das bei den Kreuzfahrten immer notwendige Vor- und Zurückstellen der Borduhr waren sie ungefähr über die jeweilige Position orientiert. Später an Bord gekommene Gefangene brachten ihnen dann auch die Bestätigung der Richtigkeit ihrer Berechnungen. Das ist Thorntons Saat.

Einige der Engländer wollen es partout nicht glauben, daß sie das gleiche Essen bekämen wie die deutschen Offiziere und die deutsche Mannschaft. Sie drücken Dr. Hasselmann mehrfach ihre Zweifel aus. Sie wollen es auch nicht glauben, daß es an Bord nur eine Küche für Offiziere und Besatzung gibt. »Soviel Sozialismus gibt es nicht«, schnauft Thornton wütend. »Und schon gar nicht bei einer Marine, die einem im Grunde seines Herzens noch immer kaisertreuen Oberbefehlshaber untersteht.«

Krüder hört davon und bittet den Mißtrauischen um die Mittagsstunde in die Messe. Er gibt ihm Gelegenheit, auch die Teller der Mannschaften zu beschnuppern.

»Nun, überzeugt?« fragt Krüder.

»Gut vorbereitet«, lacht der Brite, und das Lachen läßt sowenig Spuren auf einem britischen Gesicht zurück wie ein Blitz am Himmel.

»Was soll das heißen?«

»Daß es eben nur heute so ist und nicht an jedem anderen Tag.«

Krüder schüttelt unwillig, aber beherrscht den Kopf, zuckt mit den Schultern und fragt dann in höflichem Tone zurück: »Sind die Herren mit der Bordverpflegung und der bisherigen Gefangenenkost etwa nicht zufrieden?«

»Doch, doch. Im Gegenteil, sie ist für uns, die wir uns ja nur wenig bewegen können, viel zu üppig und zu reichlich. Sie ist genauso gut, wie sie für die Besatzung meines verlorenen Schiffes gut gewesen ist.«

»Unter einer Besatzung verstehen wir alle – vom Kommandanten angefangen bis zum Moses.«

»Wir eben nicht«, wehrt der britische Offizier ab. »Leider nicht …«, fügt er vorsichtshalber noch hinzu.

»Warum leider?« forscht Krüder.

»Warum? Ja, warum wohl, Sir. Wahrscheinlich wäre das Verhältnis der Besatzung zur Brücke um einiges besser.«

»Ja, mein Gott, Sie sind doch der Kapitän gewesen, in Ihrer Macht lag es doch, eine Änderung herbeizuführen.«

»Und die Tradition?«

»Ach ja, die gute alte Tradition, eine melancholische angelsächsische Liebe. Sie zahlten früher schon dreihundert Guineen für ein arabisches Pferd, aber nur fünf für einen Neger, für einen Menschen. Das wird sich rächen. Irgendwann, aber es kommt diese Stunde. Mit Ihrem ›leider‹ deuteten Sie es ja selbst an, wenn Sie auch nicht über Ihren Schatten springen können. Aber lassen wir das, Captain. Ich liebe einen Grundzug des britischen Charakters: zu verachten, was glänzt. Ich bewundere ihre Gradheit und Freimütigkeit, ihre kalte Vernunft. Bei einem Briten weiß man, woran man ist.«

Doch zurück zum Problem der Verpflegung.

Nur für die an Bord befindlichen Inder wird gesondert gekocht. Krüder geht sogar noch weiter. Er läßt den Braunen vorn im Bereich des Batteriedecks eine Küche bauen, in der sie sich ihren Reis nach ihren Sitten und Gewohnheiten zubereiten mögen.

Tagelang sind die letzten Erlebnisse des Kapitäns der PORT BRISBANE der Gesprächsstoff in den Räumen der gefangenen Kapitäne.

»Nur gut«, sagt er noch einmal, »daß sie uns und nicht die PORT WELLINGTON erwischt haben. Die hat nicht nur eine, sondern gleich sieben Frauen an Bord.«

Acht Tage später …

In die schwarze Neumondnacht hinein lodert die Glut eines mit rasender Geschwindigkeit sich ausbreitenden Flammenmeeres. Auf der Brücke der PINGUIN steht Krüder, das Gesicht in das Bronzerot des flackernden Brandes des Kühlschiffes PORT WELLINGTON getaucht. Die PORT WELLINGTON (8 301 BRT) war ebenso wie ihre Vorgängerin, das Schwesterschiff PORT BRISBANE schwer bewaffnet.

Auch sie wurde in den Tagesstunden durch die als »zweites Auge« fahrende Prise STORSTAD gesichtet und dann vom Hilfskreuzer PINGUIN beobachtet und gekoppelt.

Wieder lief der Hilfskreuzer voraus und erwartete das Schiff auf bekanntem Kurs um die Mitternacht.

Die PORT WELLINGTON fuhr völlig verdunkelt.

Durch die Nachtgläser machte man auch auf ihr schwere Geschütze aus, die Krüder bestimmten, das Schiff formal mehr oder weniger als Hilfskreuzer anzuspre-

chen. Die erste Salve traf auch hier die Brückenaufbauten, vernichtete die Funkbude und setzte den Frachter in Brand.

Krüder schickt wie in allen Fällen ärztliche Hilfe mit dem Prisen- und Untersuchungskommando mit. Erfreulicherweise finden sie keine Verwundeten, wenn
man von dem einen britischen Seemann absehen will, dem ein paar Splitter in
den Hintern gefahren sind, und der mehr fluchte als jammerte. Der ahnungslose
Engel hatte wegen der tropischen Hitze in den Kammern auf einer Luke im Frei-
en geschlafen, als es den Knall gab.

Das Untersuchungskommando klettert durch das Schiff. Es versucht, von der brennenden Brücke zu bergen, was wichtig erscheint. Man interessiert sich aus ver-
ständlichen Gründen für alle FT-Unterlagen, Kursanweisungen und sonstige
Brückenpapiere – auch für die Post, die diese schnellen Frachter meist an Bord
haben. Sextanten und Doppelgläser interessieren nicht, weil diese ausländischen
Erzeugnisse nicht viel taugen. Wohl aber werden mit Eifer und Gewissenhaftig-
keit Radiergummis vom Steuermannsmaaten des Prisenkommandos gesucht, weil
man während der Seefahrt im Kartenhaus mehr verbrauchte, als die Heimatstel-
len beim Ausrüsten für möglich hielten.

Und ein Obersteuermann ohne Radiergummi ist fast dasselbe wie ein Schneider-
meister ohne Bügeleisen.

Ein deutscher Seemann findet in einem Geldschrank neben irgendwelchen, ihm
aber wichtig erscheinenden Papieren – sie lägen ja sonst nicht hinter Panzertüren
– ein dickes Bündel britischer Pfundnoten. Es sind so einige 10 000 Pfund, wie er
mit klopfendem Herzen kurz überschlägt.

10 000 Pfund – das sind gute 120 000 Mark, wenn man den Friedenskurs in Anrech-
nung bringt*. Um sich anderen Aufgaben widmen zu können, und um die Hände
frei zu haben, legt er die pfundige Fundsache auf das achtere Luk. Er beschwert
sie sorgfältig mit einer Eisenleiste. Er hat sich kaum zehn Meter entfernt, als hinter ihm die Lukendeckel krachend zerbersten und helle Flammen aus dem Laderaum herausschlagen.

    * 1939 = 12,60 RM.

Auch britische Pfundnoten brennen nicht viel anders als Zeitungspapier …

Dem Seemann gelingt es nicht, auch nur einen Schein zu retten. Unmöglich, an
das Luk, aus dem eine irrsinnige Hitze und Feuer und Qualm herausbrechen, her-
anzukommen.

Krüder quittiert später die Meldung mit nachsichtigem Lächeln.

»Was nützt dem Seemann sein Geld, wenn er doch ins Wasser fällt.«

Auf PINGUIN werden inzwischen die Gefangenen übernommen …

Da rasseln die Alarmglocken. Der Ausguck hat ein Feindschiff in unmittelbarer
Nähe gesichtet. Der Beschreibung nach müßte es sich um ein Kriegsfahrzeug handeln.

PINGUIN läuft in voller Fahrt ab und dreht einen Bogen. In der vom Ausguck
gewiesenen Richtung ist nichts weiter zu sehen als eine Wolkenbank … sollte der
Ausguck diese etwa …

Natürlich.

Die Leute sind nach dem Trubel der letzten Tage überreizt.

Ihre aufgerissenen Augen schmerzen von dem stundenlangen Sehen in das Dunkel. Sie gleichen den Augen jener, die vor Überreizung sehen und doch nichts sehen.

»Geben Sie dem Mann einen Tag Bordurlaub«, sagt Krüder verdrießlich zu seinem Ersten Offizier. »Nein, nein«, lenkt er versöhnend ein, »ich mache ihm ja keinen Vorwurf. Aber die Leute sollten es eigentlich sagen, wenn sie mal ausspannen wollen – und müssen. Jeder muß die Grenzen seiner Leistungsfähigkeit kennen. Hier an Bord mehr als woanders.«

Krüder ist zur brennenden PORT WELLINGTON zurückgelaufen, um das letzte Boot mit Gefangenen aufzunehmen.

»WO, sehen Sie doch mal nach, was da im Boot für seltsame Gestalten sind. Das werden doch hoffentlich keine Frauen sein …«

Es sind Frauen, jene, die der Kapitän der PORT BRISBANE angekündigt hatte. Mehr oder weniger bekleidet – teilweise nur mit einem schnell gegriffenen Mantel angetan. In den feuchtschweren Tropennächten ist selbst die hauchdünne Seide eines Nachtgewandes zuviel …

Krüder wendet sich an seine Prisenoffiziere.

»Bach und Hanefeld, Sie sind doch verheiratet, verstehen doch ein bißchen was von Damenwäsche und Damenkleidern. Sehen Sie zu, daß Sie aus dem brennenden Schiff noch etwas Anziehbares für unsere langhaarigen Gäste herausfinden. Sie werden nicht viel mehr bei sich haben, als sie da anhaben. Aber bitte keine ausgeschnittenen Abendkleider … Nehmen Sie am besten den Matrosenhauptgefreiten Fritze Kötter mit, den Textilkaufmann aus Elberfeld, dessen Beruf es ist, Frauen anzuziehen, statt … Na ja, grinsen Sie nicht, meine Herren, ich wünsche, daß der Kötter mitfährt. Verstanden?«

»Jawohl, Herr Kapitän, der Kötter fährt mit.«

Krüder erfüllt seine Kavalierspflichten. Er kümmert sich persönlich um die Unterbringung der Ladies und läßt schnell einen Unteroffiziersraum freimachen.

Dort ist Platz für acht Personen.

Krüder bittet die Damen, sich bei jedweden Wünschen an ihn persönlich zu wenden. Gleichzeitig bedauert er ihr Mißgeschick. Eine der Britinnen ist ein wahrhaft bildhübsches Gottesgeschöpf. Sie heißt Joan Fieldgate, wie man von ihr erfährt, und wenn sie spricht, zeigt sie eine Perlenschnur schneeweißer Zähne. Sie ist heiter, vergnügt, ja beinahe unbekümmert.

Lachend und mit beneidenswertem Charme bedeutet sie Krüder, daß der Krieg für die Deutschen noch lange nicht gewonnen wäre.

Aus den Papieren geht hervor, daß Joan die Tochter eines britischen Generals sein soll.

»Herr Kapitän, der Gefangenenoffizier läßt melden, daß ein General unter den Übernommenen ist«, berichtet der Läufer Brücke.

»Weiß«, sagt Krüder, »die Tochter eines Generals …«

»Nein, keine Tochter, sondern ein richtiger General mit seiner Frau, einer von einer Armee mit so einem komischen Namen.«

»Sag bloß … Salvation Army … von der Heilsarmee …?«

Es ist ein Brigadegeneral von der Heilsarmee, ein stillzufriedener, abgeklärter Mann.

»Seltsam«, sagt Krüder, »es gibt wenige ernste Dinge, die nicht auch eine komische Seite hätten.«

*

Die gefangenen Offiziere der PORT WELLINGTON werden in ihre Quartiere geleitet …

Kapitän Cox hat seine Wette gewonnen.

Als auf PINGUIN gegen 20.00 Uhr die Maschinen auf vollen Touren zu laufen begannen, wetteten die britischen Kapitäne. Die einen: »Wir bekommen nach Mitternacht neue Gäste.«

Die anderen: »Jetzt haben sie ihn. Britische Kriegsschiffe jagen den Raider.«

Dritte: »Keins von beiden.«

Cox behielt recht, mehr noch: Seine Kapitänskollegen billigten ihm statt der drei als Einlage vorgesehenen Zigaretten eine Sonderration zu, hatte er doch zum Kapitän der PORT BRISBANE orakelt: »Paß auf, die PORT WELLINGTON ist dran.«

Das Untersuchungskommando hat die Zeit von PINGUINS Abwesenheit ausgenutzt, um einige Sachen aus den Laderäumen zu entnehmen. Krüder hat später nichts dagegen, die Pakete und Postsäcke zu übernehmen. Alle, die einigermaßen englisch verstanden, wurden in den nächsten Tagen damit beschäftigt, diese Post durchzusehen.

Krüder hoffte: »Vielleicht ist doch irgendeiner unter den Schreibern, der berichtet, daß er am 5. Oktober mit der QUEEN MARY von Sydney nach Durban fährt …«

Die Pakete mit den Liebesgaben sind Krüder sehr willkommen. Aus ihnen kann er endlich die teilweise recht kümmerlich bekleideten Gefangenen versorgen, ihnen vor allem in Erwartung des Vorstoßes in die Antarktis warme Sachen übergeben lassen.

Später läßt Krüder mit dem Rest der Sachen einen Basar im freigewordenen Minenraum durchführen. Minen-Schmidt hat die Sache in die Hand genommen. Er sorgt auch pfleglichst dafür, daß jeder der Besatzung auf seine Kosten kommt. Schöne Sachen sind darunter … viel Wollzeug, Gummistiefel, Lederstiefel, Pelzgarnituren und – Säuglingswäsche …

»Hoffentlich bekommt unser Stabsarzt nicht noch in dieser Hinsicht zu tun«, sinniert Gabe, als er die Säuglingswäsche sieht, mit einer Handbewegung zu der Unterkunft der Damen hin. »Stellen Sie sich vor: Obermaat Poeten als Hebamme.«

Wer die Dinge nicht selbst verwenden konnte, will sie später mit einer Prise in Kisten und Kartons nach Hause schicken.

So erfüllen die Liebesgaben doch noch einen Liebesdienst.

XVI.

PINGUIN nimmt Kurs in den westlichen Teil des Indischen Ozeans. Krüder hat sich mit Kapitän zur See Rogge verabredet.

Rogge ist der Kommandant des Hilfskreuzers ATLANTIS.

Es ist windstill geworden. Himmel und See gehen nahtlos ineinander über. Ein paradiesischer Tropentag folgt dem anderen.

Der Kommandant ist auf der Brücke. Er hat sich einen Sessel herausbringen lassen und liest in Listen und Unterlagen der letzten versenkten Schiffe.

»Möchten Sie so heißen, Gabe?« spricht Krüder seinen jungen Wachoffizier an. Er reicht ihm dabei eine der Listen hin, die Aufstellung der Namen der farbigen Besatzung der NOWSHERA.

Gabe liest vor: »Li Hing, Heizer, Canton; Pang Fung, Heizer, Canton; Yeung Chun, Matrose, Onfei; Sambo Na Diage, Heizer, Dakar; Ng Ah Ding, Koch, Schanghai; Salamat Ali, Serang, Kalkutta; Tofazel Hosein, Lasearm, Bombay …«

»Nein, den hier meine ich …«, und Krüders breiter Daumen tippt auf einen anderen Namen.

»Feine Leute sind das ja.«

»Wong Sau, Steward, Kwongtung«, steht dort.

»Stellen Sie sich vor, Sie bestellen beim Steward Sau eine Schweinshaxe …«

In der Nacht setzt sich Krüder aus dem für ihn so »ertragreichen«, bis zu seinem Auftauchen noch jungfräulichen Australtreck heraus.

Der Funkverkehr schäumt über.

Einige Frachter haben in ihrer Nervosität schon beim Sichten eines eigenen Schiffs Notrufe ausgesandt.

Am 1. Dezember 1940 tippt Charly Brunke einen verschlüsselten Funkspruch für die Heimat in die Taste:

»Schiff 33« an SKL: Versenkten bis heute 79 000 BRT. Minenerfolge stehen noch aus. Entlasse Prise STORSTAD nach Treffen mit HSK ATLANTIS auf dem Kurs – (es folgen genaue Kursbezeichnungen) mit Befehl, im Atlantik den Punkt Andalusien anzusteuern.«

Auf dem Tanker beginnen sofort nach dem Funkspruch die Umbauarbeiten, um Platz und Raum für die Gefangenen zu schaffen. Für die britischen Kapitäne werden die unteren Mittschiffskammern an der Backbordseite hergerichtet, für die Frauen die Kammern an der Steuerbordseite. Früher dienten sie einmal dem norwegischen Schiffsoffizierspersonal. Die Briten sollen sich nicht beschweren, nicht standesgemäß untergebracht worden zu sein. Außerdem hat dies den Vorteil, die Kapitäne von den britischen Offizieren und Mannschaften getrennt zu wissen. Über diesen Räumen befinden sich, nach unten abgesichert, die Unterkünfte für die deutsche Prisenbesatzung, darüber liegen nur noch die Brücke, das Ruderhaus und das Peildeck.

In den ehemaligen Mannschaftsräumen des Vorschiffes sollen die Schiffsoffiziere unterkommen, die gefangenen weißen Mannschaften finden Platz in den vorderen Laderäumen. Anders geht es beim besten Willen nicht, denn ein Tanker ist kein Frachtschiff. Die vom Vorschiff durch die Brückenaufbauten hindurchführenden Gänge werden mit starken Bohlen gesichert. Ein Posten wird das einzige noch verbliebene Durchgangsschott bewachen.

In der ehemaligen Minenhalle sollen sich die farbigen Gefangenen nach ihrem Geschmack einrichten. Der Raum ist groß genug. Krüder sorgt dafür, daß für die Inder auch hier eine eigene Küche eingebaut wird. Die meisten der alten norwegischen Besatzungsmitglieder können in ihren früheren Kammern im Achterschiff verbleiben. Einige von ihnen sollen die Maschinen bedienen. Sie sagen zögernd, dann aber mit Handschlag zu. Verlaß wird auf sie sein. Norwegerart. Hanefeld, künftiger Kommandant der Prise, glaubt sogar, Norweger als Rudergäste verwenden zu können.

»Kommen Sie mit zehn deutschen Seeleuten aus? Mehr kann ich Ihnen nicht mitgeben, Hanefeld.«

Krüder fragt – er befiehlt nicht einfach.

Hanefeld bejaht.

»Gut, dann gehen Sie bis zum Tage Ihrer Entlassung in Bordurlaub. Ruhen Sie sich aus, Sie werden einen langen, schweren, einen Weg ohne Schlaf vor sich haben ...«

PINGUIN übernimmt noch aus den Tankbeständen der STORSTAD 3 000 Tonnen Öl.

*

Am 8. Dezember kommen auf PINGUIN Mastspitzen in Sicht. Krüder schickt einen Signalgasten mit zwei Winkflaggen in den Topp und läßt die mit der SKL verabredete Buchstabengruppe hinüberwinken.

»Stimmt«, sagt Krüder, als er die Antwort von dem anderen in Händen hat. »Alle Mann an Deck. Weißes Zeug. An Steuerbord Aufstellung nehmen.«

PINGUIN fährt dem Fremden, Krüder aber nicht mehr Fremden, entgegen.

Es ist der Hilfskreuzer ATLANTIS, Kommandant ist Kapitän zur See Bernhard Rogge.

Und nicht nur Rogge und Krüder sind einander gut bekannt. Die beiden Schiffe HSK ATLANTIS und HSK PINGUIN sind Schwestern. Auch die ATLANTIS ist ein Schiff der Dampfschiffahrtsgesellschaft HANSA in Bremen. Eine große Ähnlichkeit ist auch für den Fachmann trotz der Tarnung unverkennbar.

Dr. Hasselmann in seinem Tagebuch:

Die Paradefahrt als Auftakt zu unserem Treffen war doch wenig militärisch. Wir fuhren so nahe aneinander vorüber, daß wir in unseren Reihen schon einige Namen der anderen Besatzung nannten, die wir drüben erkannten. Wir lagen noch kaum auf gleicher Höhe, da setzte von allen auf beiden Seiten ein freudiges Winken mit den Mützen ein. Nach der Vorbeifahrt fuhren beide Schiffe wieder aufeinander zu und lagen so fast zwei Tage in wenigen hundert Metern Entfernung nebeneinander. Während dieser Zeit erfolgten Besuch und Gegenbesuch. Alle einzelnen Ressorts trafen zusammen und tauschten ihre Erfahrungen aus. Die Aktiven aller Dienstgrade fanden Crew-Kameraden wieder, die von der Handelsmarine fanden Bekannte und Freunde, und ich traf meinen Bundesbruder von den Kieler »Troglodyten«, Schorsche Reit, als Ersten Schiffsarzt der ATLANTIS.

Und dann war da noch einer von den vielen Winksprüchen, die ausgetauscht wurden und die irgendwie typisch waren:

Obersteuermann an Obersteuermann. »Biete zehn Flaschen Bier gegen eine Tube Zahnpasta.«

Antwort: »Ich auch.«

Am Abend des 8. Dezembers traf auch noch der Tanker STORSTAD ein, aus der ATLANTIS mit Öl versorgt werden kann.

Am 9. Dezember 1940 trennen sich die beiden Hilfskreuzer, während die Prise STORSTAD unter dem Kommando von Leutnant Hanefeld bei der ATLANTIS verbleibt. Rogge gibt seine Gefangenen an den Tanker ab, rüstet die Prise noch mit Frischwasser aus, verstärkt das Prisenkommando um weitere zwei Mann und gibt Hanefeld den Befehl, vorerst im Wartegebiet zu verbleiben, denn als ausgesprochenes Gefangenenschiff ist das Schiff nicht geeignet. Darüber waren sich beide Kommandanten bei der Besprechung klar. Rogges Vorschlag war es daher, die STORSTAD noch eine kurze Zeit auf Warteposition zu legen. Aber die Aussicht, daß »Schiff 16« oder »Schiff 33« bei den bevorstehenden Operationsplanungen in diesen Tagen noch ein besser geeignetes Schiff, einen ausgesprochenen Frachter, aufbringen würden, ist nur gering. Sie erfüllt sich dann auch für keinen der beiden Hilfskreuzer, und Hanefeld muß schließlich den Heimmarsch antreten.

Im Südatlantik kommt es noch zu einer Begegnung mit dem Schweren Kreuzer ADMIRAL SCHEER und dem Versorgungsschiff NORDMARK, dem fast die gesamte Ölladung des Tankers abgegeben wird.

Nach verschiedenen, teilweise sehr kritischen Zwischenfällen erreicht die STORSTAD mit ihren 530 Gefangenen die Gironde.

Krüder nimmt jetzt Kurs, um zwischen den Crozet-Inseln und den Edward-Inseln das Südliche Eismeer zu erreichen, und Rogge sucht andere Seegebiete auf, um seine Operationen fortzusetzen.

Zurück zum Hilfskreuzer PINGUIN.

Die Besatzung genießt in Erwartung stürmischer Tage und Wochen und der antarktischen Kälte noch einmal in vollen Zügen die letzten tropischen Tage. Sammetweich zärtlich, fast zu zärtlich für die Einsamen, ist der kosende Wind. Um sie ist eine bouillonwarme See, deren Farbe so kristallblau; und deren Wasser so durchsichtig sind, daß man eine über Bord geworfene absinkende Konservendose minutenlang verfolgen kann. Leise wiegt sich das Schiff in den urewigen Atemzügen des Meeres, der Dünung, die seit Jahrmillionen daherrollt, solange wohl Mond und Erde in diesem Widerstreit der Kräfte stehen.

In solchen feiertäglichen Stunden scheint alle Anspannung ausgelöscht. Die, die keinen Dienst haben, hocken auf Luk vier.

Auf der Brücke ist eine heftige Diskussion über das Travensche Buch »Das Totenschiff« entbrannt. Das Buch steht auf dem Index der Schrifttumskontrolle. Krüder ist nicht so engstirnig, auch auf seinem Schiff ein solches Buch zu verdammen.

Sie lauschen der Musik, die Charly Brunkes Männer über den Plattenspieler aus der Funkbude »machen«. Und sie trinken das gute, tiefgekühlte Bremer Haake-Beck-Bier, das in der Seefahrt und allen großen internationalen Häfen beliebt und begehrt ist. Man spricht nicht viel. Erlebnisse, die ein jeder hatte, sind schon lange ausgetauscht.

»Hier, lesen Sie«, sagt Bach zu Warning. »Dieser Mann sagt die Wahrheit, die bittere, nackte Wahrheit und auch den tiefen Grund, der uns von unseren Familien trennte und zu solch einem unerquicklichen Handwerk zwang.«

Warning liest laut aus Traven vor:

»Es fahren viele Totenschiffe auf den sieben Meeren, weil es viele Tote gibt. Nie gab es soviel Tote, als seit der große Krieg für die Freiheit gewonnen wurde. Für jene Freiheit, die Pässe und Nationalitätennachweise der Menschheit aufzwang, um ihr die Allmacht des Staates zu offenbaren. Das Zeitalter des Despoten, der absoluten Herrscher, der Könige, Kaiser und deren Lakaien und Mätressen ist besiegt worden, und der Sieger ist das Zeitalter eines größeren Tyrannen, das Zeitalter der Landesflagge, das Zeitalter des Staates und seiner Lakaien.«

»Erhebe die Freiheit zu einem religiösen Symbol, und sie wird leicht die blutigsten Religionskriege entfesseln. Wahre Freiheit ist relativ. Am wenigsten relativ ist die Profitgier. Sie ist die älteste Religion. Sie hat die besten Pfaffen und die schönsten Kirchen. Yes, Sir.«

*

Hin und wieder kommt über das »Blinkfeuer Heimat« ein Gruß von Angehörigen, Freunden und Gönnern, von der Frau oder der Braut. Manchmal glückt es dem Funk-Offizier, die Sendung direkt in die Bordlautsprecheranlage einzuschalten. Dann kriechen die Seeleute beinahe in den Lautsprecher hinein. Jubel überall, wenn einer von ihnen dabei ist.

Stabsarzt Wenzel, so berichtet das Bordgerücht, soll Drillinge bekommen haben. Auf Drillinge wird in der Messe angestoßen, und auf Drillinge hin muß Dr. Wenzel die Messeschecks für Getränke ausschreiben. Der alte Indische Ozean benimmt sich zwar brav und ruhig, dafür aber branden die Wellen in den Messen auf und ab, wo auch nur der Drillingspapa sich blicken läßt.

An jedem Gerücht ist etwas wahr. An diesem stimmte die Geburt eines Sohnes. Sicherheitshalber hatte die SKL diese Nachricht gleich über drei Kurzwellensender verbreiten lassen und – alle drei Sendungen wurden empfangen.

So kamen denn die Drillinge zustande. Dankbar aufgegriffen von allen, die aus der Einsamkeit heraus zu lachenden Sophisten wurden.

*

Das Wetter wird ruppiger. Die Winde kälter und rauher und die See länger und höher. Vorboten des Weltozeans, der, ohne von Land behindert zu sein, die ganze südliche Südhalbkugel umspannt.

Denn hier unten verschmelzen sich der Stille Ozean, der Atlantische und der Indische Ozean zu einem erdumspannenden riesigen Meer, zu einer einzigen Wasserfläche.

Auch das Wasser verfärbt sich. Die transparente blaue oder grüne Farbe wechselt in ein schmutziges Grau-Blau. Die Könige unter den Meeresvögeln, die riesigen Albatrosse, bleiben immer mehr zurück. Statt ihrer tauchen andere Sturmvögel und viele Möwen auf. Schreiend und kreischend und schimpfend umgeistern sie den seltenen Gast.

Am 16. Dezember stößt PINGUIN in das südliche Polarmeer hinein.

Am 17. Dezember durchflattert eine wilde Aufregung das Schiff, als käme die ganze britische Armada heraufgedampft.

Der Ausguck hat den ersten Eisberg in Sicht bekommen. In andächtiger Stimmung steht die Besatzung an Deck und läßt das Wunder auf tiefblau schimmerndem Eis vorüberschwimmen. Krüder ist so nahe wie nur möglich an diesen Naturpalast herangegangen …

»Es ist wie mit allem im Leben, wenn man's übertreibt … Diese Naturwunder werden uns noch schwer zu schaffen machen, Herr Kapitän«, sinnt Michaelsen, und er sollte Tage danach schon seine vorbeugenden Einwände bestätigt finden.

Immer zahlreicher werden die Eisberge. Krüders Adjutant Hemmer kann sich nicht genug sattsehen.

»Sie tun ja gerade so aufgeregt, als ob 150 Eisberge um uns herum sind«, scherzt Krüder.

Als der Kommandant am nächsten Morgen auf die Brücke kommt, hat sich die Zahl der Eisriesen fast verdoppelt.

»Melde gehorsamst 150 Eisberge zur Stelle«, meldet Hemmer.

»Sie werden einen Obolus in die Weihnachtskasse tun, wenn das nicht stimmt«, droht Krüder und beginnt zu zählen.

Es sind tatsächlich 150 Stück. Keiner mehr und keiner weniger.

»Wie wäre es denn, wenn wir hier unser 8,8-cm-Buggeschütz einschießen? Ich habe es doch mit dem erbeuteten Zielfernrohr ausgerüstet, und es wäre gut, diese Anlage auszuprobieren«, fragt der AO den Kommandanten.

»Natürlich, Rieche, tun Sie das.«

Der Bordlautsprecher verkündet dieses Schauspiel, zu dem alle zur Stelle sind. Ein Schauspiel verspricht es zu werden, wenn der Eisberg zerstiebt.

Rieche läßt einen Schuß auf die Breitseite eines nicht allzuweit abstehenden Eisberges feuern. Auf der blauweißen Wand blitzt es grell auf. Die Detonationswolke verweht. Es ist nichts, aber auch gar nichts zu sehen. Die Wirkung war nicht anders, als hätte man einen Schneeball gegen eine Mauer geworfen.

»Machen Sie mal Zielwechsel auf den Zacken rechts oben«, ordnet Krüder an.

Der Geschützführer an dieser modernen Kanone ist einer mit ausgereifter Bierruhe, der Matrose Gefreiter Sepp Stark aus dem bajuwarischen Immenstadt, ein begeisterter Seemann.

Sein Schuß trifft das sechs Meter hohe und vielleicht zwei Meter dicke Gebilde im unteren Drittel. Ein ausgezeichneter Schuß. Wie mit einer Zielfernrohrbüchse geschossen.

»Ausspreche Anerkennung, Rieche«, lobt Krüder. »Sagen Sie dies auch dem Stark und seinen Männern.«

Aber der Zacken ist noch dran. Er hat sich überhaupt nicht verändert.

»Ich nehme jetzt das obere Drittel«, verkündet der AO.

Schuß. Treffer.

Ein Stück bricht ab.

»Härter als Stahl«, hört man Michaelsen sagen.

»Aus diesem Stoff müßte man Kriegsschiffe bauen«, läßt sich Krüder vernehmen. Und keiner an Bord ahnt, daß sich der Gegner tatsächlich mit solchen Gedanken trägt. Ein Mr. Pike aus Großbritannien hat bei der Britischen Admiralität einen Entwurf eingebracht, für den nördlichen Nordatlantik riesige Flugzeugträger aus Eis zu bauen. Später, als die USA in den Krieg eintraten, wurde das Projekt weiter verfolgt. Es entstand auch ein großes maßgerechtes Modell. Lediglich die Wende im Seekrieg, die Verdrängung der bis zum Frühjahr 1943 noch erfolgreich gewesenen deutschen U-Boote, ließ das Projekt wieder einschlafen.

Trotz Kriegsmarsches der PINGUIN unterstützt Krüder verständnisvoll jeden Wunsch des Bord-Meteorologen Dr. Roll wie auch die der Nautiker der Handelsmarine an Bord, um Aufzeichnungen und Untersuchungen für die Friedenszeit zu machen.

In fast allen Seegebieten hat Dr. Roll stets eine große Anzahl von Beobachtungen über die Windverhältnisse gemacht und wissenschaftlich ausgewertet. Roll zieht bei solchen Beobachtungen mit seiner Arbeitsgruppe auf das über der Brücke gelegene Peildeck und stellt dort sein Gerät zur Kontrolle der Flugrichtung der Ballone auf. Diese Ballone haben einen Durchmesser von gut einem Meter und werden von dem mit einem Fernrohr ausgestatteten Peilgerät unter Notierung aller Flugabweichungen bis in große Höhen beobachtet. Dabei sind die Luftbewegungen in den unteren Schichten meist ganz anders als in den höher gelagerten. Für Dr. Roll keine Neuigkeiten – wohl wertvoll für seine Berechnungen – für die Besatzung aber immer ein kleines Erlebnis, das einige sogar zu Wetten reizte …

Fliegt er in den nächsten drei Minuten nach Steuerbord oder nach Backbord …

»Eine Buddel Becks dagegen …«

Mit dem Einbruch der PINGUIN in die antarktische Eismeerregion hat für Dr. Roll eine umfangreiche Tätigkeit begonnen. Alle Eisberge werden registriert, ihre Größen bestimmt und der Ort des Antreffens wird vermerkt. Wetter, Wasserfarbe, Wassertemperaturen, Triften und Winde werden kontrolliert …

Aus dem Tagebuch des Dr. Hasselmann:

»Wir haben an manchem Tage bis zu 400 Eisberge gezählt. Es waren die für das Südliche Eismeer typischen Tafelberge. Viele hatten aber im Laufe des Zerbrechens und durch ihre gekippte Lage im Wasser ihre ursprüngliche Form verloren. An einem Tage sahen wir einen riesigen Berg. Er hatte eine Länge von mehr als einer Seemeile (1 852 Meter) und eine Höhe von gut 60 Meter. Das heißt, diese Angaben betrafen das, was von ihm über Wasser zu sehen war. Wir machten dann auch einen respektvollen Bogen um das Ungetüm.

Für das Brückenpersonal, die Funker und Ausguckmänner sind diese Schauspiele nur am Rande interessant. Für sie ist diese gefährliche Fahrt eine harte Belastung an größter Aufmerksamkeit und zusätzlichen Strapazen.

In dieser Gegend wurden neben den Eisbergen aber auch die wie Fontänen aus dem Wasser heraussprudelnden Blasen der Wale beobachtet und genau registriert. Und diese waren in den einzelnen Seegebieten der Antarktis recht verschieden an der Zahl. Wir beobachteten oftmals ganze Rudel von Walen, die sich mitunter wild im Wasser tummelten und dabei auch ihre riesigen Leiber oder Schwanzflossen über der Oberfläche sehen ließen. Es war nicht ganz einfach, sie zu photographieren, denn die scheuen Tiere kamen immer nur einen kurzen Augenblick an die Oberfläche. Noch ehe der Wal ganz auftauchte, erschien sein Atemstrahl zwischen den Wellen wie ein gewaltiger Dampfstrahl aus einer Maschine. Dann hob sich für einen kurzen Augenblick die Oberseite des Kopfes aus dem Wasser, das zu allen Seiten kaskadenhaft rauschend ablief, während sich der Wal mit weitgeöffneten Nasenlöchern wieder die Lungen füllte. In diesem Moment nur konnte die Aufnahme glücken, denn kurz darauf spülten schon wieder die Wellen über den Kopf, während starke Muskeln die Nasenlöcher schlossen. Dann schoß das Tier wieder in die Tiefe.

Unter großem Hallo und Jubel wurde der erste lebende Pinguin begrüßt. Der Kommandant ließ sogar die Wachgänger vorübergehend ablösen, damit auch ein jeder dieses putzige Namenstier unseres Schiffes zu sehen bekam.

Je weiter PINGUIN in die Antarktis – in das Reich der Pinguine – vorstieß, um so ruhiger und entspannter wurde die Stimmung an Bord des Schiffes. Jeder fühlte doch, endlich einmal dem Einfluß des auf der ganzen Welt entbrannten Krieges entronnen zu sein. Wie sonderbar, die PINGUIN-Männer, die doch eigentlich Krieger, Helden sein sollten, atmeten auf in dieser Friedenszone, und die Befreiung von diesem Druck, dieser täglichen doch geheimen Angst um die letzte Stunde dieses doch so kurzen Lebens, fand ihren Ausdruck in Arbeiten, die für die Zeit bestimmt waren …

Mag sein, daß die vorweihnachtliche Stimmung einen guten Teil Ursache daran hatte … Aber sie alle griffen zu irgendwelchen handwerklichen Arbeiten, um sich an dem Gedanken zu begeistern, dem anderen, dem Kameraden, eine kleine Freude zum Fest zu machen.

Natürlich zeigten sich die ehemaligen ›Handelsmariner‹ als Meister im Buddelschiffbau, von kunstvoll gebastelten und geschnitzten Schiffen, die in ganz gewöhnliche Flaschen aus hellem Glas praktiziert und dann in der Flasche selbst mit Pinzetten auf- und hergerichtet werden. Auch in allen Arbeiten mit Tauwerk waren diese Männer einfach nicht zu übertreffen.

Die anderen Männer der Besatzung, die Aktiven, haben vor ihrer Einziehung zur Kriegsmarine fast ausnahmslos ein Handwerk gelernt. Und so entstanden in den Tischlereien, den Schmieden, den Mechanikerwerkstätten, bei den Elektrikern und den Funkern eine große Zahl an Geschenken, die sich auf jeder internationalen Messe mit den besten Stücken einer solchen Ausstellung hätten messen können. In den letzten Tagen vor Weihnachten setzte noch ein eifriger Konkurrenzkampf in der Ausschmückung der Wohnräume ein. In der Unterkunft des Vorschiffes erstand eine große Bar mit gemütlichen Ecken. Im Wohnraum der ›Signäler‹ prangten überall die grellbunten Signalflaggen. Man ging unter ihnen wie durch einen bunten Laubengang hindurch. Der Hauptschlager in diesem Raum war ein kleines Zelt, in dem auf einer Glasplatte eine Nachbildung des Atlantiks und des Indischen Ozeans aufgestellt worden war. Die Erdteile waren aus einer mit Bordmitteln hergestellten Knetmasse gebildet, und auf dem Wasser, der getönten Glasplatte also, fuhr ein kleiner PINGUIN. Das naturgetreue Modell reiste, automatisch betrieben, die ganze, vom großen Bruder bisher durchfahrene Strecke ab. An jeder Stelle, an der ein Schiff aufgebracht worden war, blitzte es auf, und auf einer Tafel erschien der Name des betreffenden Frachters.

Nicht minder einfallsreich hatten sich die Bewohner des Wohnraumes 3 gezeigt. Sie hatten in ihrer Landsehnsucht dieses heimatfernen Daseins eine richtige kleine Bauernschänke mit einem Strohdach hingestellt und an einer Breitseite eine Modell-Landschaft aus der fernen, fernen Heimat gebastelt. Sie war sechs Meter lang und maß zwei Meter in der Tiefe, und sie zeigte eine Gebirgslandschaft mit Straßen, Autobahnen, Drahtseilbahnen, Berghäusern mit richtigen Steinchen auf dem Dach. Weiß der Kuckuck, wo die Jungens die Steine hier mitten in der Antarktis herbekommen haben. Auf eine kleine Sägemühle, die durch Wasserkraft betrieben wurde, fehlte nicht. Das Wasser floß wie in den so fernen deutschen Alpen in einem Sturzbach von oben herab. Wenn man die Lichter des Raumes löschte, flammten die Lampen in den kleinen Häusern auf und jene von den Kraftwagen, die über die Autobahnen fuhren. Alles wurde automatisch gesteuert und von keiner Hand irgendwie bewegt.

Wieviel Heimatliebe sprach doch aus diesen mit so großer Kunstfertigkeit erstellten Arbeiten. Mancher von den Männern ist ja verheiratet. Hat Kinder zu Haus. An sie wird er gedacht haben.

Ich ertappte mich sogar mehrmals bei diesem Gedanken, der mir angesichts dieser unbekümmerten Jungen aufkam und der wie ein dunkles Gespenst seine Schatten über unser Dasein geworfen zu haben schien: Wie nun, wenn wir alle unser Leben lassen müssen – wozu? Warum zerschlägt das Schicksal solche Talente? Warum fordert die Natur diese Opfer – denn Krieg ist Natur, wenn er auch bei den zum Denken fähigen Menschen einen so bitteren galligen Beigeschmack hat. Wir Ärzte sind doch auf der Welt, um Leben zu erhalten – und können hier doch nicht aus den vom Schicksal gewiesenen Bahnen heraus, uns für ein Symbol zu opfern, ein Symbol, das man Heimat nennt und das wir alle lieben und glauben verteidigen zu müssen?

Es ist wohl wie in den Bergen. Einer braucht nur den Schnee anzustoßen, um die vernichtende Lawine ins Rollen zu bringen ...

Etwas militärischer zeigte sich nur das Maschinenpersonal – vielleicht auch nur, um das nachzuerleben, was die Männer auf der Brücke mit eigenen Augen sahen, während sie selbst im Bauch des Schiffes vor den Motoren und Schalttafeln stehen mußten.

So hatten sie unter anderem die Hafeneinfahrt von Sydney naturgetreu dargestellt, und in dem klaren Wasser schwebten PINGUINS Bodenminen ...

Neben diesem Modell war da noch eine kleine Eisfläche aus Glas. Auf ihr drehte sich ein Pärchen mit Schlittschuhen im Reigen.

Im hintersten Wohnraum hatten andere große, geschnitzte und gebastelte Koggen aufgebaut. Es fehlte an keiner Niete und an keinem Tau auf diesen Schiffen ...

Natürlich wurde auch an die Weihnachtsbäume gedacht, denn wir hatten ja keine in Eis verpackt mitnehmen können.

Seeleute sind findige Leute. Sie machen sich die Bäume selbst. Aus Besenstielen, Draht und gerupftem Segeltuch. Grüne Farbe über das Ganze und obenauf ein bißchen Silberbronze als Schnee-Ersatz. Man muß schon ziemlich nahe herangehen, um diesen ›Betrug‹ erkennen zu können«. Soweit Dr. Hasselmann.

Krüder in einem Brief an seine Frau:

»Es ist jetzt drei Tage bis zum Heiligabend. Es kommt jetzt so aus, daß wir zum Fest sogar in heimatlich stimmendes Winterwetter fahren. Es ist hier zwar Sommer, wenn auch auf der anderen Seite des Erdballes. Aber wir haben immer noch zwischen null Grad und zwei Grad Kälte. Sonst wäre es auch nicht auszuhalten. Das Wetter ist sehr launig. Es hat uns gestern sogar richtigen Schnee beschert. Wir haben weite, riesige Eisfelder gesehen, durch die wir uns mühsam hindurchfinden mußten und von deren Ausmaßen man sich einfach keinen Begriff machen kann, wenn man sie nicht mit eigenen Augen gesehen hat. Ein Wunder an Farben lassen sie erleben, vom schneeigen Weiß über tiefsattes Grün bis zu einem leuchtenden kristallklaren Blau. Natürlich ist das Herumfahren in dieser Kühlschranklandschaft nicht sehr angenehm und auch nicht ungefährlich. Besonders die vielen Tage mit Nebel und Schneestürmen können einem weiße Haare einbringen. Man muß dann stoppen und das Schiff treiben lassen. Konnte man eben mit knapper Not einem der Eisriesen ausweichen, dann segelt einem plötzlich aus der Leeseite ein anderer in den Kurs. Es ist ein Slalomlauf durch die immer bestehende Gefahr, auf den siebenfach größeren Unterwasserteil der schwimmenden Gebirge aufzulaufen.«

*

Charly Brunke hat seinem Kommandanten einen Funkspruch persönlich in die Kammer gebracht. Als er wieder nach draußen tritt, reibt er sich die Hände. Auch dem Ersten Offizier, Kapitänleutnant Schwinne, verrät er nichts ...

»Ich darf nichts sagen. Aber in meiner Funkbude liegt noch ein Durchschlag des Telegramms.«

Dieser Hinweis genügt. Der Erste stattet dem FT-Raum einen Besuch ab und liest, was Brunke nicht sagen darf …

Kurz darauf sieht man Schwinne im Eiltempo durch den Dampfer laufen. Er verschwindet schließlich in der Tür der Maschinenwerkstatt. Sorgsam schließt er später das Schott hinter sich, als er lächelnd diesen Raum wieder verläßt. Bald nach diesem Besuch hängen die Mechaniker ein Schild über ihre Tür:

Eintritt ab heute verboten.
Für alle.
Auch für Kommandant.
Der Weihnachtsmann.

Krüder in einem Brief an seine Frau Ingeborg:

»Seitdem ist nun das Weihnachtsfest gewesen. Meine größte Freude war die Auszeichnung meines Schiffes, meiner Besatzung und meiner eigenen Person mit dem Ritterkreuz. Ich muß wohl sagen, daß mich das völlig überraschte. Wir fahren ja nicht wegen Auszeichnungen zur See. Ich hatte ganz vergessen, daß es so etwas geben konnte. Aber ich freue mich, denn ich sehe darin eine Anerkennung für das glückliche Durchführen aller schweren Aufgaben, die uns gestellt wurden. Die ganze Besatzung hat sich mitgefreut, und wenn es nach mir ginge, würde ich jedem meiner Männer ein Stückchen davon abgeben.

Das Telegramm von der Verleihung bekam ich schon am 23. Dezember. Ich habe es der Besatzung beim Kommandantenappell der großen Weihnachtsansprache bekanntgegeben. Der IO Schwinne, der das Telegramm im Eingang gesehen hatte, hat zwei Mechanikern einen Wink gegeben, und diese haben in emsiger Arbeit ein fabelhaftes Kreuz geschmiedet. Die EK-Bänder von guten und vom schlechten Rock meines Fliegers mußten dran glauben, und nach der Musterung überreichten meine Männer mir das Kreuz am richtigen, wenn auch schmalen Bande …«

Auch hier denkt Krüder zuerst an sein Schiff, dann an seine Besatzung und zuletzt an sich selbst. Auch hier zeigt er sich als selbstloser Offizier, als Soldat, Seemann, als Kamerad seiner Leute – und als Mensch.

Dr. Hasselmann in seinem Tagebuch über das Fest:

»Heiligabend hatten wir uns bei der Fahrt durch die südliche Eiswüste in eine große, stille Bucht im Eise zurückgezogen. Es gab ein allgemeines Essen – Max und Moritz und anschließend den marineüblichen Punsch –, bei dem alle Mann der Besatzung auf ihre Wohnräume verteilt waren. Mit besonderer Spannung und innerer Anteilnahme wurde der Rundgang des Kommandanten erwartet. Und bei dieser Gelegenheit kam die hohe Verehrung der ganzen Besatzung gegenüber Kapitän zur See Krüder so recht zum Ausdruck. Wo er auch hinkam, überall wurden ihm handwerkliche Bastelarbeiten zum Geschenk gemacht. Mir ist da insbesondere ein sehr schönes Modell einer Mine aufgefallen, ein Meisterstück aus Kupfer. Oder ich denke an die auf der Drehbank hergestellten mittelalterlichen Kanonen auf Holzlafetten, die mit kunstvollen Beschlägen versehen waren …«

XVII.

Krüder läßt die Tage bis nach Neujahr in Ruhe vergehen, um sich dann wieder intensiv und beharrlich den neuen Aufgaben zu widmen. Nur am dritten Feiertag, wenn man hier von einem solchen sprechen darf, ließ der Kommandant die »HE 115« starten. Die Maschine kehrte heim, ohne etwas gesichtet zu haben. Die Besatzung machte sich keine unnötigen Gedanken darüber und nahm den Flug als eine für Krüder typische Vorsichtsmaßnahme hin.

Nun, Krüder war nicht nur der Weihnachtsfeier wegen bis in die Antarktis vorgestoßen.

Auch nicht, um nach der durch ihn im südöstlichen Gebiet der Indischen See geschaffenen Unruhe ausgelösten gegnerischen Suchaktionen auszuweichen ...

Es ist Krüders tollkühner Plan, die norwegische Walfangflotte ohne einen Schuß Pulver in die Hand zu bekommen.

Die SKL in Berlin trägt sich zwar mit dem Gedanken, diesem Unternehmen den im Augenblick im südlichen Südatlantik stehenden Schweren Kreuzer ADMIRAL SCHEER zur Unterstützung beizugeben. Eine definitive Weisung liegt für das gemeinsame Operieren zur Stunde aber noch nicht vor.

Und wenn man es allein schafft? Dann wird der Kreuzer doch für andere Operationen frei? überlegt Krüder.

Er will es zumindest versuchen.

Zunächst bleibt erst einmal festzustellen, wo denn die Walfangflotte überhaupt steht ...

Anfangs sah es trostlos aus.

Wo sollten sie in diesen riesigen Räumen suchen?

Wer in einem Atlas die Karte von der Antarktis aufschlägt, wird ermessen, welch ein Ziel sich Krüder gesteckt hatte.

Heute, wenige Tage nach Neujahr, ist die Funkerei einem Telefonieverkehr in norwegischer Sprache auf die Spur gekommen.

Sollten die Würfel so schnell schon fallen ...?

Krüder bleibt immer häufiger im FT-Raum, in dem sich jetzt der Funkgefreite Pastor einquartiert hat. Pastor, der eine gebürtige Norwegerin zur Mutter hat, spricht fließend Norwegisch. Bis vor einigen Tagen hatte der gute Pastor noch keine Ahnung, warum seinerzeit Kapitän zur See Krüder gerade ihn unbedingt an Bord haben wollte ...

Endlich haben sie sich auf den Telefonverkehr, den die Walfangboote umeinander und mit den Mutterschiffen aufrechterhalten, eingepeilt. Die Auswertung der Peilungen ist jedoch recht schwierig, da sie infolge der Nähe des magnetischen Südpols durch die dauernd schwankenden magnetischen Felder in wechselnden Richtungen abgelenkt werden. Pastor übersetzt in fieberhafter und unermüdlicher Arbeit den gesamten Sprechfunk der großen Kocherei mit deren Fangbooten. Er legt eine dicke und immer umfangreicher werdende Mappe an. Krüder bekommt sie fast stündlich zur Einsicht vorgelegt.

Im Kartenhaus entsteht so nach und nach in der Seekarte ein wirres, aber für Nautiker sehr sprechendes Netz von bunten Linien. Alle diese Linien schneiden sich in einem Punkt. Und dieser rote Punkt ist der Liegeplatz des Mutterschiffes, auf dem die gefangenen Wale an Ort und Stelle verarbeitet werden. Dieser Kocherei gilt der Angriff.

Krüder hat sich nach den Mittagsstunden gerade ein wenig auf dem Ledersofa im Kartenhaus ausgestreckt, denn die Nächte sind lang für ihn, da reißt der Funkmaat Hamann die Tür auf.

Michaelsen hebt die Hand und knurrt ihn an: »Mann, warum denn so temperamentvoll. Seien Sie doch leise, der Kommandant braucht Ruhe. Er …«

Krüder ist bereits wach.

»Was los, Hamann?«

»Jawoll, Herr Kapitän. FTO schickt mich, Sie möchten bitte in den FT-Raum kommen.«

»Ihrem Gesicht nach zu urteilen, könnte es nur etwas Gutes sein. Hamann.«

»Ist's auch, Herr Kapitän.«

Im FT-Raum legt Charly Brunke seinem Kommandanten die Übersetzungen des Telefonverkehrs der letzten halben Stunde vor.

Ein Walboot-Kapitän fragt bei der Schiffsführung der Kocherei OLE WEGGER an, ob man denn nicht bald genug Wale gefangen habe.

»Wo wollen Sie denn das ganze Walöl lassen? OLE WEGGER ist doch bis zur Halskrause voll. Wir möchten uns mal bald wieder die Beine an Land vertreten, Käpten.«

»Schreiben Sie nur vorerst ein trautes Wiedersehen mit Ihrer wasserstoffblonden Hübschen ab.«

»Soll das etwa heißen …«

»Genau das, daß wir noch ein bißchen länger im Fanggebiet bleiben. Heute Nacht kam ein Funkspruch durch: Die Kocherei SOLGLIMT ist von Südamerika ausgelaufen. Sollen hier auf sie warten.«

»Was haben wir denn damit zu tun?«

»Sehr viel. SOLGLIMT soll das fertige Walöl von uns übernehmen.«

»Aber wir haben doch kaum noch etwas Vernünftiges zu futtern. Und das Frischwasser geht auch zur Neige.«

»Sorgen Sie sich nicht, ist für alles vorgesorgt. SOLGLIMT bringt uns frischen Proviant und frisches Wasser.«

»Schöner Mist.«

»Teile durchaus Ihren Verdruß. Aber wir müssen gehorchen.«

Soweit der Telefonverkehr.

Krüder stürzt sich mit einem Kopfsprung in die neue Situation hinein. Der schon festgelegte Termin für die Überrumpelung der Kocherei OLE WEGGER wird verschoben. Das unberechenbare Schicksal spielte PINGUIN eine ungeahnte

Chance in die Hände. Das hätte selbst der größte Optimist in seinen kühnsten Träumen nicht zu hoffen gewagt.

Krüder wartet …

Immer neue Nachrichten gehen über die Fangflotte ein. Man ist auf PINGUIN sehr genau unterrichtet, wieviel Öl fertig ist, in welchem Zustande sich die Fangboote befinden, wie die Kapitäne heißen und wie viele Blauwale noch unverarbeitet neben dem Mutterschiff liegen.

Ein Kapitän schimpft grausam über seinen viel zu heftig qualmenden Schornstein, denn man müsse doch immer damit rechnen, daß deutsche Raider in dieses Gebiet einbrechen würden …

»Das erzähle einem, der den Hut mit der Gabel aufsetzt, Knud. Sei überzeugt, daß wir uns hier nicht vor deutschen Kreuzern zu fürchten brauchen.«

»Dann eben vor den Hilfskreuzern. Diese verdammten Gespensterschiffe sind ja auch noch da, wie die letzten Meldungen aus London besagen.«

»Unsinn. Die sind schon alle versenkt oder wieder nach Hause gefahren. Die können ja keine Ewigkeit in See bleiben. Und die Kreuzer liegen in Norwegen – in unserer überfallenen Heimat.«

»Aber U-Boote …«

»Bleib doch mit den Beinen an Oberdeck. Wo wollen die dann den Brennstoff hernehmen, um bis hierher zu fahren? Demnächst gibst du in deiner Angst noch bei jedem Wal U-Boot-Alarm. Und nun laß dir man keine grauen Haare wachsen. Wir sind hier so sicher wie in Abrahams Schoß, bloß nicht so warm.«

Der andere aber spektakelt weiter, und er ahnt nicht, daß nicht der qualmende Schornstein, sondern die moderne Technik des Telefonieverkehrs bereits zum Verräter geworden ist.

So bricht der 13. Januar an.

Über den Telefonieverkehr wird bekannt, daß die Kocherei SOLGLIMT, das Versorgungsschiff, bei OLE WEGGER in Sicht gekommen ist, dann, daß sie festgemacht hat, und daß man die längsseits liegenden Wale als Fender benutzt, damit sich die Bordwände nicht berühren können.

Krüder hat jetzt ein genaues Bild von der Lage der beiden 12 246 und 12 201 BRT großen Schiffe.

Er entscheidet sich für einen Angriff um die Stunde der ersten schwachen Dämmerung, die um diese Jahreszeit hier erst kurz vor Mitternacht heraufzieht.

Gegen 20.00 Uhr gehen die Maschinen auf AK voraus.

Wie vom gütigen Himmel geschickt, hängt sich über PINGUIN bei seinem Anmarsch zu dem Liegeplatz der Kochereien eine Wolke, die dem Ausguckposten allerdings jede Fernsicht raubt, auf der anderen Seite aber PINGUIN eine natürliche Tarnkappe schenkt. Daß die gesuchten Schiffe nicht in Sicht kommen, stört die Anlaufmanöver nicht.

Der Weitermarsch erfolgt jetzt genau auf dem Peilstrich des immer lauter werdenden Telefonieverkehrs. Als man sich im pastellfarbenen Dämmlicht der nur einstündigen Polarnacht ziemlich dicht bei dem Liegeplatz der Walfangflotte glaubt,

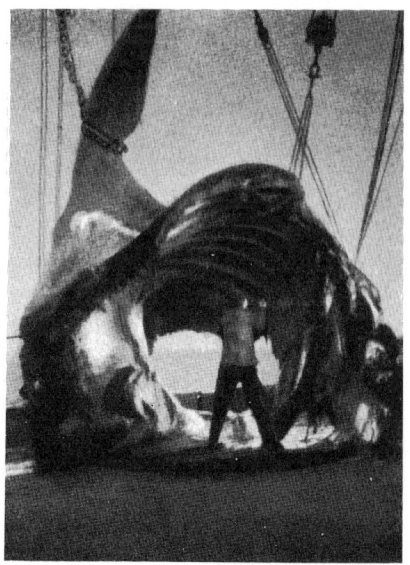

Einer der kleinen Walfänger vor einem antarktischen Eisberg.

Arbeiten in der Bauchhöhle eines Blauwals, der an Deck der Kocherei abgespeckt wird.

Hilfskreuzer PINGUIN ist neben dem Fabrikschiff OLE WEGGER längsseits gegangen, um Proviant, vor allem Kartoffeln und Frischgemüse, zu übernehmen.

Einer jener Tafeleisberge, die oft in einer Länge bis
zu einer Seemeile aus dem Wasser ragten.

Wie ein
zünftiger
Walfänger:
Kapitän
zur See
Ernst Felix
Krüder.

Die erbeuteten Walkochereien SOLGLIMT, links, und OLE WEGGER,
beide 12 000 t. Der Wert dieser Fabrikschiffe geht in die Millionen.

Vier von den in der Antarktis aufgebrachten Walfangbooten. Am Mast des vorderen
Walfängers ist die typische Ausguck-Tonne für den Wal-Ausguck erkennbar.

Hilfskreuzer PINGUIN in der schützenden, aber trostlosen Bucht der Kerguelen-Insel, vom Versorgungsschiff ALSTERTOR aufgenommen.

Die lustigen Wappentiere der PINGUIN in freier Natur.

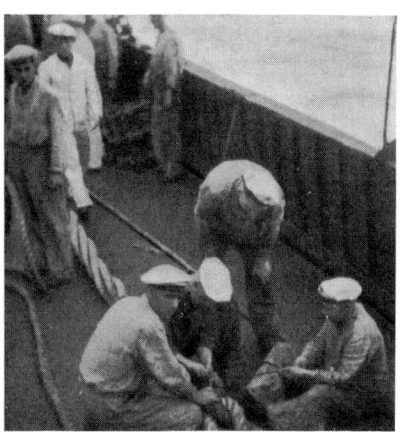

Der Walfänger ADJUTANT, dessen Treibstoff erschöpft war, wurde vom KOMET durch den Indischen Ozean geschleppt. Dabei brachen selbst diese Leinen. Nur die zuletzt ausgebrachte Stahltrosse hielt.

Als Japaner getarnt warf ADJUTANT Minen vor Neuseeland.

Dann wurde der Walfänger von der KOMET-Artillerie versenkt.

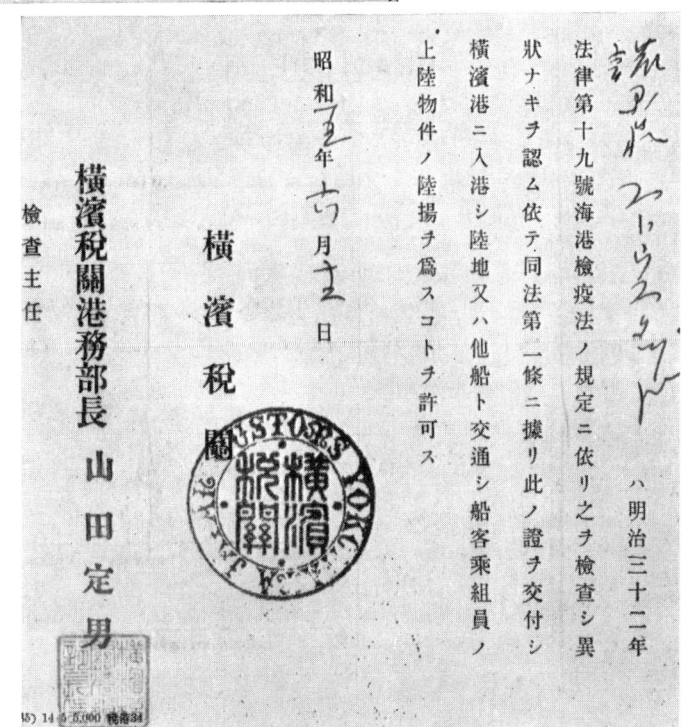

Die japanischen Clearing-Papiere des Tankers STORSTAD, die das PINGUIN-Kommando mit den anderen Unterlagen erbeutet hatte, als der Tanker nach dem Auslaufen aus Miri im nordöstlichen Indischen Ozean aufgebracht wurde.

hebt sich die Wolke. Mit sanften Schwingen entschwebt sie wie ein geisterhaftes, beflügeltes Wesen in höhere Regionen und entschleiert, als hätte eine Riesenfaust einen Vorhang auf dieser antarktischen Naturbühne hinweggezogen, die Aussicht auf die beiden Kochereien und die dahinterstehenden kleinen Walfangboote.

Friedlich ruhen die riesigen, miteinander vertäuten Mutterschiffe nebeneinander. Sie heben und senken sich mit der ozeanischen Dünung, und sie zeichnen sich gegen den graublauen Horizont des südpolaren Himmels scharf abgegrenzt wie ein Scherenschnitt ab.

Die Entfernung beträgt knappe achthundert Meter.

Krüder packt den neben ihm stehenden NO hart an die Schulter. »Um Himmels willen, wir sind ja viel näher dran, als wir geglaubt haben, Michaelsen!« Dann reißt er sich los und springt selbst zum Maschinentelegrafen. Der Hebel fliegt auf »Beide Maschinen stop«. Ein scharfes Knacken und Klingeln folgt. Der Zeiger springt nach. Die Maschine hat quittiert. Die Fahrt kommt aus dem Schiff. Für Sekunden erstirbt das Zittern und leise Arbeiten der PINGUIN. Die plötzliche Ruhe umfließt die Männer wie die Grabesstille in einer Gruft.

Krüder verharrt noch immer am Maschinentelegrafen. Nun wirft er ihn – PINGUIN macht zwar noch Fahrt voraus – entschlossen auf »Langsame zurück!«.

»Langsame zurück«, bestätigt die Maschine.

Im Leib der PINGUIN beginnt es wieder zu arbeiten.

Da, endlich! Über den Achtersteven setzt der Hilfskreuzer zurück.

Krüder hetzt über die Brückenreling.

»Sieht nicht danach aus, daß die uns entdeckt haben, Herr Kapitän«, meint der NO, und seine Stimme ist so ruhig wie bei einem friedensmäßigen Manöver.

Krüder beobachtet durch das Glas die beiden Kochereien.

»Unglaublich, NO, aber es scheint wirklich so zu sein. WO: Sofort Prisenbesatzungen von Bord.«

»Jawoll, Herr Kapitän, Prisenbesatzungen von Bord.«

»Schwinne, kümmern Sie sich darum, daß alles klar geht. Und nochmals: Lautlos! Und da drüben kein Blutvergießen.«

Die vier bereits ausgeschwungenen Boote werden tatsächlich ohne Lärm zu Wasser gebracht und nehmen Fahrt auf.

»Ich kann es mir einfach nicht vorstellen, daß die alle schlafen. Wir werden sie anmorsen, NO!«

»Muß das sein?«

»Eine prophylaktische Warnung kann nicht schaden.«

Sicherheitshalber läßt der Kommandant, der noch immer nicht davon überzeugt ist, daß man den Hilfskreuzer auf den Kochereien noch nicht gesehen hat und der irgendwelche Schweinereien vermutet, einen plötzlichen Feuerüberfall aus bis jetzt noch getarnten Geschützen an Bord der Mutterschiffe, einen Morsespruch mit der Klapp-Bux abgeben.

»Leisten Sie keinen Widerstand. Es wäre sinnlos. Funken Sie nicht – oder Sie werden sofort beschossen!«

Noch einmal und noch ein drittes Mal blitzt die Lampe die Warnmeldung durch das Dämmerlicht der kurzen südpolaren Nacht.

Keine Antwort. Dort drüben rührt sich keine Menschenseele.

Kein Mucks.

Kein Laut.

Niemand ist an Deck oder auf den Brücken zu sehen. Nicht einmal ein Wachmann. Nur ein paar Ölfunzeln schaukeln an Deck im eisigen Winde.

»Werden schwer gearbeitet haben, seitdem der Versorger da ist. Sind sicherlich müde, die Kerls da drüben, und der Wachmann schreibt vermutlich seiner letzten Braut ...«, meint Krüder, ohne einen Blick von den vier Prisenbooten abzuwenden, die ausgesetzt wurden, um den tollkühnen Versuch zu unternehmen, Kochereien und Fangboote im Handstreich zu überrumpeln.

Ein Boot tuckert zum Mutterschiff und Versorger SOLGLIMT. Zwei andere entfernen sich, um sich an die weiter abseits stehenden Fangdampfer heranzuschleichen. Das Dämmerlicht der Nacht verschluckt sie bald.

Das vierte Boot, das der Handelsschiffskapitän und Leutnant zur See der Reserve Bach führt, dreht jetzt gerade auf die Kocherei OLE WEGGER zu.

Es ist ein Bild wie aus grauer Vorzeit.

Eine düstere, dämmrig nebelhafte Stimmung liegt wie ein Albdruck über dem Ganzen. Bachs Männer fallen durcheinander, als der Bug des Kutters plötzlich ruckartig, aber eigentümlich sanft gebremst wird. Das Boot ist gegen einen der an der Bordwand vertäuten Wale gestoßen. Zwischen Boot und Wal glupscht das Wasser.

Einer nach dem anderen klettern sie aus dem Kutter, auf den Buckel dieses aufgeblasenen Ungeheuers, auf diesen glitschigen, widerlich weichen und nachgebenden Fleischklotz, auf dem die Füße keinen Halt finden wollen. Flüche liegen den Männern auf der Zunge. Sie müssen sich auf die Lippen beißen. Einer stürzt. Aber sie können ihn eben noch packen, bevor er wie auf einer Rutschbahn ins eisige Wasser segelt. Am liebsten würde man dem Tölpel eine hinter die Löffel hauen, dabei steht man selbst auf einem Schmierseifenboden.

Steigeisen für Klettertouren im Gletschereis wären hier angebracht.

Aber sie haben Segeltuchschuhe an, weil diese leicht sind und keinen Lärm verursachen.

Bach macht den Anfang, die Kocherei zu entern. Er ist klein und schmächtig, aber drahtig und trotz seiner runden 40 Jahre und seiner grauen Schläfen von einer katzenhaften Wendigkeit und Geschmeidigkeit.

Nichts ist zu hören, als er über die herunterhängende Lotsentreppe über die Bordwand klettert, als er seine Füße behutsam auf das Eisendeck des Mutterschiffes setzt. Er wartet verschnaufend auf seine Männer. Mann hinter Mann schieben sie sich über die Reling. Die Gesichter der Kerls wirken so grimmig, daß Bach unwillkürlich lächeln muß. »Wie im Kintopp«, denkt er und erinnert sich der Wildwestfilme, für die er an Land auch in gereifteren Jahren noch ein paar Groschen übrig hatte, weil sie so ein herrlicher Heldenkitsch sind. Diese nächtliche Szene gedreht, würde sie nicht ebenso unwahrscheinlich und kitschig wirken?

Der Stoßtrupp steht mitten auf feindlichem Boden. Bis auf die beiden Männer im Boot sind alle versammelt. Bach hebt, wie verabredet, die linke Hand. Nach einem vorher genau abgesprochenen Verteilerschlüssel schleichen die Männer, ihre geladenen, entsicherten Pistolen in der Hand, davon.

Bach selbst hastet zur Brücke, sucht die Kammer des Kapitäns. Er findet den Eingang an der Steuerbordseite, denn warum sollte es auf Walkochereien anders als auf gewöhnlichen Schiffen sein. Der Kapitän wohnt auch hier an Steuerbord. Vorsichtig und behutsam dreht Bach den grünspanigen Messingdrücker nach rechts und öffnet leise die Tür. Seine Hand sucht den Schalter. Licht! Ein leises Knacken, aber nicht leise genug ...

Bach sieht durch die geöffnete Tür in das Schlafzimmer des Kapitäns. Dort raschelt es. Mit zwei Sprüngen ist er in diesem Raum.

Er blickt in das schlaftrunkene Gesicht eines Mannes, der wie aus einem schlechten Traum erwacht. Bach erkennt, wie der andere sich besinnt, wie er seemännisch instinktiv die Gefahr begreift und wie er blitzschnell die Hand nach seiner Jacke ausstreckt, die locker über dem Stuhl neben der Koje hängt.

Bach packt zu. Er ist schneller, und er wirft die Jacke mit dem Stuhl zurück. Ein metallischer, vom Tuch gedämpfter Schlag ist zu hören.

»Machen Sie keinen Unsinn, Kapitän, und lassen Sie die Finger von einer Kanone. Mein Name ist Bach. Ihr Schiff ist von einem deutschen Hilfskreuzerkommando besetzt.«

Schwer atmend hat sich der Norweger, auf seine Hände gestützt, etwas aufgerichtet. Mit dem Rücken seiner Rechten wischt er sich mehrmals über die Augen, schüttelt den Kopf und reibt sich erneut die Augenlider.

»Sie träumen nicht, Kapitän.«

Bach greift mit der freien linken Hand in seine rückwärtige Hosentasche und zerrt eine kleine Taschenflasche heraus. Sie enthält Rum. Er hatte sie mitgenommen, sollte einer seiner Männer in den Bach fallen und eine Stärkung brauchen.

»Hier, Käpten, wenn Sie auf diesen späten Schreck in der Abendstunde eine Beruhigungspille brauchen, einen guten Tropfen habe ich gleich mitgebracht.«

Der Norweger winkt müde ab. Langsam überwindet er sein Entsetzen. Dann bittet er den Deutschen, ihn aufstehen zu lassen.

»'s ist sonst nicht meine Art, Gäste im Schlafanzug zu empfangen, Sir«, lächelt er dünn, rappelt sich hoch, hängt sich einen in dieser nach Tran riechenden Umgebung deplaziert wirkenden eleganten Morgenmantel über und schlüpft in eine Hose mit beachtlichem Bauchumfang. Mit der Hand ordnet er mit einem Seitenblick in den Spiegel seine schütteren Haare, reckt sich ein wenig und sagt zu Bach:

»Andersen, Kapitän dieses Schiffes.«

»Gar nicht erfreut, einen so prächtigen Seemann auf diese Art und Weise kennenlernen zu müssen.«

»Ganz auf meiner Seite«, grinst der Wikinger. »Sie erlauben doch.« Als Bach nickt, greift er in einen Schrank, zerrt umständlich zwei Gläser und eine Buddel Gin heraus. »Entschuldigen Sie, die Gläser sind verstaubt. Haben keine Zeit gehabt, Feste zu feiern, und Gäste verirren sich nicht in die verfluchte Antarktis. Hätte man mir Ihren Besuch angekündigt, ich hätte nicht versäumt, Sie gebührend zu empfangen.«

»Ich weiß, Kapitän, mit heißem Eisen!«

Andersen hält mit dem Einschenken ein. Die Flasche hoch erhoben, blickt er den deutschen Offizier mit vor Erstaunen geweiteten Augen an. »Mit heißem Eisen, was … was meinen Sie damit?«

»Mit Granaten. Die neben Ihnen liegende SOLGLIMT hat doch Geschütze gebracht und Munition und andere Waffen.«

»Sir, woher wissen Sie das?«

Bach grinst ausweichend und greift statt einer Antwort zum Glas. »Auf Ihre Gesundheit, Käpten Andersen … und auf Ihre nähere Zukunft …, daß Sie und Ihre Männer heil nach Hause kommen.«

»Nach Hause, ja, das wäre gut. Viel Freude macht es nicht, für die Briten und unsere Exilregierung zur See zu fahren. Habe Frau und Kinder in Norwegen …«

»Wenn Sie vernünftig sind, wird man Ihnen in Deutschland den Weg dorthin nicht versagen.«

»Vernunft … Eben die Vernunft brachte mich auf die Seite der Briten, nur mein Herz blieb in Norwegen.«

»Ich verstehe Sie, Andersen. An Ihrer Stelle hätte ich nicht anders gehandelt.«

»So? Darf ich nachgießen?«

»Danke, nein. Bitte, übergeben Sie mir nun Ihre Papiere und sorgen Sie dafür, daß Ihre Männer keine Dummheiten machen, mein Kommandant wünscht eine friedliche Regelung.«

Andersen lacht dröhnend und zeigt auf Bachs mattschwarz schimmernde Pistole. »Trügen Sie nicht eine deutsche Marineuniform, Sie könnten ein Brite sein. Take all you can. Never pay if you can help it … Gib mir alles, was du hast, das übrige darfst du behalten. Nimm dem anderen das Hemd vom Leibe, aber laß ihm die Hoffnung. Wenn Sie mit der anderen freien Hand jetzt noch eine Bibel aus der Tasche ziehen, es würde mich nicht verwundern, Sir.«

Inzwischen haben die anderen Männer des Prisenkommandos ihre Befehle durchgeführt. Die Funkstation ist besetzt. Die norwegische Besatzung erscheint grunzend und brummend an Deck. Es sind 300 Mann. Die Hände tief in den Taschen versenkt, stehen sie mit finsteren Blicken an Deck herum. Kerle sind unter ihnen, denen man nicht im Dunkeln begegnen möchte, groß wie Felsbrocken, breit wie Schlafzimmerschränke.

In der gleichen oder annähernd ähnlichen Form rollt das Unternehmen auf der SOLGLIMT ab. Auch Warning gelingt es, mit seinem Kommando das Schiff zu besetzen, ohne daß es zu einer Gegenwehr kommt.

Krüder verfolgt von der Brücke aus das Unternehmen. Er sieht durch sein Glas, wie ein Fangboot nach dem andern aufgebracht wird.

»Geht zu wie ein Lämmergreifen.«

Nun, nicht alle lassen sich greifen. Drei der Fangboote beginnen Fahrt aufzunehmen und setzen sich langsam nach Westen ab.

Krüder schickt ihnen über die Telefonieanlage der OLE WEGGER eine Aufforderung, zur Kocherei zu kommen. Er droht, sie zu beschießen …

»Meine Maschinen versagen. Ich komme, wenn sie wieder klar sind«, meldet der eine. Dieser Lauselümmel. Der fährt doch, unmerklich, aber er fährt«, wettert Krüder.

»Schießen wir doch«, ereifert sich Artillerieoffizier Rieche.

»Na, soweit kommt das noch, mit unseren dicken Kanonen auf so lütte Dinger zu knallen. Nee, das geht nicht ohne Tote ab. Ein FT können sie, Gott sei Dank, ja nicht absetzen, dazu reicht ihre Funkanlage nicht aus.«

»Mir ist ein Tau in meine Schraube gekommen«, berichtet der andere und entschwindet trotz stehender Schraube immer weiter westlicher.

PINGUIN ist ohnmächtig.

Krüder kann nicht einmal hinterherfahren. Einmal laufen die Fangboote 14 Knoten, zum andern aber sind PINGUINS Maschinen unklar. Bei dem Maschinenmanöver vom AK Voraus auf AK Zurück war der Deckel eines Motors nach oben hin abgeplatzt und gegen die Decke geflogen.

Krüder muß erst warten, bis dieser Motor abgekoppelt ist.

Andererseits zwingt ihn eine andere, etwas weiter östlich schwimmende Kocherei mit ihrer Fangflotte zum schnellen Handeln. An Bord der SOLGLIMT finden sich in der Funkkladde Unterlagen über den genauen Standort.

Der Kommandant kann sich daher wegen der Fangboote nicht unnötig aufhalten. Er gibt Anweisung, den Versuch zu unternehmen, mit den hoffentlich friedfertigen Norwegern zusammen noch die restlichen Wale aufzuarbeiten.

Bach meldet klar. Auch Warning morst, die norwegischen Seeleute seien einverstanden, bei der Aufbereitung der unverarbeiteten Tiere zu helfen.

PINGUIN nimmt Fahrt auf, genau in Richtung Osten.

Eine lächerliche Handvoll deutscher Soldaten bleibt auf den Kochereien und Fangbooten zurück. Das Verhältnis steht eins zu zwanzig. Die Norweger sind in einer vielfachen Überzahl. Nur gut, daß sie nicht wissen, welchen Weg der deutsche Raider vor sich hat. Und daß sogar Tage vergehen werden.

Es erscheint den Norwegern auch zu unwahrscheinlich, daß der Hilfskreuzer allein ist. Sie vermuten ein deutsches Kriegsschiff in der Nähe, wie sonst hätten diese paar deutschen Männer so selbstsicher auftreten können … Nach den von der SOLGLIMT mitgebrachten Geheimnachrichten der Britischen Admiralität soll tatsächlich ein deutscher Kreuzer im Südatlantik umherspuken.

In Wirklichkeit steht das deutsche Kriegsschiff, es handelt sich um den Schweren Kreuzer ADMIRAL SCHEER, weit mehr als tausend Kilometer weiter nördlich, und sein Kommandant, Kapitän zur See Krancke, wartet noch immer vergeblich auf einen Funkspruch, daß Krüder der Fangflotte auf der Spur ist und die gemeinsamen Operationen beginnen könnten.

PINGUIN hat Glück.

Nebelschwaden behindern die Sicht und machen es dem Hilfskreuzer leicht, sich auch hier unbemerkt an den Liegeplatz der Kocherei heranzuschleichen. Das Schiff soll den Namen »Pelagos« führen. Begünstigt wird dieses Annäherungs-

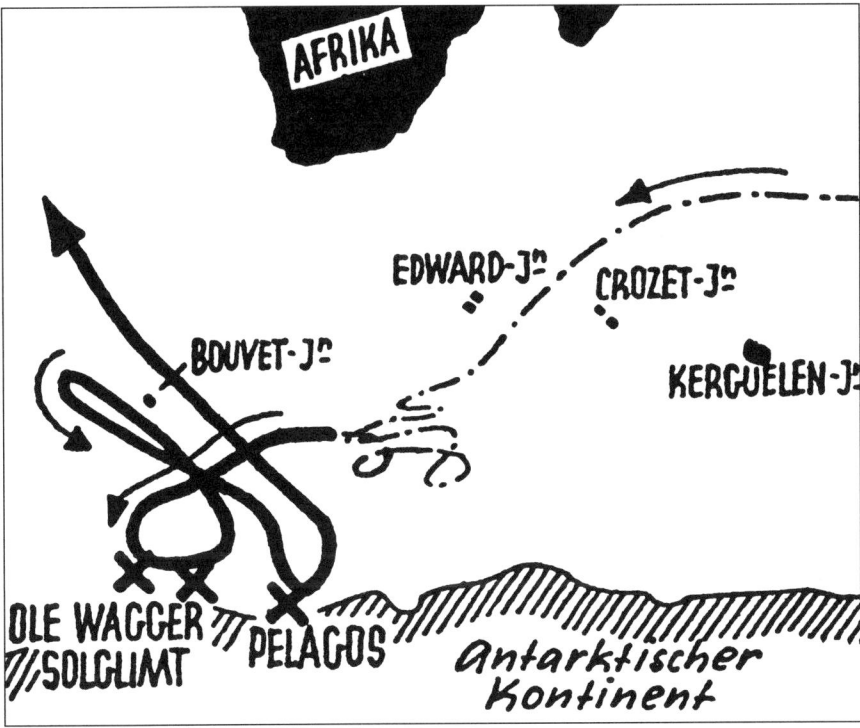

manöver noch durch die aus dem Fabrikschiff unter Zischen und Brodeln entweichenden Heißdämpfe, die den Nebel noch verstärken und der norwegischen Besatzung die Fernsicht verwehren.

Die PELAGOS-Leute werden wie ihre Kameraden auf den anderen Fabrikschiffen völlig überrascht und ohne Gegenwehr überrumpelt. Die Nachfahren der ehemals so kriegerischen Wikinger fügen sich in ihr Schicksal. Weder der Kapitän und seine Offiziere noch irgendein Mann der Besatzung machten auch nur den Versuch, zu einer Waffe zu greifen.

Hinsichtlich der Fangboote ist der PINGUIN-Kommandant gewitzter geworden. Von diesen Walbooten soll ihm keins entkommen. Er hat schon eine Verwendung für diese kleinen, aber so seetüchtigen Fahrzeuge. In der Heimat werden sie als Vorpostenboote oder Minensucher eine nutzbringende Verwendung finden. Der Weg nach Deutschland ist zwar weit, – aber Krüder ist Optimist.

»Erst müssen wir den Bären haben, bevor wir sein Fell verteilen«, wendet Michaelsen ein.

»Ich habe eine Idee, NO. Passen Sie mal auf.«

Krüder entwickelt seinen Plan. Der NO sagt nur ein Wort: »Prima.«

Nach der Besetzung der PELAGOS zieht Krüder sich mit PINGUIN etwas zurück. Inzwischen gibt der auf dem Fabrikschiff verbliebene Pastor als PELAGOS-Funker den abseits stehenden Fangbooten den Befehl, zur Kocherei zu kommen. Bedenken bestehen nicht, an der Stimme erkannt zu werden, da der Telefoniefunk die Stimme verzerrt.

Der Plan klappt vorzüglich.

Die Fangboote fallen prompt auf den Schwindel herein. Ihre Kapitäne kommen, maßlos empört über diesen Unfug, sie und die Besatzungen in ihrer wohlverdienten Abendruhe zu stören, mit gefangenen Walen im Schlepp zurück.

Sie klettern an Bord und ... stehen deutschen Soldaten gegenüber.

Ein Olaf Iversen, ein Gulbrannsen oder ein Simmel fehlte hier, um die Verblüffung und Bestürzung in den Gesichtern zu zeichnen. Den Kapitänen ist der Mund glatt vernagelt. Es ist, als sähen sie Gespenster, als würden sie an ihrem eigenen Verstande zweifeln.

Erst nach und nach fassen sie sich.

»Verdammt, das ist ein Streich. Ein Fuchs ist ein Dummkopf gegen den, der diese List erfand«, macht sich einer der Kapitäne Luft.

Mit der 12 083 BRT großen Kocherei PELAGOS hat PINGUIN in 24 Stunden mehr als 36 000 BRT aufgebracht.

Und kein Schuß brauchte zu fallen.

PELAGOS wird zu einem Treffpunkt geschickt. Der andere Verband setzt sich ebenfalls nach dort in Bewegung.

Dr. Hasselmann in seinem Tagebuch:

»Die Arbeiten auf den Kochereien wurden ohne Unterbrechung fortgesetzt. Allein die PELAGOS hatte noch 35 Wale zu verarbeiten. Das war für uns alle natürlich eine sehr interessante Tätigkeit. Keiner von uns hatte bisher einen Wal so nah gesehen. Sie übertreffen an Größe sogar noch die Riesensaurier prähistorischer Zeit. Die Tiere sind 20, 30 und mehr Meter lang. Sie haben ein Gewicht bis zu 150 000 Kilogramm. Ihre Körpermaße entsprechen denen von 30 bis 35 Elefanten oder einer Herde von 150 bis 170 ausgewachsenen Ochsen. Unheimliche Gesellen sind es. Auf dem Achterdeck werden die Riesentiere – nicht Fische, wie oft irrtümlich gesagt wird – abgespeckt, und die großen Scheiben verschwinden, in Stücke geschnitten, in Löcher, die sich im Deck der Kocherei befinden. Sie fallen dann direkt in die Siedeöfen, in denen das Öl gewonnen wird. Der restliche Leib wird nach vorn geschleppt, wo man das Fleisch von den Knochen löst, um es sofort an Bord einzudosen. Wir alle haben später – erst mit etwas Unbehagen – dieses Walfleisch versucht. Es schmeckte vorzüglich, und es ist kaum von Kalbfleisch zu unterscheiden.

Aber auch für die Knochen findet sich eine Verwendung. Sie verschwinden, vorher zerlegt, in großen Mühlen. Die Grannen der großen Kiemenböden werden eingesammelt. Der Leber und anderen Organen schenkt man zur Vitamingewinnung besondere Aufmerksamkeit.

Nichts kommt auf diesen Fabrikschiffen um.

Der Wal wird total verarbeitet.

Die Arbeiten verliefen friedlich, just so, als seien die Deutschen gar nicht an Bord. Die Norweger waren nicht feindselig, aber auch nicht eben freundlich. Sie nahmen kaum Notiz von uns, unternahmen aber sonderbarerweise nichts, um sich zu befreien. Es wäre ihnen, bei etwas Geschick, sicherlich gelungen, das kleine Häufchen deutscher Bewacher zu überrumpeln. Aber vielleicht fürchten sie die Geschütze des Hilfskreuzers, den sie in unmittelbarer Nähe wähnten.«

*

Krüder hat noch ein Täuschungsmanöver ausgeheckt.

In der Zeit, da auf den Kochereien die restlichen Wale verarbeitet werden, setzt sich PINGUIN in hoher Fahrt nach Westen ab, genau in die Richtung, aus der gegnerische Maßnahmen zu erwarten sind. Man hat zwar keine Funksprüche von den ausgerissenen Fangbooten, es ist aber anzunehmen, daß sie sich langsam St. Georgien, dem Stützpunkt, nähern oder auf die Kocherei THORSHAMMER zulaufen, die im Westen stehen soll, wie bei dem überwachten Telefonieverkehr vor Tagen bekannt wurde, und dort Lärm schlagen werden.

Krüder braust mit jetzt nordwestlichem Kurs weit an der Insel Bouvet vorüber und gibt, zwischen der Bouvet-Insel und den Sandwich-Inseln stehend, hier einen absichtlich langen verschlüsselten Funkspruch in die Heimat ab. Der Spruch dauert drei Viertel Stunden.

Der Funkmeister muß sich mit den Funkmaaten Strauß und Hamann abwechseln, um den Spruch durchzubekommen.

Ihnen graust wegen der Länge …

Wäre nicht Krüder ihr Kommandant, sie würden ihn für leichtsinnig erklären, in dieser Situation und in der Nähe der britischen Stützpunkte einen so irrsinnig langen Spruch in den aufmerksam lauschenden Äther zu senden. Jede feindliche FT-Station hat Muße genug, sich einzupeilen.

Krüder weiß ganz genau, was er will, wenn er den Funkspruch so weit westlich absetzt und so umständlich lang halten ließ, während man sich sonst, wenn überhaupt, auf Kurzsignale beschränkte.

Krüder will täuschen … irreführen.

List ist des Hilfskreuzers beste Waffe.

Der Funkspruch soll ja eingepeilt werden.

Auf dem Rückmarsch gehen die ersten FT-Sprüche ein. Ein Schlachtschiff und ein Flugzeugträger sind mit verschiedenen Einheiten von den Falkland-Inseln und aus Simonstown ausgelaufen, um den Raider, von dem der Gegner noch nicht weiß, ob es sich um einen Kreuzer oder um einen Hilfskreuzer handelt, mit seiner Beute abzufangen.

Krüder findet auf dem Rückmarsch wegen zu unsichtigen Wetters die aufgebrachte Fangflotte nicht. Wahrscheinlich, so vermutet er, haben sie den befohlenen Treffpunkt noch nicht erreicht. Er nutzt die Zeit und geht noch einmal auf Südkurs.

Staunend erleben die Männer die Festeisgrenze …

Sie sehen »Neu-Schwabenland«.

Dann jagt PINGUIN zurück. Es hat aufgeklart. Sie finden den Verband.

Zehn Tage dauerte der PINGUIN listige Reise. Mit dem ganzen Verband setzt sich Krüder angesichts der britischen Suchaktionen noch weiter nach Osten ab.

Voraus fährt PINGUIN.

Ihr folgen in Dreierreihen die Fangboote und diesen die drei riesigen Kochereien mit ihren gewaltigen Aufbauten.

Eine mächtige Strecke einer an Abenteuern, an Sorgen und dramatischen Höhepunkten so reichen Jagd.

36 500 BRT Schiffsraum haben allein die Kochereien zusammen. 22 000 Tonnen Walöl sind an Bord. Elf Fangboote* wurden erbeutet. Ein in der Seekriegsgeschichte einmaliger, einzig dastehender Erfolg.

    * *Es handelte sich um die Boote POL VIII (354 BRT), POL IX (354), Pol X (354), STAR*
       XIV (247), STAR XIX (249), STAR XX (249), STAR XXI (298), STAR XXII (303),
       STAR XXIII (357), STAR XXIV (361) und TORLYN (247).

Aber das deutsche Volk erfährt nichts darüber. Die SKL muß schweigen, um die Operationen der in Übersee stehenden Einheiten nicht zu gefährden. Dieser Handstreich wäre eine Sondermeldung wert gewesen. Aber statt der Fanfaren aus Liszts »Les Préludes« hören die Männer die schrillen Orgeltöne der Südmeerstürme, in deren Zonen sie nun wieder hineinstoßen.

Auf PINGUIN ist nun doch noch, wenn auch verspätet, der Weihnachtsmann erschienen. Er kam aus einem dunklen, kellerähnlichen Raum der norwegischen Walkocherei OLE WEGGER herausgekullert, und er hatte die vielfältige Gestalt von schmutzigen, unansehnlichen Knollen und gehört, botanisch gesehen, in die Familie der Nachtschattengewächse.

Es handelte sich um Kartoffeln, auf PINGUIN seit Monaten vermißt und seit Monaten nicht mehr gesehen. Die beim Auslaufen mitgeführten Frischkartoffeln – und man konnte im Juni schwerlich noch von solchen sprechen – waren schon lange verbraucht. Die PINGUIN-Küche war seit jener Zeit nur auf Trockenkartoffeln angewiesen, und diese waren durch den ständigen Klimawechsel und wohl auch durch Salzwasser oder salzwassergeschwängerte Luft so unangenehm im Geschmack, daß sie von vielen einfach nicht mehr genossen wurden.

Es bedarf keiner Phantasie, mit welchem Jubel die OLE-WEGGER-Kartoffeln auf dem Hilfskreuzer begrüßt werden. Charly Brunke, der FTO, bringt die ersten mit herüber. Er hat sie sich kurzerhand in die Taschen seines weißen Bordjacketts gestopft, hütet sie wie rohe Eier, erscheint mit ihnen auf der Brücke, um dann in seiner Kammer zu verschwinden. Leutnant Gabe überraschte Brunke, wie dieser, auf seiner Koje sitzend, mit unsagbarer Liebe und Andacht »seine« Kartoffeln mit – es ist so heiter wie wahr – der Zahnbürste abscheuerte, damit nach Charlys Meinung durch unnötiges Schälen die Substanz nicht geschmälert würde. Er war dann auch der erste auf PINGUIN, der in den Genuß dieser so begehrten und köstlichen »Früchte« kam, denn er hat sie höchstpersönlich in der Kombüse und eigenhändig zubereitet und ließ den Topf nicht aus den Augen, bis sie gar waren.

»Wie Marzipan«, sagt Brunke, als er später, an Deck sitzend, eine Probe nimmt und seine andächtig zusehenden Kameraden nach gehörigem »Mundwässerigmachen« an der Kartoffelprobe beteiligt. Allenfalls bei einer Weinprobe wird man soviel genießerische Andacht erleben.

Übrigens, die inzwischen untersuchte Brieftasche des Kapitäns der OLE WEGGER enthält wertvolle, geheime Anweisungen der Britischen Admiralität. Darunter befinden sich auch höchst interessante Angaben über die Tätigkeit der deutschen Hilfskreuzer. Kapitän Andersen, später von Kapitän Krüder nach den vermutlichen Höchstgeschwindigkeiten der deutschen Hilfskreuzer befragt, antwortet ohne Zögern, daß diese Schiffe nach den ihm bekannten Unterlagen Höchstgeschwindigkeiten bis zu 25 Knoten entwickeln dürften, eine Vermutung, die vielleicht sogar auf Krüders selbständiges, dem SKL-Befehl zuwiderlaufendes damaliges Handeln unter der Goldküste zurückzuführen ist.

Da Krüder es sich personell nicht erlauben kann, alle Schiffe mit Prisenbesatzungen auszurüsten, schickt er zunächst erst einmal die Kocherei PELAGOS mit ihren 10 000 Tonnen Walöl als Ladung unter dem Kommando von Oberleutnant zur See Küster als Prise auf die Reise.

Küster selbst erreicht mit der wertvollen Kocherei ohne Zwischenfall Bordeaux. Die anderen Schiffe will er bei dem Versorgungsschiff auf dem Geheimquadrat »Andalusien« im Südatlantik mit Prisenbesatzungen versehen lassen. Er entläßt auch diese Schiffe zum Treffpunkt und eilt ihnen mit hoher Fahrt voraus.

*

In diesem Zusammenhang muß erklärt werden, daß die SKL den im Südatlantik stehenden Schweren Kreuzer ADMIRAL SCHEER von dem von PINGUIN mit so viel Erfolg und Glück durchgeführten Walfangflotten-Unternehmen unterrichtete und vorschlug, Prisenbesatzungsreserven auf dem Punkt »Andalusien« zu belassen. Dies geschah.

ADMIRAL SCHEER selbst nahm daraufhin Kurs in den Indischen Ozean. Im Raum von Madagaskar brachte er verschiedene Schiffe auf. Da seine Operationen durch die Funksprüche der angegriffenen Frachter nicht unbekannt blieben, wurden die gegnerischen Kräfte nun noch mehr diversioniert. Es gab auch Stimmen beim Gegner, die sich dafür aussprachen, daß der Hilfskreuzer in der Antarktis in Wirklichkeit ein als Frachtschiff getarnter Kreuzer gewesen sei, der nun wieder als Kreuzer im Indischen Ozean operiere.

XVIII.

PINGUIN steuert dem »sonnigen Norden« entgegen.

Die Monstersaunafahrt geht weiter ...

Heiß ... kalt ... heiß ... und seit Wochen wieder kalt ... und eines Tages, nach dem Passieren braunschillernder Seegrasfelder wird es wärmer und wärmer. Der Himmel erstrahlt in himmlischem Blau. Das Wasser leuchtet eine Schattierung tiefer. Bonitos und gefräßige, von der Unruhe der eigenen Gefräßigkeit und Mordlust getriebene Haie und Traumgebilde von Quallen schwimmen in der See. Und kaum ein Windhauch ist zu spüren, nachdem sie den Gürtel der südatlantischen Antizyklone durchstoßen haben. Die See ist so eben wie eine Tischdecke, in die man ein paar Falten, die ewige Dünung, gezogen hat.

Statt des erwarteten Versorgers sichten sie ein sonderbares Schiff.

Die Mastspitzen sind gekappt, auf der Brücke fehlen die gewohnten Aufbauten ... Ein komisches Schiff.

Über einer achtern stehenden langrohrigen Kanone weht am Stock eine riesige deutsche Kriegsflagge.

»So ähnlich sah mal die DUQUESA aus, Großbritanniens größtes Kühlschiff, das seit 1920 die Meere befuhr«, sagt Michaelsen mit einem Blick zu Krüder hin.

»Ein feiner Dampfer«, fügt Krüder nach einer Pause hinzu.

Komisch, was der Alte an diesem gerupften Dampfer bloß fein finden will, wundert man sich. Aber sie kennen ihn nun lange genug, um zu wissen, daß bei ihm alles seinen Sinn hat, so wie damals, als er das Schiff auf den Namen »Pinguin« taufte. Denn damals schon war es für Krüder ein feststehender Plan, in die Heimat der lebenden Pinguine vorzustoßen, um den norwegischen Walfang lahmzulegen.

»Wie gut, daß unsere Ladies von Bord sind. Ich fürchte, es hätten bald Doppelposten aufziehen müssen«, macht FTO Brunke geltend. Brunke weiß manches, und oft einiges früher als der Kommandant.

Die, die Brunkes Bemerkung hören, können damit nicht viel anfangen, sie wissen nicht, daß er eine zu erwartende Nahrungsauffrischung meint, die oft scherzhaft oder auch ernsthaft mit der Belebung der Kraft, Lebensfreude und der Männlichkeit schlechthin in Verbindung gebracht wird ...

Funkspruch von drüben:

»Prise DUQUESA grüßt und beglückwünscht Kommandant und Besatzung PINGUIN. Freuen uns, haben fürchterliche Langeweile.«

Das hinüberfahrende Prisenkommando trifft auf wohlgenährte Soldaten, die ihre weißen Jacken auch nicht mit Gewalt mehr zuknöpfen können. Sie haben so ziemlich alle ein kleines Bäuchlein und sehen samt und sonders wie gelangweilte Urlauber aus, die ihren Tag mit Essen und Skatrunden totschlagen.

Herzliche Händedrücke. Ein paar fallen sich um den Hals.

DUQUESA heißt dieser sonderbare Frachter, wie Michaelsen richtig vermutete. Dieses britische Kühlschiff, einstmals das größte der Welt, wurde kurz vor Weihnachten durch ADMIRAL SCHEER aufgebracht, in das Seegebiet »Andalusien« verholt und ausgeschlachtet. Kapitän zur See Krancke, Kommandant der ADMIRAL SCHEER, konnte das wertvolle Schiff leider nicht als Prise entlassen, da die Kohlenvorräte von den schlauen Briten nur für eine Fahrt bis Freetown bemessen waren. Dort sollte man nachbunkern. Versenken wollte Krancke aber das Schiff auch nicht, und so ging denn die »Herzogin« als »Verpflegungsschiff Wilhelmshaven Süd« in die Akten der Seekriegsgeschichte ein. Weder dem Kreuzer noch dem Versorgungsschiff NORDMARK, noch der Prise STORSTAD, noch dem Hilfskreuzer THOR, noch anderen Schiffen war es bislang geglückt, die unerschöpflichen Kühlräume dieses Spezialfrachters zu leeren.

14,8 Millionen Eier, 7 000 Tonnen Gefrierfleisch und einige -zig Tonnen Konserven …, das war die Ladung, als die DUQUESA gestellt wurde.

Inzwischen sind an Bord die letzten Kohlenvorräte aufgebraucht worden, um die Kühlmaschinen in Betrieb zu halten. Und so hatte man Teile der hölzernen Oberdecksbauten unter die Feuer geworfen, den Teakholzfußboden herausgerissen und verbrannt, was nur irgendwie entbehrlich schien, um die Kühlanlagen nicht ausfallen zu lassen. Daher also sieht der Frachter so seltsam aus.

»Wir hätten uns den Stuhl unterm Hintern verbrennen müssen, wäret ihr ein paar Tage später gekommen. Ihr »Pinguiner« seid nun die letzten, die aus den leckeren Beständen naschen dürfen. Dann werden wir sie endgültig in die Tiefe schicken müssen.«

Krüder gibt in den späten Vormittagsstunden der wachfreien Besatzung zur Übernahme der Eier und Konserven frei.

»Aber IO, heute nachmittag um fünf Uhr ist der Spaß zu Ende.«

Es wird ein Spaß.

Motorkutter, Schlauchboote, Ruderkutter gehen über Bord, und bald schwimmt und paddelt eine kleine Flotte zum Eierdampfer hinüber. Kiste auf Kiste wandert in sie hinein, und Boot auf Boot legt bei der PINGUIN an. Das erste, das ankommt, hat noch nicht einmal festgemacht, da fliegen schon ein paar der so lange entbehrten Eier zur Reling hinauf. Krüder sieht nicht hin, als eines an dem Bullei der Deckskammern zerplatzt …

1 000 Kisten mit je 360 Eiern, genauer ausgedrückt 360 000 Eier, werden bis zur festgesetzten Stunde übernommen.

»Ab heute«, ordnet Krüder für den Koch, den Verwaltungs-Hauptgefreiten Bründel, an, der die nicht mehr in den Räumen unterzubringenden Eierkisten an Deck stapeln ließ, bis sie ›halt aufgefuttert oder kaputt sind‹, »steht Tag und Nacht eine Schüssel gekochter Eier und ein Napf Salz neben der Kombüse. Jeder bediene sich, sooft er will – und kann.«

Dr. Hasselmann in sein Tagebuch: »Es gab von Stund an an Bord eine geradezu wüste Eierfutterei. Alle Gerichte strotzten von Eiern. Es wurden schließlich sogar neue Eierrezepte prämiiert, weil keiner mehr die bekannten besehen, geschweige denn noch verdauen mochte … Gekochte Eier, Spiegeleier, Rühreier, fried eggs, rohe Eier – getrunken und geschlürft, Prärieoyster, Eier im Glas, Ei mit Zucker und sogar mit Zimt, Eier in Rotwein, in Cognac, in Gin. Mayonnaise zu allem, Rührei mit Tomaten-Ketchup, Mögebier …«

Neue Rezepte her. Die Köche raufen sich die Haare …

Und Obersteuermann Neumeister notiert nüchtern und sachlich:

»Ich habe mir heute aus einem Liter gekaperten reinen Alkohols und den besten von 150 Eidottern und aus einer Dose australischer Kondensmilch einen Eierlikör gemacht. Wurde ein ganz brauchbares Zeug. Läßt sich trinken.«

Leider hat es bei der Eierübernahme einen bedauerlichen Unfall gegeben. Der Gefreite Markuzik glitt auf der DUQUESA am Lukensüll aus und stürzte in die Tiefe des Schachtes. Gehirnerschütterung, beide Arme gebrochen. Er wurde sofort ins Lazarett geschafft, und unter Zuhilfenahme des Röntgengerätes konnten die beiden Armbrüche wieder eingerichtet und geschient werden.

Für den nächsten Morgen ist ein Frachter aus der Heimat angekündigt. Wirklich kommt mit dem ersten heranbrechenden Tageslicht das per Funk angekündigte Schiff in Sicht. Es wird mit den erforderlichen Vorsichtsmaßregeln angesprochen. Es ist die erwartete ALSTERTOR. Sie bringt der PINGUIN-Besatzung späte, aber trotzdem sehnsüchtig und vor allem völlig unerwartete Weihnachtsgrüße aus der Heimat, nämlich viele Säcke mit Post.

Krüder verabredet mit dem militärischen Leiter auf der ALSTERTOR, dem Hamburg-Süd-Kapitän und Kapitänleutnant der Reserve Walter Block, die Versorgung im verlassenen Port Couvreux auf einer Insel der Kerguelengruppe in aller Ruhe vorzunehmen. Nach Abgabe der Dienstpost setzt die ALSTERTOR die Reise fort. Aber nicht allein. Sie ist in Begleitung eines von Krüder zurückgehaltenen Walfangbootes. Der PINGUIN-Kommandant will dieses Fangboot wie seinerzeit den Tanker STORSTAD als »Zweites Auge« verwenden. Er hat schon einen Namen dafür. Es soll »Adjutant« heißen, denn Krüders Adjutant, der junge Leutnant Hemmer, des Kommandanten Vertrauter in manchen problematischen Fragen, ist von Krüder ausersehen, das kleinste deutsche Hilfskriegsschiff in überseeischen Gewässern als Kommandant zu führen.

Gegen Abend gibt Krüder den Befehl, den sagenhaften Eierdampfer zu sprengen. Es wird übrigens sein zweites und endgültiges Ende, denn ADMIRAL SCHEER hatte einige Wochen nach der Aufbringung in einem abgelegenen, stark befahrenen Seegebiet einige mit Namen und Heimathafen bemalte Gegenstände über Bord werfen lassen, um den Gegner glauben zu lassen, daß die DUQUESA hier ihr Ende gefunden habe.

Wie üblich bringt das Sprengkommando die Ladungen an.

»Wir haben nicht mehr viel von den Kabelleitungen«, sagt der Sperrwaffenoffizier, und seine Männer ahnen, daß er auf ihren Vorschlag wartet.

»Nun, dann müssen wir die Leitungen eben kürzer machen, um soviel Kabel wie möglich zu sparen.«

Natürlich war es von den Männern Leichtsinn, sich nur zwei Räume neben der Sprengstelle aufzuhalten.

Dumpfdröhnend gehen die Ladungen hoch. Eine grelle Stichflamme bricht durch den Kohlenbunker in den Raum, in dem die beiden Seeleute auf die Detonation warten. Die Flamme erfaßt sie. Das Tropenzeug fängt Feuer. Sie wälzen sich am Boden. Von oben springen Kameraden hinzu, und inzwischen sinkt das Schiff ... langsam ... aber es sinkt. An einem Tau zerren sie die Schwerverletzten aus dem Laderaum heraus, wollen sie in die an der Bordwand schaukelnden Boote hinablassen. Sie brauchen keinen Tampen mehr, denn die DUQUESA beginnt sich immer mehr zur Seite zu neigen. Sie können die Verletzten von der Reling aus direkt in das Boot reichen. Und dann weg von dem Schiff.

Dr. Wenzel und Dr. Hasselmann nehmen die beiden Soldaten in Empfang. Krüder steht neben ihnen. Dem einen legt er seine Hand auf den verbrannten Haarschopf: »Lot man gaud sin, min Jung, dat kriegt de Doktors wedder hin.« Und der lächelt. Wenn Krüder Plattdütsch spricht, dann kann er diese dumme Sache nicht sehr übelnehmen. Das nämlich ist der beiden Soldaten größter Kummer, nicht die rasenden Schmerzen.

»Doktor«, spricht er den Schiffsassistenzarzt Dr. Hasselmann bei einem seiner Rundgänge am achteren Ende des Bootsdecks an, »kriegen Sie die beiden auch wirklich durch? Ihre ärztliche Kunst in Ehren, aber die Jungs sehen zum Erbarmen aus.«

»Wir kriegen sie durch. Wir haben sofort Infusionen und Bluttransfusionen vorgenommen – es meldeten sich zum Blutspenden ausnahmslos alle der in Frage kommenden Gruppen. Bestimmt, in einigen Wochen sind die Männer wieder hergestellt.«

»Danke.« Krüder tritt an die Reling.

Er hat ja selbst einen Jungen daheim.

*

Sämtliche Fangboote und die drei riesigen Fabrikschiffe sind nacheinander eingetroffen. Krüder hat von der DUQUESA-Besatzungsreserven bekommen. Weiter verfügt er nun auch über das Kommando der versenkten DUQUESA, vor allem über die Leutnante Blauc und Petersen, zwei Kapitäne von der Handelsmarine, denen er die Fabrikschiffe anvertrauen will. So vermag er Fangboote und Kochereien mit einer wenigstens einigermaßen Sicherheit gewährenden deutschen Besatzung zu versehen. Die Norweger sind zwar noch immer weit in der Überzahl, man muß sie sogar in den Bordbetrieb mit einspannen, aber die Männer vom Prisenkommando sind ausgesuchte Leute.

Fangboote und Kochereien werden einzeln und in Abständen von mehreren Stunden entlassen.

Händewinken, Flaggensignale, Gute-Reise-Wünsche, Grüße an die Heimat ...

Alle Kochereien, diese riesigen schwimmenden Fabriken, und alle Fangboote gelangten bis auf zwei glücklich in ihren Bestimmungshafen Bordeaux an. Aber auch die beiden anderen Walfänger gerieten nicht in die Hände des Gegners.

Wegen Ölmangels konnten ihre Kommandanten den Durchbruchskurs nicht durchstehen. Sie wurden von britischen Einheiten gestellt und angehalten. Bevor aber die britischen Prisenkommandos heran waren, hatten die deutschen Besatzungen ihr Schiff verlassen und die Sprengladungen angesteckt.

*

Krüder hatte sich bereits auf Kurs zu den im südlichen Indischen Ozean gelegenen Kerguelen begeben, als die Seekriegsleitung ein Zusammentreffen mit dem Hilfskreuzer KORMORAN, Schiff 41 (die KORMORAN versenkte später vor Australien den australischen Kreuzer SYDNEY), zum Zwecke eines Erfahrungsaustausches fordert.

Krüder ist über diesen Befehl nicht sehr erfreut. Mit Recht, denn in Berlin vermutet man PINGUIN auf einem ganz anderen Platz, als er bereits jetzt, nämlich bedeutend südlicher, steht. Krüder muß 24 Stunden mit nördlichem Kurs zurücklaufen, trifft »Schiff 41« und bespricht sich eingehend mit dem Kommandanten, Fregattenkapitän Detmers.

KORMORAN, die erste Einheit der »Zweiten Welle*«, war Ende des Jahres 1940 ausgelaufen und hatte in den mittleren Seegebieten des mittleren, nördlichen und südlichen Atlantiks – und zwar vornehmlich im Seegebiet der atlantischen Enge zwischen Südamerika und Afrika (also zwischen Natal und Freetown) – erhebliche Unruhe geschaffen. Die Briten mußten am 31. Dezember und am 6., 18. und 19. Januar vier Schiffe abschreiben. Wenn auch KORMORAN vorerst noch im mittleren Atlantik verbleiben soll, so ist doch für später in Aussicht genommen, diesen Handelsstörer im mittleren und nördlichen Indischen Ozean und nordwestlich von Australien operieren zu lassen. Krüders Erfahrungen in diesem Seegebiet sowie die an Bord der im Indischen Ozean versenkten Gegnerschiffe erbeuteten Geheimunterlagen sind für Detmers außerordentlich wertvoll.

Zur »Ersten Welle« der Hilfskreuzeroperationen gehörten die Hilfskreuzer ORION, ATLANTIS, PINGUIN, WIDDER, THOR und KOMET, zur »Zweiten Welle« die HSK KORMORAN, MICHEL und KOMET (2. Reise, allerdings kurz nach Auslaufen versenkt), THOR (2. Reise) und STIER (die nicht mehr in Dienst gestellten bzw. nicht mehr ausgelaufenen HSK sind nicht benannt).

XIX.

Wieder wandern die Tropensachen in die Spinde. Wieder wechselte das Halbblau bei der schnellen Fahrt des Schiffes von einem zum anderen Tage in das Ganzblau der Winteruniformen, als PINGUIN erneut in das nun schon vertraut gewordene Gebiet der »Brüllenden Vierziger« vorstößt. Krüder stülpt sich wieder den Turm seiner Pelzmütze auf den Kopf. Mit dieser Kopfbedeckung wirkt er eher wie ein Polarfahrer, aber nicht mehr wie ein Hilfskreuzerkommandant.

Der Kurs führt südlich der Edward- und Crozet-Inseln vorbei. Es mögen noch 250 Meilen bis zu den Kerguelen sein …

Kurz vor Erreichen der Kerguelen trifft Krüder – auch dieses Treffen wurde von Berlin aus gesteuert – mit dem Hilfskreuzer KOMET, dem »Schiff 45«, zusammen, der bereits einige Tage in dem neuen »Flottenstützpunkt Kerguelen« zugebracht hatte.

KOMET ist der Zwerg unter den deutschen Hilfskreuzern. Mit seinen 3 287 BRT hat das ehemalige Motorschiff EMS vom Norddeutschen Lloyd auf einer 515 Tage dauernden Feindfahrt 87 000 Seemeilen, also den vierfachen Umfang der Erde, durchlaufen. Die Besprechung zwischen dem KOMET-Kommandanten, Konteradmiral Robert Eyssen, und Kapitän zur See Ernst-Felix Krüder ergibt für beide Teile wertvolle Anregungen. Nicht nur die Kommandanten tauschten ihre Erfahrungen aus, auch die einzelnen Ressorts setzten sich zusammen.

Beide Schiffe nehmen Fahrt auf, umlaufen die auf 50 Grad Süd liegende Kerguelen-Inselgruppe und steuern die Einfahrt von Port Couvreux, einen seit Jahren von Menschen verlassenen Platz, für den der Begriff Hafen einem besseren Witz gleichzusetzen ist, an der Nordseite an.

Während Eyssen vor Port Couvreux vor Anker geht, will Krüder in die tief eingeschnittene Gazellenbucht dieser malerischen Halbinsel eindringen, um hier in Ruhe die Übernahme der Versorgungsgüter von der dort bereits liegenden ALSTERTOR durchzuführen und um vor allem aus dem hier mündenden Gebirgsbach frisches Süßwasser zu übernehmen.

Knappe hundert Meter ist die Passage der Einfahrt in die der Form einer Keule ähnelnden Bucht breit. PINGUIN ist 155 Meter lang. Wieso, wird der unbefahrene Leser sagen, wo ist denn da eine Schwierigkeit, wenn das Schiff sich genau in der Mitte der Einfahrt hält?

Theoretisch ist's kein Problem. Aber man kann ein 155 Meter langes Schiff bei langsamer Fahrt – mit AK kann Krüder ja schwerlich in die Bucht hineinbrausen – nicht wie einen Lastwagen wenden und bewegen. Wind und Strömung sind neben dem Kurshalten zwei bedeutsame Komponenten, ohne Schlepperhilfe derart enge Passagen zu durchfahren. Vorsichtshalber hat Krüder seinen Navigationsoffizier Michaelsen auf den erbeuteten Walfänger, die ADJUTANT geschickt, um die Tiefenverhältnisse auszuloten und auszubojen.

Es glückt, das Schiff in die Bucht zu bringen, ohne einen der unter Wasser lauernden Felsen zu berühren. Dicht neben dem Versorger ALSTERTOR geht PINGUIN vor Anker. Eine Wolke Rost flattert über das Vorschiff, und eine eisige Brise fegt sie wieder hinweg.

»Unfreundliches Stückchen Erde«, sagt Krüder und nimmt endlich einen Rundblick über die Bucht. Kein Baum, kein Strauch sind zu sehen. Keine Blume macht das Bild dieser vom lieben Gott wahrhaftig verlassenen Gegend freundlicher. Das ist insofern bemerkenswert, als man jetzt hier unten Sommer hat und die Insel fast auf der gleichen Höhe wie daheim die Insel Rügen liegt. Dieser Vergleich läßt die völlig andersartigen Verhältnisse auf der südlichen Hemisphäre deutlich werden. Daheim auf gleicher Breite um die Sommerzeit grünende Bäume, blühende Wiesen und munteres Strand- und Badeleben – hier grauenhaftes Wetter und Wassertemperaturen um fünf bis sechs Grad herum.

Schmal ist der Küstenstreifen, der sich um die Bucht herumschlängelt, unmittelbar hinter ihm steigt das Gelände bis fünfzig Meter an, verliert sich in ein von Felsen übersätes Plateau, dem nach Süden zu ein weiteres, darüberliegendes Hochplateau folgt. Weit hinten werden Berge sichtbar, und hinter diesen muß wohl, in Nebelschwaden gehüllt, der höchste Gipfel, der Roßberg, liegen. Es sind keine schroffen Felsen, die den Charakter der felsigen Insellandschaft bestimmen. Es sind eher vom urewig schleifenden Wind abgetragene Gesteinsbuckel, zwischen deren Einschnitten und auf deren Stufen sich ausgedehnte Schutthalden hinziehen. Ein bedrückendes Schweigen liegt über dem Schiff.

Wie sehr hatten sie sich nach Land gesehnt, nach einer Handvoll Erde …

Wie oft hatten sie den Tag herbeigewünscht, endlich einmal nicht bloß Wasser und Wolken und Himmel zu sehen.

Aber diese menschenfeindliche, sturmgepeitschte Einöde schenkt ihnen keine Erlösung … oder doch? Denn mit dem Aufschrei »Gucke da, Karnickel, eins, zwei, Möönsch, dat wimmelt ma ja so …« kommt Bewegung in die dahindösende uniformierte Schwermut.

Tatsächlich sehen alle, die der ausgestreckten Hand des Matrosen-Obergefreiten Burmester folgen, die Kaninchenfamilie durch das Gelände hüpfen.

»Das wäre doch mal eine schicke Abwechslung, Herr Kapitän …«, spricht Küster seinen Kommandanten an.

Krüder ist sofort Feuer und Flamme. »Natürlich, meine Herren …, wir werden eine Jagd veranstalten und uns dabei ein büschen die Beine vertreten.«

Und siehe da: Nun schaut auch die kahle, öde, gottverlassene Insel freundlicher aus …

Und mit noch einer anderen, viel erfreulicheren Überraschung wartet dieser erste Tag bei den Kerguelen auf. PINGUIN hat kaum ihren Ankerplatz gefunden, da setzt ein reger Morse-Signalverkehr mit der ALSTERTOR ein.

»Soll ich Ihnen jetzt die Privatpost für die Besatzung bringen?« fragt der militärische Leiter auf dem Versorger, der Hamburg-Süd-Kapitän Kapitänleutnant Block, an.

»Sofort, sofort!« läßt Krüder zurückmachen. Und schneller als ein Blitz fährt diese Nachricht durch das Schiff.

»Haben Sie besondere Wünsche? Ich könnte Ihnen gleich Frischgemüse hinüberschicken.«

»Willkommen, und wenn Sie Kartoffeln haben, dann auch davon gleich ein paar Sack.«

»Geht in Ordnung. Wie steht es mit Eiern? Zwei Kisten habe ich noch auf Vorrat. Nicht viel, aber …«

Der PINGUIN-Signäler hackt auf Krüders Befehl plötzlich dazwischen.

»Bloß keine Eier, Block.«

»Nanu, Herr Kapitän, es sind gute deutsche Hühnereier. Spinat dazu! Welch ein Mahl!«

»Nein, keine Eier. Wenn Sie aber Bedarf haben, ich sehe, Sie sind knapp an diesen Hühnermorsprodukten, dann können Sie von mir welche haben.«

»Ich soll doch Sie versorgen?«

»Schon, schon, aber mit Eiern können wir Sie versorgen. Wieviel wollen Sie haben? Zehn Kisten? Zwanzig Kisten oder mehr?«

»Ja, haben Sie denn eine Hühnerfarm an Bord?«

»Ne, bloß Schweine.«

»Komische Schweine. Bei uns in Hamburg legen die Eier die Hühner. Aber wenn Sie es ernst meinen mit den Eiern, ich nehme Ihr Angebot an.«

»In Ordnung, und nun lassen Sie die Boote mit der Post starten. Kommen Sie gleich selbst mit. Die Boote können die Eier ja dann mit zurücknehmen.«

»In Ordnung, ich komme.«

Nach Käppen Block schwingt sich der südlichste Postbüdel der deutschen KM in einen der drei Kutter. Als sich die Boote der PINGUIN nähern, drängt sich die ganze Hilfskreuzerbesatzung an der Reling zusammen. Es ist zwar noch Dienstzeit, aber Krüder drückt beide Augen zu. Ein orkanhafter Jubel brandet auf.

»Hurra! Die Post ist da.«

Endlich Post, endlich ein Gruß von daheim.

Krüder läßt seine Männer wieder an die Arbeit schicken. »Es ist Hilfskreuzerart, warten zu können und Geduld zu haben. Post wird nachmittags nach Dienstschluß verteilt. Rüstet euch für diese feierlichen Stunden.«

Kapitänleutnant Block, ein blonder Hüne von 60 Jahren, wird von Krüder auf das allerherzlichste begrüßt. Nach dem obligatorischen Umtrunk zeigt er ihm sein Schiff, führt er ihm auch an einer Kanone die Enttarnung vor.

»Toll, einfach toll«, bewundert Block die blitzschnelle Enttarnung. Über die weitere Besichtigung des Hilfskreuzers schreibt er in sein Tagebuch:

»Was mich am meisten beeindruckte, waren nicht die Kanonen, nicht die Enttarnungsanlagen, das war der von Krüder geschaffene Urlaubsraum, diese Insel im streng disziplinierten Bordbetrieb, der keinen Sonntag und keinen Feiertag während der Unternehmung kennt. Eigentlich war es sogar für Krüder als dem Kommandanten verboten, diesen Urlaubsraum zu betreten, aber in diesem Falle wagte er eine Ausnahme, und die Männer freuten sich sogar, endlich mal ein anderes Gesicht auf ihrem Schiff zu sehen. Diese von Krüder mit der Urlaubsinsel geschaffene Einrichtung bewies mir mehr als viele Worte seine hohen menschlichen und kameradschaftlichen Qualitäten und seine große Führereigenschaft.«

Übrigens passierte an diesem Tage noch ein Bolzen.

Mit Block war auch der KOMET-Kommandant Eyssen an Bord gekommen.

Eyssen, die Beuteschweine sehen und Krüder um ein oder zwei Borstenviecher angehen, war eins.

Krüder läßt sich breitschlagen.

»Gut, Herr Admiral, zwei Hundertpfünder. Bei guter Pflege wachsen die noch, und zwanzig Kisten Eier aus der DUQUESA-Beute dazu.«

»Prima, Krüder, ausspreche herzlichen Dank.«

Um die Nachmittagsstunden herum werden die beiden Schweine von Bord gegeben. Ein boshafter Zufall ist es, daß zur gleichen Zeit auch der Admiral über die Reling in seine Barkasse klettert. Das hatte aber der Bootsmann Rauch, da mit anderen Dingen beschäftigt, gar nicht spitz bekommen. Von der Back brüllt er über das Vorschiff hinweg, daß bei diesem Stimmaufwand die Scheiben auf der Brücke leise klirren:

»Eumäus, is dat Swin nun endlich von Bord?«

Eyssen, der gerade in seinem Boot Platz nimmt, erstarrt.

Der WO am Fallreep hat Mühe, eine Erklärung zu geben, denn seine Worte werden von der Woge der Heiterkeit und des Gelächters hinweggeschwemmt.

Erst als sich die wiehernde PINGUIN-Besatzung beruhigt hat, kann der WO Eyssen unterrichten:

»Herr Admiral, damit war das echte Schwein gemeint!«

Michaelsen steht zufällig hinter dem WO, hinter Oberleutnant Lewit. Er knufft ihn sanft in den Rücken. »Mensch, Lewit, wenn'r das unechte in den falschen Hals bekommt …«

»Ich meine, Herr Admiral, das richtige, nein, ich meine das letzte der beiden Ihnen vom Kommandanten geschenkten Schweine.«

Eyssen aber lacht, und Lewit hat das dringende Bedürfnis, schnell eine Zigarette zu rauchen.

Der nächste Tag, an dem übrigens Eyssen mit seinem KOMET wieder die Anker lichtet, bringt eine Fülle von Arbeit. An die sehnsuchtsmordende Weltverlorenheit der Insel denkt kein Mensch mehr. IO, Kapitänleutnant Schwinne, trommelt am nächsten Morgen seine Schäfchen zusammen. Versorger ALSTERTOR öffnet die Luken. Proviant und Munition werden aus den Laderäumen herausgehievt und im Bootsverkehr zum PINGUIN gebracht. Ein Kran setzt ein funkelnagelneues Flugzeug aus. Die Flieger strahlen und reiben sich die Hände, prüfen und und untersuchen und können Krüder sogar zu Probeflügen bestimmen. HSK PINGUIN bekommt ein neues Fell. Es wird ausprobiert, welche Farbe sich für den Anstrich der Masten am besten eignet. Vorher aber läßt Krüder die blinden Passagiere abkratzen, denn diese Beifahrer – Schnecken, Muscheln, Algen und allerhand anderes Getier – wirken sich nicht unbeträchtlich auf die Fahrtgeschwindigkeit aus. Krüder läßt für diese Arbeiten das Schiff bis an die Grenze des äußersten krängen, das heißt durch Gewichtsverlagerungen und Trimmungen so schief legen, daß man auch an die unter der Wasserlinie liegenden Schiffsplatten herankommt.

In diesem Zusammenhang noch ein paar Worte über das Umtarnen, das wieder einmal notwendig geworden ist.

Die Grundbedingung für das Gelingen der Aufgabe eines Hilfskreuzers ist nicht nur sein überraschendes Auftreten, sondern sich immer wieder in einer veränderten Form zu zeigen. Den Briten stehen neben dem Talbot-Booth Merchant ships auch noch Spezialtafeln über das mögliche Aussehen deutscher Hilfskreuzer zur Verfügung. Bei der Aufbringung gegnerischer Handelsschiffe gelang es hin und wieder, derartige Unterlagen zu erbeuten. Zum Vergnügen der PINGUIN-Besatzung fand man darin auch die KANDELFELS. Aber weder der Erbauer selbst noch die Vertreter der HANSA-Reederei, in deren Dienst die KANDELFELS einmal stand, hätten ihr eigenes Schiff nach der jeweiligen Umtarnung wiedererkannt, wieviel schwerer hatten es also die Kapitäne und Kommandanten der Feindschiffe, selbst bei größter Skepsis zu unterscheiden, ob ihr Gegenüber echt war oder nicht.

Es ist klar, daß die Veränderung des Aussehens eines Hilfskreuzers für die Besatzung und für das Schiff eine Lebensfrage darstellt. Allerdings kann das Kommando diese Veränderungen nicht wahllos vornehmen. Hier sind der Phantasie strenge und maßstabgerechte Grenzen gesetzt. Jedenfalls müssen diese Umbauten dem Schiffstyp einer britischen, norwegischen oder griechischen Reederei, je nachdem welches Land und welches Schiff der Kommandant ausersehen hat, so haargenau gleichen, daß auch ein kritischer Beobachter beim Vergleichen des veränderten Hilfskreuzers mit dem Schiff, das es namentlich und auch äußerlich darstellen soll, nicht mißtrauisch wird.

Bei der Wahl solcher Tarnungen muß der Hilfskreuzerkommandant ferner die Überlegungen und Kenntnisse einbeziehen, ob diese betreffende Reederei auch diese Routen mit ihren Schiffen befährt.

Kaum hat der Kommandant entschieden, welchen Typ das Schiff für die nächste Zeit darstellen soll, schon beginnt eine geradezu ameisenhafte Geschäftigkeit. Jetzt sind der Erste Offizier und der Oberbootsmann in ihrem Element. Was grau war, wird blau, was gelb war, wird weiß und was rot war, wird grün, je nachdem wie es zu dem ausgesuchten Vorbild paßt. Der Offizier ist nicht mehr vom Heizer oder vom Matrosen zu unterscheiden. Wer nicht irgendwo auf der Gefechtsstation steht, hat einen Pinsel in der Hand. In den Morgenstunden hatte ein fremder Dampfer das Aussehen gefunkt, und am nächsten Morgen muß der Hilfskreuzer als ein ganz anderes harmloses Schiff weiterfahren.

In Zukunft, also für den nächsten Teil der Unternehmungen, wird PINGUIN als der Norweger TAMERLANE die Meere befahren. Britische Flieger bestätigten später, daß weder sie noch die an Hand der gemachten Aufnahmen kontrollierenden Offiziere des britischen Kreuzers nicht an der Echtheit der TAMERLANE gezweifelt hätten.

Lediglich Krüders allzu große Vorsicht wurde sein Schicksal, wie wir sehen werden, seine zu große Umsicht …

»Das Wasser ist trinkbar, Herr Kapitän«, meldet Stabsarzt Dr. Wenzel, und er hat außer dem Prüfungsergebnis gleich ein Wasserglas davon mit auf die Brücke gebracht. Krüder probiert, nickt. »Wundervoll erdig, ist zu trinken.«

Die Wasserversorgung ist ein bedeutsames Problem, denn der Verbrauch in den Tropen ist erheblich. Die deutsche Seekriegsleitung kann aber keinen Wassertanker auf Position legen – und der Plan mit den Kerguelen wurde von Rogge, dem Kommandanten der ATLANTIS, ausgeheckt.

Wie Rogge, so steht auch Krüder vor dem Problem, das Wasser aus dem nahen Wasserfall unter Ausnutzung des Druckgefälles auf das Schiff zu leiten. Während man auf der ATLANTIS indessen genügend Schläuche zur Verfügung hatte, um eine direkte Verbindung herzustellen, muß Krüder, da er auch sein Schiff wegen des zu großen Tiefgangs nicht näher unter die Küste legen kann, eine zusätzliche Lösung finden.

Für die PINGUIN-Ingenieure ist es kein Problem, nach Rogges Vorbild eine Tonne in den Wasserfall zu praktizieren. Diese Tonne ist oben offen und unten im Bodenstück mit dem Mundstück der Schlauchleitung versehen. So lang die Schlauchleitung ist, wird sie ausgelegt. Sie reicht bis gute hundert Meter in die Bucht hinaus.

Dann ist's daddeldu. Für den weiteren Transport des Wassers werden die großen Rettungskutter herangezogen. Sauber ausgescheuert bilden sie für das Wasser einen tadellosen, sogar hygienisch einwandfreien Transportbehälter mit ziemlichem Fassungsvermögen. Die Motorboote schleppen die Wasserkutter bei PINGUIN längsseit, und dieser pumpt das kostbare Naß an Bord herauf und in seine Tanks hinein.

Das Unternehmen klappt, wenn es auch mühseliger ist als bei der ATLANTIS. In der Zwischenzeit vermißt der Obersteuermann mit seinen Männern die Buchten und Fjorde der Insel.

Er tut dies nicht, um einer bloßen Beschäftigungstheorie zu genügen. Er hat einen direkten Befehl vom Kommandanten.

»Der Krieg ist doch bald aus«, hatte ihm Krüder dazu erklärt. »Wir werden in Zukunft versuchen, die Schiffe, die uns über den Weg laufen, unbeschädigt zu kapern. Wir werden sie hierher dirigieren und vor Anker legen. Wenn sie in Berlin mit dem Kriegsende das Halali für unsere ozeanische Jagd blasen, kehren wir mit einer stolzen, fix und fertigen Reedereiflotte heim.«

*

Krüder hat nichts dagegen, daß seine Seeleute, bis auf die Wachgänger selbstverständlich, nach des Tages schweren Arbeiten abends ein bißchen an Land steigen und durch die Insel streifen. Nicht alle machen Gebrauch davon, denn die meisten haben abends nur den einen Wunsch, auszuruhen und zu schlafen.

Viel bietet die Insel ja auch nicht. Immerhin, der Trieb, allen Dingen auf den Grund zu gehen, läßt für Stunden den scheußlichen Krieg vergessen.

Das Eiland ist mit Moos und einem sonderbaren Kohl bewachsen, den einige Seeleute »Kerguelenkohl« heißen und der Gattung der Wegerichs wohl am nächsten kommt. Den Karnickeln scheint er jedenfalls gut zu bekommen, denn diese sind in erstaunlichen Mengen vertreten. In der Gazelle-Bucht kann man täglich Robben beobachten, und Dr. Hasselmann berichtet, sogar einen See-Elefanten gesehen zu haben, der bei Ebbe am Strand lag und döste.

Dr. Hasselmann in sein Tagebuch:

»Am stärksten ist die Vogelwelt vertreten. Wildenten, Sturmvögel und verschiedene Arten von Möwen tummeln sich in der Bucht oder hocken dösend auf dem nackten Gestein.

Große Aufregung und Begeisterung herrscht, als einige der Landurlauber ein paar der schnatternden und laut räsonnierenden Pinguine mit an Bord bringen.

Krüder ist sofort dafür, die Wappentiere an Bord zu behalten. Matrose Schneekloth, der Schweinezuchtspezialist, bekommt sie in seine Obhut, und Struppi, der Bordhund, vergißt sogar seinen pünktlichen Gang zur Kombüse über diese neuen Spielgefährten.

Einige waren gestern in der Siedlung, die den anspruchsvollen Namen Port Couvreux trägt. Der Hafen selbst besteht aus einer von der Zeit angenagten, ziemlich zusammengefallenen Anlegebrücke und aus drei gleichfalls dem Verfall preisgegebenen Holzhäusern. Daneben erinnert noch ein riesiger Kochkessel an den einstigen Zweck dieser französischen Siedlung, die einmal eine Station zur Verwertung von Robben gewesen ist. Der Kessel diente der Aufbereitung der gefangenen beziehungsweise geschlagenen Robben. Ein kleiner Friedhof von etwa sechs Quadratmeter Größe erinnert daran, daß hier ein paar Menschen ihr Leben fern der französischen Heimat beendeten. Die Holzkreuze tragen französische Namen. Nichts weiter deutet darauf hin, warum und wie diese Menschen aus dem Leben schieden. Waren sie krank? Erlitten sie einen Unglücksfall? Oder gerieten sie, vom Einsamkeitskoller aufgepeitscht, in blutiger Fehde aneinander?

Des Kommandanten Hoffnung, bei der ehemaligen, schon vor Jahren verlassenen Niederlassung noch ein paar Steinkohlen zu finden, erfüllte sich nicht.

Die, die heute nach Port Couvreux gewandert waren, berichteten, die Spitze des höchsten Berges der Insel gesehen zu haben. Für einen Augenblick gaben die Nebelschwaden den Gipfel frei, eine schneebedeckte, vergletscherte, kegelförmige Spitze ...«

Nach zehntägiger Arbeit ist die Übernahme von Proviant, Wasser und anderen Dingen beendet. Auch die Maschinen sind nun endlich einmal gründlich überholt worden. Es drängt Krüder, wieder in ein Operationsgebiet vorzustoßen.

Als Abschluß der heimatfernen Werftliegezeit läßt er eine großangelegte Treibjagd auf Kaninchen veranstalten. Eine gewaltige Strecke wird in den Nachmittagsstunden an Bord getragen. Es gibt ein Festessen für die ganze Besatzung.

Erster Offizier Schwinne ist der letzte, der kurz vor dem Ankerlichten noch einmal die Insel betritt. Suchend geht er den Küstenstreifen ab, wandert zum Hafen hinüber und kehrt dann befriedigt zurück.

»Alles in Ordnung, Herr Kapitän.«

Schwinnes Gang galt Zigarettenschachteln oder anderen Dingen, die für die Anwesenheit deutscher Soldaten sprechen könnten. Er fand nichts. Die Seeleute hatten Krüders Weisung beherzigt und bei der Karnickeljagd sogar die Patronenhülsen aufgelesen …

Alte Waidleute werden beim Lesen dieser Bemerkung ein leichtes Gruseln bekommen. Aber mit Schrotflinten hatte die SKL den Hilfskreuzer nicht ausgerüstet …

Mit der ALSTERTOR sind auch neue Prisenoffiziere und Prisenbesatzungen an Bord gekommen. Es sind dies der Leutnant zur See (S) Grau, vormals Kapitän des ANTONIO DELPHINO, Leutnant zur See (S) Böttcher, Graus langjähriger Erster Offizier, und die Leutnante zur See (S) Steppach, Nippe und Hermann von der HAPAG, ebenfalls altbefahrene Nautiker. Die Zahl der Prisenoffiziere läßt erkennen, daß die Heimat große Hoffnungen in HSK PINGUIN setzt …

XX.

Aber die hochgespannten Erwartungen in eine weiterhin so erfolgreiche Jagd erfüllten sich nicht. Die Aktivität deutscher Hilfskreuzer auf allen Meeren der Welt ist nicht ohne Folgen geblieben. Die Hauptverkehrsrouten über die freien Seeräume werden kaum und teilweise überhaupt nicht mehr befahren. Die zusammengeballten Fahrtrouten in der Nähe der Küsten, die oft dicht unter Land entlangführen, bringen eine wesentliche Erschwernis der Operationen für alle diese deutschen Schiffe mit sich. Zwar wird durch ihre Anwesenheit der Gegner zu Umwegen gezwungen, er nimmt diese aber lieber als den Verlust eines nur schwer ersetzbaren Schiffes in Kauf. Es ist einleuchtend, daß die Wege der alliierten Schifffahrt in erster Linie dicht an den britischen Stützpunkten vorbeigeführt werden. Auch die britische Kriegsmarine ist aktiver geworden.

Das vereinbarte Zusammentreffen mit dem von dem Hilfskreuzer ATLANTIS aufgebrachten und in einem ruhigen, von der normalen Schiffahrt bisher nur wenig, praktisch überhaupt nicht befahrenen Seegebiet im Indischen Ozean auf Warteposition gelegten Tanker KETTY BRÖVIG kommt nicht zustande. Krüder sucht mehrere Tage lang …

Vergebens.

Der Tanker kommt nicht in Sicht.

Später wurde festgestellt, daß er von britischen Kriegsschiffen gestellt wurde und sich schnell versenken mußte. Die Vermutung liegt nahe, daß britische Einheiten jenen deutschen Schiffen folgten, die wegen des Vordringens der britischen Front in Italienisch-Somaliland auslaufen mußten. Zu diesen Schiffen gehörte auch die 7 400 BRT große COBURG des Norddeutschen Lloyds*.

* *Am 4. März 1941 durch den Zerstörer HMS CANBERRA gestoppt; selbst versenkt.*

Statt der KETTY BRÖVIG trifft Krüder im südlichen Indischen Ozean den Versorgungstanker OLE JAKOB, ebenfalls eine ehemalige ATLANTIS-Prise, die in Japan ihre Benzinladung gegen Öl eintauschte und längere Zeit dem HSK ORION als V-Schiff diente. Leutnant (Ing.) Voßloh, einer von der alten Stammbesatzung des ehemaligen HANSA-Schiffes, schimpft.

»Swinskrom, besser wäre das gute ausländische Gasöl für uns gewesen. Das hier ist bloß die Hälfte wert.«

Aber Krüder muß das japanische Öl nehmen, um operationsfähig zu bleiben.

Von der SKL ist PINGUIN der Indische Ozean nördlich des 20. Süd-Breitengrades zugewiesen, während im südlichen Teil nach dem HSK ATLANTIS jetzt der aus dem Pazifik und östlichen Indischen Ozean aufgelaufene HSK ORION operiert.

Tag und Nacht kreisen die Gläser. Die Augen schmerzen in der flimmernden, sonnenglasigen Luft.

Kein Schiff. Keine Rauchfahne.

Krüder wechselt das Operationsgebiet und läuft, nachdem er nach einigen Tagen Südostkurs einen längeren Funkspruch an die Heimat abgegeben hatte, auf die südwestliche Ecke der südwestlich Indien vorgelagerten Malediven-Inseln zu, um den Verkehrsweg zwischen Ceylon und Madagaskar–Durban abzusuchen.

Tag und Nacht ...

Kein Schiff. Keine Mastspitze.

Das Flugzeug startet immer wieder. Nichts ist zu sehen. Der Indische Ozean ist leergefegt. Der Gegner hat auch hier seine Fahrtrouten zusammengeballt und versucht, die Schiffe in Küstennähe entlangzuführen.

Das Wetter ist unwahrscheinlich still. Eine lange, schwere Dünung hebt und senkt atemgleich den Leib des Schiffes, das an manchen Tagen ohne Fahrt auf dem transparentblauen Teppich dieses Meeres ruht.

Schinkenknochen stehen hoch im Kurs. Die Männer vertreiben sich die freie Zeit, um Haifische zu angeln. Das Geschäft blüht, Hai auf Hai schnappt nach dem an einen Haken gesteckten Knochen, wird an Deck gezerrt und mit seemännischem Ingrimm erschlagen. Männer, die sonst keiner Fliege etwas zuleide tun, die einen an Deck gestrandeten Albatros wie Meißener Porzellan behandelten, machen sich kein Gewissen daraus, den zähen Raubtieren mit Relingstützen den Garaus zu machen. Vorsicht ist geboten, den wild um sich schlagenden Bestien nicht allzu nahe zu kommen. Es hat sich herumgesprochen, daß sie mit ihren Schwanzflossen gut und gerne die Knochen brechen können. Nach guter, alter Seemannsart wird den Burschen in den Bauch geguckt. Man interessiert sich schließlich dafür, was die zahnbewehrten Brüder so zusammenfressen. Rückenflossen und Schwanzflossen werden abgetrennt und präpariert. Die alten Fahrensleute an Bord weisen die Neulinge ein. Man schneidet den unteren Teil der Flossen auf, höhlt ihn aus und stopft einfach den Inhalt von ein oder zwei Päckchen Tabak hinein. Der Tabak hat die Eigenschaft, eine Verwesung zu verhindern.

Einer erzählt aus seiner »Windjammer«-Fahrenszeit:

»Ich hatte da mal einen fliegenden Fisch auf der POTOSI – sie lebt schon lange nicht mehr – gefangen. Wollte ihn natürlich mit nach Hause bringen. Unser Bootsmann brachte es mir bei, das Ding zu konservieren. Mit Tabak wie hier auch. Na schön, und dann kamen wir nach Hamburg hin, und wir hatten kaum die Leinen um die Pfähle gebunden, da erschien auch schon der Zoll an Bord. Ob wir etwas zu verzollen hätten ... Tabak, Zigaretten, Schnaps ... Natürlich hatten wir nichts. Bloß ein Harmloser sagte da etwas von meinem fliegenden Fisch und dem Tabak in seinem Bauch. Kriegt der Kerl doch spiegelblanke Bratkartoffelaugen und beginnt ein Mordsgezeter. Den Tabak hätte ich zu verzollen. Aber Mann, sagte ich, selbst wenn ihn einer versuchen würde, er könnte ja gleich Heringsköpfe in die Pfeife stopfen. Der Mann war nicht abzubringen ..., er wollte den Fisch sehen, schätzte den Tabak und verlangte Zoll dafür. Es waren nur ein paar Groschen. Der Kerl war im Recht, denn Tabak war Tabak. Daran war nicht einmal zu deuteln ... Aber ...«

Überall auf PINGUIN sind jetzt die Haifischflossen zu finden. Sie sollen Glück bringen, so berichtet der Seemannsglaube.

*

Einer der letzten stolzen Matratzenträger ist aus dem Rennen ausgeschieden. Oberfunkmeister Bork hat sein prächtiges Bartgewächs dem Messer geopfert. Angeblich wegen einer Bartflechte, so verteidigt er seinen Entschluß.

Er will nicht zugeben, daß das männliche Gestrüpp unter der Nase in heißen Zonen nicht gerade angenehm ist. Und in heiße Zonen stößt PINGUIN jetzt wieder vor. Obersteuermann Neumeister ist der letzte bärtige Recke in der Oberfeldwebelmesse. Von siebzehn Feldwebeln hatten zwölf geschworen, den Bart erst nach der glücklichen Heimkehr und dem Heimaturlaub wieder abzunehmen, um sich vorher von der Mutti nicht nur kraulen, sondern auch bewundern zu lassen. Jeder Millimeter Bartlänge war gleichsam ein Meilenstein der stillen Sehnsucht auf ein Wiedersehen.

Einer nach dem anderen gab diese Mannestumsergänzung aber auf, zumal der Kommandant energisch darauf bestand, daß die Bärte auch gepflegt werden müßten. Recht schnell schon setzte sich die Erkenntnis durch, daß eine solche Pflege nicht viel weniger Zeit in Anspruch nimmt als die tägliche Rasur.

»Wenn wir auch Kaperkrieg führen, so sind wir schließlich kein Piratendampfer, gleich, ob uns die Briten als Piraten beschimpfen oder nicht. Daß wir keine sind, wissen wir besser«, hatte Krüder gleich nach dem Auslaufen gesagt, als die ersten Ansätze in allen Decks bei allen Dienstgraden zu sprießen begannen und einige sogar ihr Rasierzeug vertschinscht hatten, was Krüder schnell zu Ohren kam. »Unrasiert und fern der Heimat – bei mir nicht, meine Herren!«

Unter den Offizieren ist es nur noch Fitsche Gabe aus Boizenburg, der den zu Beginn des Krieges auf fast allen Überseeschiffen obligatorischen und in gewissem Sinne auch recht reizvollen Bartrummel mitmacht. Er trägt seine Matratze immer noch. Er pflegt sie aber auch mit Liebe und Sorgfalt.

*

PINGUIN schwenkt von dem jetzt aufgesuchten, nördlich von Suadavia gelegenen Anderthalb-Grad-Kanal, nach vergeblichem Suchen nach Westen ab.

Fünfunddreißigmal wurde das Flugzeug in diesem ruhigen Seegebiet gestartet, fünfunddreißigmal war es vergebens.

Fünfunddreißigmal warteten sie Stunden mit klopfenden Herzen auf die Rückkehr der »He 115«, ein Warten zwischen Bangen und Hoffen. Die Männer werden von Tag zu Tag mißvergnügter. Sie sehen so aus, wie sie sich fühlen, wie abgestandenes Bier bei 40 Grad Hitze im Schatten.

Apropos Hitze. Das Wetter zeigt sich von der allerbesten Seite. Da der Kommandant sparsamste Fahrt befohlen hat, bleibt auch der Fahrtwind aus. Die Unterkunftsräume gleichen einer Sauna.

Krüder hofft, auf den Wegen zwischen Bombay und Mombassa oder auf dem Durchfahrtsweg der Mozambique-Straße Erfolg zu haben.

Eines Tages, am 20. April, kommt das neue »Zweite Auge«, die ADJUTANT, mit hoher Bugwelle angerauscht.

»Mastspitzen! Schiff in Sicht!!«

Kurz vor Sonnenaufgang sinkt die 6 828 BRT große EMPIRE LIGHT. Sie hat Munition an Bord, die sie nach Bombay schaffen sollte.

Munition nach Indien? Jetzt zu einer Zeit, da auf der noch immer von einer Invasion bedrohten britischen Insel und vor allem an der Afrikafront jede Patrone, jede Granate gebraucht wird! Bereiten sich die Briten jetzt schon auf eine Auseinandersetzung mit Japan, Deutschlands Verbündetem, vor? Vor ein paar Tagen, am 13. April, haben die Sowjets mit Japan einen Neutralitätspakt unterzeichnet. Und heute, am 20. April, versichert der USA-Präsident Roosevelt erneut: »Schluß mit der Nazi-Tyrannei. Wir helfen den europäischen Demokratien bis zum Endsieg über Hitler. Wir helfen mit Waffen und Munition, mit Flugzeugen und Schiffen!«

Dieser Munitionstransport ist bereits eine praktische Antwort, überlegt Krüder. Sein Vorrat an Optimismus, diesen Krieg zu gewinnen, schrumpft erschreckend zusammen.

Der Untersuchungsoffizier reißt ihn aus solcherart düsteren Überlegungen heraus. Er bringt einen ganzen Koffer wertvoller Dokumente mit auf die Brücke.

Die Überraschung auf dem Briten war so groß, daß man da drüben nicht mehr alle Geheimpapiere vernichten konnte. Unter diesen befinden sich auch das Kriegstagebuch eines britischen Kreuzers und die Kabelkarte des Indischen Ozeans.

Tage danach …

Es geht auf 16.00 Uhr zu.

In den Messen, in denen sonst um diese Stunde nur wenige Männer zu finden sind, herrscht Hochbetrieb.

Skat ist Trumpf.

Uneingeweihte würden meinen, hier finde ein verbissener Preisskat statt. Nichts dergleichen … die Männer versuchen nicht nur die Zeit, sondern auch die innere Spannung zu überbrücken.

In den Nachmittagsstunden wurde erneut ein Schiff gesichtet. Krüder ist ihm nach bewährter Methode ausgewichen, hat den Kurs mitgekoppelt, um dann auf Kollisionskurs zu gehen. So um die Mitternacht hofft er, auf den Fremden zu treffen.

Die tropische Nacht naht mit schnellen Schwingen.

Keine Seele an Bord schläft.

Jeder erwartet den stillen Alarm …

Wer keine Wache hat, schießt sich entweder an Deck auf – oder spielt Skat.

Ein Glas stürzt plötzlich um. Noch eines. Bier und Kujambel, das beliebte Tropenlimonadenwasser, das der Kantinier in eigener »Selterswasserfabrik« herstellt – neuerdings mit dem sich dafür vorzüglich eignenden »Kerguelenwasser« – fließt über weiße Tropenhosen.

Das Schiff krängt hart über.

»Nanu, Seegang is' nicht. Wieso denn das …? Wir drehen ja …! Gehen auf Gegenkurs …!«

Die Karten interessieren nicht mehr. Kreuzbube schwimmt in einer Becksbierlache. Krüder hat auf dem Verfolgungsweg einen entgegenkommenden Frachter ausgemacht.

Ein Lob den braven, nimmermüden Ausguckleuten.

Und ein Händedruck den Männern bei Zeiss. Dank der hervorragenden Nachtgläser wurde das auflaufende Schiff trotz der Dunkelheit ausgemacht.

Michaelsen an Krüder: »Der, der eben vorbeilief, ist weiter von seinem Bestimmungshafen entfernt als der, dem wir seit heute nachmittag folgen.«

Mehr brauchte er nicht zu sagen. Krüder weiß, was sein Navigationsoffizier andeuten will. Die Überfälligkeit würde bei dem zweiten Schiff erst später zur Diskussion stehen.

Krüder drehte hart und folgte dem zweiten, in der Nacht gesichteten Schiff.

Ehe der neue Tag anbricht, sinkt die 7266 BRT große CLAN BUCHANAN. Sie nimmt einige tausend Tonnen Leder, Glimmer, Heeresausrüstungen und Tee mit in die Tiefe.

Gefunkt hat der Gegner nicht. Jedenfalls wurde nichts festgestellt.

Da der Gegner nicht sofort stoppte, ließ das Hilfskreuzerkommando mehrere gezielte Salven schießen. Es hat leider einige Verwundete gegeben, die, wie üblich, sofort von den deutschen Ärzten und ihrem Sanitätspersonal betreut und behandelt wurden. Die Verwundungen sind gottlob nicht allzu schwerer Natur.

»Es wird langsam Zeit, daß wir die Gefangenen loswerden, Herr Kapitän«, spricht der Verwaltungsoffizier Krüder am nächsten Morgen an.

»Wieviel sind es denn?«

»Hundertachtzig, Herr Kapitän.«

»Ein Tanker muß her«, wünscht Krüder. Er will das Unternehmen PASSAT wiederholen. Sein Plan ist, das Seegebiet von Karachi in einer ähnlich wie vor Australien durchgeführten Doppeloperation zu verminen.

Ein Funkspruch geht an die Seekriegsleitung.

»Erbitte Tanker OLE JACOB für Minenunternehmung. Verweise auf Erfolge Unternehmen PASSAT.«

Stunden später ist die Antwort da.

»Tanker OLE JACOB kann nicht zur Verfügung gestellt werden ... Sucht Gegnertanker.«

»Die haben eine Ahnung, was hier jetzt los ist. Findet mal 'ne Stecknadel im Dustern«, schimpft Krüder verbittert. »Waldheinis« ist noch der zarteste Ausdruck, den Krüder für die Berliner Schreibtischstrategen übrig hat.

»Die guten Zeiten, da man die Schiffe wie reife Früchte vom Baum pflücken konnte, sind vorbei. Dem Kuno Schmidt am Tirpitzufer sollte doch bei kleinem Durchblick klargeworden sein, daß sich die Situation völlig geändert hat. Zum Teufel, warum greifen wir denn nur noch in der Nacht an?« bricht es aus Krüder übellaunig heraus.

Krüder, ein Charakter wie aus Stahl geformt, ein Mann unbeugsamer und konsequenter Härte, ist nicht allein über die Antwort der SKL erbost. Gezwungen zu sein, gegnerische Schiffe in der Nacht ohne Warnungsschuß mit der schweren Artillerie anzugreifen, geht ihm im Grunde seines Herzens gegen den Strich. Er hat, seit die Verwundeten der beschossenen CLAN BUCHANAN an Bord geholt wurden, seitdem er sie im Lazarett besuchte, kein fröhliches Wort mehr über die Lippen gebracht.

Die jetzt täglichen Flugzeugaufklärungen bleiben ohne Erfolg. Zurückkehrend schießt der Beobachter immer wieder weiße Sterne. »Nichts gesichtet«, bedeuten sie.

»Grün wollen wir sehen«, knurrt Krüder.

Grün ist die mit den Fliegern vereinbarte Farbe für eine Tanker-Sichtung. Drei rote Sterne, das Signal für einen Frachter, sind zur Stunde nur nebenbei willkommen.

Grün ist die Farbe der Hoffnung.

Tage geht das so: Flugzeugstart. Warten, warten, warten – und wieder weiße Sterne bei der Rückkehr.

Der 6. Mai.

Um die Mittagszeit erwarten sie die »He 115« zurück. Sie verspätet sich etwas. In den Messen wird das Essen kalt.

Aus dem Punkt über dem Horizont wird schnell ein Strich, und unter dem Strich schießt plötzlich ein Blitz in die Tiefe, das nach unten geschossene Sternsignal. Seine Farbe ist grün!

Noch dreimal fahren grüne Sterne durch das Tageslicht. Dann wassert das Flugzeug auf dem Ententeich.

Tanker in Sicht!

Das Gegnerschiff liegt auf nordnordöstlichem Kurs, wie der Beobachter mit fliegendem Atem berichtet.

»Is' man bloß ein lütter, Herr Kapitän«, fügt er noch hinzu.

»Der Spatz in der Hand ist mir lieber als die Taube auf dem Dach.«

Besorgt folgt Krüder dem Kurs des anderen. Er führt immer tiefer in die Höhle des britischen Löwen hinein. Aden, Bombay und Mombassa sind nicht weit entfernt. Aber Krüder will und muß seinen Tanker haben.

In der Morgendämmerung des 7. Mai stellen sie das Schiff mit einer in diesem Falle absichtlich fehlgezielten Vollsalve der Backbordbatterie, um es im fahrbereiten Zustand in die Hand zu bekommen.

»Sture Böcke«, wettert Krüder, als er erkennen muß, daß die britische Tankerbesatzung gar nicht daran denkt, sich durch die langfingrigen Wasserfontänen erschrecken zu lassen.

Krüder läßt noch eine Salve schießen.

Sie krepiert in knapp hundert Meter Entfernung neben dem Gegnerschiff. Vier Fontänen brechen aus der See.

Aber der Brite bleibt seinen Anordnungen treu. Im Gegenteil, er beginnt jetzt heftig zu funken, wohl in der Annahme, daß die Gegenartillerie nicht viel tauge.

Krüder muß wohl oder übel gezieltes Feuer befehlen. Er muß die wilde Funkerei zum Schweigen bringen.

»Hoffentlich hört Schmidt in Berlin den Ätherrummel mit.« Erbitterung schwingt in Krüders Stimme mit. Sachlich und ruhig sagt er dem AO: »Rieche, es hilft nichts. Versuchen Sie, nun die Brücke mit der FT-Bude zu beschießen. Mein Gott, nun machen Sie schon, ich nehme es Ihnen ja nicht übel, wenn Sie mehr Porzellan zertöppern, als mir lieb ist.«

Eine der Granaten zertrümmert die Brücke. Wahrscheinlich ist aber auch die Ruderanlage getroffen worden, denn der andere fällt von seinem Kurs ab und fährt im Kreise umher.

Aus den Qualmwolken, die hinter dem Schiff herwehen, fallen Menschen heraus. Sie sind schwarz – aber nicht vom Brand. Es sind Schwarze, die in panischer Angst ihren brennenden Untersatz verlassen und nun händewinkend im Kielwasser treiben.

Der Tanker brennt.

Seine Ladung wird von den Flammen erfaßt. Stichflammen schießen in den dunstigen Tag. Endlich kommt das angeschlagene Schiff zum Stehen. PINGUIN übernimmt die letzten, noch an Bord befindlichen Besatzungsmitglieder in die herübergeschickten Boote. An Bord des Tankers wagt jetzt keiner mehr zu klettern. Wozu auch?

Aus den Brückenaufbauten und den Bordwänden haben die krepierenden Fünfzehner riesige Löcher herausgestanzt. Das Schiff ist verloren.

»Sind noch Verwundete an Bord?« fragt der Prisenoffizier den letzten britischen Seemann, der mit blutender Schulter über Bord sprang, und den sie eben aus dem Wasser gefischt haben.

»Nur noch Tote, Sir.«

Während sie auf der PINGUIN die Rettungsaktion der Überlebenden beobachten und Krüder sein Schiff näher an die riesige Fackel heranmanövriert, um den Rettungsbooten den Weg abzukürzen, stürzt FTO Brunke auf die Brücke. Noch im Laufen schreit er dem Kommandanten zu: »Gegner funkt wieder. Meldet qqq, Standort und unser Aussehen!«

»Verflucht, das kann doch nicht mit rechten Dingen zugehen. Sitzen die Kerls denn im Asbestanzug in der Funkbude. Denen muß doch das Wasser im … na ja, im Hintern kochen.«

Krüder preßt die Hände aneinander.

Eine verzweifelte Situation.

Solange die Boote mit den Überlebenden vor dem Tanker schwimmen, kann und will er nicht schießen …

»Vielleicht hören sie von selber auf«, versucht Michaelsen zu beruhigen.

»Quatsch, denken Sie an Tizerald, den sie hängen wollten.

Das erste, was dieser britische Gauner forderte, als der Strick zerriß und er zur Erde fiel, daß er einen neuen, besseren Strick verlangte. – Ob Gauner oder Edelmann, sie verachten den Tod, sei es auf dem Bett, unter dem Galgen oder in der Schlacht. Die werden funken, bis sie in Flammen stehen. Geben Sie nochmals einen Morsespruch an die Boote: ›Sofort nach vorn und achtern absetzen. Achtung, wir schießen!!!‹«

Endlich ist das Schußfeld frei …

Salve auf Salve verläßt die Rohre. Sie zerhacken die Brücke.

Dann schweigt die Taste des Funkers.

»Ein Held, wahrhaftig ein Held, wie aus einem Roman geschnitten. Hoffentlich ist er tot, daß er nicht als Krüppel zu verbrennen braucht. Wir könnten ihm, selbst wenn wir wollten, keine Hilfe mehr bringen.«

Der Äther tost.

Die Funkerei hat die ganze Gegend rebellisch gemacht.

»Sehen wir zu, daß wir den Burschen schnell unter Wasser drücken. Seine Rauchfahne kann uns bei Dämmerungsbeginn zum Verhängnis werden. Gabe, torpedieren Sie ihn.«

Es fällt dem Kommandanten schwer, einen Torpedo zu opfern. Er muß hier aber. Gabe schießt. Die schlanke, blitzende Zigarre klatscht ins Wasser, taucht wieder auf, biegt nach links ab und fährt nun einen Kreis, über dessen Mittelpunkt PINGUIN inzwischen hinausgelaufen ist. Krüder erfaßt schnell die Situation, überblickt, daß der Radius des Kreises den Kurs von der PINGUIN schneiden muß.

Krüder sieht in weiße, totenblasse Gesichter. Jeder der an Deck Stehenden kann es sich ausrechnen, was nun geschehen muß …

Ruhig, fast im sanften Unterhaltungston ruft Krüder dem Rudergänger zu: »Schnell, schnell hart Steuerbord … drücke, mein Junge, drücke …«

Zwanzig Meter vor dem Bug passiert das tödliche Geschoß, läuft noch ein Stück weiter und versinkt schließlich an Backbordseite in der See.

Ein hörbares Aufatmen geht durch das Schiff. Krüder ahnt die kommenden Ereignisse.

»Meist kommt ein Unglück nicht allein.« Zu Gabe gewendet, fast freundlich: »Gabe, na, dann mal den nächsten. Mal sehen, ob der besser läuft.«

Ein neuer Torpedo verläßt das Rohr. Er läuft gerade, aber er verfehlt sein Ziel.

Krüder ist nicht verbittert. »Na schön, wenn das das zweite Unglück war, wollen wir zufrieden sein. Gabe, noch einen. Sie werden das Ding doch treffen?«

Der dritte Torpedo sitzt.

Gabe ist tief erschüttert. Aber Krüder klopft ihm nachsichtig auf die Schulter und tröstet ihn. »Weiß, mein Lieber, daß Sie Ihr Ressort in Ordnung haben. Haben es ja bei den anderen Schüssen bewiesen. Wer weiß, sicher hatten die Dinger irgendeinen Fehler.«

Der ständige Temperaturwechsel und so manche andere Komponente wird die Ursache gewesen sein. Tropenerfahrungen konnte die damalige Kriegsmarine ihren Männern ja nicht bieten. Eins steht fest, daß die Torpedos während der ganzen Fahrt gepflegt wurden. Einer war immer im Raum 3 aufgebockt, um geregelt zu werden.

Der andere will nicht sterben.

Ablaufend sehen die PINGUIN-Männer immer noch etwas vom Kiel des Tankers. Sein Name war »British Emperor«. Er, ein 3 663 BRT großes Schiff, sank auf 8 Grad Nord und 55 Grad Ost, nur 400 Seemeilen südlich der Insel Sokotra entfernt. Was sind 400 Seemeilen für ein Aufklärungsflugzeug …

XXI.

Einer dumpfen Ahnung folgend, läßt Krüder aus den Maschinen herausholen, was herauszuholen ist, um mit Südostkurs schnell abzulaufen. Das gute Gasöl, die letzten Reserven davon, werden verbraucht. Irgendeine unerklärliche nervöse Stimmung flattert durch das Schiff. Viel öfter als sonst erscheinen Freiwächter an Deck, suchen den Horizont ab, besorgt, der Ausguck könnte was übersehen.

Struppi, der Bordhund, läßt sein Fressen stehen. Dr. Wenzel, sein Herrchen, guckt dem Bordliebling in den Hals, mißt Fieber und sorgt sich um ihn.

»Ja, ja, Tiere riechen das«, sagt Krüder, als er davon hört.

Mit dem DAS kann Michaelsen nichts anfangen. Er ist weniger sensibel und sachlicher. Er ist auch kein so großer Hundefreund. Struppi hat noch nie vor ihm ein Männchen gemacht.

»Daß da was in der Luft liegt, Michaelsen, spüren Sie das nicht?«

»Nein«, sagt Michaelsen fest und lächelt dabei unbefangen, und doch erwischt ihn Krüder, wie auch er keinen Blick von der Kimm läßt, obwohl diese Beobachtung gar nicht zu seinem Aufgabenkreis gehört.

Als der Abend naht, beruhigen sich die Gemüter, und die Nacht wischt die sorgenschweren Gedanken fort.

Auch dieser Tag, auch diese Nacht verliefen wie alle nach den bisherigen Erfolgen. Nachts 2.00 Uhr hat Lewit einen sonderbaren Schatten im Glas. Ein Blick auf die Uhr, dann stürzt er zu Krüder. »Schatten an Backbord. 2.00 Uhr.«

Krüder ist im Augenblick auf der Brücke.

Mit angehaltenem Atem verfolgt er die Bewegungen des schattengleichen Fremden.

»Dieser dreieckige Buckel schmeckt mir nicht. So sieht kein Frachter aus. Beileibe nicht. Das kann jeder Fähnrich bestätigen.«

Krüder ändert den Kurs von Südost zu Ost auf Südsüdost, um von diesem unheimlichen Fahrtgenossen freizukommen.

»Cramer!« ruft er zur Maschine hinab, »drehen Sie auf. Holen Sie das Letzte aus den Motoren heraus.«

PINGUINS Flanken beben und zittern. In den Messen trommeln die Kaffeetassen, die Gläser im Kartenhaus klirren, die Zirkel hüpfen …

Das Bordgerücht schleicht treppauf, treppab, schlüpft in jede Kammer, in denen die Seeleute sich unruhig hin- und herwälzen. »Diese Hitze«, sagt einer, und die anderen plappern es nach. »Ja, diese Hitze.« Aber es ist nicht die Hitze. Sie alle spüren das Beben des Schiffes in sich. Sie alle ahnen die Flucht vor etwas Ungewissem, nicht Greifbarem. Noch nicht Greifbarem. Keiner spricht ihn aus, diesen Wunsch, daß dieses »Es« ungreifbar bleiben möge.

*

Der Tag ist da.

Und mit ihm – es ist eben 6.00 Uhr – erscheint ein kleiner, dummer, winziger Punkt über der Kimm. Der Punkt wandert in fast eben abfallender Linie unter den Horizont. »'ne Möwe«, sagt Krüder, und er weiß ganz genau, daß es keine Möwe war. Und so ganz nebenbei, anscheinend, gibt er Anweisung, die vor der Brücke im Luk Zwei liegende offene Flugzeughalle abzudecken.

»Na, mal nicht so gemütlich, Kerls. Ein bißchen Bewegung kann bei der guten Verpflegung nicht schaden.«

»Hat er uns oder hat er uns nicht, das ist die Frage«, spricht Krüder leise Michaelsen an.

»Ich fürchte, er hat. Holt sich Anweisungen von dem buckligen Begleiter unserer nächtlichen Fahrt.«

10.05 Uhr. Punkt Steuerbord voraus.

10.07 Uhr. »Alarm. Norwegische Tarnung. Kein Unbefugter betritt das Deck.«

10.15 Uhr. Punkt ist ein Flugzeug, fliegt nach achtern ab.

10.28 Uhr. Maschine umkreist Schiff achtern und fliegt jetzt auf Parallelkurs. Abstand 12 Seemeilen.

Kurz darauf entfernt sich das PINGUIN beschattende Flugzeug.

»Genau in Richtung unseres Nachtgefährten«, stellt Krüder fest.

12.02 Uhr.

Neuer Anflug.

Die Maschine kommt jetzt in unmittelbare Nähe.

PINGUIN könnte sie leicht abschießen.

Aber Krüder will nicht. Er verspricht sich nichts davon, denn das Flugzeug wird schon lange seinen Standort gemeldet haben.

Krüder setzt sein ganzes Hoffen in die Tarnung.

Das Flugzeug morst PINGUIN an. What ship … Nationalität, Bestimmungshafen, Ausgangshafen, Ladung …

Erst bei der dritten Aufforderung gibt Krüder den Befehl, darauf einzugehen. Durch Flaggensignale geben ein paar, sich langsam bewegende Zivilisten auf der PINGUIN-Brücke die Antworten. Mit dieser Art der Beantwortung verspricht sich Krüder eine Verschleppung der gegnerischen Maßnahmen. Er verzichtet bewußt darauf, mit der Blinklampe in britischer Sprache zu antworten. Die bunten Flaggensignale muß der Flugzeugführer sich erst mühsam notieren, und fraglich bleibt dabei überhaupt, ob die da oben die internationalen Signalflaggen kennen oder wenigstens ein Signalbuch an Bord haben. Und das ist ein dicker, unhandlicher Wälzer.

Auf der Brücke befinden sich Krüder, der Navigationsoffizier Michaelsen, der Gefechtswachoffizier Walter Müller und Oberleutnant Lewit. Sie tragen alle Zivil und tun schläfrig und wenig aufgeregt, wie man das von tropenmüden Seeleuten und noch dazu von dickfelligen Norwegern erwarten darf.

An Oberdeck bedienen drei Matrosen die Flaggen, Krüder ruft ihnen zu: »Langsam, schön langsam. Bloß nicht zu zackig. Steckt die Flaggen ruhig mal verkehrt 'rum an …«

Das Flugzeug, jetzt deutlich als britische Maschine anzusprechen, überfliegt in geringer Höhe die TAMERLANE. Das Heckgeschütz steht völlig frei, wie es auf den für Großbritannien fahrenden Schiffen üblich ist.

»Die machen Aufnahmen von uns«, entdeckt Krüder durch sein Glas.

»Schießen wir sie doch ab. Zeit, Zeit müssen wir gewinnen ...« Michaelsen schlägt es vor. Krüder hat ihn noch nie so aufgeregt und so heftig erlebt.

Der Kommandant setzt sein Glas ab, ein norwegisches Beuteglas, kein Zeißglas etwa, das allzu kritischen Beobachtern auffallen könnte.

»Nein. Sie schicken ja doch eine neue Maschine. Verlassen wir uns auf unsere Tarnung. Sie ist echt.«

Sie war sehr echt, zu echt, wie sich später herausstellte.

Krüder war zu vorsichtig.

Hier lag der Fehler nach Aussagen der britischen Flugzeugführer:

»Wir hatten ganz und gar keinen Zweifel, daß es sich um einen Norweger handeln könnte. Aber eines verwunderte uns, machte uns und später beim Vorliegen der Aufnahmen auch den Kommandanten des Kreuzers stutzig: Es waren so wenig Leute an Deck. Wir waren es gewohnt, wenn wir Frachter überflogen und besonders solche nichtbritischer Nationen, daß die Besatzung an Deck eilte. Ein Flugzeug ist in diesen Breiten ja nun doch eine Seltenheit. Wir wunderten uns vor allem, keine Farbigen zu sehen.

»Farbige sind hier ja auch auf norwegischen Routenschiffen üblich ...«

Dabei hatte PINGUIN mehr als hundert davon in den Gefangenenräumen.

Die englandfeindlichen Inder und Neger hätten alles getan, was man von ihnen in dieser Rolle auf beiden Seiten erwartet hätte.

Jedenfalls wurde der britische Kreuzerkommandant unsicher. Das Aussehen des gesichteten Frachters stimmte zwar mit der richtigen TAMERLANE überein. Aber die wenigen Leute an Oberdeck ließen nach den letzten Notrufen im Indischen Ozean einen schweren Verdacht aufkommen ...

Eine ganze Zeitlang kreist das Flugzeug über PINGUIN. Einer vom Unterdeck, der durch einen Schlitz blinzelte, ließ sich hören: »Schmiet em doch ’n Brikett gegen die Flünken. Dann fällt hei dal.«

Krüder bleibt hart.

Er gibt seine Tarnung nicht preis.

Die Maschine verschwindet. PINGUIN behält Kurs und hohe Geschwindigkeit bei. Der Bordbetrieb läuft weiter. »Backen und Banken« wird pünktlich ausgerufen, und auf den Backen, den Eßtischen, laden Bockwürste und Kartoffelsalat und als Nachtisch eingemachte Birnen die sonst so hungrigen Seeleute ein.

Nur wenige essen.

Sie erscheinen immer wieder an Deck und peilen verstohlen in die Richtung, in der das Flugzeug verschwand.

Krüder ist für ein paar Minuten in seine Kajüte gegangen. Von seinem Schreibtisch hat er ein Bild an sich genommen und in die Innentasche seiner Jacke gesteckt. Das Bild seiner Frau und seines Jungen ...

13.52 Uhr: »Rauchfahne achteraus.«

13.53 Uhr: »Zwei Rauchfahnen achteraus.«

13.54 Uhr: »Können auch drei Rauchfahnen sein.«

Krüder blickt lange durch das Glas. »Ist es ein Schiff mit zwei oder sogar drei Schornsteinen? Oder sind es zwei Kreuzer, die dicht hintereinander fahren?«

14.48 Uhr: »Mastspitzen achteraus.«

Ganz langsam, aber einfach nicht mehr abzuschütteln, schieben sich zwei dürre, dicht hintereinanderstehende Masten über die Kimm herauf.

Das sind nicht die Masten eines Handelsschiffes. Sie gehören irgendeinem britischen Kreuzer. Ihre Form ist typisch dafür.

Sie warten und pressen die Gläser an die Augen ...

Die Masten wachsen immer höher über den Horizont.

Fast gleichzeitig mit den Brückenaufbauten kommen nun die Schornsteine in Sicht. Es sind drei!

London-Klasse? – Berwick-Klasse?

Ein schwerer Kreuzer ist es auf jeden Fall. Soviel steht fest.

»Na schön«, sagt Krüder lächelnd, »haben ja lange genug gebraucht, uns zu erwischen. Noch ist nichts verloren. Geben Sie weiter: Alle Mann auf Gefechtsstationen.«

Von Mann zu Mann fliegt der Befehl.

Krüder verzichtet auf die ekelhaft aufregende Alarmglocke.

»Grüß die Heimat, wenn's mich erwischt. Hier nimm diesen Zettel, da steht die Adresse von meinem Vater drauf ...« Einer.

»Wenn du übrigbleibst, hier ein Brief für meine Frau.« Ein anderer.

Jeder trägt dem anderen einen Gruß auf, ein herzliches, liebes Wort ...

Jeder an Bord weiß, wie ungleich der Kampf sein wird, wenn es dazu kommen sollte.

Aber in jedem ist noch eine kleine Hoffnung darauf, daß die Tarnung als Norweger sich bewähren möge – oder ein Zufallstreffer auf dem Kreuzer die Rettung wird. Der Zufallstreffer ist Trumpf.

Zufall? Was heißt hier Zufall? Haben sie nicht Geschütze an Bord? Verstehen sie nicht zu zielen und zu treffen? Kann man dem Gegner denn nicht die Feuerleitanlage zerschlagen?

Oder eine Munitionskammer treffen?

Auch der kleine vierbeinige Liebling der Besatzung, der Dackel Struppi, hat seine Gefechtsstation bezogen. Er ist in die Kammer seines Herrchens getrippelt und hat sich dort tief in die Decken seines Schlafkörbchens vergraben. Hierhin verschwand er immer, wenn ein Gefecht zu erwarten war, auch ohne daß die Alarmanlage in Tätigkeit trat. Hier an diesem Platz ist er dann später wohl mit untergegangen.

Immer schneller kommt der fremde Kreuzer über die Kimm. Jetzt sind bereits die ganzen Brückenaufbauten sichtbar.

Da ... es blitzt im obersten Teil des Gefechtsmastes.

Der Gegner morst mit der Toplampe.

Der Stoppbefehl.

»FTO, funken Sie«, ruft Krüder hinter sich.

Darauf hatte Charly Brunke gewartet. Er sitzt schon die ganze Zeit hinter dem erbeuteten britischen Löschfunksender, ein Gerät, das im Äther sehr gut von deutschen Anlagen zu unterscheiden ist. Krüder setzt alle Karten auf seine Tarnung. Sie scheint ihm lückenlos – bis auf die benannte »Lücke« bei der Besatzungstarnung.

»rrrr …« Kurz – lang – kurz … kurz – lang – kurz … sprühen die Notrufe in englischem Text in den Äther. »Werde von deutschem Raider verfolgt.« Es folgen Namen und Nation. Immer wieder, und noch einmal und immer noch einmal klappert die Taste des Funkers.

Auf dem britischen Kreuzer werden sie beim Anhören der typisch britischen Anlage erneut unsicher, wie später bestätigt wird.

In Berlin aber faßt die deutsche Seekriegsleitung den Funkspruch auf.

Das Stichwort ist gefallen …

Der Kreuzer ist jetzt auf hundert Hundert aufgelaufen. Den Peilungen nach muß er eine Geschwindigkeit von 28 bis 29 Knoten laufen. Sehr energisch verlangt das britische Kommando jetzt, das Schiff zu stoppen und ein Prisenkommando zu erwarten.

Krüder reagiert immer noch nicht.

»Vielleicht vergeht denen doch noch die Lust. Wir behalten erst mal eisern die Nerven.«

Die anderen haben das Gefühl, daß sich ihre Nerven zusammenkrampften wie angesengte Haare.

Minuten werden zu Ewigkeiten.

Nun steht der Gegner nur noch 8 000 Meter ab. Er ist offenbar mit seiner Höchstfahrt heruntergegangen. Alle Rohre seiner vorderen und hinteren Turmgeschütze sind auf die TAMERLANE gerichtet. Damit ist für das deutsche Kommando keineswegs erwiesen, daß der Gegner das gestellte Schiff als »Raider« anspricht. Das ist nur eine prophylaktische Maßnahme. Würde der Britenkommandant seinen Verdacht bestätigt gefunden haben, er wäre niemals so verhältnismäßig nahe aufgelaufen und schon gar nicht mit der Fahrt heruntergegangen.

Krüder ist entschlossen. Er will den Kampf aufnehmen. Die Chance, den gegnerischen Kreuzer außer Gefecht zu setzen, ist durchaus gegeben – wie es später ja auch das Beispiel des Hilfskreuzers KORMORAN bewies, der vor Australien den Kreuzer SYDNEY versenkte.

Es ist selbstverständlich für Ernst-Felix Krüder, sich der Tradition der alten Kaiserlichen Marine würdig zu erweisen. Und er ahnt nicht, daß ihm gegenüber ein britischer Offizier auf der Kommandobrücke steht, den er schon einmal, in der Skagerrakschlacht nämlich, zum Gegner hatte, damals, als er noch ein »kleiner Mann« an Bord gewesen ist.

Krüder hätte noch eine andere Chance ausnützen können, das Aussetzen und die Annäherung des gegnerischen Prisenkommandos. Aber dieser Gedanke faßte gar nicht erst Fuß. Diese List schien dem sonst so listigen Fuchs unfair.

16.02 Uhr.

Mit einem Ruck dreht sich Krüder um, greift zu seiner weißen Kommandantenmütze mit dem goldbestickten Schirm.

»Enttarnen. Feuererlaubnis!«

Norwegens Flagge sinkt nieder.

Die deutsche Kriegsflagge steigt in den Mast.

Unter dumpfem Poltern fallen die Klappen der Geschütztarnungen herab.

Rufe, Zahlen, Befehle, Kommandos schwirren durch die Luft.

Da erzittert das Schiff, bäumt sich auf. Feuer, Rauch, Qualm … die erste Salve der 15-Zentimeter-Granaten hat die Rohre verlassen. Sie liegt gut. Dicht neben dem Kreuzer steigen die Fontänen auf. Auch da drüben blitzt es auf. Die Briten sind also keineswegs unvorbereitet an das ihnen verdächtige Schiff herangegangen.

Salve auf Salve verläßt auf »Schiff 33« die Rohre. Kartuschhülsen klirren metallen. Granaten heulen über das Schiff hinweg. Die eigenen Abschüsse dröhnen. Und über dem Schlachtengetümmel brummt die britische Maschine.

»Treffer, AO, haben Sie gesehen?«

AO Rieche nickt und befiehlt gleichzeitig der Artillerie.

»Gut so, und schnell …«

Und wieder erzielen sie Treffer auf dem Gegner, der jetzt in hoher Fahrt, nach Backbord abdrehend, aus der Reichweite der deutschen Geschütze herauszulaufen versucht, obwohl er dem deutschen Hilfskreuzer, diesem ungepanzerten bewaffneten Frachtschiff, an Gefechtskraft, Sinksicherheit und Manövrierfähigkeit turmhoch überlegen ist.

Drei der Treffer beschädigen den Kreuzer in Höhe der Wasserlinie, eine andere Granate trifft den vorderen der drei Schornsteine.

»Wahrscheinlich haben wir die Artillerieleitanlage für die 20,3-cm-Türme getroffen, weil die SA nicht mehr schießt«, schreit Artillerieoffizier Rieche zu Krüder hin.

»Hoffentlich«, ruft Krüder zurück, ohne das Glas abzusetzen.

Irrtum. Die schweren, weittragenden Geschütze der CORNWALL, man hat den Namen des Gegners aufgrund der endlich gezeigten Silhouette festgestellt, greifen jetzt wieder in den Kampf mit ein.

»Gabe, versuchen Sie Ihr Glück. 'raus mit den Aalen … Einen Fächer.«

Gabe hat schon lange vorher die Torpedorohre ausgeschwenkt. Sekunden nach Krüders Befehl verlassen die Torpedos das Schiff. Die Geschosse laufen in schnurgerader Linie auf den Kreuzer los. Der Vorhaltewinkel ist peinlich genau berechnet. Hätte die Seekriegsleitung HSK PINGUIN die neuen, modernen blasenlosen Torpedos mitgegeben, wäre das Schicksal auf der anderen Seite gewesen. Jedenfalls sieht das immer noch in der Luft hängende britische Flugzeug die Blasenbahnen und meldet dem Kreuzer den Torpedoangriff. Dieser reagiert sofort und dreht hart, noch weiter hart nach Backbord ab. Wenige Meter hinter dem Heck des Kreuzers geht der nächststehende der Torpedos an seinem Ziel vorbei.

Krüder hat die Uhr in der Hand …

Er zählt laut die Sekunden.

Und dazwischen dröhnen die Abschüsse,
heulen und bersten die gegnerischen Granaten.
Krüders Hand mit der Uhr sinkt nach unten.
Die Zeit ist um.
Nichts.
»Vorbei, Gabe, vorbei …!«
Vom E-Meßstand kommen laufend die immer größer werdenden Schußentfernungen.
100-Hundert …
105-Hundert …
140-Hundert …
150-Hundert …
Die zweihundertste Granate verläßt die glühenden Rohre.
Zu kurz.
»Cornwall« ist aus dem Feuerbereich der PINGUIN herausgelaufen und vermag nun mit seinen weittragenden Langrohrgeschützen den Fortgang des Kampfes aus sicherer Entfernung zu bestimmen.
Wer wie der Kommandant der CORNWALL die Feuergeschwindigkeit und Treffsicherheit der deutschen Artillerie und die Durchschlagskraft ihrer Granaten vor dem Skagerrak noch in fataler Erinnerung hat, zieht es selbstverständlicherweise vor, den Weg des geringsten Risikos zu suchen.
»Aussichtslos«, ruft Krüder Michaelsen zu.

…

Brunke hat inzwischen dreimal einen Funkspruch an die Seekriegsleitung abgegeben. »Nach Versenkung von 136 550 BRT – ausschließlich der Minenerfolge – befinde ich mich im Gefecht mit dem britischen schweren Kreuzer CORNWALL, Ernst-Felix Krüder …«
»Nach Versenkung von …«
Funkmeister Bork beobachtet Norddeich. Eben noch war reger Verkehr zu vernehmen. Jetzt schweigt die deutsche Station.
Funkstille in der Heimat.
Norddeich verfolgt über Tausende von Kilometern hinweg das dramatische Ende …
CORNWALL erzielt den ersten Treffer auf PINGUIN.
Eine Granate fährt in die Takelage des vorderen Mastes. Metallteile, herausgestanzte Eisenstücke, Schäkel und Granatsplitter surren durch die Luft, prasseln an die Brückenaufbauten, klirren an Deck.
»Schluß! Schiff sprengen und verlassen. Gefangene frei …« ruft Krüder.
»Martin, kümmern Sie sich um die Gefangenen …«
In diesem Augenblick wirft es Lindner, Aufklärer bei Krüder, jetzt Gefechtsordonnanz, mit furchtbarer Wucht um. Irgendwie kommt er ins Wasser, in einen Sog hinein. Er spürt, wie er hinabgezogen wird, und wie es dann wieder aufwärts geht, wie ihn der Wasserschwall wieder an die Oberfläche spukt …

Es kam nicht mehr zur Ausführung des letzten Befehls des Kommandanten, eines Befehls, dessen letzte Worte den in ihren Räumen eingeschlossenen Gefangenen galten, deren mitgefährdetes Leben Kapitän zur See Krüder in der Stunde der höchsten Gefahr für Schiff und Besatzung nicht vergaß.

Die vorletzte Salve des Kreuzers war der Tiefe nach gestaffelt geschossen worden und gab dem britischen Artillerieoffizier die richtigen Schußwerte. Drei Schüsse lagen zu weit, einer zu kurz.

Die nächste Salve aber lag deckend.

Vier 20,3-cm-Granaten fraßen sich durch die ungepanzerten Wände des Hilfs-kreuzerleibes. Eine ging in das Vorschiff, eine andere traf unterhalb der Backbord-Brückennock die Wetterstation, die dritte bohrte sich in die Maschine und zerfetzte die Leiber der dort unten Ausharrenden, und die letzte und vierte besiegelte das Schicksal der PINGUIN. Sie fraß sich durch die Bordwand in der Höhe von Luk Fünf und krepierte im Minenraum.

130 Minen lagerten noch hier ... die Minen, die Krüder für Karachi bestimmt hatte und deren Teufelsladung nun durch die weißglühenden Sprengstücke der 20,3-cm-Granate entzündet wurden und krepierten. – 130 Minen!

Das sind Hunderte Zentner Sprengstoff.

Hundertdreißig Minen – ausreichend, um eine ganze Handelsflotte zu versenken, Sprengstoff genug, um eine kleine Stadt dem Erdboden gleichzumachen.

Eine entsetzliche Explosion folgte.

2 000 bis 3 000 Meter hoch stieg eine Stichflamme in den wolkenlosen Tropen-himmel hinein (nach Aussage der britischen Kreuzerbesatzung).

Einer der Überlebenden, der sich im Ausguck des vorderen Mastes befand, kann sich dunkel erinnern, wie er sah, daß das Achterschiff von unten her wie durch einen ausbrechenden Vulkan aufgespalten wurde und sofort versank. Dann kenterte das Vorschiff, mit dem er selbst ins Wasser stürzte.

Obersteuermann Neumeister ist einer der wenigen, die von der Brückenbesat-zung ins Wasser kamen. Er hatte den Auftrag, während des Gefechts die Entfer-nung der einschlagenden Granaten zu melden, und er pendelte zwischen der Backbordnock, in der der Kommandant, der NO und die Wachoffiziere standen, und der Steuerbordnock hin und her. Plötzlich hob sich der Boden unter seinen Füßen. Neumeister stürzte und lag einige Sekunden ohne Besinnung an Deck. Als er zu sich kam, lag er auf dem Rücken und über ihm spritzte ein Minimax seinen Inhalt umher. Neumeister sprang auf, und er sah, daß die Backbord-Brückennock bis auf einige Trümmer ganz verschwunden war. Niemand war zu sehen Er eilte in den gepanzerten Ruderstand. Dort traf er auf Oberleutnant Lewit, den Ruder-gänger und den Posten Maschinentelegraf.

»Was ist los?« schrie Lewit.

»Was ist los?« schrie auch Neumeister.

Keiner wußte, was geschehen war.

Und dort, wo er den Kommandanten und seine anderen Brückenoffiziere zuletzt sah, gähnte ein riesiges Loch, in das sperrige Zacken ragten.

Neumeister spürte dann, wie das Schiff nach achtern zu absackte.

»Wir saufen ab. Wir müssen aussteigen.«

Er lief die Treppe zum Bootsdeck herunter, und er wäre hier wegen der fehlenden Stufen beinahe ins Ungewisse gefallen. Als er nach achtern blickte, lag die PINGUIN schon so schräg, daß das Wasser bereits auf dem Bootsdeck bis zum Schornstein stand.

Jetzt war es allerhöchste Zeit.

Mit Neumeister sprang noch ein anderer Kamerad. Wer es war, weiß er nicht mehr.

So ist er denn irgendwie ins Wasser gekommen.

Die Schwimmweste hindert am Schwimmen. Er streift sie ab. Neumeister will von der Bordwand weg. Er hat so viele Schiffe sinken sehen und seine Erfahrungen gesammelt. Bei fast allen Schiffen, die sanken, kamen unmittelbar nach dem Absaufen alle möglichen Gegenstände aufgeschwommen. Wenn das ein handfester Balken ist, der da aus 100 oder 200 Meter Tiefe an die Oberfläche schießt, dann kommt er mit solcher Gewalt nach oben, daß er zwei bis drei Meter aus dem Wasser herausfliegt. Wer solch einen Balken in den Leib bekommt, ist erledigt. Dafür kann sich dann der Nachbar daran festklammern.

Neumeister wirft einen Blick zurück. Ihm droht das Herz stehenzubleiben. Fünf Meter hinter ihm ist die Bordwand zu sehen. PINGUIN steht mit dem Bug nach oben senkrecht aus dem Wasser heraus. Die Brücke ist schon fast unter Wasser. An der Reling hängen noch Kameraden. Sie wissen vor Entsetzen nicht, daß sie springen oder sich zumindest loslassen müssen.

»Laßt los, laßt los …« schreit er noch und dreht sich um, um mit gewaltigen Schwimmstößen von dem sinkenden Schiff wegzukommen. Neumeister braucht sich nicht umzusehen … Er hört es, wie seine alte, brave Heimat auf Tiefe geht. Unter furchtbarem Krachen und Bersten sinkt der Hilfskreuzer. Neumeister wartet.

Kommt jetzt der berüchtigte Sog, der ihn mit nach unten reißen wird? Haben seine Anstrengungen genutzt? Er legt sich ganz flach auf das Wasser. Aber er spürt nichts.

Nun aber muß doch der Schwall von unten kommen.

Neumeister steht jetzt wieder senkrecht im Wasser, um auftreibendem Gut so wenig Angriffsfläche wie möglich zu bieten.

Nichts treibt nach oben.

Nur schwarzes Öl bricht aus der Tiefe der See.

Wie die meisten der Überlebenden ins Wasser gekommen sind, wissen sie nicht. Kaum aufgetaucht und einigermaßen zur Besinnung gekommen, gilt ihr erster Ruf ihrem Kommandanten.

Rufe und Schreie hallen über das Wasser.

Sie alle gelten Kapitän zur See Ernst-Felix Krüder …

Er ist nicht unter ihnen.

CORNWALL hat nach der vernichtenden Salve sofort das Feuer eingestellt.

Sie kommt aber nicht näher.

Neumeister schaut sich um. Einige Meter neben ihm schwimmt ein Kamerad, da drüben drei und in einiger Entfernung wieder einige.

»Wo ist der K?«

»Weiß nicht.«

»Er muß über Bord geschleudert worden sein.«

»Weiß ich nicht.«

»Stand in der Brückennock«, schreit Neumeister.

»Nichts beobachtet.«

»Laß uns zusehen, daß wir zusammenkommen.«

So schwimmen sie auf die größere Gruppe zu. Die Kameraden hängen an einem halbzerschossenen Rettungsfloß, an das sich jetzt auch Neumeister und sein Nachbar herangerettet haben. Sie sind zehn Mann.

Aber der Kommandant ist nicht unter ihnen.

Neumeister spricht nicht darüber, aber er weiß, daß alles Suchen nach dem Kommandanten vergeblich ist. Aus der zertrümmerten Backbord-Brückennock ist keiner der Offiziere lebend ins Wasser gekommen. Darüber zu sprechen, schnürt es ihm die Kehle zu.

»Dort drüben schwimmt ein Schreibtisch.«

»Hoffentlich sind keine Geheimsachen drin«, sagt einer und läßt das Floß los, um den Tisch zu untersuchen.

Selbst in dieser Situation denken diese Männer noch an die Erfüllung ihrer Pflicht.

Weiter ab kommt eine andere größere Gruppe in Sicht.

Es sind Inder.

Sie schreien und winken.

Was soll das? Sie sollen zu ihnen kommen ... Warum ...? Wollen sie jetzt Rache üben? Wofür denn?

»Seid mal ruhig«, fordert der Obersteuermann. »Mal hören, was sie da rufen.«

Sie verstehen immer nur die Worte »Sharks« und »Black Water«.

Himmel, ja, es gibt hier Haie.

Aber »Black Water«? »Schwarzes Wasser«?

Was meinen die damit?

Neumeister entdeckt jetzt, daß die Inder im dicksten Öl schwimmen, während sie selbst der Ölschicht ausgewichen sind.

Sie schwimmen auf die Indergruppe zu. Die ehemaligen Gefangenen begrüßen die deutschen Soldaten mit lebhafter Freude. Und sie erklären schnell, daß Haie nicht in trübes Wasser und schon gar nicht in öliges Wasser gehen. »Bleibt hier, hier seit ihr sicher vor den Bestien.«

Auch ein paar britische Schiffsoffiziere sind bei ihnen. Auch diese Männer sagen ein »Gott sei Dank«. Auch sie sorgten sich um die Deutschen.

Ein britischer Handelsschiffsoffizier macht seinen Platz an einem Holzbalken frei. Er hilft einem verwundeten deutschen Hilfskreuzermann. »Come on, boy, hier halt' dich fest. Ich passe schon auf dich auf.«

»Es geht schon, laß, behalte deinen Platz, bist selbst erschöpft.«

»Nonsens, komm!« Und der Brite, der Gegner von gestern, der Gefangene noch vor Minuten, zerrt und schiebt den Deutschen auf den Balken 'rauf und schwimmt nebenher*.

> * *Wie sein Name lautete, ist heute nicht mehr festzustellen. Die Hilfskreuzerseeleute kannten ja allenfalls die gegnerischen Kapitäne. An Bord des britischen Kreuzers wurden sie getrennt, da die Verwundeten sofort ins Schiffslazarett geschafft wurden, nunmehr die Deutschen Gefangene waren, während die Briten wieder ihre Freiheit erlangten.*

Aber was ist denn da eigentlich los? Will der Brite die Überlebenden hier umkommen lassen? Bisher war der Kreuzer an der Kimm zu sehen.

Jetzt aber ist er verschwunden.

»Neumeister, hast du eine Pistole?«

»Wozu?«

»Für den Notfall. Versaufen wollen wir nicht.«

»Unsinn, der Kreuzer kommt. Wenn er nicht uns zuliebe zurückkehrt, dann doch bestimmt wegen der Gefangenen. Und wenn er die rettet, wird er auch uns nicht den Haien zum Fraß überlassen.«

Vielleicht, so vermuten sie besorgt, hat der Brite den Walfänger entdeckt.

Dann kann es noch dauern.

Die Stimmung sinkt unter Null.

Die Inder beten laut.

Es wird immer mehr zur bitteren Gewißheit, wer alles von den alten Kameraden fehlt. Von den Offizieren sind nur drei unter den Lebenden, Dr. Hasselmann, der Schiffsassistenzarzt, Dr. Roll, der Meteorologe, und der von der ALSTERTOR hinzugekommene Leutnant Böttcher, der seinen Gefechtsstand am großen Scheinwerfer hatte, der vorn hinter dem Schornstein querschiffs auf Schienen von Backbord nach Steuerbord gefahren werden konnte.

Von hier aus flog er über Bord.

»Beruhigt euch, der Kreuzer kommt zurück«, versichern die britischen Seeleute. »In letzter Zeit ist von deutschen U-Booten die Rede gewesen, die mit Hilfskreuzern zusammen operieren sollen.«

»Das ist doch Unsinn«, wendet einer von der PINGUIN ein.

»Wieso Unsinn?« schaltet der deutsche Leutnant Böttcher schnell. »Bei einigen HSK ist es der Fall.« Und zu den Briten gewandt, erklärt er: »Ich bin erst später auf dieses Schiff gekommen.«

»Na also«, schnaufen die Briten, »dann wird der Kreuzerkommandant erst mal nach U-Booten suchen, ehe er sich der Gefahr aussetzt, von einer solchen Nazi-Röhre umgepustet zu werden.«

Sie warten, helfen sich gegenseitig, sprechen sich Trost zu. – Eine Stunde vergeht, eine lange, verzehrend lange Stunde. Die Minuten werden zu Ewigkeiten.

Einer schreit plötzlich auf.

Er will, als die Dünung die Gruppen mit sich hochhob, den Gefechtsmast des Kreuzers gesehen haben.

Er irrte nicht. Bald erkennen auch die anderen trotz der vor Öl und Salzwasser brennenden und tränenden Augen die sich langsam über die Kimm schiebende CORNWALL.

Zwei Stunden sind seit dem Untergang des Hilfskreuzers vergangen.

Der Kreuzer läuft mit hoher Fahrt auf und stoppt in unmittelbarer Nähe der im Wasser treibenden Pulks.

In großer Beeilung setzt man da drüben sämtliche Motorboote aus, um die Überlebenden an Bord zu nehmen. Die Reling des Kreuzers ist dicht besetzt, und die dort stehenden britischen Seeleute interessieren sich weniger für die Rettungsaktion als mehr dafür, wo noch Überlebende schwimmen. Mit ausgestreckten Händen weisen sie den Motorbooten die Richtung, wo man noch einen Überlebenden auf dem mit einer dicken Ölschicht überzogenen Wasser glaubt.

Obersteuermann Neumeister später in seinem Tagebuch: »Als sich kräftige Seemannsfäuste uns entgegenstreckten, las ich auf dem Mützenband der britischen Matrosen HMS CORNWALL. Also doch die CORNWALL, durchfuhr es mich. Ich glaube, ich war noch nicht im britischen Kutter, als mir jemand eine Zigarette in den Mund steckte, als ein anderer mir Feuer gab. Neben mir saßen frühere Gefangene von uns, links ein Vollblutbrite, rechts ein hagerer, zitternder Inder. Sie waren alle überglücklich. Ich gebe es zu, im Augenblick auch ich.«

Die Geretteten, ein Haufen schwarzer, ölverschmierter Gestalten, werden auf dem Kreuzer auf das Achterdeck gebracht. In riesigen Bottichen schleppen freundlich, fast kameradschaftlich, hilfsbereite britische Matrosen Erfrischungen herbei: Lime-Juice, ein prächtiges Tropengetränk. Sie alle haben Zigaretten zur Hand, die sie schachtelweise an die Überlebenden verteilen.

Andere bringen Handtücher und Baljen mit heißem Wasser, damit die Männer sich von dem beißenden Öl säubern können. Alle Geretteten frieren. Trotz der 28 Grad im Wasser, trotz der Tropenhitze.

Die meisten sind fertig.

Es war zuviel.

Dr. Hasselmann wird von dem britischen Arzt in den OP-Saal des Kreuzers gebeten. Vorher brachte man ihm eine britische Tropenuniform, eine Uniform des britischen Schiffsarztes, da seine, wie auch die seiner Kameraden zerfetzt und schwarz vom Öl sind. Auf dem Wege zum OP-Raum sieht Dr. Hasselmann überall Schlauchleitungen und Kabelleitungen liegen.

Gefechtsschäden auf der CORNWALL?

Sicher hatte es gebrannt, und sicherlich war, wie der Kommandant vermutete, die Zuleitung zur Feuerleitanlage für die Turmgeschütze ausgefallen, die dann durch diese Kabel überbrückt wurde.

Im Operationssaal trifft Hasselmann einige der PINGUIN-Überlebenden, Deutsche und Gefangene.

»Ich habe viel Gutes von Ihnen gehört«, beginnt der britische Arzt das Gespräch. »Die Gefangenen berichteten, daß Sie ohne Unterschied behandelten und für jeden, für Freund und für Feind, das Menschenmöglichste taten. Ich habe Sie hierher gebeten, damit Sie Zeuge davon werden, daß auch wir nicht anders handeln, daß auch bei uns der erbittertste Gegner nun nur als Mensch behandelt wird. Ihre Propaganda in Deutschland schreibt nicht immer die Wahrheit …«

»May be – aber Ihre auch nicht.«

»Ich bestreite es nicht. All is fair in love and war*.«

   * *Typisches britisches Sprichwort:* »*Alles ist fair (soviel wie gerecht oder erlaubt) in der Liebe*
     und im Kriege.«

»Ein britisches Wort. Nun gut, je weniger man über Propaganda spricht, um so besser ist sie.«

»Auch ein bon mot, könnte made in Großbritannien sein. Also sprechen und streiten wir nicht über Wert und Unwert einer Propaganda, für die Sie sogar einen Minister notwendig haben, ich wollte mich mit Ihnen über einen anderen Punkt unterhalten.«

»Und der wäre, Herr Kollege?«

»Ich stelle es Ihnen frei, Ihre verwundeten Kameraden selbst zu behandeln.«

»Verbinden Sie damit eine Absicht?«

»Keine besondere, höchstens die Überlegung, daß Sie, ein Vertreter des Großdeutschen Reiches, vielleicht der Ansicht sind, daß Ihre Behandlungsmethoden besser sind.«

Dr. Hasselmann wehrt beherrscht und lächelnd ab. »Ich sehe nicht den geringsten Grund, an der ärztlichen Kunst und menschlichen Sorgfaltspflicht meiner britischen Kollegen zu zweifeln.«

»Ich danke Ihnen. Selbstverständlich verwehren wir Ihnen nicht, dabeizusein.« Erfreulicherweise sind die Verwundungen und Verletzungen mehr oder weniger harmlos. Komnik hat mit seinem Unterarmbruch wohl die schwerste Verletzung davongetragen. Bootsmann Rauch erlitt eine Rippenprellung, die anderen, Müller, Neumeister, Kruppa, Bründel, Maaß, Wiedemann, Burmester, Niemann und Rieb, hatten kleinere Splitterverletzungen, Blutergüsse und Prellungen …

Gerettet wurden von der deutschen Besatzung drei Offiziere, drei Feldwebel, sieben Unteroffiziere und 47 Mannschaften. 27 der im Vorschiff befindlichen Gefangenen kamen mit dem Leben davon, und zwar acht britische Offiziere und 15 Inder.

Gefallen sind 18 Offiziere, 15 Feldwebel, 54 Unteroffiziere und 254 Mannschaften. Außerdem blieben 213 Gefangene im sinkenden Schiff. Die Mehrzahl davon waren Inder.

Die unteren deutschen Dienstgrade werden in einem Massenraum, so gut es die Verhältnisse an Bord eines Kreuzers nur zulassen, untergebracht. Die drei Offiziere werden in die am Heck liegenden Admiralsräume eingewiesen. Es werden ihnen Matratzen an Deck gelegt und blütenweiß bezogen.

Dr. Hasselmann schreibt später in sein Tagebuch:

»CORNWALL verblieb noch bis zum nächsten Tage an dem Gefechtsplatz. In den Morgenstunden setzten die Briten ihre bei dem Gefecht gefallenen Soldaten bei.

Tote von der PINGUIN waren nicht aufgenommen worden.

Die See gab sie nicht wieder her.

Ein Trost ist es den Überlebenden, daß ihre Kameraden sicher ein schnelles Ende gefunden haben. Bis zur Explosion der Minen waren alle unverwundet. Sie brauchten sich nicht zu quälen oder jene fürchterlichen Todesängste auszustehen, sich bei Bewußtsein oder schwerer Verwundung beim Untergang aus dem Schiff zu retten.

Die Toten wurden in die britische Flagge gehüllt und der See übergeben. In der Traueransprache würdigte der Kommandant das tapfere Verhalten des deutschen Gegners. Er bezeichnet Krüder als aufrechten, fairen Fighter und als einen Fuchs auf den Weltmeeren, dem er seine Bewunderung nicht versage. Es war kein verletzender Stolz in seinen Worten, als er daran erinnerte, daß mit PINGUIN, der wie ein Gespenst auf den Meeren auftauchte, wohl der gefährlichste und erfolgreichste der deutschen Handelsstörer sein Grab in den Wellen fand.

Nachmittags erschien der britische Kommandant, ich habe seinen Namen vergessen, bei uns in den Admiralsräumen. Wir hielten uns gerade in dem ›Salon‹ auf, denn die Admiralskajüte bestand aus einem Salon, einem Verhandlungsraum und einem Bad.

Der britische Offizier stand neben dem Kamin, der die Stirnseite des großen, schönen Raumes schmückte. Es war ein gut aussehender, mittelgroßer schlanker Mann, so Anfang 50 Jahre alt.

Auch hier sprach der britische Kommandant noch einmal seine Hochachtung für Krüder und den Hilfskreuzer aus.

›Sie haben dem britischen Imperium viel Schaden zugefügt. Aber Sie haben uns, wo auch immer, einen fairen, sauberen Kampf geliefert. Wir wissen auch, daß Kapitän zur See Krüder alles versuchte, unnötiges Blutvergießen zu vermeiden. Wir wissen auch durch einen der geretteten britischen Schiffsoffiziere, daß er seine Gefangenen gut behandelte. Ihm und damit auch Ihnen dafür zu danken, halte ich für meine Pflicht.‹

Die Verpflegung zu beurteilen, ist schwer, da auf britischen Schiffen zwischen Kommandant, Offizieren und den anderen Dienstgraden Unterschiede gemacht werden. Ich weiß daher nicht, wie unsere Männer versorgt wurden – nach deren Aussagen: gut. Unsere Verpflegung jedenfalls war ausgezeichnet. Wären wir in unserer Freiheit nicht behindert worden – wir hätten uns gut und gerne als Gäste Seiner Majestät des Britischen Königs fühlen dürfen …«

Am 15. Mai lief die CORNWALL in Port Victoria auf der Insel Mahé von der Seyshellen-Gruppe ein.

Der Abgang von dem Kreuzer war leider weniger erfreulich.

Das britische Kommando forderte, wie sich später herausstellte, auf Betreiben des Inselgouverneurs, von jedem der Überlebenden auf seine Soldatenehre eine Verpflichtung zu unterschreiben, keinen Fluchtversuch zu unternehmen und auch jeden Versuch zu unterlassen, die Bevölkerung der Insel aufzuwiegeln.

Dr. Hasselmann, als Sprecher für die deutschen Offiziere und Soldaten, lehnte eine solche Forderung rundweg ab.

»Nein, nie und nimmer.«

Später sprach ihn der britische Kommandant noch einmal an.

»Ich freue mich.« »…?«

»Sie hätten Ihre Kameraden und mich enttäuscht, wenn Sie unterschrieben hätten.«

Ein Band vermochte der Krieg nicht zu zerreißen … das der Seemannskameradschaft unter aufrechten Männern.

An Land allerdings sah nachher manches anders aus …

Obersteuermann Neumeister – als Beispiel – hat keine gute Erinnerung an die Zeit danach, an das Negerzuchthaus in Mombassa schon gar nicht …

Und nachts hat er immer das Bild vor den Augen, wie der Bug der PINGUIN aus dem Wasser ragte und sich einige Kameraden kopflos und verzweifelt an die Reling klammerten und, den Tod vor Augen, vor lauter Entsetzen vergaßen, sich loszulassen oder zu springen.

*

16.29 Uhr, also 27 Minuten nach der Gefechtseröffnung, sank der Hilfskreuzer PINGUIN auf 03 Grad 50 Minuten Nord und 53 Grad 50 Minuten Ost, etwas nördlich des britischen Inselstützpunktes der Seyshellen-Gruppe, nach den vernichtenden Treffersalven in nicht einmal einer Minute.

PINGUIN hatte in diesem für ihn aussichtslosen Gefecht 200 Schuß abgegeben und damit vier Treffer erzielt.

Der Schwere Kreuzer CORNWALL brachte es, laut britischem Gefechtsbericht, auf 136 Schuß 20,3-cm- und 10,2-cm-Granaten.

CORNWALL gehört zur Berwick-Klasse. Das Schiff lief am 1. März 1926 vom Stapel. Seine Größe beträgt 10 000 Tonnen und seine Geschwindigkeit wird mit 31,5 Knoten angegeben. Das ist fast das Doppelte, was HK PINGUIN aus seinen Motoren herausholen konnte. Die Bewaffnung der CORNWALL war der des PINGUIN bei weitem überlegen. Sie hatte acht 20,3-cm-Geschütze und acht 10,2-cm-Geschütze als schwere Artillerie, zur leichten Artillerie gehörten vier 4,7-cm-Geschütze und acht überschwere Maschinengewehre. Sie war ferner mit einer Flugzeugschleuder und drei Wasserflugzeugen ausgestattet. Es hätte also Krüder nichts genutzt, eine oder vielleicht sogar zwei der ihn aufspürenden Maschinen abzuschießen.

*

Am Tag des Untergangs hatte PINGUIN 59 188 Seemeilen zurückgelegt. 59 188 Seemeilen sind 109 616 Kilometer, sind mehr als der doppelte Erdumfang. Die versenkte beziehungsweise gekaperte Gesamttonnage wurde von keinem anderen Hilfskreuzer in beiden Weltkriegen überboten.

136 607 BRT wurden aufgebracht. 53 012 BRT davon wurden als Prisen in die Heimat entlassen. 18 068 BRT beweisbar durch Minen vernichtete Feindtonnage

kamen hinzu, wobei bis heute noch nicht geklärt ist, ob diese Minenerfolge der PIN-GUIN nicht ganz wesentlich höher lagen, so wie sie noch während des Krieges an Hand gegnerischer Berichte als zwischen 50 000 und 60 000 BRT liegend beziffert wurden.

Das sind zusammen 154 675 BRT, die dieser einzige deutsche Hilfskreuzer an Feindtonnage während der nur elf Monate dauernden Unternehmung ausgeschaltet hat*. Das ist das Zwanzigfache der eigenen Größe.

Der Wert an Schiffsraum und Ladung ist schwer in Ziffern auszudrücken.

Er geht in die Hunderte Millionen.

Die Zahl der Todesopfer auf der Gegenseite war während der Operationen gering, denn der Hilfskreuzerkrieg galt nicht den Besatzungen der gegnerischen Schiffahrt, er galt den Schiffen, den Trägern kriegswichtiger Massengüter. Eben weil Kapitän zur See Krüder es als seine vornehmste Pflicht betrachtete, das Leben der gegnerischen Besatzungen zu schonen, den Krieg in überseeischen Gewässern so unblutig wie nur irgend möglich zu führen, machtes seinen und seiner Besatzung Opfergang besonders tragisch.

*In diesem Zusammenhang interessieren noch zwei Aufstellungen und ein Hinweis:
a) Die technischen, personellen und zeitlichen Daten
Hilfskreuzer PINGUIN = HSK 5

Schiff 33	ex Fracht-Motorschiff KANDELFELS (DDSG HANSA Bremen)
Größe	7 766 BRT (16 000 ts max.)
Baujahr	1936
Bauwerft	AG WESER, Bremen
Geschwindigkeit	16 kn
Bewaffnung	6 15-cm, 1 Buggeschütz 7,5-cm, 2 3,7-cm (2), 2 2-cm, 4 TR (2), 2 Bordflugzeuge vom Typ »He 114«, später 1 Arado 196; 420 Minen, darunter 80 Minen für U-Boote; außerdem für U-Boote: 25 Torpedos
Kommandant	Kapitän zur See Ernst-Felix Krüder, geb. 6.12.1897 in Hamburg; Eichenlaub zum Ritterkreuz
Besatzung	einschließlich Prisenkommandos 420 Mann
Ausgelaufen	Gotenhafen am 15.6.1940
Operationsgebiete	Indischer Ozean und Antarktis sowie Randgebiete Australiens
Reiseende	Versenkt durch HMS CORNWALL am 8.5.1941 südlich der Seychellen im westlichen Indischen Ozean
Reisedauer	357 Tage
Reisedistanz	59 188 sm
Schicksal der Besatzung	Gefallen 18 Offiziere, 15 Feldwebel, 54 Unteroffiziere, 254 Mannschaften; außerdem blieben im sinkenden Schiff 213 Gefangene (Mehrzahl Inder). Gerettet wurden: 3 Offiziere (ohne Kmdt), 3 Feldwebel, 7 Unteroffiziere und 47 Mann, dazu kamen 23 Gefangene (8 britische Offiziere und 15 Inder)

*b) Die versenkten aufgebrachten Schiffe (einschließlich der Minenerfolge)
   in alphabetischer Reihenfolge*

Schiffsname	aufgebrachte BRT
1. BENAVON	5 872
2. BRITISH COMMANDER	6 901
3. BRITISH EMPEROR	3 663
4. CLAN BUCHANAN	7 266
5. DOMINGO DE LARRINAGA	5 358
6. EMPIRE LIGHT	6 828
7. FILEFJELL	7 616
8. MAIMOA	10 123
9. MORVIKEN	5 008
10. NORDVARD *(Prise)*	4 111
11. NOWSHERA	7 920
12. OLE WEGGER *(Prise)*	12 201
13. PELAGOS *(Prise)*	12 083
14. POL VIII *(Prise)*	354
15. POL IX *(Prise)*	354
16. POL X *(Prise)*	354
17. PORT BRISBANE	8 739
18. PORT WELLINGTON	8 301
19. SOLGLIMT *(Prise)*	22 246
20. STAR XIV *(Prise)*	247
21. STAR XIX *(Prise)*	249
22. STAR XX *(Prise)*	249
23. STAR XXI *(Prise)*	298
24. STAR XXII *(Prise)*	303
25. STAR XXIII *(Prise)*	357
26. STAR XXIV *(Prise)*	361
27. STORSTAD *(Prise)*	8 998
28. TORLYN *(Prise)*	247
Gesamt	**136 607**

Minenerfolge

29. CAMBRIDGE	10 846
30. CITY OF RAYVILLE	5 883
31. MILLIMUMUL	287
32. NIMBIN	1 052
Gesamt	**154 675**

c) Quellen

Soweit nicht bereits auf dem Titelblatt erwähnt, wird auf alle jene Quellen hingewiesen, die vom Autor in seinem Buche »Das große Abenteuer, Deutsche Hilfskreuzer 1939-1945 (mit einem Vorwort von Konteradmiral B. Rogge, Kommandant des berühmten HSK ATLANTIS), Koehlers Verlagsgesellschaft, 1958, veröffentlicht worden sind.

Ausklang

»Eine Frage noch«, hatte der britische Gefangenenoffizier Dr. Hasselmann und dem Meteorologen Dr. Roll nachgerufen, als sie von Bord gingen.

Die beiden Angesprochenen blieben stehen, verbeugten sich schweigend.

»Wo steckt eigentlich dieses kleine Walfangboot, das man in Ihrer Nähe gesehen haben will?«

»Verpflegung hatten wir eigentlich genug an Bord. Wir brauchten keine Wale zu fangen.«

»Sie verstehen mich falsch, meine Herren, wir meinen jenes Boot, das zusammen mit dem gesunkenen Raider im Indischen Ozean operierte.«

»Machen wir uns doch nichts vor, Ihre Seeleute sind nicht besser und auch nicht schlechter als unsere, aber wenn man in beständiger Sorge schwebt, gleich, ob als ein suchender Kreuzer oder als frachttragendes Handelsschiff, kann man gut und gerne sogar einen kleinen Motorkutter durch das geistig aufgeregte Vergrößerungsglas als Walfangboot sehen. Um es genau zu sagen: Wenn Sie meinen, daß ein Walfänger bei uns weilte, bitte, suchen Sie ihn doch. Uns ist nichts bekannt.«

»Wir haben ihn auch gesucht.«

»Na, und wo ist denn das Gespensterkind?«

»Nicht da, das sehen Sie doch selbst.«

»Na, dann ist der Fall doch wohl klar. Ich könnte Ihnen einen medizinischen Vortrag über Überreizung der Nerven halten. Aber damit wäre Ihnen auch nicht gedient«, erwidert Dr. Hasselmann gleichmütig, und es ist schwer für ihn, die Erregung zu verbergen.

»Okay«, sagt der britische Offizier nicht unfreundlich, legt die Hand an seine Mütze und streicht mit dem Finger dieses Thema aus der Luft.

Dr. Roll wischt sich ein paar kalte Tropfen von der Stirn und sagt später leise zu Dr. Hasselmann:

»Hoffentlich genügt es, den Verdacht und die Vermutung zu entkräften. Wäre ein Jammer, wenn sie nun auch unseren Leutnant Hemmer mit seinen 14 Männern auf der ADJUTANT erwischen.«

»Nun weiß ich auch, warum die Briten nicht gleich mit der Aufnahme der Überlebenden begannen«, sinnt Hasselmann. »Haben sicher noch einen ausholenden Bogen gefahren, dann aber doch anständigerweise auf weitere Suchaktionen zugunsten der im Wasser Treibenden, also uns, verzichtet.«

»Na, Hemmer ist ein patenter Kerl, vielleicht kommt er durch. Kann ja nach Italienisch-Somaliland fahren.«

»Fahren?« wundert sich Dr. Roll, »mit was denn? Das Boot hatte doch nur Brennstoff für ein paar Tage und Proviant für ein paar mehr.«

»Aber er kann doch segeln?«

Leutnant Böttcher mischt sich ein.

»Segeln, gegen den Monsun etwa, um nach dem von Ihnen bezeichneten Land zu kommen? Ja, Indien oder Persien, das ginge. Werden sich wahrscheinlich wegen Mangels an Lebensmitteln und Treibstoff in einen Dampfertreck legen müssen. Was bleibt ihnen schon weiter übrig, als aufzugeben, wenn sie nicht verhungern, wenn sie das nackte Leben retten wollen.«

»Sie kennen Hemmer nicht. Er ist ein Seemann. Trotz seiner Jugend. Und er wird schon einen Ausweg finden. Vielleicht hilft auch die SKL …«

Und die SKL in Berlin half.

Die von Krüder so manches Mal mit Verbalinjurien bedachten Schreibtischstrategen am Tirpitzufer schalteten sofort, als die Vernichtung der PINGUIN bekannt wurde. Auf verschiedenen Wellen wurde der Walfänger ADJUTANT angewiesen, auf den Treffpunkt »Marsa Matruk« zu gehen und dort den Versorger ALSTERTOR zu erwarten …

*

An Bord des ADJUTANT.

»Irgend etwas ist da passiert. Ich kenne unseren Kommandanten. Er wäre sonst schon lange am Ort. WO, teilen Sie vorsichtshalber die Rationen ein. Lassen Sie den Funk bei Tag und Nacht besetzen und wahrschauen Sie vor allem auch die Berliner Wellen.«

Eine Nacht bricht über das Schiff herein, ein neuer, sonnenglasiger Tag steigt herauf, und wieder sinkt die Himmelskugel ins Meer und läßt aufzuckend noch einmal ein paar gelbrote Strahlenkeile über das blaudunkle Himmelstuch huschen. Ein neuer Tag und eine neue Nacht …

Die Mittagsmahlzeiten bestehen nur noch aus einer Handvoll Reis oder Erbsen oder ein bißchen Fleisch mit wenig Brot. In der größten Tagesglut darf jeder einen Schluck aus der Sodaflasche nehmen, denn auch das Wasser ist vorsichtshalber eingeteilt worden. Hemmer wird das Gefühl nicht los, daß diese Unternehmung nicht klar gegangen ist. Er erinnert sich der Worte des Kommandanten vom Hilfskreuzer KOMET, der das von der PINGUIN auserwählte neue Operationsgebiet als äußerst gefährlich bezeichnete.

»Eben darum«, hatte Krüder zu Admiral Eyssen gesagt. »Dort, wo man uns am allerwenigsten vermutet, sind wir am allersichersten …«

ADJUTANT wartet indessen noch immer auf dem mit Krüder vereinbarten Platz. In den Mittagsstunden dieses Tages schiebt sich ein Schiff über die Kimm. Allen ist sofort klar, daß dies nicht der Hilfskreuzer PINGUIN ist.

Hemmer ist voller Mißtrauen geladen.

»Wenn sie unsere PINGUIN geschnappt haben, wir wissen ja nicht, unter welchen Umständen, besteht durchaus die Gefahr, daß die Briten Kenntnis über unsere Treffpunkte erhielten. Der da drüben«, und er zeigt auf das ihm fremd erscheinende Schiff, »kann ebensogut ein britischer Hilfskreuzer oder ein schwerbewaffneter Frachter sein. In beiden Fällen können wir uns nicht wehren.«

»Doch, in einem, Herr Leutnant«, meldet sich der Leitende an Bord, ein Obermaschinist.

»Nun?«

»Durch unsere hohe Geschwindigkeit. Unser kleiner Walfänger kann mit manchem modernen Frachter konkurrieren.«

»Sie haben recht. Also los, verschwinden wir. Vielleicht haben die uns da drüben noch gar nicht gesehen.«

Irrtum, man hat sie schon lange ausgemacht, denn man hat modernste E-Meßanlagen und beste Nachtgläser an Bord der ALSTERTOR, die über die SKL den Befehl erhielt, sich auf den Treffpunkt zu begeben.

Auf der ALSTERTOR sehen sie, wie der Walfänger Fahrt aufnimmt. Der Geschwindigkeitsüberschuß des Versorgers ist knapp, er beträgt nicht einmal eine halbe Seemeile.

Aber langsam, ganz langsam holen sie auf. Meter um Meter.

Kapitänleutnant Block läßt jetzt laufend den Namen morsen.

»Hier ALSTERTOR …! Hier ALSTERTOR … wir haben wichtige Nachrichten für Sie …!

Hier ALSTERTOR …!«

Der von Argwohn vollgepfropfte Kleine denkt nicht daran, darauf einzugehen. Endlich, gegen Abend, hat die ALSTERTOR soweit aufgeholt, daß Hemmer einsehen muß, daß auch die kommende Nacht keine Chance mehr zum Entkommen bietet. Das fremde Schiff steht so nahe, daß es nicht mehr abgeschüttelt werden kann.

»Sonderbar, wenn es wirklich ein Brite ist, warum eröffnete er denn nicht das Feuer nach unserer Flucht«, sagt einer zu Hemmer.

»Gar nicht sonderbar. Die Brüder wissen doch, daß wir nicht bewaffnet sind, daß wir eine PINGUIN-Prise sind. Und sie wollen und sollen uns wahrscheinlich unbeschädigt aufbringen.«

»Der da drüben sieht aber wirklich der ALSTERTOR ähnlich.«

»Das besagt gar nichts. Können das Schiff ja eigens für solche Suchaktionen umgetarnt haben.«

»Aber, Herr Leutnant, jetzt trauen Sie den Briten aber noch mehr zu als unserem Kommandanten.«

»Vorsicht ist die Mutter der Porzellankiste. Doppeltes Mißtrauen hat noch nie geschadet.«

»Das nicht. Ich meinte man ja auch nur.«

Inzwischen hat Hemmer seine Höchstfahrt vermindern lassen.

Da blitzt es auf dem Fremden wieder auf.

»Schicken Sie ein Boot mit Ihrem Kommandanten oder dessen Vertreter. Ich habe sehr wichtige Nachrichten für Sie.«

Hemmer resigniert noch immer. Er läßt zurückgeben: »Sie sehen doch selbst die hohe Dünung. Ich kann jetzt unmöglich ein Boot aussetzen.«

»Nun gut, dann warten wir. Wir bleiben in Ihrer Nähe.«

Die Nacht kommt schnell. Stunden vergehen.

Um die zehnte Abendstunde hat sich Hemmer entschlossen, mit einem Boot hinüberzufahren. Ausreißen kann er nicht mehr. Sich noch weiter zu weigern, den Anweisungen Folge zu leisten, würde das befürchtete Ende doch nicht mehr aufhalten.

Hemmer fällt aus allen Wolken, als er über die Reling des großen Frachters klettert und in das ernste Gesicht von Kapitänleutnant Block sieht.

»Zum Teufel, also ist die ALSTERTOR doch echt«, fährt es aus Hemmer heraus. »Entschuldigen Sie ...«

»Nichts da von Entschuldigung, Hemmer. Haben sich völlig richtig verhalten, wußten Sie doch nicht, daß wir auf den Treffpunkt beordert wurden.«

»Wo ist PINGUIN? Wo Kapitän Krüder?«

»Kommen Sie, Hemmer«, und Block legt seinen Arm um die Schulter des jungen Kameraden. »Kommen Sie in meine Kammer, ich werde Ihnen berichten, was ich weiß.«

Aber Hemmer reißt sich erregt los.

»Sagen Sie es doch, Herr Kaleunt!«

»Da ist nicht viel zu berichten. PINGUIN ist nicht mehr. Die CORNWALL versenkte sie.«

»Und die Besatzung? Krüder?«

»Es sind nur wenige gerettet. Der Kommandant und die meisten Offiziere sollen nicht unter den Überlebenden sein.«

Hemmer tritt an die Reling.

Das Wasser, das endlose Wasser unter dem sammetfarbenen nächtlichen Tropenhimmel tut ihm gut.

Da drüben in seiner Kammer liegt ein Brief von Charly Brunke, dem FT-Offizier der PINGUIN, guter Freund von Hemmer. Gab ihn damals mit den Worten an Hemmer mit: »Hier, nimm. Wenn es diesmal unklar geht, bring' diesen Brief heim zu meinen ahnungslosen Eltern, die mich irgendwo bei einem Sonderkommando in Norwegen vermuten, aber niemals hier unten in der Indischen See. Und verlaß dich drauf, nicht nur britische Funker haben den Mut, auf ihrer Station bis zur letzten, allerletzten Minute zu verbleiben. Wenn es überhaupt einmal zu einem Kampf kommen wird, Charly Brunke wird seine FT-Station nicht verlassen. Er wird dann wohl mit der Hand an der Taste in die Tiefe gehen.«

An diesem Abend wird in der kleinen Messe des Fangbootes wenig oder eigentlich gar nichts gesprochen. Schweigend stellt der Koch die kleinen Portionen auf den Tisch. Niemand nimmt von ihnen. Man erlebt keine sentimentalen Stimmungen, aber ein bitterer, herzenstiefer Ernst liegt auf allen Gesichtern.

ALSTERTOR rüstet ADJUTANT mit dem Notwendigsten aus. Der Walfänger soll laut SKL-Befehl auf Anforderung von Konteradmiral Eyssen einen Treffpunkt mit dem Hilfskreuzer KOMET ansteuern.

Diese Fahrt des Walfangbootes ADJUTANT, unter dem Kommando des Adjutanten von Kapitän zur See Ernst-Felix Krüder, ist eine Saga an Entbehrungen und Strapazen, an Opfermut und großartigen seemännischen Leistungen, als Hemmer und seine Männer mit behelfsmäßigen nautischen Mitteln, mit einem grünspanbehangenen Schinken von Sextanten und mit primitivem Kartenmaterial an Bord, doch den Treffpunkt fanden …

als schweres Wetter und hoher Seegang eine Beölung und Versorgung des Walfängers unmöglich machten und KOMET das kleine Schiff in Schlepp nahm, um es in ruhigeres Seegebiet zu verholen …

als immer wieder die Schlepptrossen brachen und die ADJUTANT-Besatzung vor Übermüdung und Erschöpfung zusammenzubrechen drohte …

und als dann der Tag kam, an dem der Kommandant des Hilfskreuzers, Konteradmiral Robert Eyssen, Hanskarl Hemmer zu sich in seine Kammer bat …

als die beiden Kommandanten, der Admiral und der kleine, noch so junge Leutnant, ein Unternehmen besprachen, das in der deutschen Seekriegsgeschichte ohne Beispiel ist.

»Hemmer«, so begann Eyssen, ein etwas untersetzter, breitschultriger Mann, der ganz und gar nicht den Eindruck eines Seeoffiziers, sondern eher den eines Kaffeeplantagenbesitzers machte, »Sie sollen zu Ende führen, was Ernst-Felix Krüder begann. Sie sollen mit Ihrem kleinen Untersatz die Verminung weiterer australisch-neuseeländischer Gewässer durchführen. Das ist eine ebenso heikle wie auch schwere Aufgabe. Sie kann Kopf und Kragen kosten. Ich kann Ihnen und Ihren Männern dieses Unternehmen nicht befehlen … Allein, der Walfänger ADJUTANT ist Krüders Beute. Ihnen also steht es zu, sich für dieses tollkühne Vorhaben zu entscheiden. Es fällt kein Makel auf Sie und Ihre Männer, wenn Sie sich nach den seelischen und körperlichen Strapazen der letzten Wochen dieser Aufgabe nicht gewachsen fühlen.«

»Ich fahre, Herr Admiral.«

»Die Chancen, wiederzukommen, sind gering, Hemmer. Das Schicksal der PINGUIN und seiner Besatzung zu teilen, müssen Sie sehr hoch in Rechnung stellen.«

»Es gibt für mich und meine Männer nichts zu überlegen, Herr Admiral.«

»Gut also, Hemmer. Ich danke Ihnen.«

»Noch eines, Hemmer, Kommandant auf ADJUTANT wird aber mein Adjutant.« Was Hemmer jetzt denkt, verschweigt er. Dann allerdings hätte der Admiral auch eigene Besatzungsmitglieder nehmen sollen.

Hemmers Männer sind erschöpft genug, von der durch den Verlust ihrer Kameraden bedingten seelischen Erschöpfung ganz zu schweigen. Krüder hätte das nicht getan, er hätte den Ruhm denen ganz gelassen, die die Voraussetzungen dafür schufen.

»Haben Sie noch einen Wunsch, Hemmer?« fragt Eyssen, als dieser das Erstaunen auf dessen Zügen sieht.

Hemmer grüßt wortlos – und geht.

In den folgenden Tagen wird der Walfänger ausgerüstet. Die Minen werden an Bord gegeben und verstaut, eine Minenabwurfanlage wird eingebaut, die Maschinen werden überholt, und statt der auf Walfängern üblichen Harpunierkanone wird auf dem Vorschiff die Bootskanone des KOMET aufgestellt. Über diese Kanone ließe sich eine Story schreiben. Sie sieht aus, als habe damit schon Klaus Störtebeker die hansischen Kaufleute erschreckt. Ihr unförmiges kurzes, blutwurstähnliches Rohr ruht auf einer ebenso unmodernen Lafette. Das ganze Geschütz sieht aus wie ein gut gepflegtes Museumsstück. Wer in der ganzen Welt hat noch Geschütze vom Kaliber sechs Zentimeter? Und so unwahrscheinlich es klingen mag, tatsächlich stammt dieses Monstrum noch aus der Zeit der Jahre vor dem Ersten Weltkriege.

Und eines Tages wird das Hilfsminenschiff ADJUTANT zur Minenunternehmung entlassen. Es muß einen fürchterlichen Orkan abwettern, ehe es sich bis nach Neuseeland heranschleichen kann. Unterwegs versagen die Maschinen ihren Dienst. Mit Bordmitteln wird die Anlage wieder instandgesetzt ...

Und dann ist die große Stunde für den »Kleinen« und seine Besatzung gekommen ...

Minen fallen vor die Einfahrt des neuseeländischen Hafens Lyttleton.

Minen fallen Tage später vor den Hafen Wellington und in die Cookstraße, den Hauptschiffahrtsweg zwischen dem südlichen Amerika und Australien.

Dramatische Szenen, die sich im Scheinwerferlicht der Hafensperren abspielen. Neuseeländische Kriegsschiffe laufen aus und suchen den kleinen, unheimlichen Fremden, der auf Anruf keine Antwort gab. Flugzeuge der neuseeländischen Luftwaffe sind aufgeboten, dieses Schiff zu stellen.

Aber sie erwischen den Walfänger nicht.

Die Neuseeländer ahnen auch nicht, daß dieses kleine Schiff Minen legte. Vielmehr vermuten sie, wie über die Rundfunksendungen bekannt wird, daß die Deutschen mit diesem Hilfsschiff eines Raiders ein Kommandotrupp-Unternehmen beabsichtigt hätten ..., um Hafenanlagen zu sprengen oder die Funkstelle zu zerstören ...

Und auf dem Rückmarsch fallen wieder die Maschinen aus ...

Und wieder ist das Glück bei Hemmer und seinen Männern.

Auf den Tag und fast auf die Stunde genau laufen sie in das mit KOMET vereinbarte Treffpunkt-Quadrat ein.

»Mein Gott«, entfährt es Admiral Eyssen, als er die ADJUTANT-Besatzung begrüßt und beglückwünscht, bärtige Männer mit fahlen, abgezehrten, fast knochig gewordenen Gesichtern.

Tags darauf fressen sich die Granaten der KOMET-Artillerie in den dürren Leib des Walfängers hinein. Barhäuptig und schweigend steht die Besatzung an Deck, als die ADJUTANT ihre letzte Reise nach einer Unternehmung antritt, die derer von der PINGUIN und ihres prachtvollen Kommandanten, Kapitäns zur See Ernst-Felix Krüder, würdig war.

Hochaufgerichtet wie ein Glockenturm steht das sinkende kleine Schiff in der See. Steil ragt sein Heck aus dem Wasser. Und dann fährt es hinab in das nasse Grab, hinab in die ewigen Tiefen,

in denen auch die PINGUIN

mit ihren unvergessenen Toten ruht.

Ende

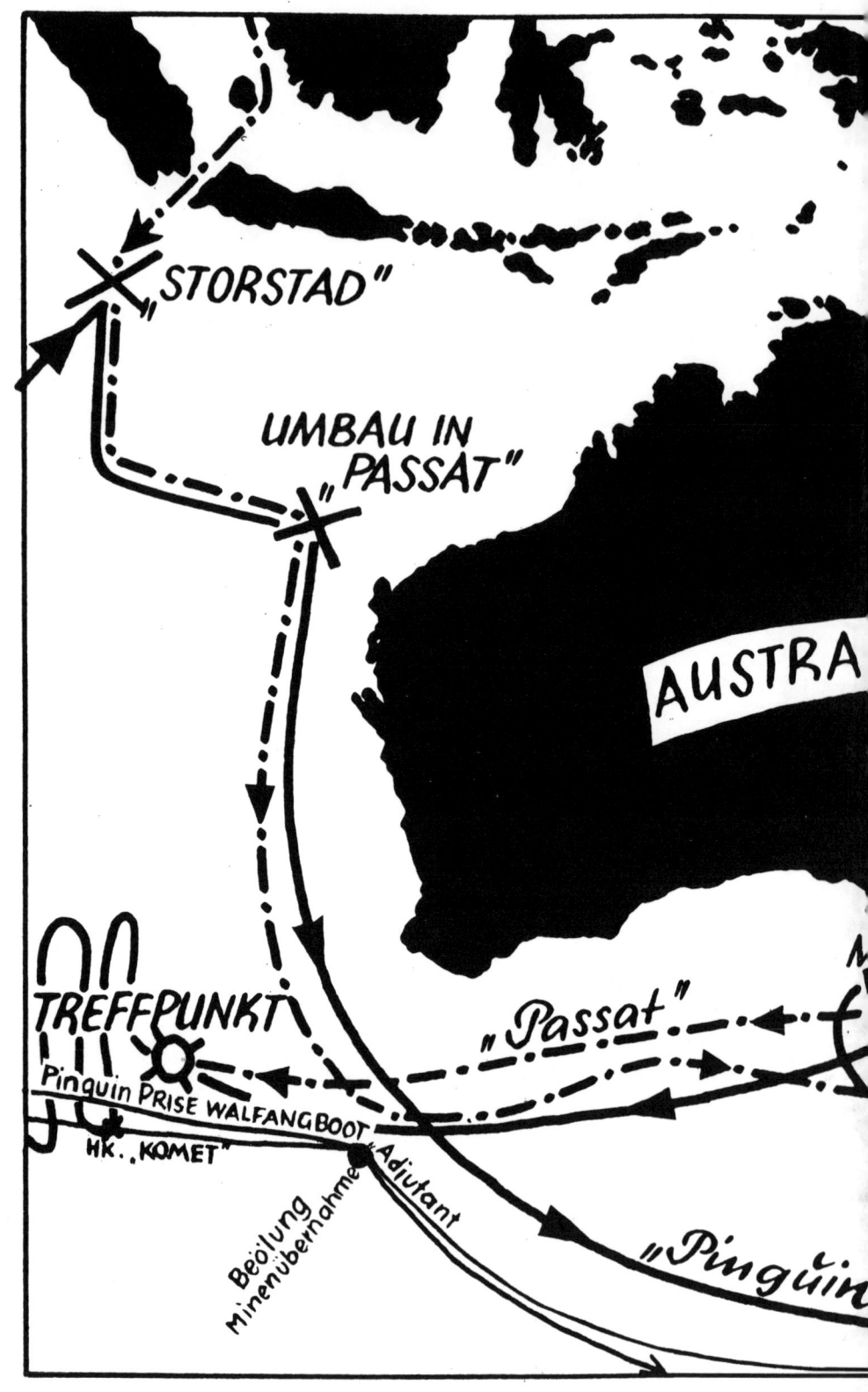